はじめに

「新NISA」「iDeCo」「ゼロ金利解除」「名目賃金」「外貨建て保険」「相続登記の義務化」……お金に関する話題で、「これってどういうこと?」「聞いたことはあるけれど、詳しいことはさっぱりわからない」と立ち止まって考えたり、「私の場合はどうなのか、誰かに相談してみたい」と思ったりした経験、ありませんか?

FP(ファイナンシャル・プランナー)は、専門的な知識を持ってさまざまなお金にまつわる悩みや相談に答え、相談された方の人生について一緒に考えていく、いわば「お金の専門家」です。年金、税金、保険、資産運用、不動産、相続・贈与など、幅広い分野の知識を備えることが求められており、「お金のジェネラリスト」と言えるでしょう。

FPとして必要とされる知識は、お金に関係する仕事に従事される方のみならず、生活者にこそ必要なものです。

本書は、仕事にプライベートに忙しい「バタ子さん」が、スキマ時間を使いながらFP知識を少しずつ学んでいくことを想定して作りました。トピックが見開き2ページで完結し、学習目標も立てやすくなっています。

これまで多くの生活クラブ生協の組合員さんを対象に、FP技能士養成講座でFP取得に必要な知識を伝え、合格に導いてきました。本書はその経験をふんだんに盛り込み、初学者の皆さんがつまずきそうなポイントを想定した説明を心掛けました。お金の勉強に苦手意識を持つ方に寄り添ったテキストになったのではないかと思います。

どうぞ本書を手に取って頂き、知識の修得に、そしてFP資格取得に役立ててください。皆様が合格されますことを、心からお祈り申し上げます。

2024年5月　NPO法人Wco.FPの会

青山 雅恵・溝江 淳子

JN073539

Contents 目次

Chapter1　ライフプランニングと資金計画

Chapter2 リスク管理

Chapter4　タックスプランニング

Chapter5 不動産

Chapter6　相続・事業承継

Chapter7 仕上げの本番問題

1.試験概要

FPとは？

ファイナンシャル・プランニング技能士(以下、FP) とは個人や家族を対象に家計計画をサポートする専門家のこと。分野は金融、税制、不動産、住宅ローン、保険、教育資金、年金制度など幅広いながらも身近な事柄ばかりです。誰にとっても必要な知識が中心となっています。

FP技能検定とは？

多くのFPは、国家検定であるFP技能検定を受検し、資格を取得しています。FP技能検定には、1級、2級、3級があり、それぞれに学科試験と実技試験があります。学科試験、実技試験の両方に合格すると、級ごとの「ファイナンシャル・プランニング技能士(FP技能士)」と名乗ることができます。

FP技能検定の種類

FP技能検定には、NPO法人日本ファイナンシャル・プランナーズ協会(日本FP協会) が主催するものと一般社団法人　金融財政事情研究会(金財) が主催するものの2つがあります。

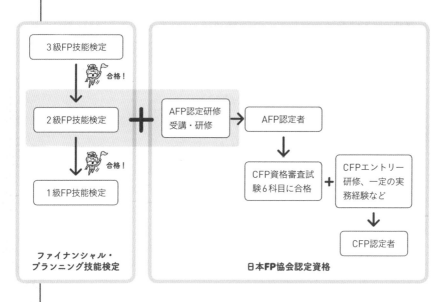

受検資格

次のいずれかに当てはまる人にFP2級の受検資格があります。

・3級FP技能検定の合格者
・FP業務に関して2年以上の実務経験がある人
・日本FP協会が認定するAFP認定研修を修了した人
・厚生労働省認定 金融渉外技能審査3級の合格者

学科試験（午前）

試験時間は以下の通り（ペーパー試験の場合）。

・学科試験　10：00～12：00（120分）
・実技試験　13：30～15：00（90分）

午前中に行われる学科試験は、金財、FP協会ともに共通です。

出題形式	マークシート形式、四肢択一式60問
出題範囲	・ライフプランニングと資金計画 ・リスク管理 ・金融資産運用 ・タックスプランニング ・不動産 ・相続・事業承継
試験時間	120分
合格基準	60点満点で36点以上（6割以上の正答）
受検手数料	5,700円（消費税非課税）＋手数料

実技試験（午後）

午後に行われる実技試験は、金財とFP協会で内容が異なります。

	金財	日本FP協会
出題形式	事例形式5題	記述式40問
出題範囲	下記のうちから一つ選択 ・個人資産相談業務 ・生保顧客資産相談業務 ・中小事業主資産相談業務 ・損保顧客資産相談業務 ※本書が対象としているのは 「個人資産相談業務」 「生保顧客資産相談業務」	資産設計提案業務
試験時間	90分	
合格基準	50点満点で30点以上 （6割以上の正答）	100点満点で60点以上 （6割以上の正答）
受検手数料	6,000円（消費税非課税）＋手数料	

2.CBTについて

3級に続き、2級も2025年4月1日（火）よりCBT化が予定されています。CBT化によって、全国で随時受検ができるようになります。ペーパー試験は2025年1月試験をもって終了予定です。なお、1級は従来通りペーパー試験の継続が予定されています。

CBTとは「Computer Based Testing（コンピュータ ベースド テスティング）」の略称です。コンピュータを使った試験方式で、受検申込から試験実施、合否通知まで、試験の全ての工程がインターネット上で完結します。

試験当日に戸惑わないためにも、各受検案内サイトにある操作方法マニュアルや受検者専用サイトのCBT体験試験から、事前に操作方法をチェックしておくとよいでしょう。

3. 試験日程

毎年5月・9月・1月の3回実施されます。ただし、前述の通り
2025年4月1日（火）より、2級の試験もCBT化が予定されています。
以降は試験日程が変更となるため、注意してください。
なお、本書の内容は2024年9月〜2025年5月の試験に対応してい
ます。

試験日	受検申請期間	合格発表日	法令基準日
2024年 9月8日（日）	7月2日（火）〜 7月23日（火）	10月21日（月） （予定）	2024年 4月1日
2025年 1月26日（日）	11月13日（水）〜 12月3日（火）	3月7日（金） （予定）	2024年 10月1日
2025年4月〜 （予定） 通年（年末年始、 3月1カ月間、 5月下旬の 休止期間を除く）	2025年2月3日〜 申請日の最短3日後から 最長で当月を含まない 3カ月後の末日までの 試験日を選択することが可能 （テストセンター毎に2カ月後 までなど期間は異なる）	2025年6月 （予定）	2025年4月〜5月 実施分は2024年4月1日、 2025年6月〜2026年5月 実施分は2025年4月1日

※金財は激変緩和措置として、2級学科・実技（個人・生保）の3
科目は2025年5月試験までペーパー試験がある。
※FP協会は、2025年1月試験をもってペーパー試験を終了予定。

4. 試験団体問合わせ先

以上の情報は、本書刊行時点のものです。変更される可能性もある
ので、下記の試験運営団体に最新情報を確認するようにしてください。

・NPO法人日本FP協会
https://www.jafp.or.jp/exam/
TEL：03-5403-9890

・一般社団法人　金融財政事情研究会
https://www.kinzai.or.jp/fp
TEL：03-3358-0771

中心となる主題から放射状に関連する知識を
つなげていく暗記法です。
視覚的に理解しやすく、
頭に入りやすいといわれます。

例：配当所得の場合

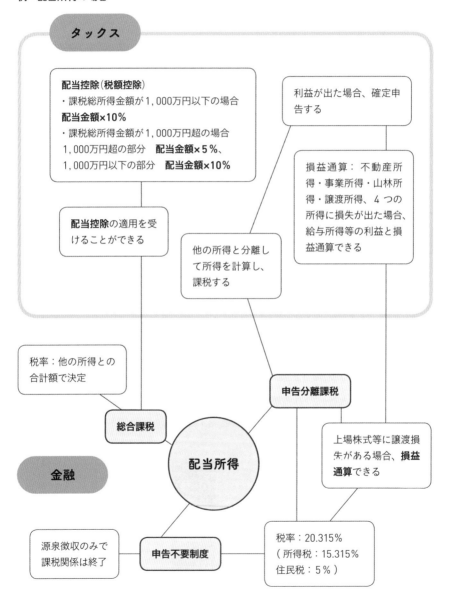

タックス

配当控除（税額控除）
・課税総所得金額が1,000万円以下の場合
配当金額×10%
・課税総所得金額が1,000万円超の場合
1,000万円超の部分　**配当金額×5%**、
1,000万円以下の部分　**配当金額×10%**

利益が出た場合、確定申告する

損益通算：不動産所得・事業所得・山林所得・譲渡所得、4つの所得に損失が出た場合、給与所得等の利益と損益通算できる

配当控除の適用を受けることができる

他の所得と分離して所得を計算し、課税する

税率：他の所得との合計額で決定

申告分離課税

総合課税

上場株式等に譲渡損失がある場合、**損益通算**できる

金融

配当所得

源泉徴収のみで課税関係は終了

申告不要制度

税率：20.315%
（所得税：15.315%
住民税：5%）

自分で作る メモリーツリー

3種類ご用意しましたので、自由に活用してください。
どんどん書き足して、自分のメモリーツリーを
作成しましょう。

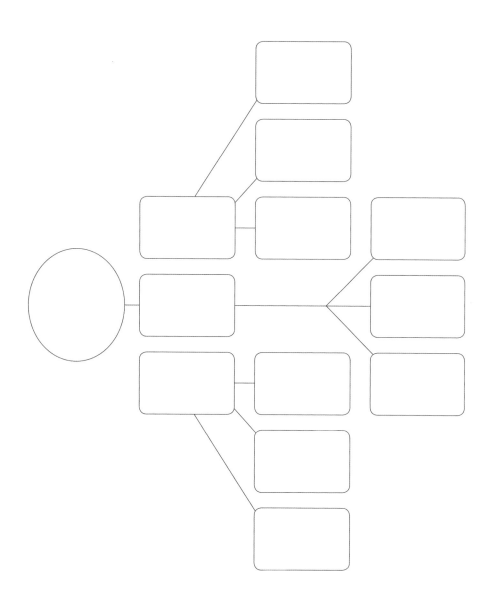

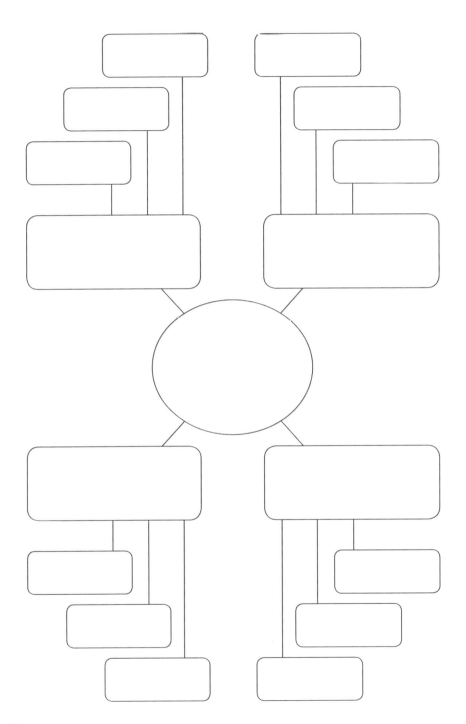

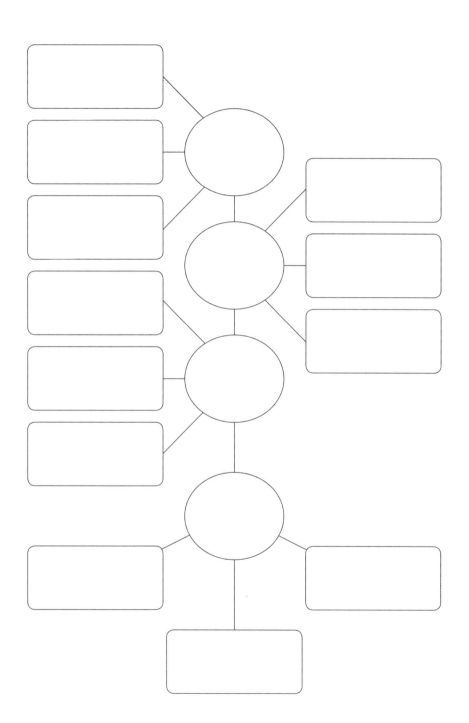

Chapter 4

30

学習日 /

消費税

消費税の取引の区分、税率の違い、対象となる基準期間と課税期間とは何かを学習する。

課税取引と非課税取引

☐ 消費税は商品の購入やサービスの提供などに課税される間接税。
☐ 消費税が課税される課税取引と非課税となる非課税取引がある。

☐ 課税取引	要件を満たした取引	・国内の取引 ・事業者が事業として、対価を得て行う ・資産の譲渡・貸付・役務（サービス）の提供であること ・不課税取引：上記要件を満たさない取引（寄附金、保険金、配当金など）
☐ 非課税取引	課税取引で、消費税を課税することがなじまない取引	・国外での取引 ・土地の譲渡・貸付（短期的な貸付などは課税） ・居住用建物（自宅等）の貸付（事業用貸付などは課税） ・株式等の有価証券の譲渡（手数料には課税） ・預貯金や貸付金の利子 ・生命保険料や損害保険料 ・郵便切手・印紙の取引など

消費税率

☐ 一定の食料品や新聞などは軽減税率となる。

	標準税率	軽減税率
消費税（国税）	7.8%	6.24%
地方消費税率（地方税）	2.2%	1.76%
合計	10.0%	8.0%

 ○×問題にチャレンジ

1 消費税の課税期間に係る基準期間は、個人事業者についてはその年の前年である。（2023年9月 改題）　　　　　　　　　　　[　　]

306

見出し

右上がChapter番号、下がLesson番号、横がタイトルとLesson概要です。学習日を書き込むこともできます。

チェックボックス

理解したところは✔を書き込みましょう。

○×問題・過去問題にチャレンジ

理解度を確認するために本番問題に挑戦できます（選択問題を○×問題にするなどの改題あり。※スペースの都合で問題のないページもありますが、巻末問題等でフォローしています）。

※問題の出典について
学科試験は試験年月のみ記載、実技試験は試験団体名と、試験名のあたまの2文字を記載しています。
★印の記載の無い限り、どの実技試験を受検される方にも必要な問題となっています。

会員特典

Webアプリ

スマートフォンやパソコンでご利用いただけるWebアプリです。本書に掲載の問題と同様の問題にいつでもどこでも取り組めます。
https://www.shoeisha.co.jp/book/exam/9784798182773

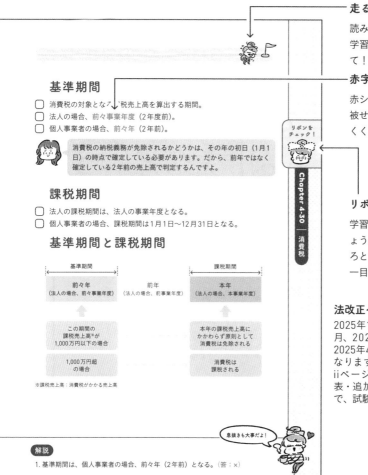

走るバタ子さん

読み進めるごとに走ります。学習が続く楽しみを味わって！

赤字

赤シートをお持ちであれば、被せることで文字が見えにくくなります。

基準期間

- ○ 消費税の対象となる課税売上高を算出する期間。
- ○ 法人の場合、前々事業年度（2年度前）。
- ○ 個人事業者の場合、前々年（2年前）。

消費税の納税義務が免除されるかどうかは、その年の初日（1月1日）の時点で確定している必要があります。だから、前年ではなく確定している2年前の売上高で判定するんですよ。

課税期間

- ○ 法人の課税期間は、法人の事業年度となる。
- ○ 個人事業者の場合、課税期間は1月1日～12月31日となる。

基準期間と課税期間

基準期間		課税期間
前々年 （法人の場合、前々事業年度）	前年 （法人の場合、前事業年度）	本年 （法人の場合、本事業年度）
この期間の課税売上高＊が1,000万円以下の場合		本年の課税売上高にかかわらず原則として消費税は免除される
1,000万円超の場合		消費税は課税される

※課税売上高＊：消費税がかかる売上高

リボンをチェック！

学習が終わったら塗りましょう。理解できているところとできていないところが一目でわかります。

法改正への対応

2025年1月試験では2024年10月、2025年4～5月試験では2025年4月1日の法令が基準となります。法改正には適宜、iiページで案内している正誤表・追加情報で対応しますので、試験前にご確認ください。

息抜きも大事だよ！

【解説】

1. 基準期間は、個人事業者の場合、前々年（2年前）となる。〔答：×〕

ボーナス過去問題（2024年6月末までに提供）

もっとたくさんの問題に取り組みたい方のために、ダウンロードして取り組める過去問題と解説をご用意しました。以下のサイトからダウンロードして入手いただけます。
https://www.shoeisha.co.jp/book/present/9784798182773

バタ子さん、FP2級合格を目指す

とある地方都市。
いつもバタ子さんと夫のドタ助さんが
懸命に育児をして、働いて、
忙しい毎日を送っています。

休日の昼下がり。
バタ子さんがドタ助さんを相手に
嘆いているようです。
盗み聴いちゃいましょう。

ドタ助　バタ美　バタ子

ほんと
だね〜

あ！

バタ美も
もう3歳、
怒涛の日々
だったわ……。

あんなに
仕事に追われて
いた私が今では
一児の母。
信じられない
よー。

この子 カメ？

スッポンだよ

そして合格発表の日——

マサエさん、アキコさん！
私、合格できました！

「我が家のFP」
として自信が
持てます。

合格おめでとう〜！

バタ子ちゃん頑張っていたものね。

独立FPを目指すのも
ありかな、なんて
自信がついたようですよ！
僕もFP勉強したくなった！

ちょっと〜
恥ずかしいから
言わないで‼

金融業界で働く人にも
「仕事に役立つ」と人気の資格よ。
バタ子ちゃん、その夢、
叶えられるかもよ。

そ、そうかな、
ちょっと
考えて
みます。
エヘヘ
……

よかったね、
バタ子ちゃん。
みんなも忙しい毎日に
学びを取り入れて、
素敵な未来を掴もう！

Let's try!

学習ペースを決めて、
合格までの道のりをたしかなものにしよう！

目標を決めよう

> _____ 月試験を受ける

学習ペースを決めよう

- **テキストを以下のペースで読む**[1]

月曜日___ **Lesson**	火曜日___ **Lesson**	水曜日___ **Lesson**
木曜日___ **Lesson**	金曜日___ **Lesson**	土曜日___ **Lesson**
日曜日___ **Lesson**		

- **本番問題と過去問題に _____ 日間取り組む**[2]

[1] 本書は全部で210Lessonあるので(Lesson 0を含まない)、たとえば5か月(20週間)で勉強を終える場合210÷20=10.5→約11Lesson
が1週間に取り組むべきLesson数の目安となります。

[2] 本書の巻末には厳選した本番問題がついています。このほか、過去問を3回分解くことが推奨されているので、これらを解き、苦手なところをテキストで振り返る期間を確保してください。

スケジュールを
大まかに決めたい場合は、
以下に何月に何をやるか、
書き込んでください。

> 試験日まで無理のないスケジュールにしたい！試験日が近すぎたら受検日を見直すのも大切かも。試験は年に何度もあるしね。

__月	__月	__月	__月
__月	__月	__月	__月

 バタ子さん

いつもやることがたくさんでバタバタ忙しい女性。一人娘のバタ美ちゃんを夫のドタ助君と協力して育てている。家族の将来を考え、**FP2級**の受検を目指すことにした。

マサエさん

バタ子さんのご近所に住む**FP**。バタ子さんが独身時代に**3級FP**を受検したとき、惜しみない協力をしてくれた。

アキコさん

バタ子さんのご近所に住む**FP**。マサエさんと同様、バタ子さんが独身時代に**3級FP**を受検したとき、惜しみない協力をしてくれた。

Chapter **1**

ライフプランニング
と
資金計画

Chapter 1では、**FP**として守るべきルールや
ライフプランニングの手法などの基本的な事項
を学ぶ。また、健康保険をはじめとする社会保
険や年金制度について、しくみや内容を幅広く
学習する。**3級**にはなかった中小法人の資金計
画についても学習する。

計算問題は、**6つ**の係数を使った計算ができる
ようになろう。年金計算は、計算式を理解する
こと。ポイントを押さえれば難しくないので、
しっかり学習しよう。

アクセスキー　|　**h**（小文字のエイチ）

バタ子さん、ねんきん定期便を受け取る

お誕生日を控えたバタ子さんのもとに、ねんきん定期便が届きました……。

 この間「ねんきん定期便」のハガキが届いたんですけど、見方が分からなくて……。年金額も、思っていたより少なかったんです。

 あらバタ子ちゃん、ねんきん定期便が届いたってことは、お誕生日が近いのね。おめでとう！

 ありがとうございます！ ねんきん定期便って、誕生日頃に届くんですね。知らなかった……。

 ねんきん定期便に載っていた「年金額」は、バタ子ちゃんの年齢だったら少なくて当たり前よ。そんなに心配しなくて大丈夫。

 そうなんですか!?

 じつは、ねんきん定期便に記載される「年金額」は、受け取る人が50歳未満か50歳以上かで中身が違うのよ。

 バタ子ちゃんのように、50歳になる前の年齢の人には、20歳から今まで保険料を納めた実績、つまり「20歳から何か月間、累積でいくら保険料を納めたか？」を基に計算した数字が年金額として表示されるのよ。
年金の保険料は60歳までずっと納めていくわけだから、ここに載っている「年金額」は、これからも毎年増えていくの。

50歳以上の人には、「今の状況が続けば、65歳からはこれくらい受け取れるでしょう」という金額が記載されるの。具体的にいうと、「今の年金制度に60歳まで継続加入して、保険料を納めた」と仮定した場合に、65歳から受け取れる老齢年金の見込み額が表示されるのよ。実際に受け取れる金額に近い金額がわかるというわけ。

 へー、受け取る人の年齢によって、書いてある内容も違うんですね。

 FPの勉強をすると、この年金額の中身についても、「こういうことか！」と分かるようになるわね。

 ねんきん定期便の見方もわかるようになるんですね！ 頑張って勉強しようっと。

FP業務と倫理

はじめに**FP**業務の基本事項を押さえよう。**FP**の職業倫理や関連法規は、**FP**として「してはいけないこと」をしっかり理解する。ポイントを押さえて着実に得点できるようにしたい。

FPの基本

☐ ライフプラン（自分の将来の計画）を実現するために資金計画を立てることを**ファイナンシャル・プランニング**という。また**ファイナンシャル・プランニング**を行う専門家を**ファイナンシャル・プランナー（FP）**という。

 3級の内容ですが、確認しておきましょう。

☐ ファイナンシャル・プランニングの前段階のプロセスに、「ライフデザイン」や「ライフプラン」があります。似た言葉ですが、イメージをつかみましょう。

☐ ライフデザインは、将来についての漠然とした夢や人生計画を描くこと（例：「将来家を購入したい」）。

☐ ライフプランは、ライフデザインに「いつ」「いくら」お金が必要か？という資金的な要素を加え、夢や人生計画をより具体的に見える化したもの（例：「〇年後に家を購入するために、◇万円必要」。

○×問題にチャレンジ

1 顧客から住宅ローンについて相談を受けたFPのAさんは、顧客から預かった給与所得の源泉徴収票のコピーを、顧客に紹介する予定の不動産会社の担当者に顧客の同意を得ないまま渡した。（2023年1月改題）　［　　］

2 FPのCさんは、賃貸アパートの建設に関する相談を受け、顧客から預かったデベロッパーの事業計画書を、顧客の同意を得ることなく、紹介予定の銀行の担当者に融資の検討資料として渡した。（2019年1月改題）　［　　］

バタ美のために一戸建てを買いたいから、いくら必要か考えなくちゃ！

☐ FPには、業務を行う上で次のような職業倫理が求められる。

Check!

FPに求められる職業倫理

☐ 顧客利益の優先：顧客の利益を最優先に考え、顧客の立場から提案を行う。FPの利益を優先してはならない。

☐ 守秘義務：顧客の個人情報は、同意を得ずに外部に漏らしてはならない。

☐ 説明義務（アカウンタビリティ）：顧客が適切に意思決定できるよう、理解度に応じて十分に説明する。

職業倫理は、常識的に考えれば理解できる内容です。皆さんの社会人としての良識、倫理観を信じてみて！

これから一つひとつ学んでいくのね。頑張るよ！

明日もファイトー！

解説

1. 顧客から預かった個人情報は、顧客の同意なく外部に漏らしてはならない。本問は、「顧客の同意を得ないまま」第三者に個人情報を漏らしているため不適切。（答：×）

2. 業務上知り得た顧客情報は、他の専門家に提供する場合も、必ず顧客の同意を得てから行う必要がある。本問のように、提供先が連携先の担当者（専門家）であっても、顧客の同意を得ずに顧客情報を提供することはしてはいけない。（答：×）

FP業務と関連法規

FP業務は、税務や法律、保険等、幅広い分野にわたるが、各分野の資格を持った専門家の職域を侵してはならない。また、次のような関連法規を守ることが求められる。

税理士法

☐ 税理士資格を持たないFPは、税務に関する一般的な説明はできるが、個別具体的な税務相談や税務書類の作成を行ってはならない（有償無償に関わらず、税理士業務はしてはならない）。

弁護士法

☐ 弁護士資格を持たないFPは、法律に関する一般的な説明はできるが、法律相談や法律事務を行ってはならない（任意後見人になること、公正証書遺言の証人となることは可）。

保険業法

☐ 保険募集人資格を持たないFPは、保険の募集や勧誘を行ってはならない（保険商品についての一般的な商品説明を行うことは可）。

 それぞれの資格の専門領域があるんだね！

○×問題にチャレンジ

1 弁護士資格を有していないFP（遺言者や公証人と利害関係はない成年者）が、顧客から依頼されて公正証書遺言の証人となり、顧客から適正な報酬を受け取った。（2023年1月FP協会 資産 改題）　[　　]

2 生命保険募集人の登録を受けていないFPが、ライフプランの相談に来た顧客に対して、生命保険の一般的な商品性や活用方法を有償で説明した。（2022年9月 改題）　[　　]

金融商品取引法

☐ 金融商品取引業（投資助言・代理業、投資運用業）の登録をしていない
FPは、顧客と投資助言・代理契約を結んで具体的な投資の助言をして
はならない。また、顧客と投資一任契約を結んで資産を預かり、投資判
断に基づいた資産運用を行ってはならない。

著作権法

☐ FP業務を行うにあたって説明資料などを作成する場合には、著作権を
侵害しないよう注意しなければならない。他人の著作物を使用する場
合、原則として著作者の許諾が必要だが、例外もある。

Check!

著作者の許諾を得なくてよいケース

☐ 憲法その他の法令、条例、通達、判例等を引用する場合
☐ 国や地方公共団体が公表した広報資料、統計資料、報告書等
を引用、転載する場合

> FPとして行った業務が専門領域に踏み込んでいないかがポイント
> です。個別具体的に行う業務は、専門領域に踏み込んでいる可能性
> が大！FPが単独で行えない業務は専門家に連携することも大切で
> す。

がんばった！

解説

1. 公正証書遺言の証人になるために、特別な資格は不要。欠格事由に該当しなけ
れば誰でもなることができる。またそれに対する報酬を受け取ることも問題はない
（答：○）

2. 生命保険募集人・保険仲立人の登録を受けていないFPは、保険の募集はできな
いが、保険の内容について一般的な説明を行ったり、必要保障額の試算をすること
はできる。（答：○）

ライフプランニング の手法とツール

FPが顧客に対して行うライフプランニングの手法について整理する。

Check!

ライフプランニングの手順

- ☐ 顧客との関係確立
- ☐ 顧客の情報収集と目標の明確化
- ☐ 顧客の現状分析（問題点、課題の把握と分析）
- ☐ 課題解決のための対策やプラン（提案書）の提示
- ☐ プランの実行と支援
- ☐ プランの定期的なフォローと見直し

☐ ライフプランの作成にあたっては、ライフイベント表・キャッシュフロー表・個人のバランスシートの3表の作成が重要となる。

過去問題にチャレンジ

ファイナンシャル・プランニングのプロセスに従い、次の（ア）〜（カ）を6つのステップの順番に並べ替えたとき、その中で3番目（ステップ3）となるものとして、最も適切なものはどれか。（2017年5月FP協会 資産 改題） [　　]

- （ア）顧客から受領した情報を基に、将来の財政状況の予測・分析などを行う。
- （イ）顧客に提供するサービス内容や必要となる費用等について説明し、了解を得る。
- （ウ）顧客の環境の変化、税制や法律改正の内容を考慮し、プランの見直しを行う。
- （エ）顧客や家族の情報、財政的な情報等を収集し、財政的な目標を明確化する。
- （オ）顧客の目標を達成するために必要なプランを作成し、提案書を提示する。
- （カ）作成したプランに従い、必要な金融商品の購入、不動産売却等の実行を支援する。

今回は、ライフイベント表を学ぶんだね。私もドタ助君とバタ美の
名前を書いて作ってみようっと。

ライフイベント表

○ ライフイベント表は、本人と家族の将来のライフイベント（予定されて
いる出来事や将来実現したい希望等）とそのために必要な資金を時系列
で表し、一覧表にまとめたものである。

○ ライフイベント表を作成することで、「何の目的（ライフイベント）のた
めに」「いつ（何年後に）」「いくら」お金が必要なのか、が見える化で
きる。

ライフイベント表の作成は試験には出ませんが、ライフプランを考
えるのに取り組みやすい（作りやすい）ツールです。自分でライフ
プランを作る第一歩として、ぜひ作成してみてください。

ライフイベント表の作成例

[単位：万円]

経過年数		現在	1	2	3	4	5	6	7	8	9
西　　　暦		2024	2025	2026	2027	2028	2029	2030	2031	2032	2033
家族の年齢	鈴木　巧	39	40	41	42	43	44	45	46	47	48
	鈴木　真理子	36	37	38	39	40	41	42	43	44	45
	鈴木　太一	9	10	11	12	13	14	15	16	17	18
	鈴木　はな	7	8	9	10	11	12	13	14	15	16
ライフイベント		はな小学校入学		住宅購入		太一中学入学		はな中学入学	太一高校入学	車買い替え	はな高校入学
予定支出額		10	0	800	0	15	0	15	20	250	20

息抜きも大事だよ！

解説

ファイナンシャル・プランニングの6つのプロセス（ライフプランニングの手順 参
照）を踏まえ、設問の文章を並べ替えると、

（イ）➡（エ）➡（ア）➡（オ）➡（カ）➡（ウ）の順番となる。（答：（ア））

キャッシュフロー表

キャッシュフロー表の作成方法をマスターしよう。

キャッシュフロー表

☐ キャッシュフロー表とは、現在の収支状況と今後のライフイベントを基に、将来の収支状況や貯蓄残高の推移を一覧表にまとめたものである。

☐ 年間収入・年間支出・年間収支・預貯金残高を算出して作成する。

キャッシュフロー表の作成例

[単位：万円]

経過年数			現在	1	2	3	4	5	6	7	8	9
西暦（年）			2024	2025	2026	2027	2028	2029	2030	2031	2032	2033
名前／年齢	鈴木　巧		39	40	41	42	43	44	45	46	47	48
	真理子		36	37	38	39	40	41	42	43	44	45
	太一		9	10	11	12	13	14	15	16	17	18
	はな		7	8	9	10	11	12	13	14	15	16
ライフイベント			はな小学校入学		住宅購入		太一中学入学		はな中学入学	太一高校入学	車買い替え	はな高校入学
		合計	10	0	800	0	15	0	15	20	250	20
		変動率										
収入	給与収入（本人）	1.0%	450	455	①459	464	468	473	478	482	487	492
	給与収入（配偶者）	1.0%	240	242	245	247	250	252	255	257	260	262
	その他											200
	収入合計		690	697	704	711	718	725	732	740	747	955
支出	基本生活費	2.0%	240	245	250	255	260	265	270	276	281	287
	住居費		180	180	180	180	180	180	180	180	180	180
	教育費		70	61	70	75	91	86	117	107	110	139
	保険料		40	40	40	40	40	40	40	40	40	40
	一時的支出		0	0	800	0	0	0	0	0	250	20
	その他支出	2.0%	50	51	52	53	54	55	56	57	59	60
	支出合計		580	577	1,392	603	625	626	664	660	920	726
年間収支			110	120	-688	②108	93	99	69	80	-173	229
貯蓄残高		0.1%	680	801	114	222	③315	415	484	564	392	622

※番号がついた黄色いセルの数字は次ページ表の計算例を参照

キャッシュフロー表の
各項目の計算方法とポイント

年間収入 年間支出	・収入は給与金額ではなく可処分所得（手取り収入）を記入 可処分所得＝年収－（所得税＋住民税＋社会保険料） ・「変動率」（昇給率や物価上昇率等）のある項目は、変動率を考慮する。 n年後の収入／支出＝現在の金額×（1＋変動率）^{n} 計算例：①2026年の本人の給与収入：450万円×（1＋0.01）^{2}＝459万円
年間収支	年間収支＝年間収入の合計額－年間支出の合計額 ※年間収支がプラスの場合は貯蓄残高が増加し、マイナスの場合は貯蓄残高が減少する。 計算例：②2027年の年間収支：711万円－603万円＝108万円
貯蓄残高	貯蓄残高＝前年の貯蓄残高×（1＋変動率）±年間収支 計算例：③2028年の貯蓄残高：222万円×（1＋0.001）＋93万円＝315万円

電卓を使った累乗計算の方法

注意 ※カシオ電卓は×を1回多く押す

2^2 ＝ [2]・[×]・([×])・[＝]

→（[×]を1回押し （カシオは2回）、[＝]を1回押す）

2^3 ＝ [2]・[×]・([×])・[＝]・[＝]

→（[×]を1回押し （カシオは2回）、[＝]を2回押す）

（**1+0.02**）^{2} ＝ [1]・[＋]・[0.02]・[×]・([×])・[＝]

→（[×]を1or2回押し、[＝]を1回押す）

（**1+0.02**）^{3} ＝ [1]・[＋]・[0.02]・[×]・([×])・[＝]・[＝]

→（[×]を1or2回押し、[＝]を2回押す）

[＝]を押す回数は「累乗の数字－1」
です。（3乗なら2回）電卓の機種に
より[×]を押す回数が変わるので、
確認してくださいね。

明日もファイトー！

個人のバランスシート

バランスシートの作成方法をマスターしよう。

○ 個人のバランスシートは、ある時点（○月×日現在）の家計の「資産」と「負債」の状況を表したものである。

バランスシートの例

[単位：万円]

資産		負債	
預貯金等	800	住宅ローン	3,600
株式・投資信託	560	負債合計	3,600
不動産（自宅）	3,780	純資産	
生命保険（解約返戻金相当額）	120	純資産	1,960
その他資産	300		
資産合計	5,560	負債・純資産合計	5,560

 シート左側（資産合計）と、シート右側（負債・純資産合計）は必ず等しくなる（＝バランスする）のでバランスシートといいます。

○×問題にチャレンジ

1 個人の資産や負債の状況を表すバランスシートの作成において、株式等の金融資産や不動産の価額は、作成時点の時価ではなく、取得時点の価額で計上する。（2021年9月 改題） [　　]

2 ライフイベントごとの予算額は現在価値で見積もり、キャッシュフロー表の作成においてはその価額を将来価値で計上する。（2021年9月 改題） [　　]

3 キャッシュフロー表の作成において、可処分所得は「実収入－非消費支出（直接税、社会保険料等）」の算式で計算された金額を計上する。（2021年9月 改題） [　　]

4 キャッシュフロー表の作成において、住宅ローンの返済額は、金融機関から交付された毎月の返済額が記載された返済予定表に基づき計上する。（2021年9月 改題） [　　]

バランスシート作成のポイント

◯ 資産および負債に記載する金額は、時価評価額で記入する。

◯ 生命保険の金額は、保険金額ではなく解約返戻金の金額を記入する。

◯ 純資産＝資産合計―負債で求める。

バランスシートを作成すると、「今日、我が家の全財産（資産）を処分して、住宅ローンなどの借金（負債）をすべて清算したら、手元にいくら残るか（純資産）？」がイメージできます。
もし、少ない頭金で住宅ローンを借りるとどうなるでしょう？

不動産の時価が買ったときより下がるのに、ローン残高が多めだから、純資産が少ないか、純資産がマイナスになることがあるのかな。ローンの返済が苦しくなって家を売っても、借金が残っちゃうかも！

一般的にはそう考えられますね。バランスシートを作成したら、純資産がプラスか、（以前にも作った方は）純資産が増えているか、をチェックしてみてください。

がんばった！

解説

1. 金融資産や不動産価額は価格が変動するので、作成時点の時価で計上する。作成時点の時価で計上することにより、その資産の現在価値が正確に把握できる。（答：×）

2. 将来必要になるライフイベントの費用は、現在価値（今いくらかかるか）で見積もる。キャッシュフロー表を作成する際は、その金額が物価上昇率等を踏まえていくらになるか（将来価値）で計上する。（答：〇）

3. 可処分所得＝年収―（所得税＋住民税＋社会保険料）で求める。問題文の実収入＝年収、直接税＝所得税＋住民税、と読み替えることができるので、計算式は正しい。（答：〇）

4. 住宅ローンの返済は、金融機関により作成された返済予定表に基づき、毎月の返済が進んでいくので、将来の返済額も決まっている。キャッシュフロー表には、その決まった返済額を計上すればよい。（答：〇）

6つの係数

ライフプランを立てる際、「年利2%で運用して5年後に100万円貯めるために、今いくらのお金が必要か？」等、必要資金を直接算出するのに使えるのが、6つの係数である。

6つの係数と使い方

| 終価係数 | ○ 現在の元本を一定利率で複利運用したとき、将来の金額（元利合計）はいくらになるか？を求める係数
○ 将来の金額＝現在の金額（元本）×終価係数
【例】100万円を年利2%で複利運用した場合、5年後いくらになるか？
➡ 1,000,000円×1.1041＝1,104,100円 |
| 現在 将来 | |

| 現価係数 | ○ 一定利率で運用して将来目標金額を受け取るためには、現在必要な金額（元本）はいくらか？を求める係数
○ 現在の必要金額＝将来の目標金額×現価係数
【例】年利2%で運用して5年後に100万円を受け取るためには現在いくら必要か？
➡ 1,000,000円×0.9057＝905,700円 |
| 現在 将来 | |

| 年金終価係数 | ○ 毎年一定金額を積み立てながら複利運用したとき、将来の金額（元利合計）はいくらになるか？を求める係数
○ 将来の受取金額＝毎年の積立金額×年金終価係数
【例】毎年10万円を年利2%で複利運用しながら5年間積み立てたとき、5年後の元利合計はいくらか？
➡ 100,000円×5.2040＝520,400円 |
| 毎年積立 現在 将来 | |

年利2%の場合の6つの係数表

	1年	2年	3年	4年	5年	10年	20年
終価係数	1.0200	1.0404	1.0612	1.0824	1.1041	1.2190	1.4859
現価係数	0.9804	0.9612	0.9423	0.9238	0.9057	0.8203	0.6730
年金終価係数	1.0000	2.0200	3.6040	4.1216	5.2040	10.9497	24.2974
年金現価係数	0.9800	1.9420	2.8840	3.8080	4.7130	8.9830	16.3510
減債基金係数	1.0000	0.4950	0.3268	0.2426	0.1922	0.0913	0.0412
資本回収係数	1.0200	0.5150	0.3468	0.2626	0.2122	0.1113	0.0612

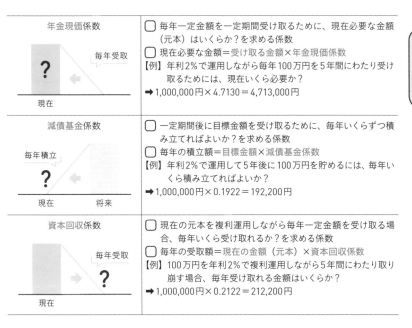

年金現価係数	☐ 毎年一定金額を一定期間受け取るために、現在必要な金額（元本）はいくらか？を求める係数 ☐ 現在必要な金額＝受け取る金額×年金現価係数 【例】年利2%で運用しながら毎年100万円を5年間にわたり受け取るためには、現在いくら必要か？ ➡ 1,000,000円×4.7130＝4,713,000円
減債基金係数	☐ 一定期間後に目標金額を受け取るために、毎年いくらずつ積み立てればよいか？を求める係数 ☐ 毎年の積立額＝目標金額×減債基金係数 【例】年利2%で運用して5年後に100万円を貯めるには、毎年いくら積み立てればよいか？ ➡ 1,000,000円×0.1922＝192,200円
資本回収係数	☐ 現在の元本を複利運用しながら毎年一定金額を受け取る場合、毎年いくら受け取れるか？を求める係数 ☐ 毎年の受取額＝現在の金額（元本）×資本回収係数 【例】100万円を年利2%で複利運用しながら5年間にわたり取り崩す場合、毎年受け取れる金額はいくらか？ ➡ 1,000,000円×0.2122＝212,200円

係数は、求める値を出すために与えられた値に掛ける数字です。数値を覚える必要はなく、「どんなときにどの係数を使うのか」を理解することが大切！

6つもあって頭がこんがらがりそう。下の得するポイントを活かして整理しなくちゃ！

6つの係数の知っておくと得するポイント

☐ 6つの係数は、終価係数と現価係数、年金終価係数と年金現価係数、減債基金係数と資本回収係数が対になっている。

☐ 将来の金額を求めるときは「終価」の付いた係数、元本額を求めるときは「現価」の付いた係数を使う。

☐ 減債基金係数→「積立て」のために使う数字（基金を用意するために積み立てる）、資本回収係数→「受け取る」ために使う数字（回収は受け取ること）とイメージするとわかりやすい。

息抜きも大事だよ！

7

本番問題に
チャレンジ

過去問題を解いて、理解を確かなものにしよう。

○**問1** ファイナンシャル・プランナー（以下「FP」という）が、ファイナンシャル・プランニング業務を行ううえで関連業法等を順守することが重要である。FPの行為に関する次の（ア）〜（エ）の記述について、適切なものには○、不適切なものには×を解答欄に記入しなさい。（2022年9月FP協会 資産）

（ア）社会保険労務士資格を有していないFPが、顧客が持参した「ねんきん定期便」を基に、有償で公的年金の受給見込み額を計算した。　[　]

（イ）弁護士資格を有していないFPが、報酬を得て顧客の離婚問題における交渉代理人となり、FP業務の一環として法律的な判断に基づいて相手方との交渉を代行した。　[　]

（ウ）投資助言・代理業の登録を受けていないFPが、独自の景気見通しを基に、有償で具体的な投資時期等を判断し、助言を行った。　[　]

（エ）税理士資格を有していないFPが、相続対策を検討している顧客に対し、有料の相談業務において、仮定の事例に基づく一般的な解説を行った。　[　]

○**問2** ライフプランの作成の際に活用される下記＜資料＞の各種係数に関する次の記述のうち、最も不適切なものはどれか。（2022年5月 改題）

＜資料＞年率2%、期間年の各種係数

終価係数	現価係数	年金終価係数	減債基金係数	年金現価係数	資本回収係数
1.2190	0.8203	10.9497	0.0913	8.9826	0.1113

1. 元本100万円を10年間にわたり、年率2%で複利運用した場合の元利合計額は、「100万円×1.2190」で求められる。　[　]

2. 年率2% 100万円で複利運用しながら10年後に100万円を得るために必要な毎年の積立額は、「100万円×0.0913」で求められる。　[　]

3. 10年間にわたり、年率2%で複利運用しながら、毎年100万円を受け取るために必要な元本は、「100万円×10.9497」で求められる。 [ ]

4. 年率2%で複利運用しながら10年後に100万円を得るために必要な元本は、「100万円×0.8203」で求められる。 [ ]

解説1

（ア）社労士資格のないFPは、年金請求や各種助成金の申請等を行うことはできないが、公的年金の受給見込み額を試算することはできる。（答：○）

（イ）本問で行っていることは弁護士の独占業務であり、資格のないFPはすることができない。（答：×）

（ウ）本問のように、有償で投資に関する助言等を行うことは「業」にあたり、金融商品取引業者（投資助言・代理業）の登録をしていなければならない。（答：×）

（エ）税理士資格を持っていなくても、仮定の事例を使って一般的な税法に関する説明をすることはできる。（答：○）

解説2

Lesson6参照のこと。

1. このケースでは終価係数（1.2190）を使う。（答：○）

2. このケースでは減債基金係数（0.0913）を使う。「（複利）運用しながら積み立てる」がキーワード（答：○）

3. このケースでは年金現価係数（8.9826）を使う。10.9497は年金終価係数（答：×）

4. このケースでは現価係数（0.8203）を使う。（答：○）

ここまでは概ね基本的な内容よ。間違えたところは今までのLessonを読み返してね。

明日もファイトー！

教育資金の プランニング

教育資金のプランニングについて整理する。

- ☐ ライフイベントに資金はつきものであるが、教育資金・住宅資金・老後資金は多額の資金が必要となるので、特に「人生の3大資金」という。
- ☐ 教育資金は、大学進学の時期が予測できるので、できるだけ早いうちから準備を始めることが重要。貯蓄等で資金を準備し、不足分は奨学金や教育ローンを検討しよう。
- ☐ 試験対策としては、資金準備の方法として学資保険（こども保険）を、不足分の備えとしての国の教育ローンと奨学金を押さえよう。

学資保険（こども保険）

- ☐ 学資保険（こども保険）は、教育資金等を準備するための貯蓄性のある保険商品。契約期間中に契約者（親）が死亡または高度障害になると、以後の保険料支払いは免除されるが契約は有効で、子どもが満期年齢になれば保険金が支払われる。被保険者（子）が死亡すると保険契約は終了となる。子の出生前から加入できる商品もある。

教育一般貸付（国の教育ローン）

- ☐ 日本政策金融公庫の「教育一般貸付（国の教育ローン）」は、中学校卒

○×問題にチャレンジ

1 日本学生支援機構の給付型奨学金を申し込む者は、一定の基準を満たせば、併せて貸与型の第一種奨学金および第二種奨学金を申し込むことができる。（2021年5月 改題）　[　　]

2 日本政策金融公庫の教育一般貸付（国の教育ローン）の申込人は、学生等の保護者に限られる。（2021年5月 改題）　[　　]

3 日本政策金融公庫の教育一般貸付（国の教育ローン）の資金使途には、入学金・授業料等の学校納付金や教材費だけではなく、自宅外から通学する学生等の住居費用も含まれる。（2021年5月 改題）　[　　]

業以上の子どもの教育資金を目的とするローン。借入れは保護者が行う。年収制限がある。

リボンを
チェック！

教育一般貸付の概要

融資限度額	学生1人あたり350万円以内（自宅外通学、大学院、海外留学等一定要件を満たせば450万円）
金利/返済期間	固定金利/最長18年（在学中は利息のみの返済も可能）
資金使途	学校納付金以外の用途にも幅広く利用できる。※通学費、住居費、教科書・パソコン代、国民年金保険料等

日本学生支援機構の奨学金制度

☐ 日本学生支援機構（JASSO）の奨学金には、貸与型（第一種奨学金、第二種奨学金）と給付型がある。ともに申込みは学生本人が行い、貸与型は卒業後返済する。教育一般貸付と重複しての利用が可能。

奨学金制度の概要

	返済・利息	判定基準
第一種	返済必要（無利子）	厳しい（家計、学力基準有）
第二種	返済必要（有利子） ※在学中は無利子	緩やか（家計基準有）
給付型	返済不要	厳しい（家計基準有、「学ぶ意欲」があることが条件）

がんばった！

解説

1. 国の高等教育修学支援新制度により、条件を満たせば、給付型奨学金の利用に加えて授業料等の減免も受けられるようになった。（答：○）

2. 教育一般貸付の申込人は原則学生の保護者であるが、学生本人が成人し、勤務収入等の安定した収入があって生計が独立している等の場合は、本人が申し込める。（答：×）

3. 教育一般貸付は資金使途の幅が広いのが特徴。国民年金保険料の支払いにも充当可能（答：○）

住宅資金の
プランニング

住宅資金のプランニングについて整理しよう。フラット35は試験によく出る。

☐ 住宅購入には、住宅代金のほか登記費用やローン手数料等の諸費用が必要となる。無理のない資金計画のために、頭金として3割程度を用意することが望ましいとされている。

住宅ローンの金利

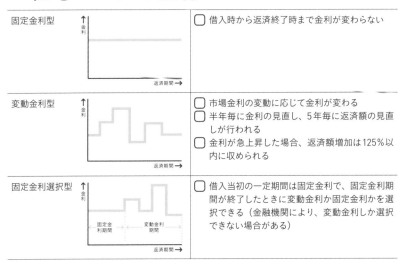

固定金利型	☐ 借入時から返済終了時まで金利が変わらない
変動金利型	☐ 市場金利の変動に応じて金利が変わる ☐ 半年毎に金利の見直し、5年毎に返済額の見直しが行われる ☐ 金利が急上昇した場合、返済額増加は125%以内に収められる
固定金利選択型	☐ 借入当初の一定期間は固定金利で、固定金利期間が終了したときに変動金利か固定金利かを選択できる（金融機関により、変動金利しか選択できない場合がある）

住宅ローンの返済方法

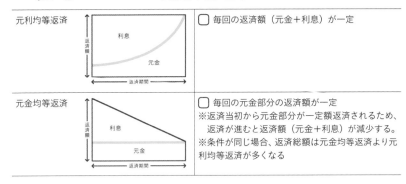

元利均等返済	☐ 毎回の返済額（元金＋利息）が一定
元金均等返済	☐ 毎回の元金部分の返済額が一定 ※返済当初から元金部分が一定額返済されるため、返済が進むと返済額（元金＋利息）が減少する。 ※条件が同じ場合、返済総額は元金均等返済より元利均等返済が多くなる

住宅ローンの種類

財形住宅融資

☐ 財形貯蓄制度（下記参照）を1年以上継続している人が対象の公的ローン。

融資条件	☐ 財形貯蓄を1年以上継続し、財形貯蓄残高が50万円以上ある人 ☐ 申込時の年齢が70歳未満
融資対象	新築住宅、中古住宅、増改築。借換えは対象外
融資額	☐ 財形貯蓄残高の10倍以内（最高4,000万円） ☐ 購入（リフォーム）金額の90%以内
適用金利	5年固定金利（5年毎に見直し）

Check!

財形貯蓄制度

☐ 勤労者の給与から天引きして貯蓄する制度。給与が振り込まれる前に貯蓄に回るため、着実に貯蓄できる。

	一般財形	財形住宅	財形年金
資金使途	自由	住宅資金 （住宅取得・増改築）	老後資金 （年金）
年齢制限	なし	55歳未満	55歳未満
積立期間	3年以上	5年以上※1	5年以上
非課税枠	なし	あり※2	あり※2※3

※1　目的払出（住宅取得・増改築のための払出）であれば、5年未満でもOK
※2　財形住宅貯蓄と財形年金貯蓄を合算して元利合計550万円までは非課税
※3　財形年金は払込保険料385万円までは非課税

フラット35

☐ 住宅金融支援機構が民間金融機関と提携して行う最長35年の固定金利型住宅ローン。融資を実行するのは窓口となる金融機関。融資後に住宅金融支援機構がローン債権を買い取る「買取型」が主流。

融資条件	申込時の年齢が70歳未満で、総返済負担率（年収に占める借入金の年間合計返済額の割合）が次の基準を満たす人 ※年収400万円未満➡30%以下、年収400万円以上➡35%以下
融資対象	床面積70m²以上（一戸建）または30m²（共同住宅等）以上の新築住宅（省エネ基準に適合）、中古住宅、借り換え。増改築は対象外
融資額	100万円以上8,000万円以下（購入価額の範囲内）
適用金利	固定金利（金融機関により異なる。融資実行日の金利が適用される）
借入期間	下限は原則15年（申込者が満60歳以上の場合10年） 上限は35年または申込者が80歳になるまでの年数のいずれか短い方
その他	保証人や保証料は不要。繰上返済手数料は無料

住宅ローンの借換え と繰上げ返済

住宅ローンの借換えや繰上げ返済について整理する。

住宅ローンの借換え

◯ 住宅ローンの借換えとは、既存の住宅ローンを他金融機関の住宅ローンに切り替えることをいう（新たに借りた住宅ローンで既存ローンを一括返済）。

Check!

借換えのポイント

◯ 借換えの目安：金利差1%以上、残債期間10年以上、残債1,000万円以上。

◯ 民間の住宅ローンやフラット35への借換えはできるが、財形住宅融資等の公的融資への借換えはできない。

◯ 借換えを行うと、新たに諸費用（ローン保証料、登録免許税等）が発生する。
　※金融機関により審査基準が異なるため、借換えできない場合がある。

借換えできない場合もあるんだね。

借入対象の不動産の評価額が下がったり、病気等をして団体信用生命保険に入れなくなったりした場合は要注意！

住宅ローンの繰上げ返済

○ 繰上げ返済とは、元金の一部または全部を返済することをいう。繰上げ返済資金は全額が元本返済に充当され、その分利息を軽減することができる。繰上げ返済の時期が早いほど利息軽減効果が高くなる。

○ 繰上げ返済の方法には、返済期間短縮型と返済額軽減型の2種類がある。

○ 一般的に、同一条件であれば、返済期間短縮型の方が返済額軽減型より利息の削減効果は大きくなる。

返済期間短縮型

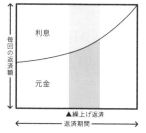
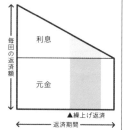

- ▨：利息が軽減される部分
- ▨：繰上返済により元金が返済される部分
- 毎月の返済額➡不変
- 返済期間➡短縮

※図の左は「元利均等返済」、右は「元金均等返済」である。

返済額軽減型

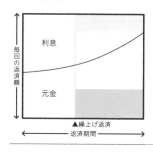
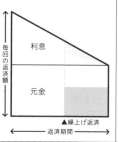

- ▨：利息が軽減される部分
- ▨：繰上返済により元金が返済される部分
- 返済期間➡不変
- 毎月の返済額➡軽減

※図の左は「元利均等返済」、右は「元金均等返済」である。

明日もファイトー！

老後資金のプランニングとカード等

リタイアメントプランニングとカードのポイントを確認する。

老後資金プランニング

☐ 老後の生活設計のことを**リタイアメントプランニング**という。

☐ リタイアメントプランニングでは、老後収入と老後支出を見積もり、不足額を早めに準備していくことがポイントとなる。

老後の資金計画

☐ 老後収入（生活資金）の柱➡年金（公的年金や企業年金）・退職金・貯蓄。

☐ 年金以外に収入を得る方法➡仕事・資産運用・マイホームの活用等

仕事	60歳以降も元気なうちは働き続ける ➡できるだけ長期間、就労収入の確保と年金額の積み増しを図る
資産運用	手持ち資金の使用目的や時期に合わせて、運用する商品を決める ➡一般的に老後の資産運用は、「収益性より安全性（元本確保）や流動性（換金性）」を重視するのが望ましい
マイホームの活用	マイホームを担保にした借入れで生活資金の不足分を補う方法もある ➡リバース・モーゲージ 　自宅などの不動産を担保に融資を受け、死亡時に担保不動産を処分（売却）して借入金の返済に充てる手法 　資金使途や対象不動産には制限がある。またリバース・モーゲージを利用する場合には家族の同意が必要となる

退職金や貯蓄だけが備えじゃないんだね！

資産運用や、マイホームの活用も考えられるわね。柱になるのは年金や退職金、貯蓄で、表にもあるとおり、資産運用は収益性より安全性や流動性を重視するのが望ましいわ。

カード等

☐ キャッシュレス決済が進展しているが、主な決済手段として利用されるカードには、**クレジットカード・デビットカード・電子マネー（ICカード）**等がある。

カードの種類と概要

☐ クレジットカード	利用者の信用に基づき、代金は後払いで商品を購入したりサービスを受けたりできる
☐ デビットカード	金融機関のキャッシュカードに支払い機能を持たせたカード。利用額は預貯金残高の範囲内で、代金は即時に支払われる
☐ 電子マネー	ICカードに現金情報を記録したカード。契約内容により、代金は前払い（プリペイド）のものと後払いのものの両方がある

クレジットカードの注意点

☐ クレジットカードは記名本人のみ使用でき、貸借不可。

☐ カードには署名が必要。署名欄にサインがないと、カードの紛失などで不正利用されても損害額が保障されないことがある。逆にカードに署名があり、速やかに紛失等の届けをしていれば、届出以前60日以内の利用代金の支払いは免除される。

☐ リボルビング払い（リボ払い）は、利用金額・利用件数に関わらず、毎月一定金額を返済する方法。利用残高（未返済残高）に対し利息が発生するため、手数料が高くなる傾向がある。

カードローン、キャッシング

　貸金業者からの無担保での借り入れ金額（クレジットカードのキャッシングも対象）は、**貸金業法の総量規制**により、原則年収の**3分の1**までとなっている。ただし住宅ローン、自動車ローン、事業資金の借り入れは対象外。

キャッシュレス決済が急速に進展する中、正しいクレジットカードの知識は必須。トラブルを防ぐためのポイントを押さえましょう。

がんばった！

12

学習日
/

中小企業の資金計画

FP2級では、3級にはなかった法人（中小企業）の資金計画についての知識が問われる。どのような場合に資金調達が必要となり、どんな形態で調達するのか、整理する。

間接金融

⬜ 事業を行う中で、運転資金や設備資金等が必要になる場合がある。これらの資金を調達する方法として間接金融と直接金融がある。一般的に、中小企業の場合は間接金融で資金調達する場合が多い。

⬜ 間接金融とは、金融機関等からの借入れ（融資）を指す。次のような調達方法がある。

間接金融による資金調達の方法

証書貸付（証書借入）	借主が借用証書（金銭消費貸借契約証書）を金融機関に差し入れることで貸付を行う。長期資金に利用される
手形貸付（手形借入）	借主が金融機関宛てに約束手形（期日に額面金額を支払うことを約束する有価証券）を振り出すことで貸付を行う。短期資金で利用される
当座貸越（当座借越）	金融機関と予め契約を結び、当座預金残高を超える金額の資金引き出しや決済を行っても一定金額まで銀行に立て替えてもらう（立替分の金額を借り入れる）貸付の方法
インパクトローン	資金使途を制限しない外貨建ての貸付

○×問題にチャレンジ

1 手形貸付は、借入れについての内容や条件等を記載した金銭消費貸借契約証書によって資金を調達する方法である。（2021年5月 改題） [ ]

2 インパクトローンは、米ドル等の外貨によって資金を調達する方法であり、その資金使途は限定されていない。（2023年5月 改題） [ ]

3 第三者割当増資により新株を引き受けた第三者が既存株主以外の者であった場合、既存株主の持ち株比率が上昇する（2023年5月 改題） [ ]

直接金融

⬜ 直接金融とは、企業等が証券市場で株式や債券等を発行して必要な資金を調達する方法。主に次の方法がある。

株式	株主割当増資	既存の株主に新株引受権を与えて資金を調達する
	第三者割当増資	取引先など特定の第三者に新株引受権を与えて資金を調達する
	公募増資	不特定多数の投資家に対して新株を発行する
債券	私募債の発行	特定少数の投資家（取引先や金融機関等）に直接引き受けてもらい、資金を調達する。引き受け対象が50名未満の特定取引先の少人数私募債と、金融機関が対象のプロ私募債がある。

その他の資金調達方法

⬜ その他に、ファクタリング等の資金調達方法もある。

ファクタリング	企業の売掛債権（売掛金等の代金が未回収の売上）を、期日前に金融機関（ファクタリング会社等）に買い取ってもらうことにより資金を調達する
ABL（アセット・ベースト・レンディング）	企業が売掛債権や在庫等、流動性の高い資産を担保として金融資産から融資を受ける方法

直接資金取引をするから「直接金融」、銀行などを間に挟んで間接的に資金取引をするから「間接金融」って言うんだね。

息抜きも大事だよ！

解説

1. 手形貸付は、約束手形を金融機関に対して振り出す（発行する）ことによって融資を受ける資金調達方法である。金銭消費貸借契約証書によって融資を受ける方法は「証書貸付」である。（答：×）

2. インパクトローンは、資金使途の制限がない外貨建ての借り入れ。資金使途の制限があるタイドローンやプロジェクトローンと区別される。（答：○）

3. 第三者割当増資を行うと、発行済株式総数が増える。既存株主以外の者が新株を引き受けた場合、既存株主の持ち株数は変わらないため、既存株主の持ち株比率は相対的に低下する。（答：×）

本番問題に
チャレンジ

過去問題を解いて、理解を確かなものにしよう。

◯ **問1** 奨学金および教育ローンに関する次の記述のうち、最も不適切なものはどれか。（2023年1月）

1. 日本学生支援機構の貸与奨学金の返還が災害や傷病等により困難となった場合、所定の要件を満たせば、一定期間、毎月の返還額を減額し、減額した金額や期間に応じて返還期間を延長する減額返還制度を利用することができる。

2. 日本学生支援機構の貸与奨学金のうち、第一種奨学金の返還方式には、貸与総額に応じて月々の返還額が算出され、返還完了まで定額で返還する「定額返還方式」と、前年の所得に応じてその年の毎月の返還額が決まり、返還期間が変動する「所得連動返還方式」がある。

3. 日本政策金融公庫の教育一般貸付（国の教育ローン）の融資金利は、ひとり親家庭や交通遺児家庭等を対象として優遇措置が講じられている。

4. 日本政策金融公庫の教育一般貸付（国の教育ローン）の返済期間は、最長20年である。　　　　　　　　　　　　　　　[　　]

◯ **問2** 住宅金融支援機構と金融機関が提携した住宅ローンであるフラット35（買取型）に関する次の記述のうち、最も適切なものはどれか。（2022年9月）

1. フラット35の融資額は、住宅の建設費または購入価額以内で、最高1億円である。

2. フラット35の返済方法は、元利均等返済に指定されている。

3. 店舗付き住宅などの併用住宅を建築する場合、住宅部分・非住宅部分の床面積の割合に関係なく、フラット35を利用することができる。

4. 住宅金融支援機構は、融資を実行する金融機関から住宅ローン債権を買い取り、対象となる住宅の第1順位の抵当権者となる。　　　　[　　]

◯ **問3** 山岸剛さん、陽子さん夫妻は、マンションの購入に当たり、夫婦での住宅ローンの借り入れを検討しており、FPの東さんに質問をした。東さんが行った次の説明のうち、最も不適切なものはどれか。(2022年1月FP協会資産 改題)

1.「ペアローンは夫婦それぞれが住宅ローンを契約するため、一定の条件を満たせば、剛さんと陽子さんは2人とも住宅借入金等特別控除（住宅ローン控除）の適用を受けることができます。」

2.「連帯債務方式で夫婦の共働きの収入からローン返済をする場合、マンションを剛さん単独名義にすると、ローン返済の年ごとに陽子さんから剛さんに贈与があったものとみなされます。」

3.「連帯保証方式である収入合算を利用すると、夫婦の収入を合算して1つの住宅ローンを契約するため、剛さんが単独で住宅ローンを契約する場合と比べて、借入金額を増やすことができます。」

4.「連帯保証方式である収入合算で住宅ローンを契約した場合、剛さんと陽子さんは2人とも団体信用生命保険を付保することができます。」

[　　　]

解説1

1.〜3. の記述は適切。4. 記述は不適切。教育一般貸付の返済期間は、最長15年（ひとり親家庭等は最長18年）である。(答：4)

解説2

1. 不適切。フラット35の融資額は、最高8,000万円まで。

2. 不適切。フラット35の返済方法は、元利均等返済と元金均等返済のどちらかを選択できる。

3. 不適切。店舗併用住宅を建築する場合は、住宅部分の床面積が全体の2分の1以上あることがフラット35を利用できる条件となっている。

4. 適切。(答：4)

解説3

1.〜3. の記述は適切。4. 不適切。連帯保証方式で収入合算の住宅ローンを組む場合、連帯保証人は連帯保証債務を負うが、債務者ではない。団体信用生命保険が付保できるのは債務者だけであり、2人とも付保できるというのは間違い。(答：4)

明日もファイトー！

社会保険の概要と公的医療保険（健康保険）

社会保険は保障設計の土台。制度をよく理解しよう。

社会保険の概要

☐ もしものときの生活を支える社会保険には、医療保険・介護保険・年金保険・労災保険・雇用保険の5つの制度がある。

（広義の）社会保険	（狭義の）社会保険	医療保険	病気、けが、出産、死亡に関する給付を行う
		介護保険	要介護や要支援の状態になった場合に給付を行う
		年金保険	老後・障害・死亡（遺族）に対して給付を行う
	労働保険	労災保険	業務上の災害、通勤時の災害によるけが、病気、傷害、死亡等に対する給付を行う
		雇用保険	失業者、雇用継続者、雇用促進、育児・介護による休業等に対する給付を行う

公的医療保険制度

☐ 日本では国民皆保険制度となっており、国民は3つの公的医療保険制度に加入するとされている。

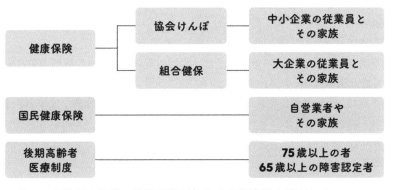

※他に、公務員や私学の教職員等が加入する共済組合等がある。

所属によって保険の種類が違うんだ！

健康保険

◯ 種類：全国健康保険協会が運営する協会けんぽ（全国健康保険協会管掌健康保険）と健康保険組合が運営する組合健保（組合管掌保険料健康保険）がある。

◯ 被保険者（対象者）：健康保険の適用事業所で働く従業員や役員とその被扶養者（3親等内の親族）。被扶養者となるには次の条件がある。

健康保険の被扶養者となる条件

年収要件		同居の場合	別居の場合
年収130万円未満（60歳以上の者または障害者の場合は180万円未満）	かつ	年収が被保険者の2分の1未満であること	年収が被保険者からの仕送り額（援助額）より少ない

◯ 保険料率は、協会けんぽは都道府県ごと、組合健保は組合ごとに異なる。

◯ 保険料は事業主と従業員が半分ずつ負担する（労使折半）。

◯ 40歳以上65歳未満の者は、健康保険料は介護保険料と併せて支払う。

◯ 被保険者の産休、育休期間中は、健康保険の保険料および厚生年金保険料等の社会保険料が被保険者、事業者とも免除される。

健康保険の被扶養者でなくなる要件

従業員数が101人※以上の企業で働く短時間労働者で、次の条件を満たす者
- 週の労働時間が20時間以上
- 月収が88,000円以上
- 2か月を超える雇用の見込みがある
- 学生でない　　　※2024年10月以後は従業員数51人以上に変更予定

◯ 保険料＝標準報酬月額×保険料率＋標準賞与額×保険料率

	標準報酬月額	標準賞与額
	4〜6月の給与の平均を基に決まる	年間賞与額から1,000円未満を切り捨てた額
健康保険	第1等級（5万8,000円）〜第50等級（139万円）まで	上限573万円（4月〜翌3月まで）
厚生年金	第1等級（8万8,000円）〜第32等級（65万円）まで	1回あたり150万円まで（年3回までの賞与が対象）

がんばった！

健康保険の給付

健康保険には、主に療養の給付・高額療養費・傷病手当金・出産
育児一時金・出産手当金・埋葬料の**6**つの給付がある。

健康保険の給付の種類

☐ 療養の給付：業務外の病気やけがに対して支給される。

医療費の自己負担割合

		3割（※1）	
2割	**3割**	**2割**	**1割または2割**（※2）

0歳　　　　小学校入学　　　　　　70歳　75歳

※1　同世帯に課税所得が145万円以上の被保険者がいる場合
※2　同世帯に課税所得28万円以上の被保険者がいて、かつ年金収入等の合計所得が複数世帯320万円以上、
　　単身世帯200万円以上の場合

☐ 高額療養費：1カ月（暦月）の医療費の支払額※1が自己負担限度額を超
えた場合、超過額が高額療養費として支給される（払い戻される）※2。

※1　差額ベッド代や食費、先進医療の技術料などは対象外
※2　事前に限度額適用認定証を提示すれば、窓口支払いは自己負担限度額までになる。

高額療養費の自己負担限度額（参考：**70歳未満の場合**）

所得区分	月ごとの負担の上限額	4回目以降
（ア）年収　約1,160万円〜 健保：標準報酬月額83万円以上 国保：年間所得901万円超	252,600円＋（総医療費-842,000円）×1%	140,100円
（イ）年収　約770万〜約1,160万円 健保：標準報酬月額53万〜79万円 国保：年間所得600万〜901万円	167,400円＋（総医療費-558,000円）×1%	93,000円
（ウ）年収　約370万〜約770万円 健保：標準報酬月額28万〜50万円 国保：年間所得210万〜600万円	80,100円＋（総医療費-267,000円）×1%	44,400円
（エ）年収〜約370万円 健保：標準報酬月額26万円以下 国保：年間所得210万円以下	57,600円	44,400円
（オ）住民税非課税者	35,400円	24,600円

☐ 同一世帯で過去12カ月以内に3回以上高額療養費の支給を受けた場合
は、4回目から「多数回該当」となり、上限額が下がる。

リボンを
チェック！

◯ 傷病手当金：病気やけがの療養のために仕事を連続して3日間休み、給料が支給されない場合に、休業4日目から支給される。

傷病手当金の支給と支給期間

支給額（1日あたり）	【支給開始前12カ月間の標準報酬月額の平均額】÷30×2/3
支給期間	支給開始日から通算して1年6カ月

◀─────── 1年6カ月 ───────▶

欠勤	出勤	欠勤	欠勤
支給 （8カ月）	不支給 （4カ月）	**支給** （6カ月）	**支給** （4カ月）

通算1年6カ月分支給

◯ 出産育児一時金（家族出産育児一時金）：被保険者（または被扶養者）が出産すると出産育児一時金（家族出産育児一時金）が、1児につき50万円（産科医療保障制度未加入の医療機関で出産した場合は48万8,000円）支給される。

◯ 妊娠4カ月目以上の出産（流産・死産を含む）に対し支給される。多胎児の場合は50万円×胎児の数の金額が支給される。

◯ 原則として直接病院に支払われる（直接支払制度）。50万円を上回った金額が自己負担となる。出産費用が50万円未満の場合は、申請すれば差額が被保険者に支給される。

◯ 出産手当金：被保険者本人が出産のために仕事を休み、給与の支払いがなかった場合に支給される。

支給額（1日あたり）	【支給開始前12カ月間の標準報酬月額の平均額】÷30×2/3
支給期間	産前42日間（多胎妊娠の場合98日）＋産後56日間

◯ 予定日より遅れて出産した場合は、遅れた期間も支給対象となる（支給期間：妊娠判明日から出産予定日までの日数＋出産予定日の翌日から遅れた出産日までの日数＋産後56日）。

◯ 埋葬料：被保険者や被扶養者が死亡した場合、一律5万円が支給される。

沢山ありすぎて覚えられるかな。
もしものために一つひとつチェックしよう……。

息抜きも大事だよ！

16

学習日 /

国民健康保険と退職後の公的医療保険、後期高齢者医療制度

退職後の公的医療保険と国民健康保険、後期高齢者医療制度について整理しよう。

国民健康保険

- [ ] 種類：市町村（都道府県）が保険者となるものと、同業種の個人を対象とする国民健康保険組合が保険者になるものがある。
- [ ] 被保険者（対象者）：自営業者や定年退職者とその家族等。健康保険の加入者（被保険者・被扶養者）以外の全ての人。国民健康保険の対象となった日から14日以内に届出をする。
- [ ] 保険料：前年の所得等に基づき世帯単位で計算される。市町村により計算方法は異なる。子どもを含む加入者全員が被保険者となる。
- [ ] 給付内容：療養の給付、高額療養費、出産育児一時金、葬祭費の給付があり、医療費の自己負担割合も健康保険と同じ。
  ※一般的に傷病手当金、出産手当金の給付はない（任意給付）。
  業務上のけがや病気については給付がある。

退職後の公的医療保険

- [ ] 在職中に健康保険に加入していた会社員は、退職後どのように公的医療保険に加入するか検討しなければならない。選択肢は、①健康保険の任意継続被保険者となる　②国民健康保険に入る　③子や配偶者の被扶養者になる　の3つある。

○×問題にチャレンジ

1 全国健康保険協会管掌健康保険（協会けんぽ）の場合、一般保険料率は全国一律であるのに対し、介護保険料率は都道府県ごとに定められており、都道府県によって保険料率が異なる。（2022年1月 改題）［　］

2 退職により健康保険の被保険者資格を喪失した者が、健康保険の任意継続被保険者となるためには、資格喪失日の前日までの被保険者期間が継続して1年以上なければならない。（2023年1月 改題）［　］

健康保険の任意継続制度

加入資格	健康保険の被保険者期間が継続して2カ月以上ある
保険料	全額自己負担
申請期限	退職日の翌日から20日以内
加入期間	最長2年間（途中の任意脱退が可能）

 任意継続制度（ニンケイ）は、「2・2・2」と覚えましょう！

後期高齢者医療制度

☐ 75歳になると全ての人が、それまで加入していた健康保険や国民健康保険から脱退し、新たに後期高齢者医療制度に加入する。

後期高齢者医療制度の概要

被保険者	75歳以上の人、または65歳以上75歳未満の一定の障害認定を受けた人
保険者	後期高齢者医療広域連合
保険料	個人単位で納付。原則年金から天引きされる。保険料率は都道府県ごとに異なる。
自己負担割合	・原則1割負担。ただし次の場合は2割または3割負担。 ・2割負担：課税所得28万円以上、かつ単身世帯収入200万円以上、複数世帯収入320万円以上。 ・3割負担：現役並み所得者（課税所得145万円以上）

 75歳になって後期高齢者になった者の被扶養者（配偶者等）は、自ら国民健康保険に加入するか、子の健康保険の被扶養者になる等の必要があります。

明日もファイトー！

解説

1. 全国健康保険協会管掌健康保険（協会けんぽ）の保険料は、一般保険料、介護保険料ともに、料率は都道府県ごとに定められている。（答：×）

2. 任意継続保険制度は、「被保険者期間が2か月以上」ある人が、退職日の翌日から20日以内に申請する必要がある。加入期間は最長2年間。（答：×）

公的介護保険

公的介護保険の制度を理解しよう。

公的介護保険の概要

介護保険は、老化や老化を原因とする病気等により介護が必要になった場合に介護サービスの給付が受けられる制度。給付を受けるためには、あらかじめ市区町村から要介護または要支援の認定を受ける必要がある。

	第1号被保険者	第2号被保険者
被保険者	65歳以上の者	40歳以上65歳未満の公的医療保険加入者
受給の条件	• 要介護者（1〜5） • 要支援者（1〜2） 原因を問わず支給	老化を原因とする特定疾病（初老期認知症、脳血管障害、末期がん等）により要介護者、要支援者と認定された場合
保険料と納付方法	• 医療保険の保険料と併せ、原則年金から天引きされる	• 医療保険の保険料と併せて徴収（会社員の場合は原則労使折半） • 被扶養者は不要
自己負担割合	• 第1号被保険者は原則1割負担で、一定以上の所得者は2割、現役並み所得者は3割負担（基準は医療保険の自己負担と同じ） • 第2号被保険者は一律1割負担 • 介護保険施設での食事や居住費用は全額自己負担 • 介護サービスを受けるためにケアマネージャーが作成するケアプランの作成費は無料	

第2号被保険者は、交通事故等で要介護状態になっても介護給付は受けられません。

○×問題にチャレンジ

1 公的介護保険の保険給付は、保険者から要介護状態または要支援状態にある旨の認定を受けた被保険者に対して行われるが、第1号被保険者については、要介護状態または要支援状態となった原因は問われない。（2020年1月 改題）　[　　]

2 公的介護保険の第2号被保険者のうち、前年の合計所得金額が220万円以上の者が介護サービスを利用した場合の自己負担割合は、原則として3割である。（2020年1月 改題）　[　　]

3 同一月内の介護サービス利用者負担額が、所得状況などに応じて定められている上限額を超えた場合、所定の手続きにより、その上限額を超えた額が高額介護サービス費として支給される。（2020年1月 改題）　[　　]

Check!

公的介護保険のポイント

☐ 要介護者（要介護1〜5）：介護給付として、施設サービスや居宅サービス等が受けられる（特別養護老人ホームへの施設入居は要介護3以上）。

☐ 要支援者（要支援1、2）：予防給付として介護予防サービスが受けられる。

☐ 介護サービスの自己負担金額には一定の上限額が設定されており、上限額を超えた場合は超えた金額が「高額介護サービス費」として支給される。

☐ 同一の医療保険に加入している世帯内で、医療保険と介護保険の自己負担額の8月〜翌7月までの合計額が一定の限度額を超えた場合、申請により超えた金額が支給される（高額介護合算療養費制度）。

介護保険制度利用のイメージ

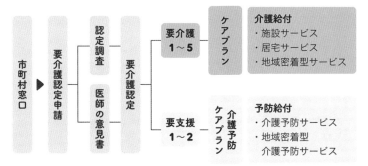

がんばった！

解説

1.（答：○）

2. 公的介護保険の第2号被保険者の自己負担割合は、所得金額に関わらず一律1割である。第1号被保険者は、前年の合計所得金額が220万円以上で、「年金収入＋その他の合計所得金額」が単身世帯340万円以上、複数世帯463万円以上の場合、自己負担割合が3割になる。（答：×）

3.（答：○）

労災保険

労災保険について整理しよう。

□ 社会保険のうち、労働者の保護や雇用の安定等を目的として運営するものを労働保険という。労災保険（労働者災害補償保険）は労働保険の一つで、労働者が業務上または通勤中に負傷、病気、死亡（傷病等）した場合等に被災労働者や遺族のために保険給付を行う。

労災保険の概要

被保険者	労働者は自動的に全員が被保険者 （アルバイトやパートタイマー等の雇用形態は関係なし） ※経営者は対象外
保険者	国（政府、管轄窓口は労働基準監督署等）
保険料	全額事業主負担（保険料率は業種により異なる）

※労働者数が一定以下の中小企業の事業主や、個人タクシー業者・大工・漁師等の一人親方、海外赴任者等は、任意で加入できる（特別加入制度）。

労災保険の保険料は、個人負担はありません。

通勤中に転んだことがあって、ねんざしたから病院に行ったよ。書類で手続きをして、自己負担せずに済んだ！ もう走りすぎないように気を付けてるよ。

大変だったわね。でもこれからも、もしものときは忘れずに申請してね。

○×問題にチャレンジ

1 労災保険の適用を受ける労働者には、雇用形態がアルバイトやパートタイマーである者は含まれるが、日雇労働者や外国人労働者は含まれない。（2023年1月 改題）　[　　]

2 労働者が業務上の負傷または疾病による療養のため労働することができず賃金を受けられない場合、賃金を受けられない日の第4日目から休業補償給付が支給される。（2023年1月 改題）　[　　]

労災保険の給付

☐ 業務上（出張を含む）被った傷病等を業務災害、通勤中※に被った傷病等を通勤災害という。

　※日用品の購入、選挙権の行使、他の病院での受診、家族の介護等、日常生活上必要な行為で通勤を中断した場合は、合理的な経路に戻った後は再び通勤中とみなされる。

労災保険の給付の種類

種類	内容
休業（補償※1）給付	業務災害または通勤災害が原因の傷病（けがや病気）で働くことができず、賃金が支払われない場合、休業4日目から休業1日につき給付基礎日額の60％相当額が給付される
療養（補償※1）給付	業務災害または通勤災害が原因の傷病により労災指定病院等で治療を受けた場合、治療費が全額給付される（一部負担なし）
傷病（補償※1）給付	業務災害または通勤災害が原因の傷病により療養し、1年6か月を経過しても傷病が治癒しておらず、障害等級に該当する障害が残っている場合に給付される
障害（補償※1）給付	業務災害または通勤災害が原因の傷病が治癒した後に障害等級に該当する障害が残ったときに給付される
遺族（補償※1）給付	業務災害または通勤災害により死亡したときに給付される 給付額は遺族※2の数に応じて異なる
介護（補償※1）給付	障害（補償）年金または傷病（補償）年金受給者のうち、一定の障害に該当して介護を受けているときに給付される
葬祭給付	業務災害または通勤災害が原因で死亡した人の葬祭を行うときに給付される

※1　業務災害の場合は「○○補償給付」、通勤災害の場合は「○○給付」という
※2　遺族補償給付の対象となる遺族は、労働者に生計を維持されていた配偶者、子、父母、孫、祖父母、兄弟姉妹のうち最も優先順位の高い者のみが受給する。

息抜きも大事だよ！

解説

1. 労働者災害補償保険（労災保険）は、名称や雇用形態に関わらず、労働の対価として賃金を受ける者は全てが被保険者となる。アルバイトやパートタイマー、日雇労働者や外国人労働者も対象である。（答：×）

2. 労災保険の休業補償給付は、業務災害または通勤災害による病気やけがで仕事ができず、賃金を受け取れない場合に、休業4日目から受給できる。（答：○）

雇用保険

雇用保険の目的と種類を覚えよう。

雇用保険の概要

☐ 雇用保険は労働保険の一つで、労働者の生活と雇用の安定を図るとともに、再就職促進のために必要な給付を行う。

被保険者	原則、全ての雇用保険適用事業所の次の条件を満たす労働者が対象 ※法人役員や個人事業主とその家族は対象外 ※非正規労働者の場合は、次の要件を満たす者が対象 ・1週間の所定労働時間が20時間以上 ・継続して31日以上雇用される見込みがある
保険者	国（政府、窓口はハローワーク）
保険料	事業主と被保険者の両方が負担（保険料率は業種により異なる）

☐ 雇用保険の給付には、大きく分けて次の4つの給付がある。

求職者給付	失業者が求職活動中に支給される
就業促進給付	基本手当の給付期間中に早期に再就職した場合に支給される
雇用継続給付	高齢で働く場合、介護をするために休業した場合等に支給される
教育訓練給付	労働者が教育訓練を受けた場合に支給される

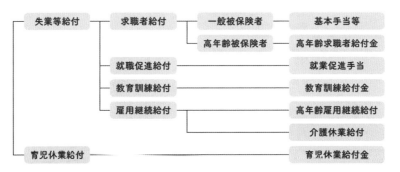

求職者給付

☐ 失業して求職中に、申請により受けられるのが基本手当（いわゆる失業保険）である。基本手当を受給するためには要件がある。

基本手当の概要

受給要件	・働く意思と能力はあるが、仕事に就くことができない65歳未満の者で、次のどちらかに該当すること 【一般被保険者（定年または自己都合による退職）】 →離職日以前2年間に被保険者期間が通算して12カ月以上ある 【特定受給資格者（倒産や解雇などによる退職）】 →被保険者期間が離職日以前1年間に6カ月以上ある
受給期間	・離職日の翌日から1年間（病気やけが、出産・育児などで就業できない場合は、最長3年延長して4年間まで受給可能） ※受給期間（基本手当を受けられる期間）を過ぎると、所定給付日数が残っていても、それ以後の基本手当は支給されない
待期期間	・7日間の待期期間があり、この期間は支給されない ・自己都合退職の場合は、7日間の待期期間に加えて、さらに2カ月間の待期期間がある。 ※待期期間が2カ月なのは「5年間のうち2回の離職まで」に限定され、5年以内に3回以上の離職をした場合は、3回目から待期期間は3カ月となる。
手続き	・住所地を管轄するハローワークに離職票等の書類を提出して求職の申込みを行い、4週間に1回ずつ失業の認定を受ける。

◯ 給付日数：受給する被保険者の状況（退職理由、被保険者期間、年齢等）により異なる。

給付日数

特定受給資格者（倒産・解雇など会社都合による退職）

離職時の年齢 ＼ 被保険者期間	1年未満	1年以上 5年未満	5年以上 10年未満	10年以上 20年未満	20年以上
30歳未満	90日	90日	120日	180日	―
30歳以上35歳未満		120日	180日	210日	240日
35歳以上45歳未満		150日	180日	240日	270日
45歳以上60歳未満		180日	240日	270日	330日
60歳以上65歳未満		150日	180日	210日	240日

一般受給資格者（定年・自己都合退職）

被保険者期間	1年未満	1年以上10年未満	10年以上20年未満	20年以上
年齢に関係なく	―	90日	120日	150日

基本手当の給付日数は、最大
給付日数がよく出ますよ！

明日もファイトー！

雇用保険の
その他の給付

雇用保険のその他の給付について確認しよう。

育児休業給付

☐ 子どもを養育するために育児休業を取得した被保険者に対して支給される。

育児休業給付の概要

内容	1歳未満の子（パパママ育休プラス制度利用など一定の場合は1歳2か月。保育所が見つからない等の場合は1歳6か月または2歳）を養育するために育児休業を取得した場合に支給される
受給要件	• 休業開始前2年間に、賃金支払いの基礎となる日数が11日以上ある（ない場合は就業した時間数が80時間以上の）完全月が12カ月以上あること • 育児休業中の1カ月毎の就業日数が10日以下または就業した時間数が80時間以下
支給額	• 休業開始時賃金日額×30日（原則）×67%（育児休業開始から180日まで） • 休業開始時賃金日額×30日（原則）×50%（育児休業開始から181日目以降） ※休業期間中に休業開始前賃金の80%以上の賃金支払いがある場合は支給されない
回数	子1人につき原則2回

 産後パパ育休制度（出生時育児休業給付）も押さえておきましょう。

☐ 2022年10月より産後パパ育休制度が導入され、出生後8週間以内の子を養育するために、通算4週間取得できるようになった。

介護休業給付

☐ 要介護状態にある対象家族を介護するために介護休業を取得した被保険者に支給される。

内容	要介護状態にある対象家族を介護するために介護休業給付を取得した場合に支給される
受給要件	• 休業開始前2年間に、賃金支払いの基礎となる日数が11日以上ある（ない場合は就業した時間数が80時間以上の）完全月が12カ月以上あること • 育児休業中の1カ月毎の就業日数が10日以下または就業した時間数が80時間以下
支給額	• 休業開始時賃金日額×支給日数×67% ※休業期間中に休業開始前賃金の80%以上の賃金支払いがある場合は支給されない
対象家族	配偶者（事実婚含む）、父母、子、配偶者の父母、祖父母、兄弟姉妹および孫
期間/回数	対象家族1人につき、通算93日まで（3回まで分割可能）

高年齢雇用継続給付

⬜ 高年齢雇用継続給付は60歳以上65歳未満の高年齢者の賃金低下を補う制度で、高年齢雇用継続基本給付金と高年齢再就職給付金がある。

高年齢雇用継続基本給付金

受給要件	• 60歳以上65歳未満の一般被保険者で、被保険者期間が通算5年以上ある • 60歳以降の賃金が60歳時点に比べて、75%未満に低下した状態である
支給額	• 支給対象月に支払われた賃金の最大15% （各月の賃金が60歳時点の賃金の61%以下に低下した場合は、賃金の15%相当額（61%超75%未満に低下した場合は、低下率に応じて支給される））※一定の上限あり
支給期間	60歳到達月から65歳到達月まで

高年齢再就職給付金

受給要件	• 被保険者期間が5年以上ある • 基本手当を受給後、基本手当の受給日数を100日以上残して再就職した • 再就職後の賃金が基本手当の基準となった賃金に比べて、75%未満に低下した状態
支給額	• 支給対象月に支払われた賃金の最大15%※一定の上限あり
支給期間	基本手当の受給日数を200日以上残して再就職した場合は再就職してから2年間、100日以上200日未満のときは1年間

※意欲ある高年齢者が働き、活躍できる環境を整備するため、高年齢雇用安定法が改正された。雇用保険マルチジョブホルダー制度（65歳以上の兼業・副業者の雇用保険の加入）が新設される一方、高年齢雇用継続給付は将来的に廃止される予定。

教育訓練給付

⬜ 厚生労働大臣の指定を受けた教育訓練を修了した場合に、費用の一部が支給されるもの。対象となる教育訓練はレベル等に応じて3種類あり、給付率等が異なる。

	一般教育訓練給付	特定一般教育訓練給付	専門実践教育訓練給付
目的	雇用の安定・就職の促進	再就職及び早期のキャリア形成	中長期的キャリア形成
支給要件	• 雇用保険の被保険者期間が3年以上（初めて受給する場合は原則1年以上）	• 雇用保険の被保険者期間が3年以上（初めて受給する場合は原則1年以上）	• 雇用保険の被保険者期間が3年以上（初めて受給する場合は原則2年以上）
支給額	• 受講費用の20%（上限10万円）	• 受講費用の40%（上限20万円）	• 最大で受講費用の70%（年間上限56万円、最長4年）

がんばった！

本番問題にチャレンジ

過去問題を解いて、理解を確かなものにしよう。

⭕ **問1** 雇用保険法に基づく育児休業給付および介護休業給付に関する次の記述のうち、最も不適切なものはどれか。なお、記載されたもの以外の要件はすべて満たしているものとする。（2022年1月）

1. 一般被保険者や高年齢被保険者が、1歳に満たない子を養育するために休業する場合、育児休業給付金が支給される。

2. 育児休業給付金に係る支給単位期間において、一般被保険者や高年齢被保険者に対して支払われた賃金額が、休業開始時賃金日額に支給日数を乗じて得た額の60％相当額以上である場合、当該支給単位期間について育児休業給付金は支給されない。

3. 一般被保険者や高年齢被保険者が、一定の状態にある家族を介護するために休業する場合、同一の対象家族について、通算3回かつ93日の介護休業を限度とし、介護休業給付金が支給される。

4. 一般被保険者や高年齢被保険者の父母および配偶者の父母は、介護休業給付金の支給対象となる家族に該当する。　　　　［　　］

⭕ **問2** 全国健康保険協会管掌健康保険（協会けんぽ）の保険給付に関する次の記述のうち、最も不適切なものはどれか。（2017年1月 改題）

1. 傷病手当金の額は、1日につき、原則として、支給開始日の属する月以前の継続した12カ月間の当該被保険者の標準報酬月額を平均した額の30分の1に相当する額の3分の2に相当する金額である。

2. 妊娠4カ月以上の被保険者が産科医療補償制度に加入する医療機関で出産した場合に支給される出産育児一時金の額は、1児につき48万8,000円である。

3. 被保険者が業務外の事由により死亡した場合は、所定の手続きにより、当該被保険者により生計を維持されていた者であって、埋葬を行う者に対し、埋葬料として5万円が支給される。

4. 被保険者が同月内に同一の医療機関等で支払った医療費の一部負担金等の額が、その者に係る自己負担限度額を超えた場合、

その超えた部分の額は、所定の手続きにより、高額療養費として
支給される。　　　　　　　　　　　　　　　　　　　　[　　]

解説1

1.3.4.の記述は適切。育児休業給付金は休業期間中に休業開始前賃金の80
％以上の賃金支払いがある場合は支給されない。（答：2）

解説2

1. 3. 4. の記述は適切。出産育児一時金は、1児につき50万円が支給される。
1児につき48万8,000円が支給されるのは、産科医療補償制度未加入の医療
機関で出産の場合（答：2）

息抜きも大事だよ！

公的年金制度と国民年金

公的年金制度のあらましと国民年金の制度について整理しよう。

公的年金制度の概要

- [ ] 日本の年金制度は、公的年金（国民年金、厚生年金）と私的年金から成る。

- [ ] 公的年金の1階部分を成す「国民年金」は、日本に住む20歳以上60歳未満の全ての人に加入義務がある。会社員や公務員等は、厚生年金保険（被用者年金制度）に加入し、自動的に1階部分の国民年金（基礎年金）と、2階部分の厚生年金保険の2つの年金制度に加入する形となっている（2階建て構造）。

- [ ] 私的年金は任意加入の年金で、企業が従業員のために加入する企業年金と、個人が加入する個人年金に大別される。2階建て構造の公的年金に上乗せする年金制度なので、3階部分と言われる。

	個人型年金（iDeco）			
3階	国民年金基金	企業年金		
		企業型DC	DB	厚生年金基金	年金等退職給付
2階	厚生年金保険			
1階	国民年金（基礎年金）			
	第1号被保険者 自営業者など	**第2号被保険者** 会社員・公務員など		**第3号被保険者** 専業主婦など

年金制度は3階建てで、被保険者は1号、2号、3号があるんだね。

年金の給付の種類

☐ 公的年金の給付には、65歳以降になると支給される老齢給付、病気や
けがを負って一定の障害が残ったときに支給される障害給付、一家の働
き手である被保険者が亡くなったときに遺族に支給される遺族給付の3
種類がある。

国民年金（基礎年金）

☐ 国民年金は国民皆年金制度で、日本に住む20歳以上60歳未満の全ての
人が（外国人も）加入する。

☐ 国民年金の被保険者（加入者）は、働き方等により、第1号被保険者、
第2号被保険者、第3号被保険者に分けられる。

国民年金の被保険者の種類

	第1号被保険者	第2号被保険者	第3号被保険者
対象者	日本国内に住む20歳以上60歳未満の人（自営業者やその配偶者、学生等）	70歳未満の会社員、国・地方公共団体の公務員、私立学校の教職員	第2号被保険者に扶養されている配偶者※（日本国内に住所があること）で、20歳以上60歳未満の人
加入年金	国民年金	厚生年金	国民年金
保険料	定額（2024年度は月額16,980円）	• 定率（保険料率18.3%で固定） • 労使折半で負担	• 保険料の負担なし（第2号被保険者全体の納める保険料に含まれる）
諸手続き	市区町村	勤務先	配偶者の勤務先

※被扶養者の要件は、年収130万円未満かつ被保険者の年収の2分の1未満であること。事実上の婚姻関係にある人も含まれる。

任意加入制度

☐ 60歳以上65歳未満の人（受給資格期間を満たしていない人は70歳まで）、日本国籍があるが日本に住所のない20歳以上65歳未満の人は、
申出により国民年金に任意加入することができる（任意加入制度）。

☐ 任意加入被保険者は、第1号被保険者と同額の
保険料を支払う。受給資格期間（10年）を満た
したり、年金額を増やしたりすることができる。

明日もファイトー！

国民年金の保険料

国民年金の納付には様々な制度とルールがある。

保険料納付のルール

☐ 第1号被保険者（任意加入被保険者）の保険料は定額（2024年度は月額16,980円）。第1号被保険者となった月の翌月末までに納付する。

☐ 納付方法は口座振替のほか、納付書での支払い、電子納付、クレジットカード払い等が可能。前納（最大2年分まで前払いできる）や口座振替の早割を利用すると、保険料が割引となる。

☐ 保険料の納付が遅れた場合、過去2年分までは後から納めることが可能。2年を超えると時効となり、納付できない（未納となる）。

保険料の免除と猶予

☐ 経済的に保険料の納付が難しい場合は、保険料の免除や猶予の制度がある。

☐ 免除には、次の通り法定免除と申請免除の2種類ある。

法定免除	障害年金の受給権者や生活保護受給者。全額免除される
申請免除	申請により、所得水準に応じ保険料が免除される。全額免除、4分の3免除、半額免除、4分の1免除、の4つがある

☐ 猶予には、学生納付特例制度と保険料納付猶予制度がある。

学生納付特例制度	20歳以上の学生（第1号被保険者）で、本人の前年所得が一定額以下の者は、申請により保険料の納付が猶予される
保険料納付猶予制度	学生を除く50歳未満の第1号被保険者で、本人、配偶者の前年所得が一定額以下の者は、申請により保険料の納付が猶予される

○×問題にチャレンジ

1 学生納付特例期間は、その期間に係る保険料の追納がない場合、老齢基礎年金の受給資格期間に算入されない。（2023年5月）　[　　]

2 産前産後期間の保険料免除制度により保険料の納付が免除された期間は、保険料納付済期間として老齢基礎年金の年金額に反映される。（2023年5月）　[　　]

- 免除または猶予された保険料は、10年前までさかのぼって追納することができる。追納することにより、年金額は増える。
- 年金額の計算の際、免除・猶予期間はともに受給資格期間に反映される（免除・猶予期間も加入している期間にカウントされる）。
- 年金額は、免除の場合は年金額に反映されるが、猶予の場合は追納しなければ年金額への反映はない。

国民年金保険料の免除と猶予

	全額免除	一部免除	学生納付特例制度	保険料納付猶予制度
要件	前年所得が一定以下	前年所得が一定以下	20歳以上の学生（前年所得が一定以下）	50歳未満（学生以外）で本人、配偶者の前年所得が一定以下
受給資格期間への反映	○	○	○	○
年金額への反映	○	○	追納しなければ×	追納しなければ×
追納期間	10年	10年	10年	10年

国民年金制度は、いざというときにセーフティネットの役割を果たします。社会のしくみを広く知るうえでも大事な要素。今後のLessonも頑張って！

産前産後期間の保険料免除制度

- 第1号被保険者が出産する場合、出産予定日の前月から4か月間（双子等多胎妊娠の場合は出産予定日の3か月前から6か月間）、保険料が免除される。この免除期間は保険料納付済期間とみなされ、年金額も減額されない。

がんばった！

解説

1. 学生納付特例期間は、受給資格期間には反映される（加入期間としてカウントされる）。反映されないのは年金額についてである。（答：×）

2. 第1号被保険者に対する産前産後の保険料免除制度は、次世代育成支援の観点から設けられている制度で、保険料が免除された期間も保険料を納付したものとして老齢基礎年金の受給額に反映される。届出を行う期間について、すでに国民年金保険料免除・納付猶予、学生納付特例が承認されている場合でも、届出は可能。（答：○）

厚生年金保険

社会保険の適用拡大が進み、対象者が増えている。国民年金との違いを押さえよう。

厚生年金保険の被保険者

☐ 厚生年金保険は、適用事業所で働いている70歳未満の会社員や公務員等が被保険者となる。正社員や役員等が加入するほか、パートタイマーやアルバイトでも、労働時間・労働日数が常時雇用者（正社員）の4分の3以上あれば厚生年金保険の被保険者となる。

☐ また労働時間等が正社員の4分の3未満であっても、①週の所定労働時間が20時間以上、②2か月を超える雇用期間がある、③賃金月額が8.8万円以上、④学生でない、⑤従業員数100人超※、である場合には、厚生年金保険に加入する（社会保険の適用拡大）。

※2024年10月から50人超に変更予定

 65歳以降に適用事業所で働く人は、厚生年金保険の被保険者ですが、国民年金の第2号被保険者には該当しません。押さえておきましょう。

○×問題にチャレンジ

1 産前産後休業期間中の厚生年金保険の被保険者に係る厚生年金保険料は、所定の手続きにより被保険者負担分は免除されるが、事業主負担分は免除されない。（2019年5月）　[　　]

2 厚生年金保険の被保険者は、その適用事業所に常時使用される者であっても、65歳に達すると被保険者資格を喪失する。（2021年3月）　[　　]

3 厚生年金保険の標準報酬月額は、被保険者の標準報酬月額に基づき区分され、65万円が上限とされている。（2021年3月）　[　　]

4 厚生年金保険料を算定するときの標準報酬月額の定時決定は、原則として、毎年7月1日現在の被保険者を対象に行われる。（2019年5月）　[　　]

5 厚生年金保険法に定める業種であって、常時5人以上の従業員を使用している個人事業所は、厚生年金の適用事業所となる。（2021年3月）　[　　]

リボンを
チェック！

厚生年金保険料

- 厚生年金の保険料は定率で18.3％。保険料は被保険者と事業主が折半で負担する（被保険者と事業主で9.15％ずつ）。
- 厚生年金保険料の金額＝標準報酬月額×9.15％＋標準賞与額※×9.15％
※標準賞与額は1回あたり150万円が上限

産休中、育休中の保険料の免除制度

- 産休期間中、育児休業中の厚生年金保険料や健康保険料は、申請により本人分と事業主分が免除される。免除された期間は保険料を納付したとみなされる。

私もバタ美を産んだとき申請したよ！出産のバタバタで忘れないようにしないとね！

産休・育休中の保険料免除は、事業主からの申し出も必要ですよ。FPの勉強内容は、生活に役立てられますね。

息抜きも大事だよ！

解説

1. 産前産後休業期間中の厚生年金保険料は、申請により被保険者分と事業主分両方が免除される。（答：×）

2. 厚生年金保険の被保険者は、原則適用事業所に常時使用される70歳未満の者である。65歳になると、国民年金第2号被保険者でなくなるが、引き続き厚生年金保険の被保険者となる。（答：×）

3. 厚生年金保険の標準報酬月額は32等級あり、上限は65万円。（答：○）

4. 事業主は、7月1日現在で使用している全被保険者の3か月間（4、5、6月）の報酬月額を届け出し、この届出に基づいて毎年1回標準報酬月額が決定し直される（定時決定）（答：○）

5. 従業員が常時5人以上いる個人の事業所は、農林漁業、サービス業などの場合を除き厚生年金保険の適用事業所となる。（答：○）

老齢基礎年金

老齢基礎年金について押さえよう。**2級**では年金額の計算は頻出ポイント。

☐ 老齢基礎年金は、原則、受給資格期間が10年以上ある人が65歳になると支給される終身型の年金である。

老齢基礎年金の受給条件

Check!

☐ 65歳以上
☐ 受給資格期間が10年以上ある
☐ 受給資格期間＝保険料納付済期間＋保険料免除期間
　　　　　　　＋合算対象期間≧10年

保険料納付済期間：第1号〜第3号被保険者として保険料を納付した期間

保険料免除期間：法定免除または申請免除された期間

合算対象期間（カラ期間）：年金額には反映されないが受給資格期間として計算される期間

老齢基礎年金の年金額の計算

☐ 保険料納付済月数が40年（480月）を満たせば、満額が支給される。
☐ 2024年度の年金額（満額）は816,000円※（67歳以下の新規裁定者）。

※68歳以上の既裁定者の年金額は813,700円

| 新規裁定者（67歳以下：1956年4月2日以後生まれ） | 816,000円 |
| 既裁定者（68歳以上：1956年4月1日以前生まれ） | 813,700円 |

☐ 保険料納付済月数が480月に満たない場合は、保険料を納付した期間に比例した金額となる。保険料の免除期間がある場合は、2009年3月以前（国庫負担割合が1/3の時期）と2009年4月以後（国庫負担割合が1/2の時期）に分けて計算し、合算する。

> 保険料の免除期間は受給資格期間にカウントできて、国庫負担分は年金額に反映できるんだね。

老齢基礎年金の計算式

Check!

☐ 免除期間が2009年4月以後（国庫負担割合1/2）

$$816,000円 \times \frac{保険料納付済月数 + A \times 1/2 + B \times 5/8 + C \times 3/4 + D \times 7/8}{480月}$$

☐ 免除期間が2009年3月以前（国庫負担割合1/3）

$$816,000円 \times \frac{保険料納付済月数 + A \times 1/3 + B \times 1/2 + C \times 2/3 + D \times 5/6}{480月}$$

A：全額免除期間　B：3/4免除期間　C：1/2免除期間　D：1/4免除期間

老齢基礎年金の計算例

1. Aさんは、学生時代に学生納付特例期間が24月ある。60歳までの保険料納付済期間は456月になる見込みで、免除期間等はない。
   Aさんが原則65歳から受給できる老齢基礎年金額は……

   $$816,000円 \times \frac{456月}{480月} = 775,200円$$

2. Bさんは、2009年3月以前に保険料の全額免除期間が60月ある。60歳までの保険料納付済期間（見込み）が、免除期間を除き420月となる場合、Cさんが原則65歳から受給できる老齢基礎金額は……

   $$816,000円 \times \frac{420月 + 60月 \times \boxed{1/3}}{480月} = 816,000円 \times 440月/480月$$

   $$= 748,000円$$

興味のある方へ。緑線囲み部分（全額免除期間の年金反映割合）は、次のように算出しています。
1/3（国庫負担）＋2/3×0（自己負担）＝1/3
半額免除期間の場合は同様に
1/3（国庫負担）＋2/3×1/2（自己負担）＝2/3

明日もファイトー！

老齢基礎年金の繰上げ、繰下げ

老齢基礎年金の繰上げ受給、繰下げ受給のルールを整理しよう。

老齢基礎年金の繰上げ受給と繰下げ受給

☐ 老齢基礎年金は、原則65歳から受け取ることができるが、受け取る時期は自分で決めることができる。

☐ 65歳より早く（60歳〜64歳までに）年金の受け取りを開始することを繰上げ受給という。月あたり0.4%が減額される。

☐ 65歳より遅く（66歳〜75歳までに）受け取りを開始することを繰下げ受給という。月あたり0.7%が増額される。

60歳		65歳		75歳
受給率 **76%**	1カ月ごとに0.4%減額 $0.4\% \times 12$カ月$\times 5$年$=24\%$	受給率 **100%**	1カ月ごとに0.7%増額 $0.7\% \times 12$カ月$\times 10$年$=84\%$	受給率 **184%**

繰上げ受給、繰下げ受給のポイント

☐ 繰上げすると、減額された老齢基礎年金を一生涯受け取ることになる。逆に繰下げすると、増額された老齢基礎年金を一生涯受け取ることになる。

☐ 取り消しや変更はできない。

☐ 付加年金がある場合は、付加年金も繰上げまたは繰下げとなる。

☐ 繰り上げる場合は、老齢基礎年金と老齢厚生年金を同時に繰り上げなければならない。繰り下げる場合は、同時に行っても、どちらか一方のみの繰り下げも可能。

○×問題にチャレンジ

1 国民年金の保険料免除期間は、老齢基礎年金の受給資格期間（10年）には算入されない。（2021年5月）　[　　]

2 老齢基礎年金と老齢厚生年金の繰上げ請求は、異なる時期に別々に行うことができる。（2021年5月 FP協会 資産）　[　　]

付加年金

- [ ] 付加年金は、第1号被保険者と任意加入被保険者が加入できる第1号被保険者独自の年金制度で、毎月の保険料に400円の付加保険料を上乗せして納付すると、老齢基礎年金の受給時に付加年金が上乗せされる。
- [ ] 付加年金の額（年額）＝200円×付加年金保険料納付月数

付加年金の計算例

- [ ] 付加年金に20年加入した場合、65歳から受給できる付加年金額は200×（12か月×20）＝48,000円

 上記の金額が、毎年老齢基礎年金額（2024年度満額816,000円）に上乗せされることになります。

ねんきん定期便

- [ ] 毎年1回、加入者の誕生月に（1日生まれの人は誕生月の前月）日本年金機構から「ねんきん定期便」が送付される。
- [ ] ねんきん定期便には、国民年金と厚生年金の被保険者期間が記載されており、50歳以上には将来の年金見込額も記載される（50歳未満の人には、加入実績に応じた年金額が記載される）。
- [ ] 日本年金機構のWebサービスねんきんネットでも、年金記録等を確認することができる。年金の試算もできる。

 私は8月頃にねんきん定期便のハガキが届くよ（バタ＝8月コ＝5日生まれ）。ねんきんネットは数字を入れるだけで試算できるから面白い。みんなもやってみて！

がんばった！

解説

1. 保険料免除期間は、受給資格期間に算入される。（答：×）

2. 繰上げ請求は、老齢基礎年金、老齢厚生年金を同時に行う必要がある。繰下げの場合はどちらか一方のみでも可能（答：×）

老齢厚生年金

老齢厚生年金について知識を整理しよう。

老齢厚生年金の概要

☐ 老齢厚生年金は、60歳から64歳まで支給される特別支給の老齢厚生年金と、65歳以降支給される老齢厚生年金がある。

60歳		65歳	死亡
特別支給の老齢厚生年金		**老齢厚生年金**	
報酬比例部分		老齢厚生年金	
定額部分		経過的加算	
		老齢基礎年金	
加給年金			

受給開始年齢	60歳～65歳未満	65歳以上
受給資格	老齢基礎年金の受給資格期間（10年以上）を満たしている	
	厚生年金加入期間が1年以上	厚生年金加入期間が1か月以上

特別支給の老齢厚生年金

☐ 特別支給の老齢厚生年金は、報酬比例部分（65歳以降は老齢厚生年金に振り替わる）と定額部分（65歳以降は老齢基礎年金に振り替わる）の2つから成る。

☐ 以前は60歳から老齢厚生年金を受給していたが、法改正で受給開始時期が60歳から65歳に引き上げられ、現在も段階的に移行手続きが進行中である。特別支給の老齢厚生年金はその経過措置として設けられている制度で、最終的には特別支給の老齢厚生年金はなくなり、65歳からの老齢厚生年金のみとなる。

Check!

特別支給の老齢厚生年金のポイント

☐ 1941年4月2日以後に生まれた人は、定額部分の受給開始が2年ごとに1歳ずつ65歳まで引き上げられる。1953年4月2日以後に生まれた人は、報酬比例部分の受給開始が2年ごとに1歳ずつ65歳まで引き上げられる。

☐ 1961年4月2日以後に生まれた男性と、1966年4月2日以後に生まれた女性は、特別支給の老齢厚生年金がない。

参考

報酬比例部分の男性の受給開始年齢
（女性は5年遅れ）

生年月日	報酬比例部分の受給開始年齢
1953年4月1日以前	60歳
1953年4月2日〜1955年4月1日	61歳
1955年4月2日〜1957年4月1日	62歳
1957年4月2日〜1959年4月1日	63歳
1959年4月2日〜1961年4月1日	64歳
1961年4月2日以後	65歳

※男性は1961年4月2日以後生まれ、女性は1966年
4月2日以後生まれは、報酬比例部分がなくなり、
特別支給の老齢厚生年金はすべてなくなる

定額部分の男性の受給開始年齢
（女性は5年遅れ）

生年月日	定額部分の受給開始年齢
1941年4月1日以前	60歳
1941年4月2日〜1943年4月1日	61歳
1943年4月2日〜1945年4月1日	62歳
1945年4月2日〜1947年4月1日	63歳
1947年4月2日〜1949年4月1日	64歳
1949年4月2日以後	65歳

※男性は1949年4月2日以後生まれ、女性は1954年
4月2日以後生まれは、定額部分がなくなり、報酬
比例部分のみとなる

 受給開始年齢が男女で5歳違うのは、昔の定年年齢が男性60歳、女性55歳と差があったところから来ているのよ。

特別支給の老齢厚生年金（65歳未満）の年金額

年金額＝報酬比例部分＋定額部分（＋加給年金※）※要件を満たした場合

○ 報酬比例部分：ア＋イ

（2003年4月から、給与と賞与から保険料を納める「総報酬制」が導入されたため、年金額の計算は2003年3月以前（ア）と2003年4月以後（イ）で分けて計算し、それを合算する。）

ア．平均標準報酬月額 $\times \dfrac{7.125}{1,000} \times$ 2003年3月以前の被保険者期間の月数

イ．平均標準報酬額 $\times \dfrac{5.481}{1,000} \times$ 2003年4月以後の被保険者期間の月数

○ 定額部分：1,701円※×生年月日に応じた乗率×被保険者期間の月数
※既裁定者は1,696円

老齢厚生年金（65歳以上）の年金額

○ 特別支給の老齢厚生年金の報酬比例部分が老齢厚生年金に、定額部分が老齢基礎年金に振り替わる。

年金額＝老齢厚生年金＋老齢基礎年金＋（経過的加算）＋（加給年金）
※要件を満たした場合、経過的加算、加給年金が支給される

○ 老齢厚生年金の計算式は、報酬比例部分と同じ。

息抜きも大事だよ！

老齢厚生年金の その他のポイント

経過的加算、加給年金等を整理しよう。加給年金の要件は頻出。

経過的加算

☐ 老齢基礎年金額が（65歳未満で受け取っていた）特別支給の老齢厚生年金の定額部分より少なくなる場合に、その差額を支給して65歳からの年金額が減らないように調整することを経過的加算という。

経過的加算額＝1,701円×生年月日に応じた乗率×

被保険者期間の月数－老齢基礎年金の額

加給年金

☐ 加給年金は、厚生年金の加入期間が20年以上ある被保険者に扶養する配偶者や子等がいる場合に、一定の条件を満たせば老齢厚生年金に加算される。

対象者	厚生年金の加入期間が20年以上の者
受給要件	• 扶養する65歳未満の配偶者（事実婚含む）、または子（18歳の年度末までの子、または障害等級1級・2級の20歳未満の子）、がいる
受給金額（2024年度）	配偶者：234,800円＋配偶者特別加算※ ※1943年4月2日以降生まれの場合、特別加算額は173,300円 子（2人目まで）：各234,800円　　子（3人目以降）：各78,300円

振替加算

☐ 配偶者が65歳で老齢基礎年金を受給するようになると、加給年金の支給は終了する。配偶者の老齢基礎年金額はそう多くないため、配偶者の老齢基礎年金に振替加算が付く。振替加算額は配偶者の生年月日に応じて決まるが、1966年4月2日以降生まれの配偶者には支給されない。

加給年金と振替加算のイメージ

※加給年金は配偶者が65歳になるまで本人に給付→以後は配偶者に振替加算が付く

老齢厚生年金の繰上げと繰下げ

☐ 老齢厚生年金も老齢基礎年金同様、繰上げ・繰下げが可能（増減率も同じ）。

☐ 老齢厚生年金を繰り上げる場合は老齢基礎年金も同時に繰り上げなければならないが、繰下げの場合は片方ずつの繰下げも同時の繰下げも可能。

☐ 老齢厚生年金の繰上げをしても、加給年金は繰上げできず、本来の受給時期（65歳）からの受給となる。老齢厚生年金を繰り下げた場合は加給年金も繰り下げられるが、加給年金額は増額されない。

※特例的な繰下げみなし増額制度：70歳到達後に繰下げの申出をせず、さかのぼって本来の年金を受け取ることを選択した場合でも、請求の5年前の日に繰下げ申出をしたものとみなし、増額された年金の5年間分を一括して受け取ることができる。

その他のポイント

厚生年金の長期加入者の特例	厚生年金の加入期間が44年以上あり、特別支給の老齢厚生年金（報酬比例部分）を受給できる人が、退職などにより65歳未満で被保険者でなくなった場合は、報酬比例部分に加え、厚生年金の定額部分や加給年金（要件を満たす場合）を早期に受給できる
在職老齢年金	60歳以降も厚生年金の適用事業所で働きながら受給する老齢厚生年金を在職老齢年金という。「老齢厚生年金の基本月額＋総報酬月額相当額」が50万円以下であれば全額が支給されるが、50万円を超えると、超えた金額の2分の1の厚生年金が支給停止となる（老齢基礎年金は全額支給される）
離婚時の年金分割制度	離婚した場合に、婚姻期間中の厚生年金保険の保険料納付記録を分割することができる。分割の対象となるのは、厚生年金の報酬比例部分のみ（基礎年金は対象外）。分割の方法には合意分割と3号分割の2つがある <合意分割>離婚日の翌日から2年以内に請求する必要がある。分割割合は双方の合意（または家庭裁判所の決定）によるが、上限は婚姻期間中の厚生年金記録の半分まで <3号分割>2008年4月1日以後の第3号被保険期間について、第2号被保険者の厚生年金記録の2分の1を分割できる。配偶者の同意は必要なし

自営業者には在職老齢年金制度はありません。年金を受け取りながら働く場合でも、年金は減額されませんよ。

明日もファイトー！

障害年金

病気やけが等で一定の障害状態になったときに支給される障害年金の制度を理解しよう。

- [ ] 障害年金は、障害基礎年金と障害厚生年金があり、年金額は障害の程度により決まる。

障害基礎年金

- [ ] 国民年金の加入者が一定の障害状態となった場合に支給される。

障害基礎年金の概要

受給要件	• 障害認定日に障害等級1級または2級に該当する • 初診日に国民年金の被保険者である。または60歳以上65歳未満で日本国内に住んでいる間に初診日がある • 初診日の前々月までの期間のうち3分の2以上保険料を納付している。または初診日の前々月までの過去1年間に保険料の未納がない
年金額 （新規裁定者）	• 1級：816,000円×1.25倍＋子の加算額 • 2級：816,000円＋子の加算額 ※子の加算額　（2人目まで）各234,800円　（3人目以降）各78,300円
その他	• 初診日に20歳未満であった人が20歳に達した日に1級または2級の障害の状態にある場合等は、原則、20歳から障害基礎年金が支給される（所得制限あり） • 障害認定日が20歳以後の場合は、認定日以後から支給される

※規裁定者の年金額は813,700円（1級の場合は×1.25倍）になる

障害厚生年金

- [ ] 厚生年金の加入者が一定の障害状態になったときに支給される。障害基

〇×問題にチャレンジ

1 老齢厚生年金の額に加給年金額が加算されるためには、原則として、厚生年金保険の被保険者期間が10年以上であり、かつ、その受給権者によって生計を維持されている一定の要件を満たす配偶者または子がいる必要がある。（2022年5月）　[　　]

2 障害基礎年金の受給権者が、所定の要件を満たす配偶者を有する場合、その受給権者に支給される障害基礎年金には、配偶者に係る加算額が加算される。（2021年9月）　[　　]

礎年金より障害状態が軽くても受給できる場合がある。

障害厚生年金の概要

受給要件	・障害認定日に障害等級1級、2級、3級のいずれかに該当する ・初診日に厚生年金の被保険者である ・障害基礎年金の受給要件を満たしている
年金額 （新規裁定者）	・1級：報酬比例部分の金額×1.25倍＋配偶者の加給年金額 ・2級：報酬比例部分の金額＋配偶者の加給年金額 ・3級：報酬比例部分の金額 ※配偶者の加給年金額　234,800円
その他	・障害の状態が3級よりも軽い場合、障害手当金として報酬比例部分の金額×2倍（一時金）の金額を支給する ・20歳未満で障害等級に該当した場合、厚生年金に加入していれば障害厚生年金が支給される ・障害厚生年金を計算する際、被保険者期間が300月に満たない場合には300月と見なして計算する ・障害認定日が20歳以後の場合は、認定日以後から支給される

障害認定日

障害の原因となった傷病の初診日から1年6か月が経過した日、または初診日から1年6か月が経過する前に治った場合は治った日（症状が固定した日）のいずれかを障害認定日という。

障害年金も「基礎」と「厚生」の2階建てなんだね。

がんばった！

解説

1. 加給年金受給の要件は、「厚生年金保険の被保険者期間が20年以上」であり、かつ「その受給権者によって生計を維持されている一定の要件を満たす配偶者または子がいる」である。（答：×）

2. 障害基礎年金には、「子」の加算額はあるが、「配偶者」の加算額はない（配偶者の加算があるのは障害厚生年金）。（答：×）

遺族年金

国民年金や厚生年金の被保険者が亡くなったときに遺族に支給される遺族年金について理解しよう。

☐ 遺族年金には、遺族基礎年金と遺族厚生年金がある。遺族年金の受給資格期間は25年以上である。

> 遺族年金はFP2級試験では頻出項目です。要点を押さえ、計算もできるようにしましょう！

遺族基礎年金

☐ 遺族基礎年金は、国民年金の被保険者が死亡したときに、子のいる配偶者または子に対して支給される。

受給要件	• 国民年金の被保険者、または老齢基礎年金の受給権者（受給資格期間が25年以上ある者）が死亡したとき • 死亡した者の保険料納付済期間（保険料免除期間含む）が加入期間の3分の2以上ある、または死亡した月の前々月までの1年間に保険料の未納がない
受給対象者 （遺族）	• 生計を維持されていた子のある配偶者 • 子（18歳になった年の3月31日までの未婚の者、障害1級・2級の状態にある20歳未満の者）
年金額 （新規裁定者）	816,000円＋子の加算額　※既裁定者　813,700円 ※子の加算：（第2子まで）各234,800円、（第3子以降）各78,300円
その他	• 遺族年金は「子のない配偶者」（または条件を満たさない子）には支給されない。 • 所得制限がある（年収850万円以上、または所得655.5万円以上の者は受給できない） • 条件を満たす妻や子が結婚したり子が養子になったりした場合、受給資格を喪失する

寡婦年金と死亡一時金

☐ 遺族に対する国民年金独自の制度として寡婦年金と死亡一時金がある。遺族年金が受給できない場合に、どちらか一方のみ受給できる。

寡婦年金	• 第1号被保険者としての保険料納付済期間が（免除期間と合わせて）10年以上ある夫が死亡したときに、夫によって生計を維持され、かつ婚姻関係が10年以上継続している妻に、60歳から65歳になるまでの間支給される • 年金額は夫の老齢基礎年金額の4分の3
死亡一時金	• 老齢基礎年金、障害基礎年金をいずれも受給しないまま死亡し、遺族が遺族基礎年金を受給できない場合に支給される • 第1号被保険者としての保険料納付済期間の月数等が36か月以上の人が対象

遺族厚生年金

⬜ 遺族厚生年金は、厚生年金の被保険者が死亡したときに、遺族に対し遺族基礎年金に上乗せして支給される。

受給要件	・厚生年金の被保険者（加入者）、または老齢厚生年金の受給権者（受給資格期間が25年以上ある者）が死亡したとき ・被保険者期間中に初診のある傷病によって初診日から5年以内に死亡したとき ・障害厚生年金（1級または2級）の受給権者が死亡したとき ・遺族基礎年金の受給要件を満たす
受給対象者（遺族）	・生計を維持されていた次の人のうち、優先順位のいちばん高い人が受給する ①配偶者（夫の場合は55歳以上）、子（18歳になった年の3月31日まで、または20歳未満の障害者）、②父母（55歳以上）、③孫（18歳になった年の3月31日まで、20歳未満の障害者）、④祖父母（55歳以上）※夫・父母・祖父母の支給は60歳から
年金額	報酬比例部分の金額の4分の3 ※被保険者期間の月数が300月に満たない場合は300月として計算する
その他	・30歳未満の子のない妻に対しては5年間の有期給付となる ・所得制限がある（年収850万円以上、または所得655.5万円以上の者は受給できない）

中高齢寡婦加算と経過的寡婦加算

⬜ 夫の死亡時に子がいない妻は遺族基礎年金が支給されないため、遺族基礎年金に代わるものとして（補完として）、条件を満たす40歳以上65歳未満の妻に遺族厚生年金に中高齢寡婦加算が加算給付される。

受給要件	・夫の厚生年金の被保険者期間が20年以上ある ・夫の死亡時に40歳以上65歳未満の、子のいない妻（夫の死亡後に40歳以上になった妻も含む） ・子が18歳になった年の3月31日を経過し、遺族基礎年金を受給できなくなった40歳以上65歳未満の妻
受給期間	妻が40歳から65歳になるまで
金額	612,000円（2024年度）

⬜ 妻が老齢基礎年金を受給できる65歳になると、中高齢寡婦加算が打ち切られる。1956年4月1日以前生まれの妻には、年金水準維持のため65歳以降も経過的寡婦加算が上乗せ給付される。

中高齢寡婦加算のイメージ図
（夫死亡時に11歳の子がいる妻（40歳）のケース）

妻40歳　　　妻47歳　　　　妻65歳

遺族厚生年金

遺族基礎年金	中高齢寡婦加算	老齢基礎年金
		経過的寡婦加算

子11歳　　　　子18歳

息抜きも大事だよ！

公的年金の併給調整

公的年金を複数受給する場合の併給調整について整理する。

☐ 年金の給付は1人1年金が原則であり、支給事由（老齢、障害、遺族）が異なる2つの年金を受けられる状況になった場合には、いずれか1つの年金を選択する。これを年金の併給調整という。しかし「老齢基礎年金と老齢厚生年金」等、支給事由が同じ場合は1つの年金とみなされ、併せて受給できる（併給）。

☐ 65歳以降に受給する年金には、特例的に併給が可能なパターンがある。

公的年金の併給可能な組み合わせ

	老齢厚生年金	障害厚生年金	遺族厚生年金
老齢基礎年金	○	×	65歳以降○
障害基礎年金	65歳以降○	○	65歳以降○
遺族基礎年金	×	×	○

- 老齢基礎年金＋老齢厚生年金
- 老齢基礎年金＋遺族厚生年金
- 障害基礎年金＋老齢厚生年金
- 障害基礎年金＋遺族厚生年金

☐ 遺族厚生年金の受給者は、65歳以降、老齢基礎年金を併給できる。

☐ 障害基礎年金の受給者は、65歳以降、老齢厚生年金・遺族厚生年金を併給できる（障害基礎年金と老齢基礎年金はどちらか一方を選択）。

遺族厚生年金と老齢厚生年金の併給調整

☐ 原則、自分の老齢年金を受給することが優先（老齢基礎年金＋老齢厚生年金）されるが、遺族厚生年金＞老齢厚生年金の場合は、差額が遺族厚生年金として支給される。老齢厚生年金＞遺族厚生年金の場合は、遺族厚生年金は全額支給停止となる。

○×問題にチャレンジ

1 障害厚生年金を受給している者が、65歳以降に老齢基礎年金の受給権を取得した場合、障害厚生年金と老齢基礎年金は併給される。（2015年9月）

[　]

併給調整のイメージ

リボンを
チェック！

| 老齢厚生年金 | 差額↕ 遺族厚生年金（調整後） |
| 老齢基礎年金 | 老齢厚生年金 |

（図）

A：自分の老齢年金（老齢基礎年金＋老齢厚生年金）→全額支給

B：自分の老齢基礎年金＋遺族厚生年金→（遺族厚生年金－自分の老齢厚生年金）の差額分が、調整後の遺族厚生年金として自分の老齢厚生年金に上乗せされる

C：（併給調整後の）遺族厚生年金額は、①と②のどちらか多い方
　　①遺族厚生年金と同額
　　②遺族厚生年金×2/3＋老齢厚生年金×1/2

雇用保険と老齢年金の併給調整

☐ 雇用保険の基本手当（失業保険）を受給している間は、特別支給の老齢基礎年金（65歳未満）は全額支給停止となる（雇用保険の受給が優先される）。

☐ 雇用保険の高年齢雇用継続給付を受給している間は、在職老齢年金（老齢厚生年金）が減額調整される（最大で標準報酬月額の6％）。

受給している雇用保険	併給調整
基本手当（失業保険）	特別支給の老齢厚生年金（65歳未満）は全額支給停止
高年齢雇用継続給付	在職老齢年金が標準報酬月額の6％を限度として支給停止

（図）60歳　65歳

明日もファイトー！

解説

1. 障害厚生年金と老齢基礎年金は「1人1年金」の原則通り併給できないため、障害年金か老齢年金かどちらかを選択する。65歳以降の場合、障害基礎年金と老齢厚生年金、障害基礎年金と遺族基礎年金の併給は可能。（答：×）

年金の請求手続きと税金

年金を受け取るための手続きと、年金に関わる税金について確認する。

年金の請求手続き

☐ 公的年金は、請求して初めて受給できる。受給要件を満たしているかを確認し、支払いの請求をすることを裁定請求という。

☐ 請求し忘れた年金は、原則として裁定請求により5年前までさかのぼって受給できる（5年を過ぎると時効により消滅）。

☐ 裁定請求しないまま受給権者が死亡した場合は、遺族（3親等以内の親族）年金は原則として、受給要件を満たした月の翌月から、毎年偶数月（2，4，6，8，10，12月）の15日に前月までの2カ月分が支給される。

 銀行や郵便局が偶数月に混むのは、年金が2カ月おきに支給されるからなんだね。

○×問題にチャレンジ

1 遺族基礎年金および遺族厚生年金は、所得税の課税対象とならない。（2023年5月） [　　]

2 公的年金等に係る雑所得の金額の計算は、「公的年金等の収入金額－公的年金等控除額」により計算するが、公的年金等控除額は、受給者の年齢が70歳以上か70歳未満かにより、控除額が異なる。（2023年1月FP協会 資産 改題） [　　]

3 老齢基礎年金および老齢厚生年金の受給者が死亡した場合において、そのものに支給されるべき年金給付のうち、まだ支給されていなかった者（未支給年金）は、当該年金を受け取った遺族の一時所得として所得税の課税対象となる。（2023年5月） [　　]

4 同一の事由により、障害厚生年金と労働者災害補償保険法に基づく障害補償年金が支給される場合、障害補償年金は全額支給され、障害厚生年金は所定の調整率により減額される。（2023年1月） [　　]

公的年金の税金

☐ 年金保険料の支払い、年金受け取りに関する税制は次の通り。

支払	年金保険料	全額が社会保険料控除の対象
給付	老齢年金	雑所得として課税対象。だが、公的年金等控除の適用がある
	障害年金	非課税
	遺族年金	

☐ 公的年金等控除額は、年齢や所得により異なる。

年齢	公的年金等の額	公的年金等控除額
65歳未満	130万円未満	60万円
65歳以上	130万円以上330万円未満	110万円

※公的年金等以外の合計所得金額が1,000万円以下の場合

老齢年金は雑所得として課税対象になりますが、公的年金等控除額があるため、一定金額までの年金収入（65歳未満は60万円以下、65歳以上は110万円以下）なら非課税です。

がんばった！

解説

1. 遺族年金と障害年金は所得税法上非課税である。国から受ける社会保険の給付金は、原則課税されない。（答：○）

2. 公的年金等控除額は、受給者の年齢が65歳未満か65歳以上かにより控除額が異なる。（答：×）

3. 年金の受給者が死亡した場合、死亡した人に支給されるべき年金給付のうちまだ支給されていなかったもの（未支給年金）があるときには、その受給権者の遺族で一定の要件に該当する人が、未支給年金の支給を請求できる。この遺族が受け取った未支給年金は、遺族固有の権利に基づいて支払いを受けたものであり、その遺族の一時所得に該当する。（答：○）

4. 障害年金と障害補償年金（労災年金）を受け取る場合、障害年金は障害基礎年金・障害厚生年金ともに全額を受け取れるが、労災年金は減額支給される。これは両制度から受け取る年金額の合計が被災前の支給賃金より高額になるのを防ぐためである。（答：×）

私的年金制度

私的年金制度について整理しよう。確定拠出年金が頻出。

企業年金

☐ 企業年金は、企業が従業員の退職後に支給する私的年金である。企業年金には、給付額が確定している確定給付型と、拠出額（掛金の額）が確定している確定拠出型の2種類がある。

企業年金の概要

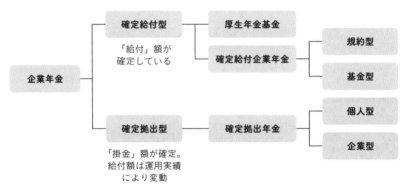

確定給付型企業年金

☐ 確定給付型企業年金には、厚生年金基金と確定給付企業年金（DB：Defined Benefit Pension Plan）がある。

☐ 確定給付企業年金は、さらに規約型と基金型に分かれる。

規約型 確定給付企業年金	実施主体は厚生年金適用事業所の事業主 労使が合意した年金契約に基づき、事業主が信託銀行や生命保険会社等と契約を結んで、母体企業の外で年金資産を管理・運用し、公的年金の上乗せ給付を行う
基金型 確定給付企業年金	実施主体は企業年金基金 企業とは別の法人格を持つ企業年金基金を設立し、企業年金基金が年金資産を管理・運用し、公的年金の上乗せ給付を行う 積立額が最低積立基準額を下回った場合は、事業主が不足分を補てんする義務がある

 確定給付型企業年金は、試験にはほとんど出ません。さらっと読めばOK！

確定拠出年金の概要

☐ 確定拠出年金（DC：Defined Contribution Pension Plan）には、企業型（企業型確定拠出年金）と個人型（個人型確定拠出年金：iDeCo）がある。

	企業型確定拠出年金	個人型確定拠出年金（iDeCo）
加入者	70歳未満の厚生年金被保険者 ※加入資格は規約で定められる	65歳未満の国民年金被保険者 ※国民年金保険料を納付していることが条件
運営主体	事業主（企業）	国民年金基金連合会
掛金の拠出	• 事業主負担 ※規約に定めれば加入者個人が追加拠出することも可（マッチング拠出）	• 原則、加入者本人が個人負担 • 掛金は月額5,000円以上1,000円単位 ※企業型確定拠出年金のない中小事業主が掛金を追加拠出することも可（iDeCoプラス）
掛金の拠出限度額	• 確定給付型企業年金がある場合 年額33万円（月額27,500円） • 確定給付型企業年金がない場合 年額66万円（月額55,000円）	• 国民年金第1号被保険者 年額81.6万円（月額6.8万円） ※付加保険料、国民年金基金の掛金と合算 • 国民年金第2号被保険者 • 企業型DC加入者 年額24万円（月額2万円） • 企業年金未加入者 年額27.6万円（月額2.3万円） • 公務員・私学教職員 年額14.4万円（月額1.2万円） • 国民年金第3号被保険者 年額27万6,000円（月額2.3万円）
税制	• 掛金は全額必要経費として損金算入可	• 掛金は全額小規模企業共済等掛金控除の対象

損金算入は、Chapter4 タックスプランニングで出てきますよ。

確定給付型で将来の年金額が決まると、もらう方は将来の予定が立てやすいな。確定拠出型は、運用の責任は自分だけれど、増やす楽しみがあるかも！

息抜きも大事だよ！

確定拠出年金の特徴

企業型確定拠出年金と個人型確定拠出年金の種類と特徴を覚えよう。

○ 企業型確定拠出年金、個人型確定拠出年金には共通の特徴がある。

運用指図	加入者本人が運用指図を行い、運用リスクも負う
運用商品	運営管理機関が選定した金融商品（預貯金、保険商品、投資信託等）から加入者が選択する。
受給開始時期	60歳から75歳の間で選択可能
給付	• 老齢給付 　年金受取→雑所得、一時金受取→退職所得 • 障害給付→非課税 • 死亡一時金（加入者が亡くなった場合、遺族に支給）→相続税の対象 • 脱退一時金（要件に該当すれば、60歳前に退職、転職した時に受け取れる） 　→一時所得
ポータビリティ	転職や退職の際、それまでに積み立てた年金資産を転職先の年金制度やiDeCoに移管することが可能

確定拠出年金の税制優遇

○ 確定拠出年金には、3つの税制メリットがある。

拠出時	• 企業が拠出した掛金は全額必要経費（損金算入） • 個人が拠出した掛金は全額所得控除（小規模企業共済等掛金控除）の対象
運用時	• 運用期間中の運用益は非課税
受取時	• 年金として受け取る場合は公的年金等控除の対象となる • 一時金として受け取る場合は、退職金と合算して退職所得控除が受けられる

○×問題にチャレンジ

1 確定拠出年金の老齢給付金は、その全部について、一時金として受給する場合は一時所得として、年金として受給する場合は雑所得として所得税の課税対象となる。（2023年5月）　[　　]

2 企業型年金における加入者掛金（マッチング拠出により加入者が拠出する掛金）の上限額は、事業主掛金の額に関わらず、拠出限度額から当該加入者に係る事業主掛金の額を差し引いた額となる。（2023年5月）　[　　]

マッチング拠出制度

リボンを
チェック！

☐ 企業型確定拠出年金では、規約に定めれば、企業の掛金に従業員が掛金を上乗せすることができる（マッチング拠出）。掛金の合計額は拠出限度額を超えてはならない。

掛金の額	上限は企業型の限度額と同額 ※従業員の拠出金額≦企業（事業主）の拠出金額でなければならない
税制	従業員が追加拠出した掛金は、全額が小規模事業共済等掛金控除の対象

中小事業主掛金納付制度「iDeCo+（イデコプラス）」

☐ iDeCo＋（イデコプラス）は、企業年金（企業型確定拠出年金、確定給付企業年金、厚生年金基金）のない中小企業（従業員300人以下）の事業主が、個人型確定拠出年金（iDeCo）に加入している従業員の加入者掛金に追加拠出できる制度。

☐ 加入者掛金と事業主掛金の合計額は、月額5,000円以上23,000円以下の範囲で、加入者と事業主がそれぞれ1,000円単位で決めることができる（加入者掛金を0円とすることはできないが、事業主掛金が加入者掛金を上回ることは可能）。

☐ 加入者掛金は小規模企業共済等掛金控除として全額が所得控除の対象、事業主掛金は全額を損金に算入できる。

Chapter1はあと2Lesson！ 最後まで気を引き締めて頑張ろう！

明日もファイトー！

解説

1. 確定拠出年金の老齢給付金は、一時金で受給する場合は退職所得、年金で受給する場合は雑所得として、所得税の課税対象となる。（答：×）

2. マッチング拠出により加入者が拠出する掛金は、事業主掛金と同額以下、かつ事業主掛金と合算して拠出限度額以内でなければならない。（答：×）

自営業者等の年金等

第1号被保険者（自営業者等）の国民年金に上乗せできる年金制度を理解しよう。

☐ 第1号被保険者（自営業者等）の公的年金は国民年金（基礎年金）のみであるため、国民年金に上乗せできる年金制度等として、付加年金、国民年金基金、小規模企業共済、中小企業退職金共済制度（中退共）、等がある。

国民年金基金

☐ 国民年金の上乗せを目的とした、第1号被保険者が加入できる年金制度。

加入対象者	国民年金第1号被保険者 ※年金保険料を納付していることが条件
加入方法	• 口数制で、1口目は終身年金を選択する。 　2口目からは終身年金と確定年金から組み合わせて選択する
掛金	• 給付の型、加入口数、加入時年齢、性別等により掛金が決まる • 月額68,000円が上限（iDeCoにも加入している場合は合算して68,000円まで）
掛金負担	加入者本人
税制	• 掛金は、全額が社会保険料控除として所得控除の対象 • 給付金は、老齢年金として受け取る場合は公的年金等控除の対象
その他	• 国民年金基金に加入すると、付加年金には加入できない（国民年金基金の保険料には付加年金分が含まれている） • 自己都合の任意脱退はできない

国民年金基金は、終身年金として受け取ることができるので、長生きリスクに対応することもできますよ。

○×問題にチャレンジ

1 小規模企業共済に加入した場合、支払った掛金額に2分の1を乗じた額が小規模企業共済等掛金控除として所得税の所得控除の対象となる。（2022年9月）　　　　[　　]

小規模企業共済

リボンを
チェック！

☐ 小規模企業の事業主や会社役員の退職金、事業再建を目的とした共済制度。国民年金基金と同時に加入できる。従業員は加入できない。

加入対象者	従業員20名以下の小規模企業の個人事業主や役員。従業員は加入不可
掛金	・月額1,000円～7万円までで、500円刻みで選択可能 ・加入後に掛金の増額、減額、前払い等が可能
掛金負担	加入者本人
共済金の受取	・一括受け取り（一時金）、分割受け取り（年金）、一括受け取りと分割受け取りの併用、の3つの方法がある
税制	・掛金は全額が小規模企業共済等掛金控除として所得控除の対象 ・給付金は、 分割受け取り（年金）の場合→雑所得となり公的年金等控除の対象 一括受け取り（一時金）の場合→退職所得となり退職所得控除の対象

中小企業退職金共済（中退共）制度

☐ 企業単独では退職金制度を持つことが難しい中小企業のための退職金準備制度。事業主は中退共と退職金共済契約を結び、毎月掛金を納付する。従業員が退職すると、中退共から直接退職金が支払われる。

加入対象者	常用従業員数50名以下の中小企業の全従業員。事業主、役員は加入不可
掛金	・月額5,000円～3万円で、いつでも増額できる ・新規加入後4か月目から1年間、掛金の2分の1を国が助成する制度がある（従業員1人5,000円が上限）
掛金負担	事業主（企業）
共済金の受取	・原則一括受け取り（一時金）だが、条件を満たせば分割受け取り（年金）や一括受け取りと分割受け取りの併用も可能
税制	・掛金は全額が損金算入、または必要経費となる ・給付金は 一括受け取り（一時金）の場合→退職所得となり退職所得控除の対象 分割受け取り（年金）の場合→雑所得となり公的年金等控除の対象

がんばった！

解説

1. 小規模企業共済の掛金は、全額が小規模企業共済等掛金控除として所得控除の対象となる。（答：×）

本番問題に チャレンジ

過去問題を解いて、理解を確かなものにしよう。

◻️ **問1** 老齢基礎年金の繰下げ支給に関する次の記述のうち、最も適切なものはどれか。（2019年9月）

1. 老齢基礎年金の受給権を有する65歳6カ月の者は、当該老齢基礎年金の繰下げ支給の申出をすることができる。

2. 付加年金を受給できるものが老齢基礎年金の繰り下げ支給の申出をした場合、付加年金の額は繰下げによって増額されない。

3. 老齢基礎年金の繰下げ支給による年金の増額率は、繰り下げた月数に0.7％を乗じて得た率で、最大84％となる。

4. 老齢厚生年金の受給権を有する者が老齢基礎年金の支給開始年齢を繰り下げる場合は、同時に老齢厚生年金の支給開始年齢も下げなければならない。 [　]

◻️ **問2** 遺族厚生年金に関する次の記述のうち、最も不適切なものはどれか。（2022年5月）

1. 厚生年金保険の被保険者が死亡したことにより支給される遺族厚生年金の額は、死亡した者の厚生年金保険の被保険者期間が300月未満の場合、300月とみなして計算する。

2. 遺族厚生年金の額（中高齢寡婦加算額および経過的寡婦加算額を除く）は、原則として、死亡した者の厚生年金保険の被保険者記録を基に計算された老齢厚生年金の報酬比例部分の3分の2相当額である。

3. 厚生年金保険の被保険者である夫が死亡し、夫の死亡当時に子のいない40歳以上65歳未満の妻が遺族厚生年金の受給権を取得した場合、妻が65歳に達するまでの間、妻に支給される遺族厚生年金には中高齢寡婦加算額が加算される。

4. 配偶者が死亡したことにより遺族厚生年金の受給権を取得した65歳以上の受給権者について、その受給権者が受給することができる老齢厚生年金の額が当該遺族厚生年金の額を上回る場合、当該遺族厚生年金の全部が支給停止される。 [　]

○ 問3 中小企業退職金共済、小規模企業共済および国民年金基金に関する次の記述のうち、最も不適切なものはどれか。（2021年9月）

1. 中小企業退職金共済の掛金は、原則として、事業主と従業員が折半して負担する。

2. 小売業を主たる事業として営む個人事業主が、小規模企業共済に加入するためには、常時使用する従業員数が5人以下でなければならない。

3. 日本国籍を有するもので、日本国内に住所を有しない20歳以上65歳未満の国民年金の任意加入被保険者は、国民年金基金に加入することができる。

4. 国民年金基金の掛金は、加入員が確定拠出年金の個人型年金に加入している場合、個人型年金加入者掛金と合わせて月額68,000円が上限となる。

[　]

解説1

1. 不適切。老齢基礎年金の繰下げ支給の申出は、66歳到達日以降に行える。本問では65歳6カ月なので、まだ申出はできない。2. 不適切。年金の繰上げ・繰下げを行うと、付加年金も連動して増額（繰下げ）、減額（繰上げ）される。3. 適切。繰下げ支給すると月当たり0.7%増額される。最大10年繰下げが可能であるので、0.7%×12カ月×10年＝84% 4. 不適切。繰下げの場合は、それぞれ時期を選べる。老齢基礎年金と老齢厚生年金のどちらか一方でも可能。繰上げは同時に行わなければならない。（答：3）

解説2

1. 適切。被保険者期間が300月（25年）未満でも300月あるとみなすことにより、被保険者期間が短くても相応の遺族保障が担保される。2. 不適切。遺族厚生年金の額は、原則として、死亡した者の老齢厚生年金の報酬比例部分の4分の3相当額である。3. 適切。4. 適切。本人の老齢厚生年金＞遺族厚生年金の場合は、併給調整されて遺族厚生年金が全額支給停止される。（答：2）

解説3

1. 不適切。中小企業退職金共済の掛金は、全額が事業主負担。2. 適切。小規模企業共済に加入できるのは、常時使用する従業員数が20名以下（小売り・サービス業は5名以下）の個人事業主または役員。3. 適切。記載の者のほか、国民年金第1号被保険者、60歳以上65歳未満の任意加入者が対象。4. 適切。iDeCoにも加入している場合は合算で68,000円が拠出上限額となる。（答：1）

息抜きも大事だよ！

共働き世帯の
住宅ローン

不動産価格が高騰する中、夫婦でローンを組むケースが増えています。
共働き世帯がローンを組む方法には、夫婦のうちどちらか1人がローンを契約する単独契約だけでなく、夫婦の収入を合算して借り入れを行うペアローンや収入合算型のローンがあります。

ペアローンは、夫婦それぞれがローン契約を結び、お互いが連帯保証人になります。死亡した場合、契約者となっている方のローンは団体信用生命保険（以下「団信」）で完済されます。住宅ローン控除もそれぞれのローン残高に応じて適用できます。但し、手数料は2契約分かかります。

収入合算ローンは、収入合算者が連帯債務者になる場合（連帯債務型）と連帯保証人になる場合（連帯保証型）の2種類があります。連帯債務型は、収入合算者も団信に加入でき、住宅ローン控除も利用できますが、連帯保証型の場合は、収入合算者は団信に加入できず、住宅ローン控除も適用できない等の違いがあります。

夫婦でローンを組む場合は、将来やむを得ず共働きが続けられない可能性など、様々な事態を想定して無理のない計画を検討していきたいですね。

Chapter 2

リスク管理

Chapter2 では、保険に関する様々なルールと、各種保険のしくみや内容を学ぶ。

2級では、法人契約の保険についても学ぶ。経理処理をどのように行うのかまで確認しよう。実技で生保顧客資産相談業務を受検する人は、仕訳までできるようになること。

保険料支払や保険金受取時の税制については、それぞれしっかり理解しよう。生命保険料控除の控除額計算は、生活にも役立つ知識。計算できるようになろう。

アクセスキー **L** （大文字のエル）

バタ子さん、保険について考える

バタ子さん、何やら考えこんでいる様子……。近くにいたアキコさんに話しかけました。

アキコさん、バタ美ももう3歳になるんです。「子どもが生まれたら生命保険に入った方がいい」って聞いたことがあるんですけど、我が家も考えたほうがいいですか？

そうね。もしも今日、ドタ助さんかバタ子ちゃんが事故に遭って亡くなったと想像してみて。お二人は共働きだから、世帯収入がゼロになる心配はなさそうだけれど、バタ美ちゃんの大学までの教育資金、ちゃんと出せるか心配じゃない？

残されたご遺族が心配なく生活していけるように備えるのが、生命保障。日々の暮らしだけでなく、教育資金やその他、今後必要になるまとまった金額のお金も含まれるから、一般的には、お子さんが生まれると、それなりの金額が必要な保障額になるのよ。

我が家は生命保険に入る必要がありそうですね。検討してみます。

そういえばこの間、学資保険を勧められたんですけど、学資保険って、どう考えたらいいんでしょう？ 入らないといけないものですか？

バタ美ちゃんの学費を用意するために学資保険を勧められたのね。でも実は、教育費（大学進学のお金）を準備する方法は、学資保険に限らないのよ。積立預金をするという方法もあるわ。

学資保険には「保険」ならではのメリットもあるから、商品の性質をきちんと理解してから検討してね。

積立といえば、子どもが生まれると国から支給される「児童手当」を、生まれた時からずっと貯蓄しておくと、200万円を超えるのよ！

ほんとですね！ 児童手当をそのままとっておいて貯蓄するのも、一つの方法ですね。

保険は、困った状態になった時に金銭的に困らないための備え。あくまで「備え」なので、必要な保障を過不足なくかけることが、家計に優しい保険のかけ方ですね。

お金はできれば家の購入とか、子どもの教育費に使いたいです。保険についても改めて勉強してみようっと！

保険の基礎知識

まずは保険の「基本のキ」を学ぼう。

リスクと保険

☐ 日常生活には様々なリスクがあり、リスクに備えるのが保険の役割である。

日常生活のリスク

人的リスク	病気やケガ、死亡、長生き
物的リスク	住まい、家財、自動車
損害賠償リスク	賠償責任（他人のケガや死亡、他人の物に対する）

保険制度のあらまし

☐ 保険には、国が運営する公的保険と保険会社等が運営する私的保険がある。

☐ 私的保険はさらに、生命保険（第一分野）と損害保険（第二分野）、どちらにも属さない第三分野の保険に分類される。

私的保険の分類

	第一分野	第二分野	第三分野
取り扱い	生命保険会社	損害保険会社	生命保険会社・損害保険会社
保険事故	人の生存・死亡	偶然の事故	傷害・疾病等
保険種類	定期保険、終身保険、養老保険、個人年金保険等	自動車保険、火災保険等	医療保険、傷害保険等
保険金支払	定額払	実損払	定額払／実損払

保険の考え方（貯蓄は三角、保険は四角）

☐ 貯蓄は十分な金額に達するまで相応の時間が必要だが、保険は契約が発効すれば必要な保障金額を確保することができる。

必要な保障の時期、金額に応じて貯蓄と保険のどちらで備えるか、を考えよう。

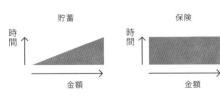

リスクに対する保障の考え方

- [ ] リスクは、まず公的保障と組織保障でどこまでカバーできるかを確認し、カバーできない部分を私的保障で補完するようにすると、補償の重複などを回避できる。

- [ ] 公的保障は、社会保険制度などの保障の土台部分。
- [ ] 組織保障では、会社など、所属する組織の制度として保障が上乗せされる場合がある。
- [ ] 私的保障は、公的保障、組織保障で不足する部分を私的に補完する保障。貯蓄や保険など。

リボンをチェック！

保険の用語集

契約者	保険会社と契約を結び、保険料を払い込む者
保険者	保険金の支払義務を負う者。保険会社
被保険者	保険の対象となる者。保険契約を結ぶ際には被保険者の同意が必要
受取人	保険金、給付金、年金等を受け取る権利を持つ者。複数人でも法人でも可
主契約	生命保険契約の基本となる部分
特約	主契約の補償内容を充実させるために主契約に付加する契約。特約単独で契約はできない。主契約が解約などにより消滅すると、特約も消滅する
保険料	契約者が保険会社に払い込むお金
保険金	保険契約に基づき、保険会社から支払われるお金
解約返戻金	保険を中途解約したときに払い戻されるお金
告知	現在の健康状態、過去の傷病歴、職業等を、告知書や生命保険会社の指定した医師等の質問に、事実をありのまま告げること
代理	保険会社に代わり、保険契約の締結を行うこと。損害保険募集人には契約の代理権（締結権限）が与えられており、保険募集人が契約を締結すればその日から契約の効力が生じる
媒介	保険会社と契約者の間に立って保険契約の仲介や申込みの勧誘を行うこと。生命保険募集人には通常契約締結権限がなく、「媒介」を行う。保険会社が契約の引受を承諾して初めて契約の効力が生じる

表に載っているのは基本的な用語です。適宜参照してくださいね。

明日もファイトー！

2

保険法と保険業法

保険は、内容が複雑かつ多岐にわたるため、様々な法律に規制されている。契約者の保護を図るために定められている法律（保険法、保険業法）や制度について学ぼう。

保険法

☐ 保険法は、契約者保護を目的として保険契約に関する一般的なルールを定めた法律で、生命保険や損害保険だけでなく、第3分野の保険や共済契約、少額短期保険にも適用される。

☐ 保険契約者等にとって、保険法の規定より不利な約款の規定は無効となる。

保険法のポイント

適用範囲の拡大	☐ 生命保険、損害保険に加え、傷害疾病保険（傷害保険、医療保険など第3分野の保険）、共済、少額短期保険にも保険法が適用される。
片面的強行規定	☐ 保険法の規定より保険契約者、被保険者、保険金受取人に不利な約款の定めは原則無効
告知義務	☐ 告知義務の内容は質疑応答義務（質問された事項に対してのみ告知すればよい） ☐ 故意または重大な過失による告知義務違反は契約解除
被保険者の同意	☐ 契約者と被保険者が異なる死亡保険契約は、被保険者の同意がない場合は無効
保険金の支払期限	☐ 生命保険5日、損害保険は30日（保険法施行日以前の契約にも適用）

○×問題にチャレンジ

1 保険法では、告知義務に関して、同法の規定よりも保険契約者、被保険者にとって不利な内容である約款の定めは、適用除外となる一部の保険契約を除き、無効となる旨が定められている。（2018年5月 改題） [　　]

2 保険法は、保険契約と同等の内容を有する共済契約についても適用対象となる。（2018年5月 改題） [　　]

3 保険契約者と被保険者が異なる死亡保険契約は、その加入に当たって、被保険者の同意が必要である。（2018年5月 改題） [　　]

保険業法

☐ 保険業法は、内閣総理大臣の登録を受けた保険業を営む会社や少額短期保険業者を金融庁が監督するための基本法である。保険会社の運営や保険募集に関するルールが定められている。

保険業法のポイント

☐ 保険業を行う者は、内閣総理大臣の登録を受ける必要がある。

☐ 共済は対象外で、各種協同組合法が適用される。

保険業法の留意点

保険募集に関する禁止行為	☐ 虚偽の説明や重要事項を告げない ☐ 告知義務違反を勧めたり、重要事項について虚偽の申告を勧める ☐ 保険料の割引や割戻その他特別の利益を提供したり、提供を約束する
意向把握義務	☐ 顧客の意向を把握し、意向に沿った商品提案を行う
情報提供義務	☐ 顧客が契約を締結するのに必要な情報を契約前に書面で交付する
保険募集人の体制整備義務	☐ 複数の商品を扱う保険募集人に対し、規模等に応じた体制整備が義務付けられた

禁止行為に上がっているのは、常識的に考えれば「こんなことはしてはいけない」ということですね。

がんばった！

解説

1. 本文の通り。保険法では、契約者保護の観点から、告知義務や保険金の支払いについて保険法の規定より保険契約者や被保険者に不利な内容の規定は無効とされる（片面的強行規定）。（答：○）

2. 本文の通り。保険契約と同等の内容を有する共済契約、少額短期保険にも保険法が適用される。（答：○）

3. 本文の通り。保険契約者と被保険者が異なる死亡保険契約は、被保険者の同意がない場合無効となる。（答：○）

契約者の保護

保険契約者は、次のようなしくみや制度でも守られている。

保険契約者保護機構（以下、機構）

☐ 機構には、生命保険契約を保護する生命保険契約者保護機構と、損害保険契約を保護する損害保険契約者保護機構がある。

☐ 国内で営業する生命保険会社と損害保険会社は加入が義務付けられている。

☐ 機構は、保険会社が破綻した場合、破綻した保険会社の契約を引き継ぐ「救済保険会社」に資金援助を行う。救済保険会社がない場合には、機構自らが「承継保険会社」を設立して保険を引き受けることがある。

☐ 資金の財源は、会員である保険会社が拠出する。

☐ 共済や少額短期保険業者は補償の対象外。

生命保険契約者保護機構の概要

加入対象	国内で営業するすべての生命保険会社（外資系、かんぽ生命を含む）
補償の対象	すべての生命保険契約
補償割合	原則、責任準備金の90％（高予定利率の保険契約を除く）

損害保険契約者保護機構の概要

加入対象		国内で営業するすべての損害保険会社（外資系を含む）	
補償の対象	自賠責保険地震保険	自動車保険、火災保険、賠償責任保険、海上保険、運送保険、信用保険等	年金払型積立傷害保険、その他の疾病・傷害保険（所得補償保険、医療介護費用保険等）
補償割合	保険金の100％補償	• 保険会社の破綻後3カ月以内に発生した保険事故→保険金の100％補償 • 保険会社の破綻後3カ月経過後に発生した保険事故→保険金の80％補償	• 保険金、解約返戻金ともに90％を補償（高予定利率の契約を除く） • 積立型保険の積立部分は80％を補償

※火災保険は、保険契約者が個人、小規模法人、マンション管理組合である場合は補償の対象

○×問題にチャレンジ

1 生命保険契約については、保険会社破綻時の保険金・年金等の額の90％まで生命保険契約者保護機構により補償される。（2014年1月 改題）[　　]

銀行や証券会社の窓販等で契約した保険も保険契約者保護機構の対象となります。

ソルベンシー・マージン比率

☐ ソルベンシー・マージン比率は、保険会社の支払余力を見る指標（solvency＝支払能力、margin＝余力）。200％以上であることが健全性維持の目安となっている。

☐ ソルベンシー・マージン比率が200％を下回った場合、監督官庁である金融庁は業務改善命令などを発動できる。

クーリング・オフ制度

☐ 保険契約者は、締結した保険契約を撤回したい場合、一方的な意思表示で契約の撤回・解除を行うことができる。これをクーリング・オフという。

よく聞く制度。「cooling-off」は頭を冷やす意味だね！

☐ 「クーリング・オフに関する書面を受け取った日」または「申込日」のいずれか遅い日から、その日を含めて8日以内に、書面（はがき等）や電磁的記録（保険会社のホームページやEメール等）による方法で保険会社に申し出る必要がある。

Check!

撤回・解除ができない場合

☐ 医師の診査が終了している場合
☐ 申込者、契約者が法人の場合
☐ 保険期間が1年以内の短期契約の場合
☐ 加入が義務付けられている保険（自賠責保険等）の場合

解説

1. 生命保険契約者保護機構に補償されるのは、破綻時の責任準備金の90％。（答：×）

息抜きも大事だよ！

保険料のしくみ

保険料の決まり方から剰余金が配当されるまでを確認しよう。

生命保険料算定の原則

☐ 生命保険の保険料は、大数の法則と収支相等の原則に基づいて定められる。

大数の法則	少数については予測できない事柄も、同じことが何回も起こりサンプル数が増えれば、発生確率は一定に収束するという考え方を大数の法則という。人の死についてもこの大数の法則が適用でき、保険会社は膨大な死亡データを基に死亡率等を予測し、保険料を算出する。
収支相等の原則	保険会社の収入（集めた保険料の総額・運用収益）と支出（支払った保険金の総額・経費等）が等しくなるように保険料を算出しなければならないというルール。元になる計算式は、死亡者数×保険金＝契約者数×保険料

保険料のしくみ

☐ 保険料（営業保険料）は、保険金支払の財源となる純保険料と経費等の財源となる付加保険料に分けられる。純保険料はさらに、死亡保険金の財源となる死亡保険料と満期保険金の財源となる生存保険料に分けられる。

保険料の概要

○×問題にチャレンジ

1 保険料のうち、将来の保険金等の支払財源となる純保険料は、予定死亡率に基づいて計算され、保険会社が保険契約を維持・管理していくために必要な経費等の財源となる付加保険料は、予定利率および予定事業費率に基づいて計算される。（2023年5月） [　]

2 終身保険について、保険料の算定に用いられる予定利率が引き上げられた場合、新規契約の保険料は安くなる。（2023年5月） [　]

予定基礎率

○ 保険料は、次の3つの予定利率に基づいて算出される。

予定死亡率	統計（生命表）に基づき性別・年齢ごとに算出した死亡率
予定利率	保険料を運用するときに保険会社が見込む運用利回り
予定事業費率	保険会社が事業を行う上で見積もる経費の割合

剰余金

○ 保険料収入が支出を上回った場合に利益が生じる。これを剰余金という。
  剰余金は発生理由により、死差益、利差益、費差益の3つに分けられる。

死差益	○ 予定より死亡率が低く、死亡者数が少なかった場合に発生 ○ 予定した死亡者数＞実際の死亡者数
利差益	○ 予定した利率より高い利率で運用でき、収益が出た場合に発生 ○ 予定利率＜実際の運用利率
費差益	○ 予定より経費を少なく抑えられた場合に発生 ○ 予定した事業費＞実際かかった事業費

配当金

○ 保険会社は、剰余金を財源として保険契約者に配当金を支払う。

○ 保険は、配当の有無により次の通りに分類される。一般的に有配当保険
  の方が無配当保険より保険料が高くなる。

有配当保険	死差益、利差益、費差益を配当金として分配する保険
利差配当付保険（準有配当保険）	利差益のみを配当金として分配する保険
無配当保険	剰余金を配当金として分配しない保険

解説

1. 純保険料は予定死亡率と予定利率に基づいて、付加保険料は予定事業費率に基
づいて計算される。（答：×）

2. 予定利率が引き上げられると、保険会社の保険料の運用収益の増加が見込める
ため、新規契約の保険料は安くなる。（答：○）

明日もファイトー！

5

生命保険契約のルール

保険会社は、保険の募集に際し、顧客の意向を把握し、事前に提案や説明を行う。契約者は、契約に際し、「契約約款」「注意喚起情報」「契約のしおり」等を確認する。

責任開始日

☐ 「申込書の提出」「告知または診査」「第1回保険料の払込み」の3つのステップが完了し、保険会社が契約を承諾（保険契約の引受を認めること）すると、保険会社は契約上の責任を負う。この日を「責任開始日」という。

告知義務

☐ 保険契約者・被保険者は、健康状態や職業等について事実をありのままに告げなければならない。これを告知義務という。

☐ 告知は自発的申告（自ら進んで重要な事実を伝える）の義務はなく、保険会社から質問されたことだけに答えればよい（質疑応答義務）。

☐ 告知義務違反があった場合、保険会社は契約を解除することができるが、次の場合は解除できない。

> ### Check!
>
> **保険会社が契約を解除できない場合**
>
> ☐ 保険会社が解除の原因があったことを知った時から1カ月以内に解除を行わなかった場合
> ☐ 契約から5年を経過した場合
> ☐ 生命保険募集人が、告知義務違反を勧める行為を行っていた場合
> ☐ 保険会社が契約締結時に告知義務違反を知っていた場合

○×問題にチャレンジ

1 生命保険契約の締結に際し、保険契約者または被保険者になる者は、生命保険会社から告知を求められた事項以外に保険事故の発生の可能性に関する重要な事項があれば、その者が自発的に判断して事実の告知をしなければならない。（2021年5月 改題）　[　　]

保険料の払込

☐ 保険料の払込は、次のような方法がある。

払込期間

全期払込	保険期間の全期にわたり保険料を払い込む方法
短期払込（有期払込）	保険期間より短い期間で保険料を払い込む方法

払込方法

分割払	保険料払込期間に応じその都度支払う方法（月払い、半年払い、年払い等）
一時払	全保険期間の保険料を一時に払い込む方法

前納払 と 一時払

☐ 保険料を分割払している場合は、前納払の方法を取ることもできる。前納払と一時払の違いは次の通り。

	方法	中途解約時の保険料の扱い	生命保険料控除
前納払	払込期日が来ていない保険料の一部または全部をあらかじめまとめて払い込む方法。	払込の時期が来ていない保険料は返還される	毎年受けられる
一時払	保険期間の全保険料を契約時に1回で払い込む方法。	未経過分の保険料は返還されない	保険料を支払った年度のみ（1回だけ）受けられる

 前納払では、生命保険会社が保険料を預かり、払込期日（応当日）に保険料に充当する形になっています。毎年保険料支払いが行われるので、生命保険料控除も受けられます。

がんばった！

解説

1. 告知は、保険会社が求めた事項のみを告知する「質疑応答義務」となっており、求められた以外の事項を自発的に申告する義務はない。（答：×）

生命保険継続の
ルール

生命保険の継続に関するルールを確認する。

☐ 保険契約を有効に継続するためには、保険料を期日までに払い込まなければならない。払込には一定の猶予期間が設けられているが、猶予期間を経過しても払込がない場合は、そのまま失効することになる。

保険料の払込猶予期間

☐ 払込猶予期間中に保険事故が発生した場合は、未払保険料が差し引かれた上で保険金が支払われる。

払込方法	猶予期間
月払	払込日の翌月初日〜翌月末日 例：払込期日が9/15→払込猶予期間は10/1〜10/31
半年払・年払	払込日の翌月初日〜翌々月の応当日※（契約日にあたる日付） 例：払込期日が9/15日→払込猶予期間は10/1〜11/15

※応当日：保険期間中に迎える、毎月または毎年の契約日に対応する日

契約の失効と復活

☐ 保険料の払込がなく、自動振替貸付（次ページ参照）もできないまま払込猶予期間が経過すると、保険契約は失効する。

☐ ただし契約失効後、原則3年以内に手続きを行うことで、保険契約を元に戻すことができる場合がある。これを復活という。

契約復活のポイント

☐ 未払保険料等（契約失効中の保険料と利息）を一括して払い込むことで復活できる。

◯×問題にチャレンジ

1 終身保険の月払保険料について、保険料の支払いがなかったため自動振替貸付により保険料の払込みに充当された金額は、生命保険料控除の対象となる（2022年9月 改題）　[　　]

2 保険契約者が民法所定の方式に従った遺言により死亡保険金受取人の変更をしていたとしても、その遺言によって、保険金受取人の変更をすることはできない（2016年9月 改題）　[　　]

- [ ] 告知または医師の診査が必要。
- [ ] 復活した場合の保険料率は失効前と同じ。
- [ ] 保険契約を解約した場合は復活できない。

生命保険の貸付制度

- [ ] 保険料の払込が滞ったり、一時的に資金が必要になったりした場合には、次の貸付制度を利用することができる。

自動振替貸付制度	・保険料の払込猶予期間までに保険料の払込がなかった場合に、保険会社が解約返戻金の範囲内で、自動的に保険料を立替払いする制度。 ・立て替えられた保険料には所定の利息がつく。いつでも返済可能で、返済する場合は未払保険料と利息を払い込む。 ・自動振替貸付により支払われた保険料は、生命保険料控除の対象となる。
契約者貸付制度	・解約返戻金の一定範囲内で契約者が受けられる貸付制度。貸付には所定の利息がつく。 ・契約者貸付を受けている間も保障は変わらず継続し、配当金を受け取る権利も継続する。 ・貸付金を完済しないまま満期を迎えたり、被保険者が死亡した場合は、満期保険金や死亡保険金から元金と利息が差し引かれて精算される。

万が一払込ができないときは、すぐに契約が失効するのではなくて、貸付制度が助けてくれるんだね。

契約変更

- [ ] 保険契約後の契約変更は、次の通り所定の手続きを踏むことで可能だが、被保険者は変更できない。

契約者変更	被保険者と保険会社の同意を得れば変更可能
保険金受取人の変更	保険事故が発生するまでは、保険会社に通知することで変更可能
遺言による 保険金受取人の変更	保険事故が発生するまでは、保険契約者は法律上有効な遺言により保険金受取人を変更できる
被保険者による 解除請求	被保険者は、保険契約者に対し、保険契約の解除を請求できる（保険契約者との離婚、被保険者の殺害、保険金詐欺などモラルリスク防止のため）

息抜きも大事だよ！

解説

1. 本文の通り。（答：○）

2. 保険契約者は、保険事故が発生するまで（被保険者が死亡するまで）は、法律上有効な遺言により保険金受取人を変更することができる。（答：×）

7

生命保険の見直し

必要保障額の考え方と保険の見直しの方法を整理しよう。

必要保障額の考え方

☐ 必要保障額は、被保険者の死亡以降必要な生活費の合計から、その後の遺族の収入を差し引いて求める。

必要保証額の求め方

必要保証額 （死亡保障）	=	今後の 生活費（支出）合計	−	今後の 生活資金（収入）合計

☐ 必要保障額は、ライフステージや子どもの数等により変わる。一般的に、末子の誕生時に必要保障額が一番大きくなり、子の成長とともに必要保障額は減っていく。

保険の見直し

☐ ライフステージの変化や家計状況により生命保険の見直しが必要となった場合には、目的に応じた方法を検討しよう。

保険の見直しの方法とポイント

保障の増額	☐ 保険金額の増額、追加契約（新たに保険に入る）、特約の中途付加等 ☐ 特約の中途付加の際は告知または診査が必要。特約保険料も中途付加するときの年齢や保険料率で計算される
保障の減額	☐ 保険金額の減額、特約の解約 ☐ 減額すると解約返戻金が受け取れる場合がある ☐ 減額により特約の保険金や給付金が減ることがある

○×問題にチャレンジ

1 死亡保障を目的とする生命保険への加入を検討しているAさん（30歳）に対し、「必要保障額を計算して過不足のない適正額の死亡保障を準備することをお勧めします。必要保障額は、通常、末子が誕生したときに最大になります」と説明した。（2021年5月 改題）　[　　]

契約転換制度

☐ 契約転換とは、現在契約している生命保険の積立部分や配当金を転換価格として下取りし、新たに契約する生命保険の一部（もしくは支払保険料の一部）に充当することをいう。元の保険は消滅する。全く新しい保険に加入するより保険料負担が軽くなる。

☐ 転換する際には告知や医師の診査が必要。また保険料は転換時の年齢や保険料率で再計算される。

保険料の払込が困難な場合

☐ 保険料の払込が難しくなった場合には、「払済保険」や「延長保険」にして、保険料の払込を中止して契約を継続する方法がある。

払済保険	☐ 保険料の払込を中止し、解約返戻金で保険期間の同じ生命保険に加入する ☐ 保険料が下がる
延長保険	☐ 保険料の払込を中止し、解約返戻金で保険金額の同じ生命保険に加入する ☐ 保険期間が短くなる

払済保険

契約　払済保険に変更　　　　　　満期

延長保険

契約　延長保険に変更　　　　　　満期

試験では、「延長保険」「延長（定期）保険」、2つの表現が出てきますが、どちらも同じものです。

明日もファイトー！

解説

1. 問題文記載の通り。必要保障額は末子が誕生した時が最大となり、子の成長とともに減っていく。（答：○）

本番問題にチャレンジ

過去問題を解いて、理解を確かなものにしよう。

○ **問1** 保険契約者保護機構に関する次の記述のうち、最も適切なものはどれか。（2016年1月）

1. 日本国内で営業する保険会社であっても、その本社が日本国外にある場合は、保険契約者保護機構への加入は義務付けられていない。
2. 国内銀行の窓口で加入した生命保険契約については、生命保険契約者保護機構による補償の対象とならず、預金保険制度による保護の対象となる。
3. 生命保険契約については、保険会社破綻時の保険金・年金等の額の90％までが生命保険契約者保護機構により補償される。
4. 自動車損害賠償責任保険契約については、保険会社破綻後3カ月以内に保険事故が発生した場合、支払われるべき保険金の全額が損害保険契約者保護機構により補償される。 　　[　　]

○ **問2** 細川さんは契約している生命保険契約の保険料の払込ができなかった場合の流れについて、FPの大垣さんに質問をした。下記＜資料＞に基づく大垣さんの説明の空欄（ア）〜（エ）にあてはまる語句の組み合わせとして最も適切なものはどれか。なお、記載のない事項については一切考慮しないものとする。（2023年9月FP協会 資産）

＜資料：細川さんが契約している生命保険＞

保険種類	解約返戻金の有無
終身保険A	あり
特定疾病保障保険B	なし

＜大垣さんの説明＞

・「終身保険A、特定疾病保障保険Bともに払込期日までに保険料の払込みができなかった場合でも（　ア　）期間内に保険料を払い込めば、保険契約を継続させることができます。」

・「終身保険Aは（　ア　）期間内に保険料の払込みができなかった場合で
　も、（　イ　）によって解約返戻金の範囲内で保険会社が保険料を立て替
　えることにより契約は継続します。」
「特定疾病保障保険Bは（　ア　）期間内に保険料の払込みができなかっ
た場合、保険契約は（　ウ　）となります。ただし、（　ウ　）となった場
合でも保険会社が定める期間内に（　エ　）の手続きを取り、保険会社の
承諾を得て未払いの保険料と保険会社によっては利息を払い込むことで契
約を有効に戻すことができます。」

1.（ア）払込待機　（イ）契約者貸付　　（ウ）失効　（エ）復元
2.（ア）払込猶予　（イ）自動振替貸付　（ウ）失効　（エ）復活
3.（ア）払込待機　（イ）自動振替貸付　（ウ）解除　（エ）復活
4.（ア）払込猶予　（イ）契約者貸付　　（ウ）解除　（エ）復元　　[　　]

解説1

1. 保険契約者保護機構への加入は、国内で事業を行うすべての生命保険会
　社に義務付けられている。外資系会社も例外ではない。よって誤り。
2. 銀行の窓口で加入した生命保険契約は、生命保険契約者保護機構の補償
　の対象となる（銀行を媒介として加入し、保険会社が保険を引き受けてい
　る）。よって誤り。
3. 補償されるのは、保険会社破綻時の責任準備金等の90％まで。よって誤り。
4. 本文の通り。（答：4）

解説2

　払込期日までに保険料の払込ができなかった場合でも、払込猶予期間中
に払込ができれば保険は継続できる。また、解約返戻金の範囲内で保険会社
が保険料を自動的に立て替えてくれる制度（自動振替貸付制度）もある。
特定疾病保障保険（B）は、払込猶予期間中に払込がなければ保険は失効す
ることになる。しかし、一定の要件を満たせば契約を復活させることができ
る。（答：3）

がんばった！

生命保険の種類

生命保険の種類を整理する。

生命保険のなりたち

☐ 生命保険は、主となる契約（主契約）に、オプション（特約）を追加する形でできている。複雑に見える保険も、その多くは「定期保険」「終身保険」「養老保険」の3つの「生命保険の基本形」を基にした保険の組み合わせでできている。

生命保険の基本形

生命保険 ＝ 主契約 ＋ 特約

支払い事由による**3**つの種類

☐ 生命保険は、支払い事由により「死亡保険」「生存保険」「生死混合保険」の3種類に分けられる。

生命保険の種類

	保険金の支払い事由	代表的な保険
死亡保険	被保険者が病気や事故などで死亡した場合に支払われる	定期保険 終身保険
生存保険	被保険者がある一定期間生存していた場合に支払われる	個人年金保険
生死混合保険	ある一定期間中に被保険者が死亡した場合には死亡保険金が、ある一定期間まで被保険者が生存していた場合には満期保険金が支払われる	養老保険

生命保険のなりたちと基本形を押さえておくと、保険証券の読み取りに役立ちますよ。

定額保険と変額保険

◯ 生命保険はまた、保険金額の変動の有無により「定額保険」と「変額保険」に分類できる。

定額保険	◯ 保険金額が定額（契約時の金額のまま変わらない） ◯ 資産は一般勘定で運用・管理される
変額保険	◯ 保険金額が運用実績により変動する ◯ 資産は特別勘定（運用対象は株式や債券等）で運用・管理される ◯ 終身型と有期型がある ◯ 死亡保険金には最低保証があるが、満期返戻金や解約返戻金には最低保証がない

変額保険のイメージ（終身型と有期型）

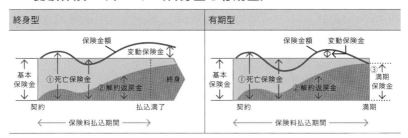

◯ 保険金額は運用実績で変動する。

◯ 死亡保険金の金額は、基本保険金額（契約時の保険金額）が最低保証されている。

◯ 解約返戻金・満期保険金の金額は最低保証されていない。

 保険金は、運用実績が悪くて元本割れしている場合には、約束した金額を払ってくれるんだ！

 そうね。一方、解約返戻金や満期保険金は、運用実績の良し悪しに関係なく運用実績に応じた金額が戻ってきます。運用実績が悪いと目減りする可能性があることを理解しましょうね。

息抜きも大事だよ！

保障重視型の保険

個人向けの生命保険は様々な商品が出されている。まず保障重視の保険（死亡保障）から見ていこう。

保障重点型の保険

☐ 死亡保障を目的とする保険は、「定期保険」と「終身保険」が保障の柱となる。それぞれ派生形の保険も多い。

定期保険とその仲間

定期保険	☐ 保険期間は一定
定額型の例 死亡保険金 〔解約返戻金相当額〕 契約 ←── 保険料払込期間 ──→ 満期	☐ 保険期間中に被保険者が死亡または高度障害になった場合に保険金が支払われる ☐ 保険料は基本的に掛け捨てで、満期保険金がない。保険料は比較的安い
生存給付金付定期保険	☐ 生存していれば、一定期間ごとに生存給付金を受け取れる定期保険 ☐ 保険料は通常の定期保険より割高
収入保障保険 契約▼ 死亡▼ 満期▼ ① ┊ ┊ 年金受取期間 ←── 契約期間 ──→ （保険料払込期間）	☐ 保険期間中に被保険者が死亡または高度障害になった場合に、保険金が年金形式（月額払形式）で支払われる定期保険 ☐ 年金の支払方法には、契約時に定めた受取年数分を支払う確定型と、死亡後から保険期間の満了時まで支払う歳満了型の2つのタイプがある ☐ 保険金は年金形式でなく一括して一時金で受け取ることもできるが、一括で受け取る金額は年金形式の受取総額より少なくなる ☐ 保険期間の経過に応じて保険金の受取総額が減っていくため、死亡保障額が一定の定期保険より保険料は割安

収入保障保険は、遺族の収入を保障する死亡保険です。似た名前の所得補償保険とは違うので注意しましょう。

所得補償保険は、病気やケガで働けなくなって所得が減るのを補償する保険だね。

終身保険とその仲間

終身保険	◯ 被保険者が死亡または高度障害になった場合に死亡保険金が支払われ、保障は一生涯続く
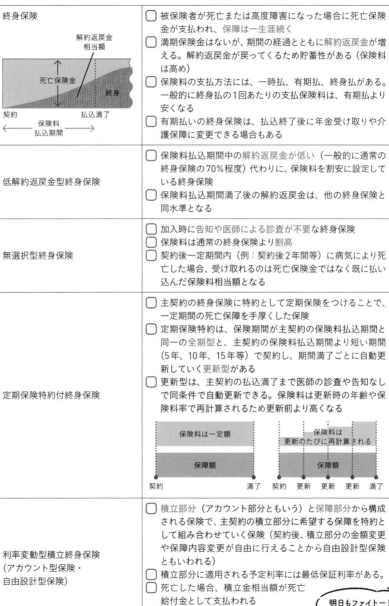 解約返戻金相当額 / 死亡保険金 / 終身 / 契約 / 払込満了 / 保険料払込期間	◯ 満期保険金はないが、期間の経過とともに解約返戻金が増える。解約返戻金が戻ってくるため貯蓄性がある（保険料は高め） ◯ 保険料の支払方法には、一時払、有期払、終身払がある。一般的に終身払の1回あたりの支払保険料は、有期払より安くなる ◯ 有期払いの終身保険は、払込終了後に年金受け取りや介護保障に変更できる場合もある
低解約返戻金型終身保険	◯ 保険料払込期間中の解約返戻金が低い（一般的に通常の終身保険の70％程度）代わりに、保険料を割安に設定している終身保険 ◯ 保険料払込期間満了後の解約返戻金は、他の終身保険と同水準となる
無選択型終身保険	◯ 加入時に告知や医師による診査が不要な終身保険 ◯ 保険料は通常の終身保険より割高 ◯ 契約後一定期間内（例：契約後2年間等）に病気により死亡した場合、受け取れるのは死亡保険金ではなく既に払い込んだ保険料相当額となる
定期保険特約付終身保険	◯ 主契約の終身保険に特約として定期保険をつけることで、一定期間の死亡保障を手厚くした保険 ◯ 定期保険特約は、保険期間が主契約の保険料払込期間と同一の全期型と、主契約の保険料払込期間より短い期間（5年、10年、15年等）で契約し、期間満了ごとに自動更新していく更新型がある ◯ 更新型は、主契約の払込満了まで医師の診査や告知なしで同条件で自動更新できる。保険料は更新時の年齢や保険料率で再計算されるため更新前より高くなる 保険料は一定額 / 保障額 / 契約 / 満了 ／ 保険料は更新のたびに再計算される / 保障額 / 契約 更新 更新 更新 満了
利率変動型積立終身保険 （アカウント型保険・ 自由設計型保険）	◯ 積立部分（アカウント部分ともいう）と保障部分から構成される保険で、主契約の積立部分に希望する保障を特約として組み合わせていく保険（契約後、積立部分の金額変更や保障内容変更が自由に行えることから自由設計型保険ともいわれる） ◯ 積立部分に適用される予定利率には最低保証利率がある。 ◯ 死亡した場合、積立金相当額が死亡給付金として支払われる ◯ 保険料払込満了後は、積立部分を終身保険や年金受け取りに変更できる

明日もファイト―！

保障機能と貯蓄機能の ある保険、個人年金保険

保障機能と貯蓄機能を併せ持った保険について確認する。

保障機能と貯蓄機能のある保険

◯ 保障機能と貯蓄機能の両方を併せ持つ保険には、養老保険とこども保険（学資保険）がある。

養老保険 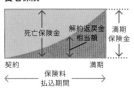	◯ 保険期間は一定 ◯ 保険期間中に被保険者が死亡した場合には死亡保険金が支払われ、満期まで生存していた場合には満期保険金が支払われる ◯ 死亡保険金と満期保険金は同額 ◯ 亡くなっても生きていても受け取れる生死混合保険で、資産性が高い（保険料は高め）
こども保険（学資保険）	◯ 契約者（親）が死亡または高度障害状態になった場合、それ以降の保険料払込が免除されるが、満期保険金や祝い金等は当初契約通りに支払われる ◯ 養育（育英）年金特約を付加している場合、契約者死亡により、保険期間満了まで育英年金が支払われる

個人年金保険

◯ 個人年金保険は、契約時に定めた年齢から年金が支払われる保険。

◯ 被保険者が年金受取開始前に死亡した場合は、遺族に対して既払込保険料相当額の死亡給付金が支払われる。

定額個人年金保険

◯ 年金の支払方法により、終身年金、確定年金、有期年金等の種類がある。

終身年金	◯ 被保険者が生きている限り年金が支払われる ◯ 保険料は一般的に男性より女性の方が高い ◯ 確定年金や有期年金より保険料は高くなる
保障期間付終身年金 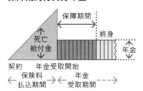	◯ 被保険者が生きている限り年金が支払われる。被保険者が年金受取期間中に死亡した場合、保障期間であれば、保障期間の残りの期間は遺族に年金（または死亡一時金）が支払われる ◯ 保障期間中の年金を一時金として受け取り、保障期間終了後も生きている場合には、年金が支払われる

確定年金	
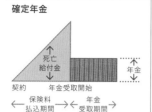	☐ 被保険者の生死に関係なく、契約時に定めた一定期間（5年、10年、15年等）年金が支払われることが確定している年金 ☐ 年金受取期間中に被保険者が亡くなった場合でも、年金（または一時金）が遺族に支払われる
有期年金	
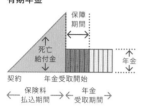	☐ 契約時に定めた年金支払い期間、被保険者の生存を条件に年金が支払われる ☐ 年金受取期間中に被保険者が亡くなった場合、期間が残っていても以後の年金は支払われず、契約は終了する ☐ 同条件の場合、保険料は確定年金より安くなる
夫婦年金	
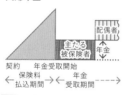	☐ 夫婦を被保険者とする連生型終身年金で、夫婦のどちらかが生きている限り年金が支払われる ☐「保障期間付夫婦年金」もあり、保障期間中に夫婦が両方死亡すると、残りの保障期間の年金等は相続人に支払われる ☐ 夫婦それぞれが個人年金保険に加入するよりも保険料が割安になる

変額個人年金保険

☐ 運用実績により年金額等が変動する個人年金保険。

変額個人年金保険	
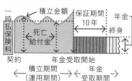	☐ 資産を特別勘定で運用し、運用実績によって年金や死亡給付金、解約返戻金等の金額が変動する ☐ 年金の支払い開始前に被保険者が死亡した場合は、死亡給付金が支払われる。死亡給付金には一般的に最低保証がある（一時払保険料相当額）が、解約返戻金には最低保証はない ☐ 運用収益に対する課税は、解約時または年金受取時まで繰り延べされる

外貨建て個人年金保険

☐ 保険料の支払や保険金受取を外貨で行う個人年金保険。

☐ 円入金特約や円換算支払特約が付加されている場合がある。

☐ 保険料支払い時と保険金等の受取時の為替レートによっては、為替差損益が生じ、年金受取総額が減る場合がある。

☐ 要件を満たせば、保険料は生命保険料控除の対象となる。

がんばった！

12

団体生命保険と団体信用生命保険

団体生命保険と団体信用生命保険について理解する。

団体生命保険

☐ 団体生命保険は、特定の会社等、団体に所属する従業員やその家族が加入することのできる保険。1年更新型で、医師の診査なしで加入できる。

☐ 法人が従業員や役員の生活保障などを目的として加入する「総合福祉団体定期保険（Aグループ保険）」と、従業員が任意に加入できる「団体定期保険（Bグループ保険）」の2種類がある。

団体保険の種類とポイント

	総合福祉団体定期保険 （Aグループ保険）	団体定期保険 （Bグループ保険）
契約者	企業	従業員
被保険者	企業の役員・従業員（全員加入）	従業員（任意加入）
保険金受取人	死亡保険金：被保険者の遺族 （被保険者の同意があれば、保険受取人を企業にすることも可能）	死亡保険金：被保険者の遺族
保険料	全額法人負担（全額損金算入）	従業員負担（給与や口座から引き落とし。生命保険料控除の対象）
医師の診査	不要（告知書扱い。被保険者の同意と告知は必要）	不要（告知書扱い）
備考	主契約のほか、次の特約がある • ヒューマン・ヴァリュー特約 　役員・従業員の死亡や高度障害の場合に企業の経済的損失を補償するものとして支払われる（受取人は企業） • 災害総合保障特約 　不慮の事故により傷害を負ったり入院した場合等に支払われる（受取人は企業または従業員）	• 保険料は加入する団体ごとに決められる（被保険者の年齢を問わず同一保険料の「平均保険料」、一定の年齢ごとに保険料を設定する「年齢群団別保険料」などがある） • 「退職者継続保障制度」を設けている場合は、退職後も継続加入できる場合がある（継続加入できない企業もある）

団体生命保険は、Aグループ保険とBグループ保険の相違点を押さえましょう。両方とも医師の診査が不要な点もポイント。ヒューマン・ヴァリュー特約、災害総合保障特約についてもよく出題されます。

団体信用生命保険

○ 団体信用生命保険（団信）は、住宅ローンに付保される生命保険。保険契約者・保険金受取人が金融機関、被保険者が債務者となる。債務者が死亡・高度障害になったときに、保険金（住宅ローン残高と同額）が支払われる。

○ 一般的に、ローン残高に応じて保険金額、保険料は減少していく。

○ 団体信用生命保険の保険料は、生命保険料控除の対象外である。

住宅ローンを借りている人が亡くなると、団信から住宅ローン残高と同じ金額の保険金が支払われて、住宅ローンが完済されるんだね！だから遺族は、その後は住宅ローンの支払をすることなく、家に住み続けられるのね。

Check!

生命保険の試験のポイント（参考）

○ 生命保険商品の種類と内容を問う問題は毎回出題！
保険の種類、特徴を押さえる

○ 保険は組み合わせ
長い名前の保険は分解して、組み合わされた特徴を押さえる
例：定期保険特約付終身保険（定期保険 / 特約付 / 終身保険 と分解）

➡ 定期保険が特約として付いた終身保険（終身保険と定期保険の特徴を併せ持つ）
変額個人年金保険（変額 / 個人年金保険 と分解）

➡ 変額保険タイプの個人年金保険（変額保険と個人年金保険の特徴を併せ持つ）

息抜きも大事だよ！

その他の保険

かんぽ生命の保険や共済、少額短期保険について確認する。

かんぽ生命の保険商品

☐ かんぽ生命（株式会社かんぽ生命保険）は、2007年の郵政民営化に伴い、国営事業であった簡易保険事業を承継した。全国の郵便局等を通じて、終身保険や養老保険等の簡易で小口の保険を販売している。

Check!

かんぽ生命の保険商品のポイント

☐ 加入限度額は原則1,000万円（加入後4年経過した20歳以上55歳未満の者は2,000万円）。

☐ 医師の診査が不要で、職業による加入制限はない。

☐ 契約して1年6カ月を経過した後、不慮の事故で180日以内に死亡、または特定感染症で死亡した場合は、死亡保険金が倍額支払われる（倍額支払制度）。

 「かんぽ」って、簡易生命保険のことなんだね！

 医師の診査が不要で、職業による加入制限がないので、幅広い方が簡単に入れる保険なのよ。でもその代わり、一般の生命保険に比べて金額は小口に抑えられているわ。

 へー、そうなんだ！一般の生命保険と比べて考えたことなかったな。

共済

- [ ] 共済は相互扶助を目的とした制度で、一定の地域や職域等で構成する協同組合によって運営されている。共済加入者は原則組合員であることが必要。

- [ ] 主な制度共済に、農業協同組合が運営するJA共済のほか、こくみん共済（旧全労済）、都道府県民共済、CO-OP共済等がある。

- [ ] 共済は保険法の適用を受けるが、保険業法の適用は受けない。また、共済契約は保険契約者保護機構の保護の対象外である。

> 共済は監督省庁のもとで、それぞれの根拠法に則って運用されます。
> 掛金が比較的手頃で、性別や年齢に関係なく一律のものもあります。
> 原則医師の診査も不要です。

少額短期保険

- [ ] 一定の少額かつ短期の保険を少額短期保険といい、扱う業者を少額短期保険業者という。

Check!

少額短期保険のポイント

- [ ] 1人の被保険者から引受可能な金額の上限は合算で1,000万円（生命保険300万円、医療保険80万円、損害保険1,000万円）。

- [ ] 保険期間は、生命保険・医療保険が1年以内、損害保険が2年以内。

- [ ] 少額短期保険は、保険法と保険業法の適用を受けるが、保険契約者保護機構の保護の対象外である。

- [ ] 少額短期保険の保険料は、生命保険料控除や地震保険料控除の対象外となっている。

明日もファイトー！

問1 生命保険の一般的な商品性に関する次の記述のうち、最も適切なものはどれか。なお、記載のない特約については考慮しないものとする。（2023年1月）

1. 逓減定期保険は、保険期間の経過に伴い所定の割合で保険料が逓減するが、保険金額は一定である。

2. こども保険（学資保険）では、契約者が死亡した場合、あらかじめ指定された受取人に死亡給付金が支払われる。

3. 収入保障保険の死亡保険金を年金形式で受け取る場合の受取総額は、一時金で受け取る場合の受取額よりも少なくなる。

4. 養老保険では、保険金の支払事由に該当せずに保険期間満了となった場合、死亡・高度障害保険金と同額の満期保険金を受け取ることができる。　　　　　　　　　　　　　　　　　[　　]

問2 生命保険の一般的な商品性に関する次の記述のうち、最も不適切なものはどれか。なお、特約については考慮しないものとする。（2024年1月）

1. 外貨建て終身保険では、死亡保険金を円貨で受け取る場合、受け取る金額は為替相場によって変動する。

2. 変額保険（終身型）では、資産の運用実績に応じて死亡保険金額が変動するが、契約時に定めた保険金額（基本保険金額）は保証される。

3. こども保険（学資保険）では、契約者（＝保険料負担者）が死亡した場合であっても、保険契約は継続し、被保険者である子の成長に合わせて祝金（学資金）等を受け取ることができる。

4. 低解約返戻金型終身保険では、他の契約条件が同一であれば、低解約返戻金型ではない終身保険と比較して、保険料払込期間満了後も解約返戻金額が低く設定されている。　　　　　　[　　]

問3 個人年金保険の一般的な商品性に関する次の記述のうち、最も不適切なものはどれか。（2023年9月）

1. 確定年金では、年金受取開始日前に被保険者が死亡した場合、

死亡給付金受取人が契約時に定められた年金受取総額と同額の
死亡給付金を受け取ることができる。

2. 10年保証期間付終身年金では、被保険者の性別以外の契約条件
が同一である場合、保険料は女性の方が男性よりも高くなる。

3. 変額個人年金保険では、特別勘定における運用実績によって、
将来受け取る年金額や解約返戻金額が変動する。

4. 外貨建て個人年金保険では、円換算支払特約を付加することで、
年金や解約返戻金、死亡給付金を円貨で受け取ることができる。 [　　]

解説1

1. 逓減定期保険は、保険料が一定で保険金額が所定の割合で逓減する。よっ
て誤り。

2. こども保険（学資保険）では、契約者が死亡しても死亡給付金は支払われ
ないが、以後の保険料支払が免除され、満期保険金等が支払われる。よっ
て誤り。

3. 収入保障保険を年金形式で受け取る場合の受取総額は、一時金で受け取
る場合より多くなる。よって誤り。

4. 本文の通り。（答：4）

解説2

1. 適切。外貨建て終身保険は、原則保険料の払込、運用、保険金の受取を外貨
で行う保険。円貨で受け取る場合は、その時点の為替相場で円換算される。

2. 記述は適切。変額保険は運用実績により死亡保険金額が変わるが、運用実
績が悪くても、死亡保険金は最低保証として基本保険金が支払われる。

3. 適切。契約者（保険料負担者、親等）が死亡または高度障害状態になった
場合、それ以降の保険料払込が免除されるが、満期保険金や祝い金等は
当初契約通りに支払われる。

4. 記述は不適切。低解約返戻金型終身保険は、保険料払込期間中の解約返
戻金額が低く設定されている保険。保険料払込が満了すれば、解約返戻金
額は一般の終身保険と同水準になる。（答：4）

解説3

1. 年金受け取り開始日前に被保険者が死亡した場合は、それまでの
払込保険料相当額が死亡給付金として支払われる。よって誤り。

2. 3. 4. は本文の通り。（答：1）

がんばった！

15

本番問題にチャレンジ

過去問題を解いて、理解を確かなものにしよう。

問1 団体生命保険等の一般的な商品性に関する次の記述のうち、最も適切なものはどれか。（2022年9月）

1. 団体定期保険（Bグループ保険）は、従業員等が任意に加入する1年更新の保険であり、毎年、保険金額を所定の範囲内で見直すことができる。
2. 総合福祉団体定期保険では、ヒューマン・ヴァリュー特約を付加した場合、当該特約の死亡保険金受取人は被保険者の遺族となる。
3. 住宅ローンの利用に伴い加入する団体信用生命保険では、被保険者が住宅ローン利用者（債務者）、死亡保険金受取人が住宅ローン利用者の遺族となる。
4. 勤労者財産形成貯蓄積立保険（一般財形）には、払込保険料の累計額385万円までにかかる利子差益が非課税となる税制上の優遇措置がある。 [　　]

問2 外貨建て生命保険の一般的な商品性に関する次の記述のうち、最も適切なものはどれか。なお、記載のない特約については考慮しないものとする。（2023年5月）

1. 外貨建て生命保険は、米ドル・豪ドル・ユーロなどの外貨で保険料を払い込んで円貨で保険金等を受け取る保険であり、終身保険のほか、養老保険や個人年金保険などがある。
2. 外貨建て終身保険は、円貨建ての終身保険と異なり、支払った保険料が生命保険料控除の対象とならない。
3. 外貨建て終身保険は、契約時に円換算支払特約を付加すれば、契約時の為替相場で円換算した死亡保険金を受け取ることができる。
4. MVA（市場価格調整）機能を有する外貨建て生命保険は、市場金利に応じた運用資産の価格変動に伴い、解約時の解約返戻金額が増減する。 [　　]

解説1

1. 本文の通り。

2. ヒューマン・ヴァリュー特約の保険金受取人は企業に限定される。よって誤り。

3. 団体信用生命保険の死亡保険金受取人は、住宅ローンの債権者（金融機関等）である。よって誤り。

4. 財形制度には一般・住宅・年金の3種類がある。「勤労者財産形成貯蓄積立保険」は生命保険会社が扱う年金財形の商品で、保険料の払込累計額385万円（住宅財形と合算で550万円）までは利子等非課税の税制優遇がある。一般財形は年齢・金額等の制約が少ないが税制優遇はない。よって誤り。〔答：1〕

解説2

1. 外貨建て生命保険は外貨で保険料を払い込み、外貨で保険金を受け取る。よって誤り。

2. 外貨建て終身保険も一定の要件を満たせば生命保険料控除の対象となる。よって誤り。

3. 円換算支払特約によりその時の円貨で受け取れるが、為替予約はできない。よって誤り。

4. Market Value Adjustment機能により、解約時の市場金利が契約時に比べて上昇した場合は解約返戻金額が減少し、低下した場合は解約返戻金が増加する。〔答：4〕

息抜きも大事だよ！

生命保険料控除

生命保険料控除について確認しよう。

生命保険料控除とは

- ☐ 生命保険、介護・医療保険、個人年金保険の保険料を支払うと、所得から一定金額を控除することができ、所得税や住民税負担を軽減できる。これを生命保険料控除という。
- ☐ その年に支払った保険料が控除対象となる。
- ☐ 給与所得者は年末調整で控除の適用が受けられる（確定申告は不要）。

生命保険料控除の概要

- ☐ 2011（平成23）年12月31日までに締結した保険契約（旧契約）と、2012（平成24）年1月1日以後に締結した保険契約（新契約）とで取り扱いが異なる。
- ☐ 旧契約は、一般生命保険料控除と個人年金保険料控除の2区分あり、各区分の限度額が5万円、限度額合計は10万円。
- ☐ 新契約は、一般生命保険料控除と介護医療保険料、個人年金保険料控除の3区分で、各区分の限度額が4万円、限度額合計は12万円。

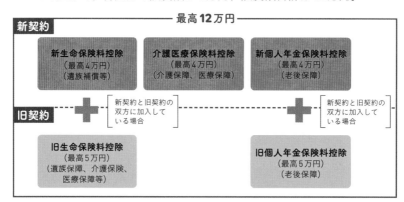

年末調整で保険料控除申告書を出すのは控除のためなんだね。

生命保険料控除・各区分のポイント

	対象となる保険等	ポイント
一般の生命保険料控除	**＜生存・死亡保険＞** • 終身保険、定期保険、一定の外貨建て生命保険 • 共済（生命共済） • 変額個人年金保険 • 特定（3大）疾病保障保険等	☐ 保険金受取人が契約者・配偶者または民法上の親族（6親等内の血族および3親等内の姻族）であることが要件 ☐ 一時払保険料は支払った年度のみ控除対象となる。前納払いの場合は、毎年控除できる ☐ 自動振替貸付制度により支払った場合も控除できる ☐ 少額短期保険は対象外
介護医療保険料控除	**＜介護・医療に係る保険＞** • 2012年1月1日以後に新たに契約、更新した医療保険、介護保険、所得補償保険 • 先進医療特約、総合医療特約等の特約保険料	☐ 2011年12月31日以前に契約しても、2012年1月1日以降に契約更新または特約を追加した契約は、新契約での控除が適用される
個人年金保険料控除	**＜個人年金保険＞** • 次の4つの要件をすべて満たす必要あり ☐ 個人年金保険料税制適格特約が付加されている ☐ 保険料の払込期間が10年以上 ☐ 年金受取人が契約者または配偶者で、被保険者と同一人である ☐ 終身年金、または受取開始時の年齢が60歳以上、受取期間が10年以上の確定年金・有期年金である	☐ 左記の個人年金保険の要件を満たさない個人年金保険（例：変額個人年金保険）の保険料は、一般の生命保険料控除の対象となる

新契約では、身体の傷害のみを対象に保険金が支払われる傷害特約や災害割増特約は控除の対象外です。

明日もファイトー！

生命保険料控除の控除額とその計算

生命保険料控除の計算ができるようになろう。

生命保険料控除額

○ 控除額は、新契約、旧契約ともそれぞれ区分ごとに計算して算出する。

生命保険料控除の速算表

新契約

年間正味払込保険料	控除額
2万円以下	支払金額の全額
2万円超　4万円以下	支払金額×1/2＋1万円
4万円超　8万円以下	支払金額×1/4＋2万円
8万円超	4万円

旧契約

年間正味払込保険料	控除額
2万5千円以下	支払金額の全額
2万5千円超　5万円以下	支払金額×1/2＋1万円
5万円超　10万円以下	支払金額×1/4＋2万円
10万円超	5万円

 これは覚える必要はありません。

保険料控除の区分と控除上限額

控除区分		生命保険料控除（一般）	介護医療保険料控除	個人年金保険料控除	合計
旧契約（2011年12月31日以前の契約）	所得税	5万円	—	5万円	10万円
	住民税	3万5千円	—	3万5千円	7万円
新契約（2012年1月1日以後の契約）	所得税	4万円	4万円	4万円	12万円
	住民税	2万8千円	2万8千円	2万8千円	7万円

 これは必ず覚えましょう！　新契約の住民税の合計額に注意！

新契約と旧契約の両方の保険に加入している場合の控除額

◯ 下表のいずれのパターンで控除するかの選択により、控除額の上限が異なる（4万円or5万円）。それぞれ控除額が最大になる方法を選択して計算し、合計額を出す（合計額の上限は12万円）。

適用する生命保険料控除	控除額
旧契約のみ生命保険料控除を適用	所得税各5万円（合計10万円） 住民税各3万5千円（合計7万円）
新契約のみ生命保険料控除を適用	所得税各4万円（合計12万円） 住民税各2万8千円（合計7万円）
旧契約と新契約の両方について生命保険料控除を適用	所得税各4万円（合計12万円） 住民税各2万8千円（合計7万円）

Check!

新契約と旧契約両方の保険に加入している場合の控除額の計算のポイント

◯ 保険契約日により、適用する速算表が異なる

2011年12月31日以前に契約 ➡ 旧契約の速算表

2012年1月1日以降に契約 ➡ 新契約の速算表

◯ 区分ごとに所得税の生命保険料控除額（上限）が異なる

＜参考：所得税の生命保険料控除額（上限）＞

	生命保険料控除（一般）	介護医療保険料控除	個人年金保険料控除
旧契約のみ	5万円	－	5万円
新契約のみ	4万円	4万円	4万円
旧契約＋新契約	4万円	4万円	4万円
合計	12万円		

がんばった！

本番問題に
チャレンジ

過去問題を解いて、理解を確かなものにしよう。

◯ **問1** 西山忠一さんが 2023 年中に支払った定期保険特約付き終身保険とがん保険の保険料は下記＜資料＞のとおりである。忠一さんの 2023 年分の所得税の計算における生命保険料控除額として、正しいものはどれか。なお、下記＜資料＞の保険について、これまでに契約内容の変更はないものとする。また、2023 年分の生命保険料控除額が最も多くなるように計算すること。（2022 年 5 月 FP 協会 資産 改題）

＜資料＞

［定期保険特約付終身保険（無配当）］	［がん保険（無配当）］
契約日：2011 年 3 月 1 日	契約日：2012 年 12 月 1 日
保険契約者：西山　忠一	保険契約者：：西山　忠一
被保険者：西山　忠一	被保険者：西山　忠一
死亡保険金受取人：西山 美香（妻）	死亡保険金受取人：西山 美香（妻）
当年の年間支払保険料：99,840 円	当年の年間支払保険料：67,560 円

＜所得税の生命保険料控除額の速算表＞
[2011 年 12 月 31 日以前に締結した保険契約（旧契約）等に係る控除額]
〇一般生命保険料控除、個人年金保険料控除

年間の支払保険料の合計	控除額
25,000 円以下	支払金額
25,000 円超　50,000 円以下	支払金額×1/2 ＋ 12,500 円
50,000 円超　100,000 円以下	支払金額×1/4 ＋ 25,000 円
100,000 円超	50,000 円

リボンを
チェック！

[2012年1月1日以降に締結した保険契約（新契約）等に係る控除額]

〇一般生命保険料控除、個人年金保険料控除、介護医療保険料控除

年間の支払保険料の合計	控除額
20,000円以下	支払金額
20,000円超　40,000円以下	支払金額×1/2＋10,000円
40,000円超　80,000円以下	支払金額×1/4＋20,000円
80,000円超	40,000円

（注）支払保険料とは、その年に支払った金額から、その年に受けた剰余金
　　　や割戻金を差し引いた残りの金額をいう。

1. 76,890円　　2. 81,890円　　3. 86,850円　　4. 91,850円　　[　]

解説1

　本問では新旧両制度の対象契約があるが、2つの契約の区分がそれぞれ異
なるので、前Lessonの「旧契約のみ」「新契約のみ」のパターンで生命保険
料控除を適用する。

• 定期保険特約付終身保険（契約日：2011年3月1日契約）→旧契約
　速算表より、控除額＝99,840円×1/4＋25,000円＝49,960円…①

• がん保険（契約日：2012年12月1日契約）→新契約
　速算表より、控除額＝67,560円×1/4＋20,000円＝36,890円…②
　①②を合算すると、49,960円＋36,890円＝86,850円≦12万円　（答：3）

息抜きも大事だよ！

19

保険金受取時の税金

保険金を受け取った場合の課税関係は、契約者（保険料負担者）、被保険者、保険金受取人の関係により異なる。

死亡保険金の課税関係

契約者	被保険者	受取人	ケース	課税関係
A	A	B	契約者＝被保険者（死亡）で、受取人がそれ以外※である場合	相続税
A	B	A	契約者＝受取人で、被保険者が異なる場合	所得税（一時所得）
A	B	C	契約者、被保険者、受取人が全て異なる場合	贈与税

※契約者と被保険者が同一で、保険金受取人が法定相続人（配偶者や子）の場合は、死亡保険金のうち「500万円×法定相続人の数」で計算した金額が非課税となる。保険金受取人が法定相続人以外の場合は非課税の適用はない。

死亡保険金の非課税限度額＝500万円×法定相続人の数

満期保険金、解約返戻金の課税関係

契約者	被保険者	受取人	ケース	課税関係
A	誰でも	A	契約者＝受取人である場合	所得税（一時所得）
A	誰でも	A以外	契約者＝受取人でない場合	贈与税

◯ 契約者＝受取人の場合、受け取った満期保険金（または解約返戻金）と払込保険料総額との差益が所得税（一時所得）の対象となる。

一時払養老保険等の満期保険金

◯ 契約者＝受取人で、保険期間5年以下の一時払養老保険等の満期保険金（または保険期間が5年超の一時払養老保険等を5年以内に解約した場合の解約返戻金）は、金融類似商品とみなされて20.315%（所得税15.315%、住民税5%）の源泉分離課税となる。

一時払終身保険は、契約後5年以内に解約した場合でも、金融類似商品とは扱われず、一時所得として所得税の対象となります（満期のない終身保険は金融類似商品の要件を満たしません）。

参考として、金融類似商品に該当する要件を整理するわ。

- ☐ 保険期間が5年以下（5年超の契約でも、5年以内で解約した場合を含む）
- ☐ 支払方法が一時払か、次のいずれかに該当するもの
  契約日から1年以内に保険料総額の50%以上を払込
  契約日から2年以内に保険料総額の75%以上を払込
- ☐ 災害死亡保険金額等が満期保険金額の5倍未満かつ普通死亡保険金額が満期保険金額の1倍以下

非課税となる保険金・給付金

- ☐ 身体障害や病気を原因として支払われた給付金や保険金は、非課税となる。
- ☐ 被保険者の死亡後に支払われた入院給付金や、生前に受け取ったが使いきれずに給付金が残った場合の残額は、相続税の対象となる。

非課税となる給付金・保険金の例

> 入院給付金、手術給付金、通院給付金、介護給付金、就業不能給付金、
> 特定疾病（三大疾病）保険金、リビング・ニーズ特約保険金、高度障害保険金等

解約返戻金、受取配当金の課税

- ☐ 解約返戻金を受け取った場合は、払込保険料との差益が一時所得となる。
- ☐ 保険料支払期間中の契約者配当金は、非課税。配当金を保険金として受け取る場合は一時所得となる。

生命保険契約に関する権利の評価

- ☐ 契約者と被保険者が異なる生命保険の契約者が死亡した場合、その生命保険契約は「生命保険契約に関する権利」として相続財産となり、契約を引き継いだ者に相続税が課税される。
- ☐ 生命保険契約に関する権利は、原則解約返戻金相当額で評価する。

契約者	被保険者	受取人	ケース	課税関係
C	B	C	契約者・受取人（A：夫）と被保険者（B：妻）が異なる契約で、契約者・受取人（A：夫）が死亡し、契約者・受取人の変更（A：夫→C：子）が行われた	「生命保険契約に関する権利」の評価額＝解約返戻金相当額が相続税の課税対象となる

明日もファイトー！

個人年金保険の税金

個人年金保険の課税関係は、死亡時点で年金を受給しているか否か等により異なる。

年金の受給開始前の課税関係

☐ 年金の受給開始前に被保険者が死亡した場合の死亡給付金（払込保険料相当額）は、一般の生命保険の死亡保険金と同じ。契約者（保険料負担者）、被保険者、保険金受取人の関係により異なる。

年金受給開始時の課税関係

☐ 契約者と保険金受取人の関係により、次の課税関係となる。

契約者	被保険者	受取人	ケース	課税関係
A	A	A	契約者＝受取人の場合	• 毎年受け取る年金　　　→所得税（雑所得） • 一時金で受け取る場合　→所得税（一時所得）
A	B	B	契約者≠受取人の場合	• 年金受給開始時 　Bが Aから年金受給権（年金を受け取る権利） 　を取得したものとみなされる　→贈与税 • 毎年受け取る年金　　　→所得税（雑所得）

契約者と受取人が異なる受取開始時のみ贈与税で、その他は所得税と覚えておこうっと。

年金受給開始後の課税関係

☐ 契約者と受取人が同一の個人年金保険（確定年金や保障期間付終身年金）の保証期間中に年金受給者が死亡し、遺族が残存期間中の年金を受け取る場合、その年金受給権は相続税の対象となる。

年金受給権を相続により取得した場合の相続税評価

☐ 年金の給付事由が発生している（年金受給が始まっている、もしくはこれから年金を受給する）場合と、給付事由が発生していない場合で、評価方法が異なる。

年金給付事由が発生している場合 （年金受給開始後、またはこれから受給が始まる）	次のうちいずれか大きい金額で評価する • 解約返戻金相当額 • 一時金相当額 • 予定利率等を基に算出した金額
年金給付事由が発生していない場合	解約返戻金相当額で評価する

関連して、生命保険の税金計算についても押さえておきましょう。

生命保険の税金計算のポイント（参考）

相続税	• 死亡保険金を相続人が受け取った場合は、次の金額が非課税となる。 非課税限度額＝500万円×法定相続人の数 （相続人以外の人が死亡保険金を受け取った場合、非課税の適用はない）
贈与税	• 110万円の基礎控除がある。増税の計算は次の通り 贈与額＝〔受取保険金－基礎控除（110万円）〕×贈与税率
所得税 （一時所得）	• 一時所得金額の計算は次の通り 一時所得金額＝（受取保険金－払込保険料総額）－特別控除（50万円） 総合課税の計算をする場合は、一時所得の2分の1を総所得金額に算入する
所得税 （雑所得）	• 個人年金保険の年金の雑所得の計算は次の通り 雑所得＝その年に受け取る年金額－必要経費 必要経費＝その年に受け取る年金額× $\dfrac{払込保険料総額}{年金受取総額^{※}}$ ※または見込額

各税金の計算についてはChapter4 タックスプランニング、Chapter6 相続・事業承継で学習しますが、ここでまとめてポイントを押さえておきましょう。

リボンを
チェック！

がんばった！

法人契約の生命保険

法人保険についてポイントを確認しよう。

☐ 法人契約の保険は、法人が契約者、従業員や役員が被保険者となる保険である。従業員・役員の退職金の準備や死亡時の遺族への保障、また経営者に万が一のことがあった場合の業績悪化等に備えて事業保障資金を確保することなどを目的としている。

☐ 事業保障資金：中小企業等の場合、経営者が死亡すると事業の継続が困難になる場合がある。これを防ぐために、「事業保障資金」として当面必要な資金を準備しておくことが重要となる。事業保障資金は次のように算出する。

> **Check!**
>
> ### 事業保障資金
>
> 事業保障資金＝短期債務額（短期借入金＋買掛金＋支払手形）＋
> 全従業員の１年分の給与

法人契約の生命保険

☐ 法人契約の生命保険として、定期保険（長期平準定期保険、逓増定期保険）、養老保険、終身保険、個人年金保険等がある。

法人契約の代表的な定期保険

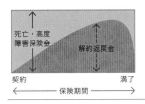

長期平準定期保険

死亡・高度障害保険金／解約返戻金／契約／満了／保険期間

☐ 保険料、保険金額が一定の、保険期間が非常に長い定期保険

☐ （保険期間が長いため）解約返戻金が大きくなり、貯蓄性がある。

☐ 役員の死亡保障、退職金の確保等を目的として契約される。

☐ 被保険者を特定の役員、死亡保険金の受取人を法人として契約するケースが多い

長期平準定期保険の要件

☐ 保険期間満了時の被保険者の年齢が70歳を超えている。かつ、
契約時の被保険者の年齢＋保険期間×2＞105。

逓増定期保険	◯ 保険料は一定で、保険期間の経過とともに保険金額が毎年一定割合で増加していく定期保険 ◯ 保険期間が長く、解約返戻金が多くなる時期がある

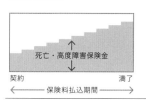

死亡・高度障害保険金

契約　　　　　　　　　　　満了
←── 保険料払込期間 ──→

逓減定期保険	◯ 保険料は一定だが、保険期間の経過とともに保険金額が一定割合で減少する定期保険 ◯ 解約返戻金はないか、あってもわずか

死亡・高度障害保険金

契約　　　　　　　　　　　満了
←── 保険料払込期間 ──→

保険料の経理処理の考え方（原則）

◯ 一般的に、保険金受取人＝法人であれば保険料を資産計上し、保険金受取人＝法人以外であれば損金算入する。

◯ また原則、終身保険・養老保険等の貯蓄性のある保険の保険料は資産計上する。定期保険等の保険料が掛け捨てで貯蓄性のない保険は損金算入する。

◯ 被保険者を特定の者に限定する場合、保険料・特約保険料は、被保険者に対する給与または報酬扱いとなる。

法人契約の保険料の経理処理（原則）

保険の種類	保険金受取人	
	法人	役員・従業員・遺族
貯蓄性のある保険 （終身、養老、個人年金）	資産計上（保険料積立金）	損金算入（給与）
貯蓄性のない保険 （定期、医療、特約等）	損金算入（支払い保険料）	損金算入（給与）

息抜きも大事だよ！

法人保険の保険料の経理処理

法人保険の経理処理を理解する。

定期保険の経理処理

☐ 定期保険の保険料は、原則全額を損金算入できるが、長期平準定期保険や逓増定期保険等については、一定期間、支払保険料（の一部）を資産計上し、残額を損金算入する経理処理を行う。

長期平準定期保険や逓増定期保険のように、保険期間が長期で最高解約返戻率も高い保険※については、一定割合の資産計上と損金算入の処理を行います。
※保険期間が3年以上で「解約返戻金相当額÷払込保険料の合計額」が最も高い時の返戻率が50%を超える保険のこと

定期保険の経理処理

最高解約返戻率	資産計上期間	資産計上期間の処理	取崩期間※の処理
50%以下	―	☐ 全額を損金算入	なし（全額を損金算入）
50%超〜70%以下	保険期間の前半$\frac{40}{100}$の期間	☐ 当期支払保険料×40%（前払保険料） ☐ 60%を損金算入（定期保険）	※保険期間の後半$\frac{25}{100}$の期間 ☐ 資産計上した金額を均等に取り崩して損金算入 ☐ 取崩期間に支払った保険料は全額損金算入
70%超〜85%以下		☐ 当期支払保険料×60%（前払保険料） ☐ 40%を損金算入（定期保険）	
85%超	原則保険期間開始日から最高解約返戻率となる期間の終了日まで	<当初10年間> ☐ 当期支払保険料×最高解約返戻率×90%（前払保険料） ☐ 残りを損金算入（定期保険） <11年目以降> ☐ 当期支払保険料×最高解約返戻率×70%（前払保険料） ☐ 残りを損金算入（定期保険）	※最高解約返戻率となる期間の終了日以降 ☐ 資産計上した金額を均等に取り崩して損金算入 ☐ 取崩期間に支払った保険料は全額損金算入

※資産計上区間、取崩期間以外の間は、保険料全額を損金算入し、資産計上されている「前払保険料」の累計額を均等に取り崩して損金に算入する

☐ なお次のいずれかに該当する場合は、保険料を全額損金算入できる。

- ◻ 最高解約返戻率が50％以下
- ◻ 最高解約返戻率が50％超70％以下で、かつ年間保険料相当額が30万円以下
- ◻ 保険期間が3年未満

ハーフタックス・プラン（$\frac{1}{2}$養老保険）の経理処理

- ◻ 法人契約の養老保険で、被保険者＝役員・従業員、満期保険金の受取人＝法人、死亡保険金の受取人＝役員・従業員の遺族、とするものをハーフタックス・プラン（$\frac{1}{2}$養老保険、福利厚生プラン）という。
- ◻ ハーフタックス・プランでは、支払保険料の$\frac{1}{2}$を資産計上（保険料積立金）、$\frac{1}{2}$を福利厚生費として損金算入する。
- ◻ ハーフタックス・プランは、原則、役員・従業員全員が被保険者として加入すること（普遍的加入）が条件となっている。

満期保険金の受取人	死亡保険金の受取人	経理処理
法人	役員・従業員の遺族	◻ $\frac{1}{2}$資産計上（保険料積立金） ◻ $\frac{1}{2}$損金算入（福利厚生費）

※従業員が中途退職した場合、解約返戻金は法人が受け取る。

　死亡保険金は、保険会社から遺族に直接支払われる（法人は資産計上していた保険料積立金等を取り崩し、同額を雑損失として損金に算入する）。

個人年金保険の経理処理

- ◻ 法人契約の個人年金保険で、「死亡保険金受取人＝役員・従業員の遺族、年金受取人＝法人」の場合は、支払保険料の$\frac{9}{10}$を年金積立金として資産計上し、$\frac{1}{10}$を福利厚生費として損金算入する。

満期保険金の受取人	死亡保険金の受取人	経理処理
法人	役員・従業員の遺族	◻ 9/10資産計上（年金積立金） ◻ 1/10損金算入（福利厚生費）

明日もファイトー！

総合福祉団体定期保険の経理処理

- ◻ 総合福祉団体定期保険（Aグループ保険）は、企業が役員・従業員の生活保障のために契約する団体保険で、保険料は全額損金算入できる。

法人保険の保険金の経理処理

法人契約保険の保険金等の経理処理を理解する。

 金財の生保顧客資産相談業務では、法人の生命保険の経理処理（仕訳）がほぼ毎回出題されます。しっかりマスターしましょう。

 仕訳が出てくると急に難しく感じるけど、例題や過去問を繰り返し解いてマスターしたいな。

 バタ子ちゃん、その意気でがんばって！

受取人が法人の場合

⬜ 法人が保険金等（死亡保険金、満期保険金、解約返戻金等）を受け取った場合は、受け取った金額を資産計上し、すでに資産計上していた保険料積立金を取り崩す。受け取った保険金の金額と保険料積立金の差額は、雑収入として益金算入する（法人税の課税対象）。保険金＜保険料積立金の場合は、差損を雑損失として損金算入する。

受取人が法人以外（役員・従業員またはその遺族）の場合

⬜ 保険金や給付金が直接被保険者（役員・従業員）やその遺族に支払われた場合は、原則法人の経理処理は不要である。資産計上していた保険料等がある場合は、それを取り崩す。

保険金の経理処理

受取人	経理処理
法人	資産計上されている保険料がある場合 ⬜ 受け取った保険金を資産計上（現金・預金） ⬜ 資産計上していた保険料を取り崩し、受け取った保険金（現金・預金）との差額を益金算入（受取保険金＜保険料積立金の場合は差額を損金算入） 資産計上されている保険料がない場合 ⬜ 受け取った保険金額は全額益金算入（雑収入）
役員・従業員またはその遺族	⬜ 保険金について経理処理は発生しない ⬜ 資産計上していた保険料があれば、それを取り崩して損金算入する

法人契約の生命保険の仕訳（参考）

支払保険料の経理処理（仕訳）

- 貯蓄性のない保険の仕訳（掛け捨ての保険料を支払う場合）
  →保険料支払い（費用）のために、現金・預金（資産）が減少する
  →【借方】支払い保険料（損金算入）【貸方】現金・預金（資産）

借方		貸方	
支払保険料	×××円	現金・預金	×××円

- 貯蓄性のある保険の仕訳（終身保険等の保険料を支払う場合）
  →現金・預金（資産）が減少し、保険料積立金（資産）が増える
  →【借方】保険料積立金（資産）【貸方】現金・預金（資産）

借方		貸方	
保険料積立金	×××円	現金・預金	×××円

受取保険金の経理処理（仕訳）

→保険料積立金を取り崩し、保険金（現金・預金）を受け取る。
保険金額と保険料積立金との差額（＋の場合）は雑収入
【借方】保険会社から支払われた保険金（現金・預金）を計上
【貸方】保険料積立金と雑収入（保険料積立金＜保険金額の場合）を計上
例：終身保険（保険金受取人は法人、払込保険料300万円）の保険金1,000万円を受け取った場合
の仕訳

借方		貸方	
現金・預金	1,000万円	保険料積立金	300万円
		雑収入	700万円

ハーフタックス・プラン

→【借方】1/2は保険料積立金（資産）、1/2は福利厚生費（費用）
【貸方】現金・預金（資産）
例：現金・預金（資産）

借方		貸方	
保険料積立金	100万円	現金・預金	200万円
福利厚生費	100万円		

がんばった！

本番問題に チャレンジ

過去問題を解いて、理解を確かなものにしよう。

※この問題は金財生保を受検される方のみ解答できるようになれば **OK**

○ **問1** 以下の定期保険の説明について正誤を答えなさい。（2023年9月金財 生保 改題）

《設例》

> Aさん（71歳）は、X株式会社（以下、「X社」という）の代表取締役社長である。Aさんは、今期限りで専務取締役の長男Bさん（40歳）に社長の座を譲り、勇退することを決意している。
> Aさんは、先日＜資料1＞の生命保険に関して、生命保険会社の営業担当者であるファイナンシャル・プランナーのMさんに相談した。また、Mさんから、長男Bさんを被保険者とする＜資料2＞の生命保険の提案を受けた。

＜資料1＞X社が現在加入している生命保険の契約内容

> 保険の種類：終身保険（特約付加なし、予定利率：5.5%）
> 契約年月日　　　　：1992年12月1日（40歳時加入）
> 契約者（＝保険料負担者）：X社
> 被保険者　　　　　：Aさん
> 死亡保険金受取人　：X社
> 死亡・高度障害保険金額：5,000万円
> 保険料払込期間　　：65歳満了（保険料の払込みは満了している）
> 年払保険料　　　　：90万円
> 払込保険料累計額　：2,250万円（25年間の累計額）
> 現時点の解約返戻金額：2,300万円

＜資料2＞Mさんから提案を受けた生命保険の内容

> 保険の種類：無配当定期保険（特約付加なし）
> 契約者（＝保険料負担者）：X社
> 被保険者：長男Bさん
> 死亡保険金受取人：X社
> 死亡・高度障害保険金額：1億円
> 保険期間・保険料払込期間：95歳満了
> 年払保険料：200万円
> 最高解約返戻率：83%
> ※保険料の払込みを中止し、払済終身保険に変更することができる。
> ※所定の範囲内で、契約者貸付制度を利用することができる。

※上記以外の条件は考慮せず、各問に従うこと。

問

　Mさんは、Aさんに対して、＜資料1＞の終身保険について説明した。Mさんが説明した次の記述1.〜3.について、適切なものには○印を、不適切なものには×印を解答欄に記入しなさい。

1.「現時点で当該生命保険を解約した場合、配当金等を考慮しなければ、X社はそれまで資産計上していた保険料積立金2,250万円を取り崩して、解約返戻金2,300万円との差額50万円を雑収入として経理処理します」　　［　　　］

2.「勇退時に契約者をAさん、死亡保険金受取人をAさんの相続人に名義を変更することで、当該生命保険を役員退職金の一部としてAさんに支給することができます。保険料の払込みが既に終わっており、今後も解約返戻金額が増加することを考えると、個人の保険として保障を継続することも選択肢の1つです」　　［　　　］

3.「契約者をAさん、死亡保険金受取人をAさんの相続人に名義を変更し、当該生命保険を役員退職金の一部としてAさんに支給した場合、名義変更時の既払込保険料総額がAさんの退職所得に係る収入金額となり、他の役職手当等と合算して退職所得の金額を計算します」　　［　　　］

解説1

1. 記載の通り。終身保険は、法人が受取人の場合、保険料の全額を【保険料積立金】として資産計上し、解約時に保険料積立金を取り崩す。解約返戻金（現金・預金）と保険料積立金との差額は雑収入となる。

＜支払保険料の仕訳＞

借方		貸方	
保険料積立金	2,250万円	現金・預金	2,250万円

＜解約時の仕訳＞

借方		貸方	
現金・預金	2,300万円	保険料積立金	2,250万円
雑収入	50万円		

（答：○）

息抜きも大事だよ！

2. 記載の通り。本文に「今後も解約返戻金額が増加することを考えると」とあるが、終身保険の予定利率が5.5％あることを指している。（答：○）

3. 生命保険を役員退職金として支給する場合、退職所得にかかる収入金額は、名義変更時の既払込保険料ではなく、解約返戻金の金額である。（答：×）

損害保険の基本

損害保険は、偶然の事故によって生じた損害に対し、実際の損害額を補てんする保険である。

生命保険と損害保険の違い

生命保険	保障	定額払い	あらかじめ約定した金額を支払う
損害保険	補償	実損払い	実際に被った損害額を支払う

損害保険の分類

☐ 損害保険商品は、対象とする損害により、次のように分類できる。

損害保険の分類	保険商品
物	火災保険、自動車保険（車両保険）等
人	傷害保険等
賠償責任	賠償責任保険、自動車保険（対人・対物賠償責任保険）等
その他のリスク	所得補償保険、企業費用・利益総合保険等

損害保険の基本用語

被保険者		保険事故の発生によって経済的損失を被る可能性のある者（保険事故による損害が発生した場合に保険金を受け取る権利がある）
保険価額		保険事故が発生した場合に被保険者が被るおそれのある損害の最大見積額（保険契約はこの金額を限度に契約する）
保険の対象		保険契約の対象（保険を掛ける対象）
保険事故		保険金支払の対象となる事故
再調達価額		保険の対象となる物と同等（同一）のものを現時点で（再築または再購入して）取得するために必要な金額
時価額		再調達価額から経年・使用等により消耗した分を差し引いた金額
明記物件		保険証券に明記しないと保険の対象にできない物
保険金額		保険契約で設定する契約金額
	全部保険	保険金額が保険価額と同等の保険
	超過保険	保険金額が保険価額を超える保険
	一部保険	保険金額が保険価額より小さい保険
実損てん補		実際の損害額を支払われること
比例てん補		（一部保険の場合）保険価額に対する保険金額の割合により支払われる保険金額が減額されること

損害保険料の基本原則

損害保険の保険料は、生命保険同様、大数の法則と収支相当の原則に基づき計算される。損害保険ではさらに、次の2つの原則がある。

給付・反対給付均等の原則 （公平の原則）	保険料は、リスクの高さに応じて負担しなければならないという原則
利得禁止の原則	保険給付によって利得を得てはならないという原則。

損害賠償責任と関連法

故意または過失により他人の身体や財物に損害を与えたことにより、法律上の賠償責任を負うことがある。

損害賠償責任を負う行為

不法行為	故意または過失によって他人の権利または法律上保護される利益を侵害した者は、これにより生じた損害を賠償する責任を負う。（民法第709条）
債務不履行	債務者が約束した義務を果たさない場合、債権者はこれにより生じた損害の賠償を請求することができる。（民法第415条）

失火責任法

上記の通り、他人の身体や財物に損害を与えると、一般的には損害賠償責任を負うが、軽過失による失火で隣家を延焼させた場合は、「失火の責任に関する法律（以下、失火責任法）」により、損害賠償責任を免れる。

Check!

失火責任法のポイント

軽過失による失火で隣家を延焼させた場合、損害賠償責任は負わない。ただし、故意や重過失による失火、または爆発事故による場合は損害賠償責任を負う。

借家人が失火により借家を焼失させた場合は、（原状回復義務が履行されなかったことに対する）債務不履行により、家主に対して損害賠償責任を負う。

日本には「失火責任法」があるため、もらい火で損害を受けても出火者（火元のお宅）に損害賠償請求ができません。自分の家を守るためには火災保険への加入が必須です。

明日もファイトー！

火災保険

火災保険について整理する。

火災保険とは

☐ 火災保険は、火災等による建物や家財等に生じた損害を補償する保険。火災以外に落雷や破裂・爆発、風災、ひょう災、雪災等による損害や、臨時費用、残存物片付け費用等の諸費用も補償される。

☐ 地震、噴火、津波を原因とする火災は補償されない。

> **Check!**
>
> ### 火災保険のポイント
>
> ☐ 建物と家財は別々に契約する
>
> ☐ 地震・噴火・津波を原因とする火災は補償の対象外（地震保険の対象）
>
> ☐ 保険料は建物の所在地や構造（M構造、T構造、H構造の3種類）等により異なる
>
> ☐ 1個または1組の価額が30万円を超える貴金属や宝石、骨董などは明記物件となり、申告していなければ補償されない。また自宅に保管していた現金が消失した場合もその現金は補償されない
>
> ☐ 自宅車庫の火災は補償されるが、車庫内の自動車は補償の対象外（自動車保険（車両）の対象）

〇×問題にチャレンジ

1 消防活動により自宅建物に収容している家財に生じた水濡れによる損害は、補償の対象とならない。（2023年5月）　[　　]

2 落雷により自宅建物に収容している家財に生じた損害は、補償の対象となる。（2023年5月）　[　　]

3 経年劣化による腐食で自宅建物に生じた損害は、補償の対象とならない。（2023年5月）　[　　]

4 竜巻により自宅建物に生じた損害は、補償の対象となる。（2023年5月）　[　　]

火災保険の種類と補償の範囲

- [ ] 居住用建物と家財を対象とする火災保険には、**住宅火災保険**と**住宅総合保険**がある。住宅総合保険は住宅火災保険の補償範囲を広げた保険で、**水災や盗難なども補償する**。

- [ ] 団地保険は、鉄筋コンクリート造の団地やマンションとその家財が対象の保険で補償範囲は一般的に住宅総合保険の内容に近いが、水災は補償されない。

- [ ] **住居以外**を補償する火災保険には、**普通火災保険**（店舗、倉庫、工場等と動産が対象で、補償内容は住宅火災保険と同等）や**店舗総合保険**（店舗・店舗併用住宅と動産が対象で、住宅総合保険の店舗版）がある。

保険の種類	住宅火災保険	住宅総合保険	団地保険
対象	居住用建物と家財	居住用建物と家財	居住用建物と家財
火災、落雷、破裂、爆発	○	○	○
風災（突風・竜巻）、ひょう災、雪災	○	○	○
消防活動による水濡れ	○	○	○
水災（洪水や床上浸水）	×	○	○
外部からの飛来、落下、衝突	×	○	○
給排水設備事故による水漏れ	×	○	○
持ち出し家財の損害（紛失・盗難等）	×	○	○
地震、噴火、津波	×	×	×

がんばった！

解説

1. 消防活動によって自宅建物や家財に損害が生じた場合も、火災保険の補償対象である。（答：×）

2. 適切。（答：○）

3. 経年劣化による建物の損害（腐食、サビ、色あせ、ひび割れなど）は、火災保険の対象外。（答：○）

4. 竜巻（風災）は火災保険の対象。（答：○）

火災保険の
支払保険金

火災保険の支払保険金について確認しよう。

火災保険の支払保険金

☐ 支払保険金額は、保険価額に対する保険金額の割合で異なる。

☐ 全部保険（保険価額＝保険金額）の場合、保険金額を限度に実際の損害額が支払われる（実損てん補）。

☐ 一部保険（保険価額＞保険金額）の場合、保険金額が保険価額（時価）の80%以上であるか否かにより算出方法が異なる（比例てん補）。

Check!

一部保険の保険金の支払い額

☐ 保険金額≧保険価額×80%

➡ 実損てん補（実際の損害額が支払われる）

☐ 保険金額＜保険価額×80%

➡ 比例てん補（保険金額は次の公式に基づいて計算）

$$損害保険金＝損害額×\frac{保険金額}{保険価額×80\%}$$

☐ 超過保険（保険価額＜保険金額）の場合、保険金は実際の損害額が支払われるが、保険価額を超えた部分については支払われない。

> 超過保険は、いざという時支払われない金額に対して保険料を支払っている状態です。超過部分を解約することも可能です。

保険金の支払金額のイメージ
（参考・保険価額2,000万円の場合）

保険契約の状況	一部保険	全部保険	超過保険
保険の支払方法	比例てん補	実損てん補	実損てん補
保険金額	1,000万円	2,000万円	3,000万円
保険価額＝2,000万円	保険価額＞保険金額	保険価額＝保険金額	保険価額＜保険金額
			↕支払われない
①損害額＝2,000万円の場合の支払保険金額	1,000万円	2,000万円	2,000万円
②損害額＝1,000万円の場合の支払保険金額	625万円※	1,000万円	1,000万円

$$※1,000万円 \times \frac{1,000万円}{2,000万円 \times 80\%} = 625万円$$

火災保険って、かけ足りなくても、かけすぎてもダメなんですね！

現在の火災保険では、支払いが不十分な一部保険の比例払い（比例てん補）を解消するように工夫されています。
現在主流となっているのは「再調達価額ベースで実損払い方式」の契約。
もし家が全焼や全壊となった場合には、保険価額は再調達価額（時価額ではない）を基準とし、支払いは実損払い（比例払いのように、保険の契約状況により支払金額を減らされることがない）で保険金が支払われます。

息抜きも大事だよ！

地震保険

地震保険は官民共同の保険である。

☐ 火災保険で免責となる「地震・噴火・津波」による損害を補償するのが地震保険である。住居（店舗併用住宅含む）とその家財が対象で、事業用物件は対象外となっている。

☐ 地震保険は、単独では契約できず、火災保険に付帯して契約する。

 地震保険は国の保険で、安い保険料で補償できるように火災保険に付帯する形で契約するんだって！

地震保険の概要とポイント

対象	☐ 居住用建物（店舗併用住宅含む）とその家財（現金・有価証券、1個または1組の価額が30万円超の貴金属・宝石等、自動車は補償の対象外）
対象となる事故	☐ 地震、噴火またはこれらによる津波を原因とする火災、建物の損壊、埋没、流失による被害等
契約方法	☐ 火災保険に付帯して契約する（単独で契約することができない。火災保険に後から付帯することは可能）
保険金額	☐ 建物、家財ごとに、火災保険の保険金額の30～50%の範囲内で設定する ☐ 限度額があり、建物5,000万円、家財1,000万円が限度
保険期間	☐ 原則1年。火災保険（主契約）が5年超の場合は、1年ごとの更新または5年ごとの更新を選択できる
保険料	☐ 建物の所在地（都道府県別）と建物の構造（2区分）により決まる ☐ 建物の所在地、構造、補償内容が同一であれば、保険会社が違っても保険料は同一になる ☐ 築年数や免震・耐震性能に応じて、「建築年割引」「耐震等級割引」「免震建築物割引」「耐震診断割引」の4種類の割引制度がある（最大50%割引）が、複数の割引制度を重複して適用することはできない

○×問題にチャレンジ

1 地震保険は、火災保険の契約時に付帯する必要があり、火災保険の保険期間の中途で付帯することはできない。（2023年1月 改題） [　]

2 地震保険の保険料には、「建築年割引」「耐震等級割引」「免震建築物割引」「耐震診断割引」の割引制度があるが、これらは重複して適用を受けることはできない。（2023年1月 改題） [　]

地震保険の損害認定と保険金の支払い

保険金は、一定の損害の程度を超えた場合に、程度に応じて保険金額の一定割合が支払われる。

損害の程度と支払保険金額

損害の程度	認定基準	支払保険金額
全損	（建物）主要構造部の損害額が建物の時価の50%以上等 （家財）損害額が家財の時価の80%以上	保険金額の100% （時価が限度）
大半損	（建物）主要構造部の損害額が建物の時価の40%以上50%未満等 （家財）損害額が家財の時価の60%以上80%未満	保険金額の60% （時価の60%が限度）
小半損	（建物）主要構造部の損害額が建物の時価の20%以上40%未満等 （家財）損害額が家財の時価の30%以上60%未満	保険金額の30% （時価の30%が限度）
一部損	（建物）主要構造部の損害額が建物の時価の3%以上20%未満等 （家財）損害額が家財の時価の10%以上30%未満	保険金額の5% （時価の5%が限度）

ただし、地震発生日の翌日から10日以上経過した後に生じた損害や、地震後の盗難による家財の損害については補償されない。

地震保険は被災者の生活再建を目的としている保険です。地震発生時は、あらかじめ決められている損害の認定基準と保険金の支払いルールに従い、速やかな保険金支払いが行われます。

明日もファイトー！

解説

1. 地震保険は単独での契約ができず、火災保険に付帯する必要があるが、火災保険の契約途中で付帯することは可能である。（答：×）

2. 本文の通り。地震保険の保険料には割引制度があるが、重複適用はできない。（答：○）

自動車保険

自動車保険には、強制加入の自動車保険（自賠責保険）と任意加入の自動車保険がある。

自賠責保険（自動車損害賠償責任保険）

☐ 自動車損害賠償責任保険（自賠責保険）は、自動車事故の被害者救済と加害者の賠償能力確保を目的としており、全ての自動車（二輪自動車、原動機付自転車含む）の所有者・運転者に加入が義務付けられている（強制加入）。

☐ ひき逃げや無保険車による事故は自賠責保険では補償されないが、政府で行っている保障事業（自動車損害賠償保障事業）により、自賠責保険とほぼ同等の保障を受けることができる。

 ドタ助君とバタ美とお出かけするために最近車を買ったんだ。もしものために自動車保険の内容を知って損はないね。

自賠責保険のポイント

補償の対象	☐ 対人賠償事故のみ ※対物賠償や本人のケガ、自損事故は対象外
保険金額（支払限度額）	☐ 死亡事故：被害者1人あたり3,000万円 ☐ 障害事故：被害者1人あたり120万円 ※後遺障害による損害：75万円〜4,000万円（障害の程度による）

任意加入の自動車保険

☐ 任意加入の自動車保険は、強制加入の自賠責保険（他人の物への損害や自損事故等はカバーされない）では補償が不足する分を補うために加入する。

☐ 「事故の相手方への賠償責任保険」「運転者・同乗者のための傷害保険」「車の損害に対する車両保険」に大別できる。

☐ 対人賠償責任保険と対物賠償責任保険には必ず加入し、適宜その他の保障を組み合わせるスタイルが一般的である。

任意加入の自動車保険の種類とポイント

対人賠償責任保険	◯ 自動車事故で他人を死傷させ、法律上の損害賠償責任を負った場合に、自賠責保険の補償額を超える部分に対して支払われる（自賠責保険を補完する）。被害者救済の観点から、無免許運転、酒気帯び運転等による事故も補償される ◯ 運転者や家族は対象外（助手席や後部座席に乗った友人知人は対象）
対物賠償責任保険	◯ 自動車事故で他人の財物に損害を与え、法律上の損害賠償責任を負った場合に支払われる。対人賠償責任保険と同様、無免許運転、酒気帯び運転等による事故も補償される ◯ 運転者や家族は対象外
搭乗者傷害保険	◯ 契約車の搭乗者が自動車事故で死傷した場合に、死傷した人全員に対して定額で支払われる保険 ※搭乗者とは、運転者、助手席、後部座席等に同乗している人等、搭乗者全て
自損事故保険	◯ 自損事故（単独事故）で死亡、後遺障害、ケガなどを負った場合に支払われる保険
無保険車傷害保険	◯ 事故の相手方の賠償能力が十分でない（対人賠償責任保険に入っていない、入っていても金額が不十分等）場合に、相手が負担すべき損害賠償額のうち自賠責保険を超える部分について支払われる
車両保険	◯ 契約車が交通事故やその他の偶然の事故（衝突、接触、墜落、物の飛来や落下、火災、爆発、盗難、台風、洪水、高潮等）によって損害を受けた場合に支払われる
人身傷害補償保険	◯ 自動車事故で、本人または家族、契約車に搭乗している人が死傷した場合に、実際の損害額に対して保険金額の範囲内で支払われる保険 ◯ 契約者とその家族は、契約者以外の車に搭乗している時や歩行中も補償される ◯ 保険金は、事故の過失割合に関わらず保険金額の範囲内で支払われる

フリート契約

◯ 契約台数に応じて**フリート契約**（契約台数が10台以上）と**ノンフリート契約**（契約台数が9台以下）の規定に従う。

フリート契約	◯ 総契約台数が10台以上で、まとめて契約する。10台以上を1つの保険証券で同時契約する場合は「フリート多数割引」が適用される ◯ 保険料の割引・割増は「契約者単位」で、損害率等を基に決定する
ノンフリート契約	◯ 総契約台数が9台以下で、車両1台ずつ契約する ◯ 保険料の割引・割増は、前契約の有無や事故歴等に応じて1等級から20等級に区分された「ノンフリート等級」に基づいて決定する（ノンフリート等級別料率制度）

がんばった！

賠償責任保険

個人と企業の賠償責任保険について整理しよう。

☐ 賠償責任保険は、偶然かつ外来の事故により他人の財産や身体に損害を与え、法律上の損害賠償責任を負った場合に支払われる保険である。

個人賠償責任保険

☐ 国内外を問わず、日常生活に起こった事故で他人の財産や身体に損害を与えた場合の「法律上の損害賠償責任」を補償する。火災保険や傷害保険、自動車保険等に特約として契約することが多い。

☐ 生計を一にする家族全員（別居の未婚の子も含む）が対象。

☐ 補償例に「買い物途中に子どもが陳列商品を破損した、マンションのベランダから物を落として通行人がケガをした、ペットがかみついてケガをさせた」等がある。

☐ 補償対象外の例に「業務上の事故や自動車事故、預かっている（借りている）物を壊した、同居家族の物を壊したりした」等がある。

 お仕事の時間外で家族以外の人に損害を与えたときに助けてくれる保険ってことだね。

過去問にチャレンジ

損害保険を利用した事業活動のリスク管理に関する次の記述のうち、最も不適切なものはどれか。（2023年9月）

1 家庭用品を製造する事業者が、製造した製品が原因で、当該製品を使用した顧客がケガをして法律上の損害賠償責任を負うリスクに備えて、生産物賠償責任保険（PL保険）を契約した。

2 ボウリング場を経営する事業者が、施設の管理不備により、来場者がケガをして法律上の損害賠償責任を負うリスクに備えて、施設所有（管理）者賠償責任保険を契約した。

3 建設業を営む事業者が、従業員が業務中の事故によりケガをする場合に備えて、労働者災害補償保険（政府労災保険）の上乗せとして労働災害総合保険（法定外補償）を契約した。

4 事業用ビルの賃貸業を営む事業者が、賃貸ビルに設置した機械設備が火災により損害を被る場合に備えて、機械保険を契約した。

[　　]

企業の賠償責任保険

生産物賠償責任保険 (PL保険)	☐ 製造もしくは販売された商品の欠陥や業務の結果により、他人の生命・身体に損害を与えたり、他人の財物を滅失・破損・汚損した場合（含む食中毒）、業者（製造業者・販売業者・輸入業者等）に対して生じた損害賠償責任を補償する。 ☐ 補償例：ホテルの食事で食中毒が発生した ☐ 補償対象外：リコールに伴う費用や欠陥品の修理費用
施設所有（管理）者 賠償責任保険	☐ 施設の所有者・管理者等が、管理不備や業務活動中の事故により生じる損害賠償責任を補償する。 ☐ 補償例：映画館で床が濡れていたため来館客がケガをした ☐ 自転車で配達中に運転を誤り、人にケガをさせた
請負業者賠償責任保険	☐ 工事や作業の業務請負中の事故により生じる損害賠償責任を補償する。 ☐ 補償例：作業中に高所から物を落下させ、通行人がケガをした。ビル建設中にクレーンが倒れて周辺住宅が壊れた。
労働災害総合保険	☐ 労働者災害補償保険（政府労災）の上乗せ補償が目的で、企業が従業員に対して支払う補償金や賠償金を補償する。
企業費用・利益総合保険	☐ 企業の施設・設備等に損害が生じ、事業が中断された場合の、休業に伴う損害（営業収益の損失等）を補償する
受託者賠償責任保険	☐ 企業が顧客等から預かった物を紛失したり壊したりして生じた、法律上の損害賠償責任を補償する
機械保険	☐ 機械設備等が不測かつ突発的な事故で損害を受けた場合に、損害発生前の稼働可能な状態に回復するために必要な費用を補償する。火災や爆発・破裂による損害は対象外。
店舗休業保険	☐ 小売り・サービス業の店舗・作業場等が、災害等※により休業した場合の、（営業していたら確保できた）粗利益の減少を補償する。 ※対象となる災害：火災、落雷、爆発、水漏れ、水害、盗難、食中毒、感染症の発生等

息抜きも大事だよ！

解説

1. 記載は適切。

2. 記載は適切。施設所有（管理者）賠償責任保険は、ボウリング場、映画館、遊園地などの施設の管理不備による事故で顧客に損害を与えた場合に備える保険。

3. 記載は適切。労働災害総合保険は政府の労災保険に上乗せする目的の保険。

4. 機械保険は、機械設備や装置が不測の事態で損害を受けた場合に、損害を受ける前の状態に回復するための費用を保証する。急な機械故障や従業員が壊した損害は補償対象だが、火災による損害は対象外。（答：4）

本番問題にチャレンジ

過去問題を解いて、理解を確かなものにしよう。

⬡ **問1**　火災保険および地震保険の一般的な商品性に関する次の記述のうち、最も不適切なものはどれか。（2023年1月）

1. 地震保険は、火災保険の契約時に付帯する必要があり、火災保険の保険期間の中途で付帯することはできない。
2. 地震保険の保険料には、「建築年割引」、「耐震等級割引」、「免震建築物割引」、「耐震診断割引」の割引制度があるが、これらは重複して適用を受けることはできない。
3. 保険始期が2017年1月1日以降となる地震保険における損害の程度の区分は、「全損」「大半損」「小半損」「一部損」である。
4. 専用住宅を対象とする火災保険の保険料を決定する要素の1つである建物の構造級別には、「M構造」「T構造」「H構造」の区分がある。　　　　　　　　　　　　　　　　　　　　　　　　[　　]

⬡ **問2**　任意加入の自動車保険の一般的な商品性に関する次の記述のうち、最も不適切なものはどれか。（2023年9月）

1. 被保険者が被保険自動車を運転中に、車庫入れを誘導していた運転者の同居の父親に誤って接触してケガをさせた場合、対人賠償保険の補償の対象となる。
2. 被保険者が被保険自動車を運転中に、対人事故を起こして法律上の損害賠償責任を負った場合、自動車損害賠償責任保険等によって補償される部分を除いた額が、対人賠償保険の補償の対象となる。
3. 被保険者が被保険自動車を運転中に、交通事故を起こして被保険者がケガをした場合、その損害額のうち、被保険者の過失割合に相当する部分についても人身傷害保険の補償の対象となる。
4. 被保険者が被保険自動車を運転中に、ハンドル操作を誤って飲食店に衝突して損害を与えた場合、店舗を修復する期間の休業損害は対物賠償保険の補償の対象となる。　　　　　　　　[　　]

リボンを
チェック！

解説1

1. 地震保険は火災保険に付帯する必要があるが、保険期間の中途で追加することも可能。よって誤り。

2と3は記載の通り。

4. 記載の通り。住宅用建物の火災保険の保険料は、M構造（マンション構造）、T構造（耐火構造）、H構造（非耐火構造）の構造級別により算定される。（答：1）

解説2

1. 対人賠償責任保険は、運転者本人や家族は対象外。本問の「同居の父親」は家族なので補償されない。よって誤り。

2. 記載の通り。

3. 人身傷害保険は自損事故も対象。被保険者本人の過失も含めて示談を待たずに保険金が支払われる。

4. 記載の通り。（答：1）

自動車保険は頻出項目です。種類が多いですが、整理して理解しながら覚えましょう！ポイントは「誰のために」「何を」カバーするのか、です。

Check!

自動車保険の整理

加入方法	強制加入	任意加入		
目的	相手のため	相手のため	自分（家族）や同乗者のため	自分の車のため
保険の種類	賠償責任保険	賠償責任保険	傷害保険	車両保険
種類	自賠責保険	対人賠償責任保険 対物賠償責任保険	搭乗者傷害保険 人身傷害補償保険 自損事故保険 無保険車傷害保険	車両保険

明日もファイトー！

141

本番問題にチャレンジ

過去問題を解いて、理解を確かなものにしよう。

問1 損害保険による損害賠償等に関する次の記述のうち、最も不適切なものはどれか。（2021年5月）

1. 失火の責任に関する法律によれば、失火により他人に損害を与えた場合、その失火者に重大な過失がなかったときは、民法第709条（不法行為による損害賠償）の規定が適用される。

2. 個人賠償責任保険では、被保険者が通学のため自転車を走行しているときに歩行者に衝突してケガを負わせたことについて、法律上の損害賠償責任を負った場合、補償の対象となる。

3. 施設所有（管理）者賠償責任保険では、被保険者が営む飲食店の店舗の床が清掃時の水で濡れていたことにより滑って転倒した来店客がケガをしたことについて、法律上の損害賠償責任を負った場合、補償の対象となる。

4. 生産物賠償責任保険（PL保険）では、被保険者が製造した商品の欠陥が原因で、商品を使用した者がケガをしたことについて、法律上の損害賠償責任を負った場合、補償の対象となる。　　　　[　　]

問2 任意加入の自動車保険の一般的な商品性に関する次の記述のうち、最も不適切なものはどれか。なお、記載のない事項については考慮しないものとする。（2023年1月）

1. 被保険自動車を運転中に飛び石により窓ガラスにひびが入った場合、一般車両保険の補償の対象となる。

2. 被保険自動車を運転中に、通行人が連れていたペットに誤って衝突して死亡させ、法律上の損害賠償責任を負った場合、対物賠償保険の補償の対象となる。

3. 被保険自動車を運転中に衝突事故を起こして被保険者がケガをした場合、被保険者の過失割合にかかわらず、人身傷害（補償）保険の補償の対象となる。

4. 被保険自動車を運転中に衝突事故を起こして被保険者の配偶者がケガをした場合、対人賠償保険の補償の対象となる。　　　[　　]

解説1

1. 失火責任法は、失火により他人に損害を与えた場合、その失火者に重大な過失がなければ損害賠償責任を請求できない。よって誤り。

2、3、4は記載の通り（答：1）

解説2

1. 記載の通り。

2. ペットは対物賠償の対象となる。

3. 人身傷害（補償）保険は自損事故も対象。

4. 対人賠償保険は、運転手、家族は対象外。（答：4）

保険は、本当に種類が多いですね！ 企業の賠償責任保険も多すぎて……。

企業の賠償責任保険は、「名前を見たらどんな保険か大体わかる」くらいの理解で大丈夫よ。保険の名前は長いけれど、漢字から何となくイメージできますよ。
例えば……
生産物賠償責任保険➡生産した物が原因で賠償責任を負った（ときの保険）
施設所有（管理）者賠償責任保険➡施設の所有者（または管理者）が賠償責任を負った（ときの保険）
受託者賠償責任保険➡受託者（託された＝預かった人）が託されたものが原因で賠償責任を負った（ときの保険）

がんばった！

33

個人契約の損害保険と税金

地震保険料控除と保険金等を受け取った時の税金について押さえよう。

地震保険料控除

◯ 契約者本人、または契約者と生計を一にする配偶者や親族の所有する居住用建物を対象とした地震保険料を支払った場合は、地震保険料控除が適用される。

地震保険料控除の額

所得税	払込保険料の全額（最高5万円）
住民税	払込保険料×1/2の金額（最高2万5千円）

◯ 店舗併用住宅の場合、居住用部分のみが控除対象
ただし住宅部分が90%以上を占める場合は、保険料全額が控除対象となる。

◯ 地震保険料数年分を一括して支払った場合は、一括で支払った金額をその年数で割った金額がその年の控除対象となる。

◯ 給与所得者は、年末調整で地震保険料控除を受けることができる。

2006年以前に契約した長期損害保険の保険料の取り扱い（参考・経過措置）

◯ 2006年の税制改正で従来の損害保険料控除が廃止されたが、次の条件全てを満たす長期損害保険の保険料については、地震保険料控除の対

◯×問題にチャレンジ

1 業務中のケガで入院したことにより契約者が受け取る傷害保険の入院保険金は、非課税となる。 [　　]

2 契約者が不慮の事故で死亡したことにより契約者の配偶者が受け取る傷害保険の死亡保険金は、相続税の課税対象となる。 [　　]

3 被保険自動車を運転中に自損事故を起こしたことにより契約者が受け取る自動車保険の車両保険金は、当該車両の修理をしない場合、所得税の課税対象となる。（2023年9月 改題） [　　]

象とすることができる（上限15,000円。1つの契約に基づき地震保険料と旧長期損害保険料の両方を支払っている場合は、いずれか一方の控除を選択する）。

Check!

旧長期損害保険料の地震保険料控除対象となる条件

☐ 2006年12月31日までに結んだ契約であること

☐ 満期返戻金のあるもので、保険期間が10年以上の契約であること

☐ 2007年1月1日以後、損害保険契約の変更等をしていないこと

損害保険金の税金

☐ 個人が建物の焼失や身体の傷害・疾病を原因として受け取る損害保険金は原則非課税である。

☐ 傷害保険や自動車保険の死亡保険金、積立型保険の満期返戻金等は、生命保険と同様、契約者・被保険者・受取人の関係等により課税が異なる。

保険契約者が交通事故で亡くなったとき、遺族が受け取る損害賠償金や慰謝料は非課税ですが、契約者死亡により遺族が受け取った死亡保険金は相続税の課税対象となります。

息抜きも大事だよ！

解説

1. 本文の通り。身体の傷害を原因とする損害保険は原則非課税。（答：○）

2. 契約者＝被保険者、配偶者が死亡保険金受取人の場合、死亡保険金は相続税の課税対象となる。（答：○）

3. 車両保険金は、車両という資産の損害に対して支払われた損害保険金であり、非課税。（答：×）

法人契約の
損害保険と税金

損害保険料、保険金の経理処理は、法人と個人事業主に分けて押さえよう。

保険料の経理処理

- ☐ 法人の場合、原則として全額を損金算入する。ただし積立型の損害保険の場合は、積立部分の保険料を資産計上する。
- ☐ 個人事業主の場合も、原則として全額が必要経費となる。
- ☐ ただし、事業主本人や家族の生命保険料・傷害保険料、店舗兼住宅の火災保険料のうち住宅部分の保険料は、必要経費にできない。

損害保険料	法人	☐ 原則損金算入 ☐ 積立型等（貯蓄性のある保険）は資産計上 ※複数年分支払った保険料は当年のみ損金算入できる。翌年度以降の保険料は資産計上（前払保険料）
	個人事業主	☐ 原則必要経費 ※個人事業主本人に対する（事業に関係ない）損害保険契約の保険料は必要経費にできない

保険金等の経理処理

- ☐ 法人が受け取る保険金等は、原則収益とされ、益金算入する。保険料が資産計上されていた場合は、資産計上されていた積立部分を取り崩して保険金から差し引くことができる。
- ☐ 事業用の固定資産等に損害が生じて火災保険金等を受け取り、一定期間内に代替資産を取得した場合には、新たに取得した資産を圧縮記帳して、受け取った保険金への課税を繰り延べることが認められている。次ページのCheck！を参照）
- ☐ 個人事業主が受け取る保険金は、火災保険等損失填補が目的の場合は非課税。しかし、商品・棚卸資産に対する保険金や休業補償金等は事業収入（課税対象）となる。

個人事業主が受け取る保険金のうち、商品や在庫に対する保険金や休業補償として受け取った損害保険金は、売上の補填と考えられて、課税対象となります。

Check!

圧縮記帳

☐ 圧縮記帳とは、火災保険金等を受け取って代替資産を取得した場合に、その代替資産の帳簿価額を圧縮（減額）することで、保険金を受け取ったことにより発生した利益（益金）と相殺し、法人税額を軽減することをいう。

☐ **法人に認められている手続き**で、個人事業主は適用できない。

☐ 対象資産は**固定資産のみ**（棚卸資産は圧縮記帳できない）。

（参考）圧縮記帳の手順
- 保険差益を出す：受取保険金－支出した経費の額－被災する直前の帳簿価額
- 圧縮記帳限度額＝保険差益×$\dfrac{\text{代替資産の取得価額（分母の額を限度）}}{\text{保険金の額－支出経費の額}}$
- 帳簿価額＝代替資産の取得価額－圧縮限度額

各種保険の保険金の経理処理（まとめ）

火災保険	法人	建物	益金算入／圧縮記帳可※
		棚卸資産（商品）	益金算入／圧縮記帳不可
		店舗休業保険	益金算入
	個人事業主	建物	非課税／圧縮記帳不可
		棚卸資産（商品）	事業収入に算入
		店舗休業保険	事業収入に算入
傷害保険	法人	受取人が法人	益金算入
		遺族に直接支払われた	経理処理不要
	個人事業主	受取人が個人事業主	事業収入に算入
		遺族に直接支払われた	経理処理不要
車両保険	法人		益金算入／圧縮記帳可（修理費用等は損金算入）
	個人事業主		事業収入に算入（修理費用等は必要経費）

※受取保険金で新たに建物を取得する場合、帳簿価額を上回る金額（保険差益）については圧縮記帳してよい

明日もファイトー！

35 損害賠償金と災害時の税金

損害賠償金を受け取った場合の税制は、「誰が受け取ったか」により異なる。違いを押さえよう。

損害賠償金と税制

	損害賠償金の受取人と受け取る状況	税制
個人	☐ 被害者本人、その遺族が受け取る場合	非課税
	☐ 被害者に支払うために受け取った場合	非課税
法人	☐ 損害賠償金（損害額）	益金算入（損金算入）
	☐ 被害者に支払うために受け取った場合（被害者へ支払った金額）	益金算入（損金算入）
個人事業主	☐ 棚卸資産（商品等）に対する損害賠償金（賠償金額を上回る損失）	事業収入（必要経費）
	☐ 事業用資産に対する損害賠償金（賠償金を上回る損失）	非課税（必要経費）

過去問にチャレンジ

契約者（＝保険料負担者）を法人、被保険者を従業員とする損害保険に係る保険金の経理処理に関する次の記述のうち、最も適切なものはどれか。（2024年1月）

1 業務中の事故によるケガが原因で入院をした従業員が、普通傷害保険の入院保険金を保険会社から直接受け取った場合、法人は当該保険金相当額を益金の額に算入する。

2 業務中の事故で従業員が死亡したことにより、法人が普通傷害保険の死亡保険金を受け取った場合、法人は当該保険金相当額を益金の額に算入する。

3 従業員が法人の所有する自動車で対人事故を起こし、その相手方に保険会社から自動車保険の対人賠償保険の保険金が直接支払われた場合、法人は当該保険金相当額を益金の額に算入する。

4 従業員が法人の所有する自動車で交通事故を起こし、法人が、当該車両が全損したことにより受け取った自動車保険の車両保険の保険金で業務用機械設備を取得した場合、圧縮記帳が認められる。

[　]

損害賠償金を受け取るときの税金は、
個人の場合→原則非課税、
法人の場合→収益とみなす（益金算入）けど、損害額分はマイナスする、
個人事業主→ケースバイケース
ってことなんだね。

災害時の税制優遇

☐ 災害時の税制優遇措置として、雑損控除と災害減免法がある。

☐ どちらの要件も満たす場合は有利な方を選択する（どちらか片方しか適用できない）。

☐ 適用を受けるために確定申告が必要。

	雑損控除（所得控除）	災害減免法（税額控除）
対象者	本人または生計を一にする（総所得金額48万円以下の）親族	合計所得金額1,000万円以下の者、または生計を一にする（総所得金額48万円以下の）親族
損失の発生原因	災害、盗難、横領による損失	災害
対象となる資産	住宅、家財を含む生活に通常必要な資産※	住宅または家財の損失額が、その価額の1/2以上
控除金額	次の①②のうちどちらか多い方 ①損失額－合計所得金額×1/10 ②損失額のうち災害関連支出の金額－5万円	合計所得金額が 〜500万円以下→全額免除 500万円超〜750万円以下→1/2の軽減 750万円超〜1,000万円以下→1/4の軽減
住民税	適用あり	適用なし
ポイント	控除しきれない金額がある場合、翌年以後3年間繰越控除できる	減免を受けた年の翌年分以降は減免は受けられない。

※棚卸資産や事業用の固定資産、山林、生活に通常必要でない資産は対象外

がんばった！

解説

1. 不適切。法人契約の損害保険では、従業員やその遺族が直接保険金を受け取った場合、法人の経理処理は不要である。

2. 法人の損害保険の保険料は、積立型の損害保険を除き、全額を損金算入し、保険金は原則収益として益金算入する。

3. 不適切。損害賠償金は被害者に直接振り込まれており、法人は経理処理の必要はない。

4. 不適切。法人が受け取った車両保険の保険金で取得したのは業務用機械設備であり、代替資産ではないため、圧縮記帳は認められない。もし取得したのが自動車だった場合は代替資産なので圧縮記帳が認められる。（答：2）

本番問題にチャレンジ

過去問題を解いて、理解を確かなものにしよう。

○問1 下記のうち、最も適切なものはどれか。（2018年1月 改題）

1. 所定の要件を満たした長期損害保険契約に係る保険料は、所得税において最高15,000円の地震保険料控除の適用を受けることができる。

2. 店舗併用住宅を補償の対象とする地震保険の保険料は、その総床面積の50%が居住用である場合、所得税においてその全額が地震保険料控除の対象となる。

3. 5年分の地震保険の保険料を一括で支払った場合、所得税においてその全額が支払った年の地震保険料控除の対象となり、翌年以降は地震保険料控除の対象とならない。

4. 地震保険料控除の控除限度額は、所得税において50,000円であり、年間支払保険料の2分の1の金額が控除される。 [　　]

○問2 下記のうち、最も不適切なものはどれか。（2022年1月 改題）

1. 契約者である被保険者が不慮の事故で死亡し、その配偶者が受け取った傷害保険の死亡保険金は、相続税の課税対象となる。

2. 自損事故で被保険自動車である自家用車を損壊して受け取った自動車保険の車両保険金は、当該車両の修理をしなくとも、非課税となる。

3. 自宅の建物と家財を対象とした火災保険に地震保険を付帯して加入した場合、火災保険と地震保険の保険料の合計額が地震保険料控除の対象となる。

4. 2023年10月に加入した所得補償保険の保険料は、介護医療保険料控除の対象となる。 [　　]

解説1

1. 適切。2006年12月31日までに締結した長期損害保険料について、所得税は最大15,000円、住民税は最大10,000円まで控除することができる（特例措置）。
2. 不適切。店舗併用住宅で地震保険料控除の対象となるのは、居住用資産に係る部分のみである。
3. 不適切。地震保険料を一括で払った場合は、保険期間で按分した金額が毎年の地震保険料控除の額となる。
4. 不適切。地震保険料控除では、年間支払保険料全額を控除できる。

（答：1）

解説2

1. 記述は適切。契約者＝被保険者の死亡保険金を配偶者が受け取っているので、相続税の課税対象となる。
2. 適切。個人が契約者の自動車保険の車両保険金は、損失のてん補を目的として支払われているので非課税。
3. 記述は不適切。地震保険料控除の対象となるのは、地震保険の保険料のみである。
4. 適切。2012年1月1日以降に契約した所得補償保険は、介護医療保険料控除の対象。介護医療保険料控除は、疾病または身体の傷害等により保険金が支払われる保険契約のうち、医療費支払事由に基因して保険金等が支払われる保険契約の保険料が対象。所得補償保険は、病気やケガで就業不能となった場合に所得を補償する保険であり、医療費の不足分や生活費を補う目的であるため、介護医療保険料控除の対象となる。（答：3）

身体の傷害のみに基因して保険金が支払われる傷害特約、災害割増特約は生命保険料控除の対象外であることも、もう一度押さえておきましょう。

息抜きも大事だよ！

本番問題に チャレンジ

過去問題を解いて、理解を確かなものにしよう。

○ **問1** 契約者（＝保険料負担者）を法人とする損害保険契約の経理処理に関する次の記述のうち、最も不適切なものはどれか。（2022年5月）

1. 火災により倉庫を焼失するリスクに備えて、保険期間5年の火災保険に加入し、5年分の保険料を一括で支払った場合、その事業年度に、支払った保険料の全額を損金の額に算入することができる。

2. 業務中の事故によりケガを負うリスクに備えて、すべての役員・従業員を被保険者および保険金受取人とする普通傷害保険に加入した場合、その支払った保険料の全額を損金の額に算入することができる。

3. 法人が所有する業務用自動車が交通事故で損壊し、法人が受け取った自動車保険の車両保険の保険金で修理をした場合、当該保険金を益金の額に算入し、当該修理費を損金の額に算入することができる。

4. 積立傷害保険が満期を迎え、法人が満期返戻金と契約者配当金を受け取った場合、その全額を益金の額に算入し、資産に計上していた積立保険料の累計額を損金の額に算入することができる。　[　　]

○ **問2** 法人が所有する建物等を対象とした火災保険から受け取る保険金と圧縮記帳に関する次の記述のうち、最も適切なものはどれか。なお、契約している火災保険の契約者（＝保険料負担者）および保険金受取人は法人であるものとする。（2023年1月）

1. 工場建物および建物内に収容されている機械が全焼し、同一事業年度中に受け取った火災保険金で、焼失前と同様の工場建物および同一の機械を新たに取得した場合、当該工場建物・機械ともに圧縮記帳の対象となる。

2. 工場建物が全焼し、同一事業年度中に受け取った火災保険金で、その滅失した工場建物と同一種類に区分される倉庫建物を新築した場合、当該倉庫建物は圧縮記帳の対象とならない。

3. 工場建物が全焼し、同一事業年度中に受け取った火災保険金で、当該工場建物が滅失等をしたときにおいて現に建設中であった他の工場建物を完成させた場合、完成後の工場建物は圧縮記帳の対象となる。

4. 保険金で取得した代替資産の圧縮限度額を算出する際、「所有固定資産の滅失または損壊により支出する経費」には、ケガ人に対する見舞金を含めることができる。　　　　　　　　　　[　　　]

解説1

1. 記述は不適切。複数年分の保険料を一括で支払った場合、損金算入できる保険料はその事業年度に支払った分のみで、翌期以降も按分して算入する必要がある。翌期以降の保険料は前払い保険料として資産計上する。

2. 適切。全従業員、役員が被保険者、保険金受取人の普通傷害保険は、その保険料の全額を福利厚生費として損金算入する。

3. 適切。法人が所有する業務用車の交通事故により、法人が受け取った車両保険金は、原則全額益金に算入される。しかし実際に支払った修理費は損金に算入できる。

4. 適切。積立傷害保険は、満期時に満期返戻金が支払われる、補償機能と貯蓄機能を併せ持った保険。満期時に受け取った満期返戻金と契約者配当金は全額を益金に算入し、資産計上していた積立保険料を取り崩して損金算入可能。（答：1）

解説2

1. 記述の通り。

2. 記述は不適切。「滅失した工場建物と同一種類に区分される倉庫建物」は代替資産と認められるので、圧縮記帳の対象となる。

3. 記述は不適切。工場建物全焼時に、現に建設中であった他の工場建物は、滅失した工場建物の代替資産とは言えないため、圧縮記帳の対象とはならない。

4. 記述は不適切。圧縮記帳限度額を計算する時の保険差益＝受取保険金−支出した経費−被災直前の簿価。支出した経費は、滅失した固定資産の取り壊し費用、消防費用など、固定資産の滅失に直接関係する費用に限られる。本問の「ケガ人に対する見舞金」は経費に含まれない。（答：1）

明日もファイトー！

第三分野の保険①

第三分野の保険は、第一分野（生命保険）と第二分野（損害保険）のどちらにも該当しない保険をいう。試験では頻出なのでしっかり押さえよう。

医療保険

☐ 医療保険は、病気やケガによる入院や手術に対して給付金（入院給付金、手術給付金）が支払われる保険で、終身型（有期払込、終身払込）と更新型がある。主契約での契約のほか、特約として付加することもできる。

☐ 入院給付金は、1入院（同じ病気やケガの治療を目的とした1回の入院）あたりの支払限度日数と通算支払限度日数が定められている（例：1入院30日、通算1,000日）。

☐ 従来の日額保障型に加え、実費補償型の保険もある。

Check!

医療保険のポイント

☐ 被保険者の年齢、性別等で保険料が変わる。

☐ 同じ病気で退院の翌日から180日以内に再入院した場合は、前回の入院とあわせて1回の入院とみなされる。

☐ 美容整形や正常分娩に伴う手術、人間ドックのための入院については支払対象外。

☐ 更新型医療保険の保険期間中に入院給付金を受け取っても、契約は更新される。

○×問題にチャレンジ

1 がん保険の入院給付金は、1回の入院における支払日数および通算の支払日数に制限はない。　　　　[　　]

2 1泊2日の入院検査（人間ドック検診）で異常が認められ、治療を目的とした入院を医師から指示された場合、その追加の入院については医療保険の入院給付金の支払対象となる。（2023年1月 改題）　　　[　　]

○ 引受基準緩和型（限定告知型）や無選択型の医療保険は、持病等があっても入りやすいが、保険料は割高。

がん保険

○ 対象をがん（白血病を含む）に限定した保険で、主契約または特約として契約する。終身型と更新型がある。がん診断給付金、入院給付金、手術給付金、通院給付金、死亡給付金等が給付される。

Check!

がん保険のポイント

○ 入院給付金の支払日数は無制限。また手術給付金も何度でも給付される。

○ 一般的に加入後3カ月間（90日間）の免責期間を設けており、免責期間中にがんと診断された場合、給付金は支払われず（がん保障以外の保障がない場合）契約は無効となる。

○ がん以外の病気による死亡も保障する商品もあるが、死亡給付金の額はがんによる死亡の場合より少額。

○ 引受基準緩和型のがん保険もあるが、保険料は引受基準緩和型でないものより割高。

引受基準緩和型保険は医師の診査が不要で、簡単な告知項目のみの（該当しなければ入れる）保険で、無選択型保険は、契約時に医師の診査や告知が不要な（生命）保険です。ともに保険料は割高です。

がんばった！

解説

1. 本文の通り。（答：○）

2. 本文の通り。医療保険では、人間ドックや健康診断のための入院は支払対象外であるが、本問のように、異常が認められて治療を目的とした入院を指示された場合は、医療に伴うものとして入院給付金の支払対象となる。（答：○）

第三分野の保険②

その他の第三分野の保険について確認しよう。

傷害保険

☐ 傷害保険は、「急激かつ偶然な外来の事故」により被った傷害に対して
保険金が支払われる保険である。

☐ 保険料は職業により異なり、性別や年齢による違いはない。

傷害保険の種類とポイント

普通傷害保険	☐ 国内外の、日常生活上の傷害（仕事中、旅行中を含む）を補償 ☐ 病気や地震、噴火、津波は対象外 ☐ 補償されないケース：細菌性・ウイルス性食中毒、靴擦れ、熱中症
家族傷害保険	☐ 普通傷害保険の被保険者を家族※に広げた保険 ☐ 補償内容は普通傷害保険と同じ ※家族は、本人、配偶者、生計を一にする同居親族と別居の未婚の子
交通事故傷害保険	☐ 国内外の、道路通行中または乗り物※乗用中の事故や火災による傷害を補償 ※乗り物の例：電車、自動車、飛行機、船舶、ベビーカー、エレベーター 　エスカレーター等
国内旅行傷害保険	☐ 国内旅行中（家を出てから帰宅するまで）に被った傷害等を補償 ☐ 細菌性食中毒・ウイルス性食中毒は特約なしで補償 ☐ 補償されないケース：地震・噴火・津波は対象外
海外旅行傷害保険	☐ 海外旅行中（家を出てから帰宅するまで）に被った傷害や病気の治療費を補償 ☐ 細菌性食中毒・ウイルス性食中毒、地震・噴火・津波も特約なしで補償 ☐ 特約をつけることにより、携行品の損害や賠償責任等も補償できる

傷害保険はケガをしたときに支払われるから、ケガをしやすい職業
の人の保険料が高くなるんだね。

〇×問題にチャレンジ

1 普通傷害保険では、被保険者が就業中の事故によりケガをした場合、
補償の対象となる。 [　　]

2 海外旅行傷害保険では、被保険者が旅行中の火山の噴火により発生
した津波でケガをした場合、補償の対象となる。（2022年9月 改題） [　　]

積立型損害保険

- ☐ 積立型損害保険は、保険期間が長期で満期時に満期返戻金が支払われる損害保険である。補償機能と貯蓄機能を併せ持つ。
- ☐ 積立型の傷害保険には、個人年金型の商品である年金払積立傷害保険や、確定拠出年金に対応した積立傷害保険等がある。
- ☐ 保険料には、満期返戻金の支払原資となる積立保険料が含まれるため、同種の保険より割高となる。

所得補償保険

- ☐ 被保険者が病気やケガで就業不能となった場合、その間の設定した金額の所得を補償する。国内外を問わず、また業務上か否かを問われない。また入院しているか否かも問われない。
- ☐ 精神疾患を補償するか否かは保険会社により異なる。
- ☐ 所得が不労所得のみ（不動産の賃貸収入や配当収入）の場合は補償されないが、専業主婦は特約をつけることで加入できる。
- ☐ 出産で仕事ができない場合は所得補償保険の対象外。また会社倒産が理由で就業不能の場合も対象外。
- ☐ 所得補償保険から支払われる保険金・給付金は、原則非課税。

> 就業不能になった場合の保険には、生命保険会社が扱う「就業不能保険」もあります。

息抜きも大事だよ！

解説

1. 普通傷害保険では、就業中のケガも補償される。（答：○）
2. 海外旅行傷害保険では、地震、噴火、またはそれらによる津波による傷害も補償する。（答：○）

40

生前給付型保険と特約

生前給付型の保険と特約について整理しよう。

生前給付型保険

☐ 生前給付型保険は、生きている間に保険金を受け取ることのできる保険である。「特定（三大）疾病保障保険」「介護保険」等があり、特約として付加する場合もある。

特定（三大）疾病保障保険（特約）

☐ がん・急性心筋梗塞・脳卒中により所定の状態になった場合に、死亡保険金と同額の特定（三大）疾病保険金が支払われる。一度保険金が支払われると保険契約は終了となる（特約による保険金の支払いは1回のみ）。

☐ 特定疾病保険金を受け取ることなく死亡した場合は、特定疾病以外の理由（交通事故など）でも死亡保険金が支払われる。

介護保険（特約）

☐ 介護保険は、所定の要介護状態となり、その状態が一定期間継続した場合に、介護保険金や介護年金が支払われる。

☐ 死亡すると死亡保険金が支払われるが、一般的に金額は少額である（商品により介護保障と同額の死亡保障がつく保険もある）。

☐ 支払要件の「所定の介護が必要な状態」は保険会社により異なるが、公的介護保険の要介護認定に連動するものが一般的である。

特約

☐ 特約は主契約にオプションとして付加する契約で、単独で契約することはできない。主契約を解約すると特約も解約となる。

 いざというときのために、様々な特約が準備されているんだね。

主な特約とポイント

傷害特約	☐ 災害や事故により180日以内に死亡または所定の身体障害状態になったときや、特定感染症で死亡した場合に保険金が支払われる特約
災害割増特約	☐ 災害や事故により180日以内に死亡・高度障害状態になった場合に保険金が支払われる特約
災害入院特約	☐ 災害や事故で180日以内に入院したとき、入院日数に応じ給付金が支払われる特約
疾病入院特約	☐ 病気で入院したときに入院給付金が支払われる特約
通院特約	☐ 入院給付金の支払い対象となる入院をして、退院後にその原因となった病気やけがの治療を目的として通院したときに給付金が支払われる特約
先進医療特約	☐ 厚生労働大臣が定める先進医療治療を受けたとき、その技術料相当額の給付金が支払われる特約 ☐ (保険契約時に対象外であっても)治療時点で先進医療と認可されていれば対象となる
女性疾病入院特約	☐ 女性特有の病気や甲状腺疾患・がんなど所定の病気で入院したとき、給付金が支払われる特約
リビングニーズ特約	☐ 余命6カ月以内と診断されたとき、死亡保険金の一部もしくは全部が支払われる(上限3,000万円)特約 ☐ 保険金は非課税で、特約保険料は不要
保険料払込免除特約	☐ がん、急性心筋梗塞、脳卒中などにより所定の状態に該当した場合や、所定の身体障害状態、要介護状態に該当した場合に以後の保険料の払込が免除される特約
指定代理請求特約	☐ 「被保険者＝受取人」となっている保険で、特別な事情により本人が給付金や保険金を請求できないときに、あらかじめ指定した代理人が被保険者に代わって請求できる特約。 ☐ 身体の傷害に基因する給付金は、指定代理請求人が受け取っても非課税で、特約保険料は不要。

災害割増特約、災害入院特約の「災害」は、「日常生活における不慮の事故」のこと。地震や台風などをイメージしますが、交通事故も「災害」に該当します。

明日もファイトー!

本番問題にチャレンジ

過去問題を解いて、理解を確かなものにしよう。

◯ 問1 傷害保険の一般的な商品性に関する次の記述のうち、最も不適切なものはどれか。なお、特約については考慮しないものとする。(2022年9月)

1. 家族傷害保険では、保険期間中に記名被保険者に子が生まれた場合、その子を被保険者に加えるためには追加保険料を支払う必要がある。

2. 普通傷害保険では、被保険者が就業中の事故によりケガをした場合、補償の対象となる。

3. 国内旅行傷害保険では、被保険者が旅行中の飲食により細菌性食中毒を発症した場合、補償の対象となる。

4. 海外旅行傷害保険では、被保険者が旅行先の火山の噴火により発生した津波でケガをした場合、補償の対象となる。　　　[　　]

◯ 問2 第三分野の保険の一般的な商品性に関する次の記述のうち、最も不適切なものはどれか。(2023年9月)

1. 生命保険会社が取り扱う介護保険は、公的介護保険の加入年齢である40歳から加入可能となり、保険期間は65歳までとされる。

2. 医療保険では、人間ドック等の治療を目的としない入院をし、異常が発見されなかった場合、入院給付金は支払われない。

3. 先進医療特約で先進医療給付金の支払対象とされている先進医療は、療養を受けた時点において厚生労働大臣によって定められたものである。

4. がん保険では、被保険者ががんで入院したことにより受け取る入院給付金について、1回の入院での支払日数に制限はない。　　　[　　]

解説1

1. 記述は不適切。家族傷害保険の被保険者の範囲は、保険金の支払い事由発生時の関係で判断される。子どもが生まれると、自動的に補償対象者に含まれることとなる。
2. 適切。就業中の事故によるケガは、普通傷害保険の補償対象。
3. 適切。国内旅行傷害保険では、旅行中に発症した細菌性食中毒は補償の対象となる。
4. 適切。海外旅行傷害保険では、旅行中に発生した火山の噴火に伴う津波によるケガも補償の対象となる。〔答：1〕

解説2

1. 記述は不適切。公的介護保険と異なり、生命保険会社が扱う介護保険は、加入年齢、保険期間、保障内容は各社様々である。
2. 適切。人間ドックや健康診断のための入院は支払対象外。
3. 記述の通り。
4. 適切。がん保険のがん入院給付金は、支払限度日数はなく、無制限。手術を受けた場合も、何度でもがん手術給付金が支払われるのが一般的である。〔答：1〕

Check!

傷害保険のよく出るポイント

☐ 傷害保険は、次の3つの違いが良く問われる。整理しておこう。

	普通傷害保険	国内旅行傷害保険	海外旅行傷害保険
細菌性食中毒・ウイルス性食中毒	×	○	○
地震・噴火・津波による障害	×	×	○

○：補償対象
×：補償対象外

がんばった！

本番問題に チャレンジ

過去問題を解いて、理解を確かなものにしよう。

○ **問1**　第三分野の保険の一般的な商品性に関する次の記述のうち、最も不適切なものはどれか。（2018年5月）

1. 医療保険（更新型）は、所定の年齢の範囲内であれば、保険期間中に入院給付金を受け取っていても、契約を更新できる。

2. がん保険は、保障開始後は入院給付金の支払日数には限度がないが、手術給付金の支払回数には限度がある。

3. 介護保障保険は、寝たきりや認知症によって所定の要介護状態となりその状態が一定期間継続した場合のほか、公的介護保険の要介護認定に連動して一時金や年金が支払われるものがある。

4. 所得補償保険では、ケガや病気によって就業不能となった場合、入院中だけでなく医師の指示による自宅療養中も補償の対象となる。　　　　　　　　　　　　　　　　　　　　　　[　　]

○ **問2**　FPの増田さんが行ったリビングニーズ特約の一般的な説明に関する以下の記述について、空欄（ア）～（エ）に入る語句の組み合わせとして、最も適切なものはどれか。（2021年9月FP協会 資産）

- リビングニーズ特約は、（　ア　）被保険者の余命が（　イ　）以内と医師により診断されたときに、死亡保険金の一部または全部を保険金として受け取ることができる特約です。

- 請求できる金額は、保険金額の範囲内で1被保険者当たり（　ウ　）が限度となります。

- リビングニーズ特約の請求により被保険者が受け取った保険金は（　エ　）となります。

1.（ア）原因にかかわらず （イ）3カ月
　（ウ）1,000万円　　　　（エ）所得税の課税対象
2.（ア）原因にかかわらず （イ）6カ月
　（ウ）3,000万円　　　　（エ）非課税
3.（ア）疾病により　　　 （イ）3カ月
　（ウ）1,000万円　　　　（エ）非課税
4.（ア）疾病により　　　 （イ）6カ月
　（ウ）3,000万円　　　　（エ）所得税の課税対象　　　　　　　[　　]

解説1

1.3.4.の記述は適切。

がん保険は、原則、入院給付金や手術給付金の支払について、日数や手術回数の制限を設けていない。（答：2）

解説2

リビングニーズ特約は、原因にかかわらず余命6カ月と診断されたときに、死亡保険金の一部または全部を生前に受け取ることができる特約。保険金は非課税で、3,000万円が上限（ただし6カ月分の保険料と利息は差し引かれる）。保険料も不要。（答：2）

息抜きも大事だよ！

保険証券の見方

保険証券や保険設計書、提案書を読み解いて保険金額や給付金額を算出する問題は、**FP**協会の実技試験等でよく出題される。出題パターンに慣れよう。

○ 例題

　山岸幸太郎さん（48歳）が加入の提案を受けた生命保険の保障内容は下記＜資料＞のとおりである。この生命保険に加入した場合、次の記述の空欄（ア）～（ウ）にあてはまる数値を解答欄に記入しなさい。なお、各々の記述はそれぞれ独立した問題であり、相互に影響を与えないものとする。

＜資料／生命保険提案書＞

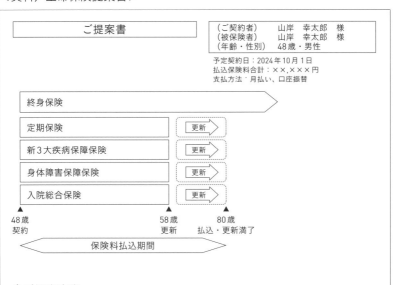

◇ご提案内容

ご契約内容	保険期間	保険金・給付金名称	主なお支払事由など	保険金額・給付金額
終身保険	終身	死亡保険金	死亡のとき	100万円
定期保険	10年	死亡保険金	死亡のとき	1,400万円
新3大疾病保障保険	10年	3大疾病保険金	所定の3大疾病に罹患したとき（がん（悪性新生物）・急性心筋梗塞・脳卒中）	500万円
		特定疾病診断保険金	所定のがん（上皮内新生物等）・狭心症・急性心筋梗塞・脳動脈瘤・一過性脳虚血発作・脳卒中のいずれかに罹患、または3大疾病保険金が支払われるとき	3大疾病保険金額の10％
		死亡保険金	死亡のとき	3大疾病保険金額の10％

身体障害保障保険	10年	身体障害保険金	身体障害者福祉法に定める1～3級の障害に該当し、その障害に対する身体障害者手帳の交付があったとき		400万円
		死亡保険金	死亡のとき		400万円
入院総合保険	10年	入院給付金	所定の入院で入院日数が1日、30日、60日、90日の各日数に達したとき		それぞれ30万円
		外来手術給付金	公的医療保険制度の対象となる所定の手術等や同制度に定める先進医療	入院を伴わない所定の手術を受けたとき	入院給付金額×10%
		先進医療給付金		所定の先進医療による治療を受けたとき	先進医療にかかる技術料と同額
		先進医療一時金		先進医療給付金が支払われるとき	20万円（技術料と同額が上限）
リビング・ニーズ特約（※）	―	特約保険金		余命6カ月以内と判断されるとき	死亡保険金の範囲内、かつ、3,000万円以内の金額

※）新3大疾病保障保険の死亡保険金は、リビング・ニーズ特約による保険金支払いの対象となりません。

- 山岸さんが虫垂炎で8日間継続して入院し、その入院中に公的医療保険制度の対象となる所定の手術を1回受け、退院後にケガで公的医療保険制度の対象となる所定の手術を入院せずに1回受けた場合、保険会社から支払われる保険金・給付金の合計は（　ア　）万円である。

- 山岸さんが初めてがん（悪性新生物）と診断され、治療のため20日間継続して入院し、その入院中に公的医療保険制度の対象となる所定の手術を1回受けた場合、保険会社から支払われる保険金・給付金の合計は（　イ　）万円である。

- 山岸さんが余命6カ月以内と判断された場合、リビング・ニーズ特約の請求において指定できる最大金額は（　ウ　）万円である。なお、指定保険金額に対する6カ月分の利息と保険料相当額は考慮しないものとする。
（2023年9月FP協会 資産 改題）

解説

（ア）虫垂炎で入院した場合、「入院総合保険」より入院給付金が30万円受け取れる。またケガの手術に対する外来手術給付金が30万円×10%＝3万円受け取れる。

入院給付金	30万円
外来手術給付金＜ケガ手術＞　30万円×10%　＝	3万円
	33万円

（答：33）

（イ）がんに罹患したことにより「新3大疾病保障保険」より3大疾病保険金500万円。また初めてがんと診断されたので特定疾病診断保険金50万円。治療で20日間入院したので、入院給付金が30万円受け取れる。

3大疾病保険金	500万円
特定疾病診断保険金＜がん＞　500万円×10%　＝	50万円
入院給付金	30万円
計	580万円

（答：580）

（ウ）リビング・ニーズ特約の対象となる死亡保険と金額はつぎの通り。

終身保険　死亡保険金	100万円
定期保険　死亡保険金	1,400万円
身体障害補償保険　死亡保険金	400万円
計	1,900万円

1,900万円≦3,000万円

（答：1,900）

明日もファイト！

Chapter 3

金融資産運用

Chapter3では、資産運用を行うにあたって必要となる経済・金融の知識と、さまざまな金融商品について学ぶ。また、投資家を守るしくみやポートフォリオ理論についても学習する。金融商品の収益をインカムゲインとキャピタルゲインに分け、税制まで理解しよう。

計算問題のうち、債券の利回り計算や株式の投資指標の基礎項目は必ずマスターしよう。**2級**で新出の債券のデュレーション、ポートフォリオ分析に関する計算等は、どうしても理解が難しい人は深入りしなくてもよい。

アクセスキー　**2**（数字のに）

バタ子さん、NISAを始める

バタ子さん、何やらバタバタとマサエさんとアキコさんのところへやってきました。

 マサエさん、アキコさん、こんにちは！ とうとうこの間、新NISA口座を開いて、投資信託を買ってみましたよ！ FP3級の勉強をするまで投資信託なんて知らなかったけど、私には大きな一歩です！

 バタ子ちゃん、すごいじゃない！ 着実に少しずつ前進しているわね。投資信託はどんなふうに買ったの？

 新NISAのつみたて投資枠の中で、積み立て購入の設定をしてみました。

 心配なのは、株式市場は今好調だけれど、景気が低迷してきて株価が下がったらどうしようってことなんです。株価が下がってきたら、投資信託は売った方がいいでしょうか。

 つみたて投資をしているのよね？ 株価が下がって、投資信託の基準価額も下がる局面は、つみたて投資では資金額を増やせるチャンスとも言えるわよ。ドルコスト平均法で。

 ドルコスト平均法、聞いたことあるかも。定期的に一定額を買っていく方法ですよね。

 そうそう。毎月一定金額を購入する方法だと、価格が下がった時にはそれだけ沢山買えるということ。いつもより多い口数を購入すれば、原資産を増やせますよ。

それに、投資信託が値下がりしたところで売却すると、損失が確定されてしまうわ。NISA口座の中で投資した金融商品から受け取る収益は非課税とされるのがNISAのメリットだけれど、損失が出たときは、逆にその損失がなかったものとされてしまうから、まるまる損になってしまう。要注意なの。

 そもそも投資信託って、買ったあとは放置してしまっても大丈夫なんですかね？

 つみたて投資枠の商品であれば、金融庁のお墨付きを頂いたファンド（投資信託）に投資しているということですね。そんなに頻繁にチェックしなければならない、リスクの高い銘柄ではないけれど、定期的に点検はしたいわね。

 投資信託は、定期的に「運用報告書」で点検することが大切よ。該当する期間中、どのような投資環境で、会社がどのようにファンドを運営したのか、が書かれているの。現在の運用成績に繋がる大切な情報も載っているわ。

 手数料（信託報酬）がどうなっているかも大切なポイントね。

 「運用報告書」、チェックしたくなりました。投資はやりっぱなしにしないで、こまめにチェックを欠かさない！ ということですね。

経済、金融の基礎知識（経済指標①）

金融資産を運用するためには、基本的な経済知識やマーケット環境の理解は欠かせない。まずは経済知識の基本のキ、試験にも頻出の経済指標について見ていこう。

国内総生産（**GDP：Gross Domestic Product**）

☐ 国内総生産（GDP）とは、一定の期間内に国内で生産された物やサービスの付加価値の合計をいう。国の経済規模や景気動向を反映する目安となる。

☐ GDPは、生産、分配、支出のどの面からみても等しくなる。これを「三面等価の原則」という。

Check!

GDPのポイント

☐ 内閣府が四半期ごと（年4回）に発表する。
☐ GDPの中では民間最終消費支出が最も大きく、全体の50%超を占める。

経済成長率

☐ 経済成長率とは、国の経済規模がどれだけ成長したかを表す割合のことをいう。端的に言えばGDPの変動率（伸び率）のこと。

☐ 経済成長率には、名目GDPの伸び率である名目経済成長率と、実質GDPの伸び率である実質経済成長率がある。物価上昇率が急な時は、名目GDPがプラスで実質GDPがマイナスとなる場合がある。

Check!

「名目○○」と「実質○○」

☐ 名目GDPや名目賃金等の用語で使われる「名目」は、実際の市場で取引されている価格を反映して算出した値（名目値）をいう。これに対して「実質」は、実際の取引価格から物価上昇（下落）の影響を取り除いた値（実質値）をいう。

- 名目値には物価変動の影響が多分に含まれるため、経済成長の伸び率を比較する場合などは、実質値を使うことが多い。

景気動向指数

- 景気動向指数は、景気全体の動向を把握するために、重要な経済指標を統合して作成した景気指標をいう。
- 景気動向指数はCI（コンポジット・インデックス：Composite Index）とDI（ディフュージョン・インデックス：Diffusion Index）の2種類があるが、現在はCIを中心とした公表形態となっている。

CIとDI

CI	景気変動の大きさや量感（景気の山の高さや谷の深さ、景気拡張や後退の勢い）を表す 景気の拡大局面→CIが上昇 景気の後退局面→CIが下落
DI	景気の各経済部門への波及度合や景気の転換点を表す 景気の拡大局面→一致指数が50%を上回る 景気の後退局面→一致指数が50%を下回る

- CIとDIは共通の経済指標を採用しており、先行指数、一致指数、遅行指数あわせて30系列ある。

景気動向指数の採用指数

先行指数	景気に先行して動く 新規求人数（除学卒）、実質機械受注（製造業）、新設住宅着工床面積、消費者態度指数、東証株価指数等
一致指数	景気にほぼ一致して動く 鉱工業生産指数、有効求人倍率等
遅行指数	景気に遅れて動く 家計消費支出、完全失業率、消費者物価指数

経済指標は「どこが（発表機関）」「いつ」発表するのかも押さえましょう。

明日もファイトー！

2

経済、景気の代表的な指標（経済指標②）

日銀短観、物価に関する問題は頻出。しっかり押さえよう。

日銀短観（全国企業短期経済観測調査）

☐ 日銀短観は、全国の約1万社の企業を対象に、企業の業況や経済環境等について行うアンケート調査である。日本銀行が、四半期ごと（3、6、9、12月）に実施している。

☐ 調査項目の中でも注目されるのが「業況判断DI」である。

Check!

業況判断DI

業況判断DI＝業況が「良い（良いであろう）」と答えた企業の割合
　　　　　　－業況が「悪い（悪いであろう）」と答えた企業の割合
※業況判断DIは現状と3カ月後の見通しについて調査している

マネーストック統計

☐ マネーストック統計とは、一般法人、個人、地方公共団体などの通貨保有主体が保有する現金や預金等の通貨残高をいう。国や、金融機関の保有残高は含まれない。

☐ 日銀が毎月発表している。

○×問題にチャレンジ

1 国内総生産（支出側）の構成項目のうち、民間最終消費支出は、最も高い構成比を占めている。（2018年9月）　[　　]

2 全国企業短期経済観測調査（日銀短観）は、全国約1万社の企業を対象に、資金繰り、雇用人員、業況の見通しなどについて調査したものである。（2018年9月）　[　　]

3 景気動向指数において、東証株価指数は、景気の動きに対してほぼ一致して動く、一致系列に分類されている。（2018年9月）　[　　]

4 経済成長率には名目値と実質値があり、名目値は物価変動の影響を受けるため、名目値が上昇していても、実質値は下落することがある。（2018年9月）　[　　]

日銀短観はニュースでも見ているから知ってる！1万社もアンケートを取るなんて気の遠くなる数字だわ！

物価指数

☐ 物価指数は、財やサービスの価格水準を表す指標。消費者物価指数と企業物価指数があり、基準時点の価格を100とし、それに対して指数化している。

消費者物価指数と企業物価指数

消費者物価指数 （CPI）	☐ 消費者（家計）が日常生活で購入する商品（財やサービス）の価格変動を表す指数（消費税を含む価格で集計） ☐ 総務省が毎月発表
企業物価指数 （CGPI）	☐ 企業間で取引される商品の価格変動を表す指数（サービスは含まれない） ☐ 日本銀行が毎月発表 ☐ 原材料費や為替相場の変動の影響を直接受けるため、消費者物価指数より変動が激しい

その他の調査など（参考）

☐ 過去に試験に出題された次の調査についてもざっくり押さえておこう。

家計調査	国民生活における家計収支の実態を把握し、個人消費の動向等、国の経済政策・社会政策立案のための基礎資料の提供を目的として、総務省が毎月実施している。調査対象は学生単身世帯を除く全国の世帯
景気ウォッチャー調査	地域ごとの景気動向を的確かつ迅速に把握し、景気動向判断の基礎資料とすることを目的として、内閣府が毎月実施している
消費動向調査	消費者の暮らし向きに関する考え方の変化や物価の見通しなどをとらえ、景気動向の把握や経済政策の企画・立案の基礎資料とすることを目的として、内閣府が毎月実施している。調査結果は「消費者態度指数」「1年後の物価の見通し」として公表

がんばった！

解説

1. 民間最終消費支出は、GDPの50％超を占める。（答：○）

2. 日銀短観は、全国約1万社の企業を対象に、業況や景況感等をアンケート調査したものである。（答：○）

3. 東証株価指数は景気の動きに先行して動く先行指数である。（答：×）

4. 問題文記載の通り。実質値は物価の影響を取り除いた値。名目値が上昇していても、物価上昇の度合いが高い場合等は実質値が下落することがある。（答：○）

金融市場と日銀の金融政策

注目されている日銀の金融政策について理解しよう。

金融市場

○ 金融とは「お金を融通する（貸し借りする）」ことをいい、金融市場はお金（資金）を融通し合う市場のことである。

○ 金融市場は、取引期間により「短期金融市場」（取引期間1年未満）と「長期金融市場」（取引期間1年以上）に大別される。

○ 短期金融市場はさらに、銀行・保険会社・証券会社等の金融機関だけが参加できるインターバンク市場（銀行間取引市場）と、一般企業等も参加できるオープン市場に分けられる。

金融市場の概要

コール市場と政策金利

○ 短期金融市場の1つであるコール市場は、金融機関の間で短期資金を貸借する市場である。

○ コール市場で主に取引される「無担保コールオーバーナイト物」（無担保で借りて、翌営業日に返済する取引）の金利を「無担保コールレート（オーバーナイト物）」といい、日本銀行（日銀）の政策金利となっている。

日銀の金融政策

○ 金融政策は、日銀が中央銀行として行うもので、物価の安定を目的に、公開市場操作等を通して金融市場の金利に影響を与え、通貨や金融の調節を行うことである。

◯ 金融政策決定会合で金融政策の方針が決まると、それに基づいて公開市場操作等を用いて資金を供給したり吸収したりする「金融調節」を行う。

公開市場操作

◯ 公開市場操作（オペレーション）は、日銀が短期金融市場等で手形や国債の売買を行い、金融市場の資金量を調節する（民間金融機関の保有資金量を増減させる）ことである。金利等に影響を及ぼしている。

◯ 公開市場操作には、金融緩和策の「買いオペ（買いオペレーション）」と金融引締め策の「売りオペ（売りオペレーション）」がある。

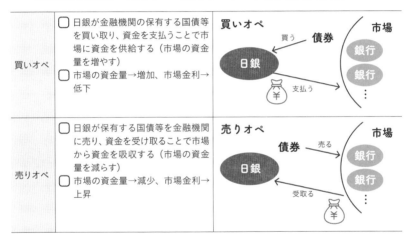

買いオペ	◯ 日銀が金融機関の保有する国債等を買い取り、資金を支払うことで市場に資金を供給する（市場の資金量を増やす） ◯ 市場の資金量→増加、市場金利→低下	買いオペ
売りオペ	◯ 日銀が保有する国債等を金融機関に売り、資金を受け取ることで市場から資金を吸収する（市場の資金量を減らす） ◯ 市場の資金量→減少、市場金利→上昇	売りオペ

物価が上がりすぎたり、下がりすぎたりしないためにも公開市場操作をすると聞いたことがあるよ！

預金準備率操作

◯ 日銀に当座預金口座を保有する金融機関は、「預金準備金」として一定割合（預金準備率）の預金量を維持する義務がある。

◯ 日銀は預金準備率の操作（上げ下げ）により、金融市場の資金調節を行う。

預金準備率の引き上げ	日銀に預けるお金が増える→市場に出回る資金量が減る→市場金利が上昇
預金準備率の引き下げ	日銀に預けるお金が減る→市場に出回る資金量が増える→市場金利が低下

息抜きも大事だよ！

マーケットの変動とその要因

マーケット（金融市場）は景気や物価、為替に大きな影響を受ける。基本知識として押さえよう。

金利の変動要因

景気と金利	景気拡大（設備投資／購買意欲の増加）		資金需要増加↗	金利上昇↗
	景気後退（設備投資／購買意欲の減少）		資金需要減少↘	金利低下↘
物価と金利	物価上昇（インフレ※）		資金需要増加↗	金利上昇↗
	物価下落（デフレ※）		資金需要減少↘	金利低下↘
為替と金利	円安	輸入価格上昇	資金需要増加↗	金利上昇↗
	円高	輸入価格下落	資金需要減少↘	金利低下↘

※インフレ（インフレーション）物価が上昇し、貨幣価値が低下すること
　デフレ（デフレーション）　物価が下落し、貨幣価値が上昇すること

景気と金利の表の見方を説明しますね。
景気が拡大する（良くなる）と、お金を借りてでも設備投資したい企業やお金を借りてでも家を建てたい、大きな買い物をしたい人が増えます。こうして資金需要が増えてお金を借りたい人が増えると金利が上昇するのです。

○×問題にチャレンジ

1 米国の金利が上昇し日本との金利差の拡大が予想されるとき、一般に、円高傾向となる。（2017年9月 改題）　[　　]

2 米国の景気が日本と比較して相対的に後退局面となることが予想されるとき、一般に、円安傾向となる。（2017年9月 改題）　[　　]

3 日本の経常収支が米国と比較して相対的に悪化することが予想されるとき、一般に、円安傾向となる。（2017年9月 改題）　[　　]

4 日本の物価が米国と比較して相対的に上昇し、過度なインフレが予想されるとき、一般に、円高傾向となる。（2017年9月）　[　　]

5 日本銀行が、国債買入オペによって長期国債（利付国債）を買い入れ、金融市場に資金を供給することは、一般に市中金利の低下要因となる。（2023年5月 改題）　[　　]

為替相場の変動要因

景気と為替	景気拡大（経済伸長、通貨価値上昇）	円の価値上昇	円高
	景気後退（経済減退、通貨価値下落）	円の価値低下	円安
金利と為替	金利上昇（円資産投資→増加）	円の価値上昇	円高
	金利低下（円資産売却→増加）	円の価値低下	円安
物価と為替	物価上昇（インフレ）	円の価値低下	円安
	物価下落（デフレ）	円の価値上昇	円高

金利と為替の変動要因のまとめ

	景気		物価		貿易		金利	
	拡大	後退	上昇	下落	黒字拡大	赤字拡大	上昇	下落
金利	↗	↘	↗	↘	—	—	↗	↘
為替	↗	↘	↘	↗	↗	↘	↗	↘
	（円高）	（円安）						

明日もファイトー！

解説

1. 米国金利が上昇して金利差が拡大すると、円を売ってドルを買う動きが強まり、円安傾向となる。〔答：×〕

2. 米国景気が日本と比較して後退局面となると、日本経済に対する信頼度が増し、円を買ってドルを売る動きが強まるので円高傾向となる。〔答：×〕

3. 問題文記載の通り。経常収支の悪化は、資産が国内から海外に流出することを意味する。日本の経常収支が米国に比べ悪化することが予想されるとき、円を売ってドルを買う動きが強まるので、円安傾向となる。〔答：○〕

4. 日本の物価が米国より上昇し、インフレが予想される局面では、貨幣（円）の価値が下落する。すなわち、ドルの価値が相対的に上がることとなり、ドル高円安傾向となる。〔答：×〕

5. 問題文記載の通り。日銀が買いオペを行うと、金融市場に資金が供給され、結果市場の資金が余剰となって金利低下をもたらすことになる。〔答：○〕

5

本番問題に
チャレンジ

過去問題を解いて、理解を確かなものにしよう。

問1 経済指標に関する次の記述のうち、最も不適切なものはどれか。

1. 景気動向指数は、生産、雇用などさまざまな経済活動での重要かつ景気に敏感に反応する指標の動きを統合することによって作成された指標であり、コンポジット・インデックス（CI）を中心として公表される。

2. 消費動向指数は、家計調査の結果を補完し、消費全般の動向を捉える分析用のデータとして作られた指標であり、世帯消費動向指数（CTIミクロ）総消費動向指数（CTIマクロ）の2つの指標体系で構成される。

3. 全国企業短期経済観測調査（日銀短観）は、全国の企業動向を的確に把握し、金融政策の適切な運営のために、統計法に基づいて日本銀行が行う調査であり、全国の約1万社の企業を対象に、四半期ごとに実施される。

4. マネーストック統計は、金融部門から経済全体に供給されている通貨の総量を示す統計であり、一般法人、金融機関、個人、中央政府、地方公共団体などの経済主体が保有する通貨量の残高を集計したものである。　　　　　　　　　　　　[　　]

（2020年1月）

問2 わが国のマーケットの一般的な変動要因に関する次の記述のうち、最も不適切なものはどれか。

1. 景気の拡張は、国内株価の上昇要因となる。
2. 景気の後退は、国内物価の下落要因となる。
3. 市中の通貨量の増加は、国内短期金利の上昇要因となる。
4. 円高ドル安の進行は、国内物価の下落要因となる。　　　[　　]

（2016年1月）

問3 日本円・米ドル間の為替相場の変動要因等に関する次の記述のうち、最も不適切なものはどれか。

1. 購買力平価説によれば、米国と日本に同じ財があり、その財を米

国では2米ドル、日本では220円で買える場合、為替レートは1米ドル＝110円が妥当と考える。

2. 米国の物価が日本と比較して相対的に上昇することは、一般に、円安米ドル高要因となる。

3. 日本の対米貿易黒字の拡大は、一般に、円高米ドル安要因となる。

4. 米国が政策金利を引き上げ、日本との金利差が拡大することは、一般に、円安米ドル高要因となる。 ［　　］

（2019年9月）

解説1

1. 記載の通り。

2. 記載の通り。消費動向指数は、家計調査の結果を補完し、消費全般の動向を捉える分析用データとして総務省統計局が開発中の参考指標である。単身世帯を含む当月の世帯の平均的な消費や、家計最終消費支出の総額の動向を推計している。

3. 記載の通り。

4. 不適切。マネーストック統計は、一般法人、個人、地方公共団体などの通貨保有主体が保有する現金や預金等の通貨残高をいう。国や金融機関の保有残高は含まれない。 （答：4）

解説2

1. 記載の通り。景気が拡張→企業業績も良くなる→株価の上昇要因となる。

2. 記載の通り。景気の後退→個人消費の減退→物価の下落要因となる。

3. 市中の通貨量が増加すると資金余剰となり、銀行の貸出意欲が高まる→金利の低下要因となる。

4. 記載の通り。円高ドル安になると、輸入価格が下がることから物価の下落要因となる。 （答：3）

解説3

1. 記載の通り。「購買力平価説」は「為替レートは2国間の通貨の購買力によって決定される」という為替レートの決定理論である。本問では2米ドルと220円の購買力が同じ（1米ドル＝110円）ということになる。

2. 米国物価が相対的に上昇→米ドル通貨の価値が低下→円高ドル安となる。

3. 記載の通り。貿易黒字が拡大→ドル資産を円に換えるため動きが活発化→ドル売りが進み、円高ドル安要因となる。

4. 記載の通り。米国金利の上昇はドル買意欲を高め、ドル高円安要因となる。 （答：2）

がんばった！

179

6

投資家を守るしくみ

金融資産を守るしくみ（セーフティネット）について確認しよう。
特に預金保険制度を押さえていこう。

預金保険制度

- ☐ 預金保険制度は、金融機関が破綻した場合に、預金者を保護する制度。国内に本店のある銀行等の金融機関に預け入れた預金等が保護の対象となる。

- ☐ 原則、1金融機関につき預金者1人当たり「元本1,000万円までと破綻日までの利息等」が保護される。

- ☐ 「当座預金」「利息のつかない普通預金」等の決済用預金（①決済サービスを提供できる、②預金者が払い戻しをいつでも請求できる、③利息がつかない、の3つの要件を満たす預金）は、全額保護される。

- ☐ 外貨預金や譲渡性預金（CD）、金融債等は保護の対象外。

- ☐ 個人事業主の預金は、事業用と事業用以外に口座を分けてあったとしても、破綻時には名寄せして同一人の預金と見なされる。

> 対象となる金融機関の海外支店や外国銀行の日本支店、および農業協同組合、農林中央金庫は預金保険制度の対象外です。

○×問題にチャレンジ

1 外国銀行の在日支店に預け入れた当座預金は預金保険制度による保護の対象とならないが、日本国内に本店のある銀行の海外支店に預け入れた当座預金は預金保険制度による保護の対象となる。（2023年9月 改題）　[　　]

2 金融機関の破綻時において、同一の預金者が当該金融機関に複数の預金口座を有している場合、普通預金や定期預金などの一般預金等については、原則として、1口座ごとに元本1,000万円までとその利息等が、預金保険制度による保護の対象となる。（2023年9月 改題）　[　　]

日本投資者保護基金

◯ 日本投資者保護基金は、預金保険制度のいわば証券会社版である。

◯ 証券会社は、投資家から預かった金融資産を自社の資産と分けて管理することが義務付けられている（分別管理等義務）が、万が一、分別管理していない証券会社が破綻した場合に、当基金から1人当たり最大1,000万円までが補償される。

 預金と投資した金融資産、どちらも保護・補償されるんだね。限度額は、お金を預けるときに意識したい！

 国内の証券会社で購入した投資信託は日本投資者保護基金の対象ですが、銀行等、証券会社以外の金融機関で購入した投資信託は、補償対象外です。

 同じ投資信託でも、どこで購入したかによって違いがあるんだね！

息抜きも大事だよ！

解説

1. 外国銀行の在日支店、日本国内に本店のある銀行の海外支店に預け入れた当座預金は、ともに預金保険制度の保護の対象外である。（答：×）

2. 同一預金者が金融機関に複数の預金口座を有している場合、その金融機関破綻時には口座が名寄せ※される。預金保険制度による保護の対象となるのは名寄せ後の「1人当たり」の合算後の預金残高1,000万円と利息である。（答：×）

> ※名寄せ：破綻した金融機関に預金者が複数口座を持っている場合、預金者毎に預金額がまとめられること。
> 個人：原則個人1人が1預金者
> 個人事業主：事業用預金と事業用以外の預金は同一人の預金とする
> 法人：1法人が1預金者

投資家を守る法律

金融商品取引等のトラブルから特に個人投資家を守るために、
様々な法律が制定されている。中でも「金融サービス提供法」と
「金融商品取引法」は試験に時々出るので、ポイントを押さえよう。

金融商品取引法

☐ 金融商品取引法は、投資性の強い金融商品について、横断的に投資家を
保護することを目的として整備された※法律である。

※証券取引法をはじめとする4つの法律が統合され、整備が行われた。

金融商品取引法のポイント

金融商品取引業者の登録と区分	☐ 金融商品取引業者は事業を行うにあたり、内閣総理大臣の登録を受けなければならない ☐ 金融商品取引業者を、第一種金融商品取引業、第二種金融商品取引業、投資助言・代理業、投資運用業の4つに区分
投資家の区分	☐ 知識や経験により、投資家を「特定投資家（プロ投資家）」と「一般投資家」に区分し、プロ投資家に対しては、一部のルールが適用除外とされた
取引に関するルール	☐ 適合性の原則 　顧客の投資経験、知識、財産状況、投資目的に合わない商品を勧誘してはならない ☐ 説明義務 　契約前に「契約締結前交付書面」等を交付して、契約内容やリスク等の重要事項を説明しなければならない 　※説明義務の対象となる商品：株式、投資信託、デリバティブ取引、外国為替証拠金取引（FX）、外貨建保険、変額年金保険、仕組預金等 ☐ 断定的判断の提供による勧誘の禁止 ☐ 広告規制 　一定の表示を行い、誇大広告等をしてはならない ☐ 損失補てんの禁止 　顧客に対し、損失が生じた場合に損失補てんを約束したり、損失補てんを行ってはならない

万が一のトラブルに備えて、取引のルールは知って損はないね！

金融商品取引法と、金融サービス提供法、消費者契約法の3つはキチンと押さえましょう。

金融サービス提供法と消費者契約法

☐ 金融サービス提供法（金融サービスの提供及び利用環境の整備等に関する法律）は、金融商品販売業者等に対して、金融サービスの提供に係る契約に関するルールを定めたものである。消費者契約法は、消費者（個人）の全ての契約を対象とする法律である。

☐ 金融サービス提供法と消費者契約法の両方に抵触する場合には、両方が適用される。

金融サービス提供法と消費者契約法のポイント

	金融サービス提供法	消費者契約法
保護の対象	個人および事業者（機関投資家は除く）	個人
適用範囲	金融サービス（金融商品全般）の提供に関する契約 <対象外の取引等> 国内商品先物取引、ゴルフ会員権、金地金の取引	消費者（個人）と事業者間の全ての契約
内容	☐ 重要事項の説明義務違反や断定的判断の提供により顧客が損害を被った場合には、金融商品販売業者は損害賠償責任を負う	☐ 事業者の不適切な勧誘により、消費者が誤認・困惑して契約した場合には、契約を取り消すことができる（取消権） ただし契約の取消権は、気づいてから1年、または契約締結時から5年を経過すると時効となる ☐ 消費者に一方的に不利な契約がある場合、その条項の全部または一部が無効となる（契約自体は有効）

金融サービス仲介業の創設（参考）

☐ 銀行、証券、保険の各分野では、契約締結等の媒介を行うために、それぞれの分野で登録を受ける必要があった。しかし金融サービス提供法では、1つの登録（免許）で「銀行・貸金・証券・保険」全ての分野の金融サービスをワンストップで仲介できる「金融サービス仲介業」が新たに創設された。

☐ 金融サービス仲介業には、特定の金融機関への所属を求めない代わりに、高度な説明を要するサービスの制限を行うなどして、利用者の保護を図っている。

明日もファイトー！

183

8

金融商品取引に関わる その他の法律や制度

犯罪収益移転防止法は必ず押さえよう。

犯罪収益移転防止法

犯罪収益移転防止法（犯罪による収益の移転防止に関する法律）は、マネーロンダリングやテロ資金の供与を防止することを目的とした法律で、本人確認や記録の保存等が義務付けられている。

犯罪収益移転防止法のポイント

本人確認が必要な場合	○口座開設時 ○10万円を超える送金の場合 ○200万円を超える大口現金取引の場合 ※代理人を通して取引する場合は、顧客本人と代理人の本人確認も必要
本人確認の方法	○運転免許証、パスポート等の公的書類（有効期限のない書類は6ヵ月以内に作成したものであること） ※代理人を通して取引する場合は、顧客本人と代理人の本人確認も必要
本人確認記録の保存	○本人確認記録と取引記録は、原則7年間は保存する義務がある

金融ADR制度
（金融分野における裁判外紛争解決制度）

金融ADR制度は、金融機関と利用者の間で起こったトラブルを、業態ごとに設置された指定紛争解決機関（金融ADR機関）で裁判以外の方

○×問題にチャレンジ

1 犯罪収益移転防止法では、金融機関等の特定事業者が顧客と特定業務に係る取引を行った場合、特定事業者は、原則として、直ちに当該取引に関する記録を作成し、当該取引の行われた日から5年間保存しなければならないとされている。（2022年1月）　[　　]

法で解決を図る制度である。

◯ 指定紛争解決機関は、銀行（全国銀行協会）、生保（生命保険協会）等、業態ごとに設置されている。また紛争解決は、金融分野に見識のある弁護士等の中立な専門家（紛争解決委員）が担当する。利用手数料は原則無料。

預金者保護法

◯ 預金者保護法は、偽造・盗難カードによる被害を補償する法律である。キャッシュカードや暗証番号の管理をきちんと行っていれば、盗難に遭って預金を引き出されたとしても損害が補償される。ただし預金者に重過失があった場合は補償されない。

◯ 補償期間が決まっており、原則「金融機関に被害が通知された日から遡って30日以内の被害額」について補償される。

フィデューシャリー・デューティー

◯ フィデューシャリー・デューティーとは、一般的には受託者責任（委託者や受益者に対して受託者が履行すべき義務）を指し、金融の分野では、金融機関が顧客（投資家）に対して果たすべき責任のことをいう。

◯ 金融庁は「顧客本位の業務運営に関する原則」を定め、金融機関の監督手法について、細かな規定に適応させる「ルールベース・アプローチ」ではなく、大原則を示したうえで、状況に応じた自主的な顧客本位の業務運営を促す「プリンシプル・アプローチ」を採用した。

◯ これに伴い、金融機関は、（本原則を採択した上で）顧客の状況（資産状況、取引経験、知識等）を把握し、顧客にふさわしい金融商品の販売や推奨を行うこと、説明義務を果たすこと、分別管理を行うこと、利益相反を適切に管理すること、等が求められている。

がんばった！

解説

1. 犯罪収益移転防止法では、特定事業者は、特定業務に係る取引を行った場合、原則として取引に関する記録を直ちに作成し、取引の行われた日から7年間保存しなければならない。

そのほか、10万円以上の送金、200万円以上の大口現金取引の際には本人確認や取引目的の確認が義務付けられている。（答：×）

本番問題にチャレンジ

過去問題を解いて、理解を確かなものにしよう。

問1 わが国における個人による金融商品取引に係るセーフティネットに関する次の記述のうち、最も適切なものはどれか。（2022年9月）

1. 国内銀行に預け入れられている円建ての仕組預金は、他に預金を預け入れていない場合、預金者1人当たり元本1,000万円までと、その利息のうち通常の円建ての定期預金（仕組預金と同一の期間および金額）の店頭表示金利までの部分が預金保険制度による保護の対象となる。

2. ゆうちょ銀行に預け入れられている通常貯金は、他に貯金を預け入れていない場合、貯金者1人当たり元本1,300万円までとその利息が預金保険制度による保護の対象となる。

3. 金融機関同士が合併した場合、合併存続金融機関において、預金保険制度による保護の対象となる預金の額は、合併後1年間に限り、全額保護される預金を除き、預金者1人当たり1,300万円とその利息等となる。

4. 国内に本店のある銀行で購入した投資信託は、日本投資者保護基金による補償の対象となる。 　　　　　　　　　　[　　]

問2 金融ADR制度（金融分野における裁判外紛争解決制度）に関する次の記述の空欄（ア）～（ウ）にあてはまる語句の組合せとして、最も適切なものはどれか。（2015年10月）

> 金融ADR制度において、内閣総理大臣が指定する指定紛争解決機関は、金融機関との間で手続実施基本契約を締結し、苦情処理や紛争解決の業務を行うこととされている。
> 指定紛争解決機関には、全国銀行協会、生命保険協会、日本損害保険協会、（　ア　）などが指定されている。
> 全国銀行協会において、同協会の相談室による苦情対応では納得できない顧客などは、弁護士や消費者問題専門家などで構成された（　イ　）を利用することができる。顧客がその紛争解決手続きを利用する場合、利用手数料は（　ウ　）となっている。

1.（ア）証券・金融商品あっせん相談センター
　　（イ）裁定審査会　　　（ウ）有料
2.（ア）東京証券取引所
　　（イ）あっせん委員会　　（ウ）有料
3.（ア）東京証券取引所
　　（イ）裁定審査会　　　（ウ）無料
4.（ア）証券・金融商品あっせん相談センター
　　（イ）あっせん委員会　　（ウ）無料　　　　　　　　　　[　　]

リボンを
チェック！

解説1

1. 記載の通り。本問にある「円建ての仕組預金」は保護の対象である。
＜参考：預金保険制度で保護の対象外となるもの＞
外貨預金、譲渡性預金、金融債（募集債及び保護預り契約が終了したもの）
等

2. ゆうちょ銀行の預入限度額は通常貯金1,300万円、定期性預金1,300万円
であるが、預金保険制度の保護の対象となるのは「元本1,000万円とその
利息」である。よって、誤り。

3. 金融機関が合併等をした場合は、その後1年間に限り、保護される預金等
金額の範囲は、全額保護される預金を除き「預金者1人当たり1,000万円
×合併等に関わった金融機関の数」による金額となる（例えば、2行合併
の場合は、2,000万円）。よって、誤り。

4. 銀行（証券会社以外）で購入した投資信託は、日本投資者保護基金の補
償の対象外。よって、誤り。（答：1）

解説2

4. 記載の通り。（答：4）

Chapter3に入ってちょっと耳慣れない用語が増えたなぁ。間違え
た問題は復習をして、記憶を確かなものにしたい！

息抜きも大事だよ！

貯蓄型金融商品と金利

金利について基本を押さえよう。

固定金利と変動金利

☐ 固定金利は、預入時の金利が満期まで変わらない金利方式。

☐ 変動金利は、市場金利の変化に応じて金利が変わる金利方式。

固定金利	金利が高い時期、または金利が下降局面にある時には、固定金利型での運用が有利
変動金利	金利が低い時期、または金利が上昇局面にある時には、変動金利型での運用が有利

金利の状況の見極めが大事だね！

単利と複利

☐ 利息のつき方には、単利と複利の2種類がある。

	単利	複利
利息のつき方	☐ 預入時の元本に対してのみ利息がつく ☐ 元本金額は変わらない	☐ 利息を元本に組み入れ（再投資）た後の元本に利息がつく ☐ 新元本は利息分増える ☐ 利息の計算期間により、1年複利、半年複利等がある
計算式	元利合計＝元本×（1＋年利率×期間） 元本100万円、年利率5% 	元利合計＝元本×（1＋年利率）^{年数} 元本100万円、年利率5%
（元本100万円、年利率5%で3年間運用した場合の元利合計）	☐ 100万円×（1＋0.05×3）＝115万円	【1年複利】 100万円×（1＋0.05）^{3}＝115.7625万円 【半年複利】 100万円×（1＋0.025）^{6}＝115.9693万円

※半年複利の計算では、年利率を2分の1、年数（乗数）を2倍して計算する

運用利益を元本に組み入れていく複利は、投資期間が長いほど利益が増えていく特徴があります。長期的な資産形成に有利です。

◯ 例題

年利率0.5％の1年複利で、200万円を3年間運用した場合の満期時の元利金合計を求めよ（1円未満切り捨て）。

解答

2,000,000円×（1＋0.005)^3＝<u>2,030,150円</u>

0.5％は小数に直すと0.005ですね。

➡言い換えると「年1回複利ベースの割引率が年率0.5％で、3年後に2,030,150円となる金額の現在価値は200万円」ということになる。
※過去に類題あり

◯ 例題

年1回複利ベースの割引率を年率0.5％とした場合、4年後の1,000万円の現在価値はいくらか。なお解答は、1円未満を切り捨てること。（2015年9月改題）

解答

現在価値をXとすると、X×（1＋0.005)^4＝10,000,000円
X（現在価値）＝10,000,000円÷（1＋0.005)^4＝9,802,475円

利率と利回り

◯ 利率は、元本（額面）に対する1年当たりの利息の割合をいう。
◯ 利回りは、投資金額に対する1年当たりの収益の割合をいう。ここでいう収益は、元本に対する利息（インカムゲイン）に、元本の売却損益（キャピタルゲインまたはキャピタルロス）を含めたものをいう（「利回り」は債券投資によく使われる言葉である）。

明日もファイトー！

預貯金の種類

銀行預金の種類を確認しよう。

☐ 銀行や信用組合では「預金」、郵便局や農協等では「貯金」という。

☐ 預金には、出し入れ自由な流動性預金と、満期まで原則払い戻しができない定期性預金がある。

預金の種類

普通預金	☐ 期間の定めがなく、預け入れや引き出しがいつでも自由にできる ☐ 給与振込口座や公共料金の引落し口座に指定することができる ☐ 変動金利で半年毎に利息がつく ☐ 定期性預金とセットにした総合口座にすると、普通預金の残高が不足した場合に自動融資が受けられる（融資限度は最高200万円、定期預金残高の90%まで、融資利率は定期預金の約定利率＋0.5%）
貯蓄預金	☐ 残高が一定金額（基準残高）以上あると、普通預金より高い金利が適用される（預入残高が多いほど高金利になるタイプもある） ☐ 変動金利で半年毎に利息がつく ☐ 個人利用に限られ、法人は利用できない ☐ 期間の定めはなく、預け入れや引き出しもいつでも自由にできるが、給与振込口座や公共料金の引落し口座には指定できない
決済性預金	☐ 預金保険法が定める「無利息、要求払い、決済サービスが提供可能なこと」という3要件を満たした預金。預金保険制度で全額が保護される ☐ 当座預金や無利息の普通預金等がこれに該当する
当座預金	☐ 当座取引契約に基づく、手形や小切手の支払いに使われる預金 ☐ 預金保険制度で全額保護される
通知預金	☐ まとまった資金を短期間預ける目的の預金。引出す際に、金融機関に通知する必要がある ☐ 期間の定めはないが、最低7日間の据置期間がある ☐ 変動金利で利息は日割り計算される
スーパー定期預金	☐ 満期の定めのある固定金利の預金。金利は各金融機関が設定 ☐ 期間は1ヵ月から10年以内。期日指定もできる ☐ 3年以内なら単利型のみ、3年以上の場合は単利型と半年複利型を選べる（複利型を選べるのは個人のみ）
大口定期預金	☐ 預入金額1,000万円以上の定期預金。固定金利の単利型で、利率は銀行との相対により決定する
期日指定定期預金	☐ 固定金利で1年複利の定期預金。1年間の据置期間経過後は、任意の日を期日に指定することができる（3年まで）
変動金利定期預金	☐ 適用金利が一定期間毎に見直される定期預金 ☐ 期間は1年以上3年以内が一般的 ☐ 単利型と複利型がある（複利型は個人のみ選択可能）
仕組預金	☐ デリバティブを組み込んだ定期預金 ☐ 預入日以降に銀行が満期日を決められたり、為替相場により払戻時の通貨が決まるなど、特殊な条件がついているものがある ☐ 円建ての仕組預金は預金保険制度の保護の対象

☐ ゆうちょ銀行の貯金は、1人当たり合計2,600万円の預入限度がある。（通常貯金1,300万円、定期性貯金1,300万円）

☐ ゆうちょの貯金も預金保険制度の保護対象であり、保護されるのは他の預金同様「元本1,000万円までと破綻日までの利息等」である。

ゆうちょ銀行の貯金の種類

通常貯金	☐ 銀行の普通預金に該当する貯金 ☐ 変動金利で、出し入れ自由 ☐ 給与振込や公共料金の引落しが可能
通常貯蓄貯金	☐ 残高が10万円以上あると、通常貯金より高い金利が適用される ☐ 期間の定めはなく、預け入れや引き出しもいつでも自由にできるが、給与振込や公共料金の引落しの口座に指定はできない
定期貯金	☐ 預入期間（1カ月から5年まで）を指定して預け入れる貯金 ☐ 預入期間が3年未満は単利型、3年以上なら半年複利型 ☐ 中途解約のときは「中途解約利率」が適用される
定額貯金	☐ 預入日から6カ月経過後はいつでも解約できる ☐ 固定金利で半年複利型

信託銀行の金融商品・サービス

☐ 信託銀行では、通常の銀行業務に加えて信託業務も行っている。次は、代表的な信託銀行独自の商品やサービスである。

金銭信託	☐ 信託銀行等が利用者に代わって資産を管理・運用する金融商品 ☐ 元本保証のある金銭信託（合同運用指定金銭信託＜一般口＞等）と、元本保証のない金銭信託（実績配当型金銭信託等）がある ☐ 元本保証のある金銭信託は預金保険制度の対象だが、元本保証のない金銭信託は預金保険制度の対象外
遺言信託	☐ 信託銀行等が、遺言書の作成や保管から執行までの相続に関する手続きをサポートするサービス

休眠預金（参考）

2009年1月1日以降、10年以上入出金等の取引がない口座の預金は、「休眠預金」とされ、金融機関から預金保険機構に移管されたのち、社会問題解決等の資金として活用できるようになった。ただし休眠預金となった後も払出は可能。

預貯金の種類と特徴は、ある程度把握できれば大丈夫。過去問を解いて、試験に出やすい特徴を確認してみて！

がんばった！

本番問題に チャレンジ

過去問題を解いて、理解を確かなものにしよう。

⬤ **問1** 銀行等の金融機関で取り扱う預金商品の一般的な商品性に関する次の記述について、正誤を〇か×で答えなさい。（1～4：2023年1月改題・5～7：2022年5月改題）

1. 貯蓄預金は、給与、年金等の自動受取口座や公共料金等の自動振替口座に指定することができる。（1～4　2023年1月）　　　　[　　]

2. 決済用預金のうち、当座預金は、個人、法人のいずれも利用することができるが、無利息型普通預金は、法人が利用することはできない。　　　　[　　]

3. 期日指定定期預金は、据置期間経過後から最長預入期日までの間で、任意の日を満期日として指定することができる。　　　　[　　]

4. 総合口座において、紙の通帳の代わりにオンライン上で入出金の明細や残高を確認することができるサービスを提供しているのは、ネット専業銀行に限られる。　　　　[　　]

5. オプション取引などのデリバティブを組み込んだ仕組預金には、金融機関の判断によって満期日が繰り上がる商品がある。　　　　[　　]

6. 自動積立定期預金は、各指定日に普通預金口座からの口座振替等により、指定金額を預入することができる定期預金である。　　　　[　　]

7. 2009年1月1日以降、取引がないまま7年が経過した普通預金は、休眠預金等活用法に基づく「休眠預金等」に該当する。　　　　[　　]

⬤ **問2** ゆうちょ銀行の貯金に関する次の記述の空欄（ア）、（イ）にあてはまる語句または数値の組み合わせとして、最も適切なものはどれか。（2013年9月）

> ゆうちょ銀行の預金には、貯金者1人当たりの預入額に限度が設けられており、振替貯金や財形定額貯金等を除く貯金（通常貯金、定額貯金、定期貯金等）の預入限度額は合わせて（　ア　）万円である。この預入限度額には、郵政民営化前に預け入れ、郵便貯金・簡易生命保険管理機構に引き継がれた郵便貯金（　イ　）。

1. （ア）1,300 （イ）は除かれる
2. （ア）2,600 （イ）も含まれる
3. （ア）2,600 （イ）は除かれる
4. （ア）1,300 （イ）も含まれる

[　]

解説1

1. 貯蓄預金は預入残高により金利が変動する普通預金より利率が高めの預金。預入、引出は自由にできるが、決済口座（口座振込指定や公共料金の引落の指定口座）としては利用できない。（答：×）
2. 当座預金、無利息型普通預金ともに、法人と個人の両方が利用可能である。（答：×）
3. 記載の通り。（答：○）
4. オンライン上で入出金の明細や残高を確認できるサービス（ネットバンキング）は、ネット専業銀行に限らず、多くの銀行等で提供している。（答：×）
5. 仕組預金は、デリバティブを組み込んだ金融商品で、中途解約ができない。他方、金融機関の判断により満期日が繰り上がったり払戻通貨が変わったりする等のリスクがある。なお円建ての仕組預金は預金保険機構の対象となる。（答：○）
6. 記載の通り。自動積立定期預金は、あらかじめ指定した日に、普通預金から指定金額を振り替えて預入される。振替手数料は無料。（答：○）
7. 取引がないまま「10年」が経過した普通預金は、「休眠預金」として預金保険機構に移管される。移管された後は、社会問題解決のための資金として活用される。なお、休眠預金になっても、所定の手続きで預金の引出は可能。（答：×）

解説2

ゆうちょ銀行には預入限度額があり、流動性預金（通常貯金等）、定期性預金（定額貯金等）それぞれ1,300万円である。合計では2,600万円となる。なお、郵政民営化前からの貯金（郵便貯金等）もこの限度額に含める。
（答：2）

息抜きも大事だよ！

債券の基礎知識

債券については、定番問題と言える利回り計算をはじめ、頻出ポイントを着実に押さえよう。

債券とは

☐ 債券は、国や企業等の発行体が投資家から資金調達する（資金を借りる）際に発行する有価証券である。国が発行する国債、地方公共団体が発行する地方債、会社が発行する社債等がある。

☐ 投資家が債券を購入（発行体に資金を提供）すると、発行体は投資家に対して定期的に利子を支払い、満期時には、債券の額面金額を返済（償還）する。つまり債券投資をして受け取る金銭は、定期的に受け取る利子と満期時の投資元本（債券の額面金額）となる。

債券の分類

☐ 債券は、様々な切り口により次のように分類できる。

利払いの有無

利付債	定期的に一定の利息（クーポン）が付く債券
割引債	利払いがない代わりに、発行価格を額面より安くして発行（アンダーパー発行）する債券 利息がつかないのでゼロ・クーポン債とも言われる

> 発行価格が90円の割引債を買うと、満期に100円が償還されて10円の収益が出るよ。この10円部分が、利付債の利息にあたるんだって。

新規発行か否か

新発債	新しく発行される債券
既発債	既に発行されており、市場で取引される債券

発行通貨による分類

円建債券	払込、利払い、償還が円貨で行われる債券 • サムライ債：外国法人が日本国内で円建てで発行する債券（為替リスクなし）
外貨建債券	払込、利払い、償還が外貨で行われる債券 • ショーグン債：外国法人が日本国内で外貨建てで発行する債券（為替リスクあり）

債券の取引

○ 債券取引は、取引所取引と店頭取引の2種類がある。ほとんどが店頭取引となっている。

	取引場所	対象銘柄	注文方法	手数料
取引所取引	取引所	上場債のみ	委託注文（取次）	あり
店頭取引	店頭（限定なし）	全ての債権	仕切注文（直接取引）	なし（価格に含まれる）

債券の用語とポイント

額面金額	○ 額面は、債券の券面に記載された金額。債券が満期を迎えた時は、この額面金額で償還される。（実際の購入価格に関わらず額面で100万円購入した場合、償還金額は100万円となる）
債券の単価と発行価格	○ 単価は原則、額面100円当たりの価格で表示する ○ 債券の発行価格が100円→パー発行 　100円より高い金額→オーバーパー発行 　100円より安い金額→アンダーパー発行
償還時の価格	○ 原則、満期日（償還日）に100円で償還される ○ アンダーパー発行の債券が償還されると、100円との差額が償還差益になる 　オーバーパー発行の債権が償還されると、100円との差額が償還差損になる
表面利率	○ 利付債で「額面金額に対する1年当たりの利息の割合を表面利率（クーポンレート）」という。
債券価格の変動要因	○ 債券価格と金利はシーソーのような関係にある 　市場金利が上昇すると、債券価格は下落する（利回りは上昇） 　市場金利が低下すると、債券価格は上昇する（利回りは低下） ○ 他の条件が全て同じ場合、次の債券の価格変動幅が大きくなる傾向がある 　→償還までの期間が長い債券（長期債） 　→表面利率が低い債券（低クーポン債）

債券は、買うときの値段はまちまちだけど、満期に受け取る金額は必ず100円になることがポイントだよ。

明日もファイト！

債券の種類

個人向け国債をしっかり押さえよう

国債

☐ 国が発行する債券で、原則半年毎に利息を受け取ることができる。中期国債（2年・5年満期）、長期国債（10年満期）、超長期国債（20年〜40年満期）がある。

☐ もっとも多く発行されているのが長期国債で、新発10年国債の利回りは長期金利の指標となっている。

個人向け国債

☐ 購入者を個人に限定した国債。

☐ 発行後1年を経過した時点から、額面1万円単位での中途換金が可能。原則国が額面で買い取ってくれるため、**元本割れのリスク**がない。また、0.05%の最低金利保障がある。

個人向け国債の種類

種類	変動金利型10年満期国債	固定金利型5年満期国債	固定金利型3年満期国債
満期	10年	5年	3年
金利方式	変動金利	固定金利	固定金利
金利	基準金利×0.66	基準金利−0.05%	基準金利−0.03%
下限金利	0.05%		
利子の受取	半年毎（年2回）金利は半年ごとに見直し	半年毎（年2回）金利は満期まで不変	半年毎（年2回）金利は満期まで不変
購入単位	額面1万円以上、1万円単位		
償還金額	額面金額100円につき100円（中途換金時も同じ）		
中途換金	発行後1年経過すれば、いつでも中途換金が可能		
発行月	毎月		

個人向け国債は、変動金利型があるんだね。金利上昇局面だと結構いいかも!?

社債

○ 一般事業会社が発行する債券。次のような種類がある。

社債の種類

普通社債 (SB：Straight Bond)	満期までの間、債券を保有する投資家に対し利息が支払われる。原則、信用格付の低い社債ほど利息は高くなる
転換社債 (CB：Convertible Bond)	転換社債型新株予約権付社債。あらかじめ決められた価格で株式に転換できる権利がついている社債。株式に転換できるメリットがあるため、普通社債より利息は低めに設定される
劣後債 (Sub Ordinated Bond)	債務の弁済順位が劣る社債。デフォルト（債務不履行）リスクが高くなるため、一般の社債より利息は高めに設定されている

関連して、資産運用の収益と債券収益も押さえておきましょう。

資産運用の収益と債券収益（参考）

○ 資産運用で得られる収益にはインカム・ゲインとキャピタル・ゲインの2種類がある。

○ インカム・ゲインは、資産を保有している間、得ることができる収益。

○ キャピタル・ゲイン（キャピタルロス）は、資産を売却することにより得られる収益（または損失）。

○ 債券投資では、インカム・ゲイン（受取利息）とキャピタル・ゲイン（償還差益）の両方を考える必要がある。

インカム・ゲイン	資産保有中に得られる利益（利子、配当金、分配金等）
キャピタル・ゲイン	資産の売却によって得られる利益（債券・株式・投資信託等の売却益等）

投資元本に対するリターンの割合を表す「利回り」は、インカム・ゲインとキャピタル・ゲインの両方を考慮して計算します（この後出てきますよ）。

債券の利回り

債券の利回りに関する計算問題は、定番中の定番。解けるように
しておこう。

☐ 債券の購入価格（投資元本）に対する年間収益の割合を利回りという。

☐ 利回りには、応募者利回り、最終利回り、所有期間利回り、直接利回り
の4種類がある。

債券の利回り

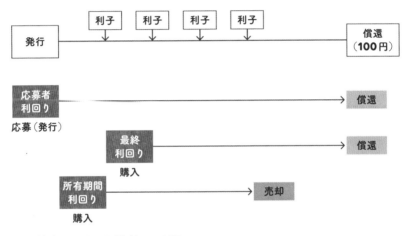

債券の利回り計算の手順

利回り（％）＝年間収益÷投資元本（購入価格）×100

 「利回り」は％で表すので、100を掛けますよ。

☐ 年間収益＝インカム・ゲイン＋キャピタル・ゲイン

☐ インカム・ゲイン（1年間の利息）＝100円（額面）×表面利率

☐ キャピタル・ゲイン（1年あたりの差益）＝（売却価格—購入価格）÷
所有期間

応募者利回り

発行時に購入し、満期まで所有した場合の利回り

$$応募者利回り（\%）＝\dfrac{\overset{\text{インカム・ゲイン}}{表面利率}＋\overset{\text{キャピタル・ゲイン}}{\dfrac{償還価格－発行価格}{償還期間}}}{発行価格}×100$$

最終利回り

既に発行された債券（既発債）を時価で購入し、償還まで所有した場合の利回り

$$最終利回り（\%）＝\dfrac{表面利率＋\dfrac{償還価格－購入価格}{残存期間}}{購入価格}×100$$

所有期間利回り

既に発行された債券（既発債）を時価で購入し、償還前に売却した場合の利回り

$$所有期間利回り（\%）＝\dfrac{表面利率＋\dfrac{売却価格－購入価格}{所有期間}}{購入価格}×100$$

直接利回り

投資元本（購入価格）に対する年間の利子収入の割合

$$直接利回り（\%）＝\dfrac{表面利率}{購入価格}×100$$

 債券を途中で売らずに最後まで持っていた場合の利回り計算は「償還価格」、債券を途中で売った場合の利回り計算には「売却価格」を使うんだね！

○ 例題

表面利率年2.0％、残存期間3年の固定利付債を額面100円あたり101円50銭で購入し、その後償還まで保有した場合の最終利回りは何％か。

$$最終利回り（\%）＝\dfrac{\overset{③}{2.0}＋\dfrac{\overset{①}{100－101.5}}{3\,②}}{101.5\,④}×100\overset{⑤}{≒\underline{1.48\%}}$$

息抜きも大事だよ！

 計算式の数字は、計算の順番です。この順番に電卓を叩きますよ！

199

債券のリスク

債券のリスクと信用度による格付けを理解しよう。

債券のリスク

価格変動リスク	☐ 市場金利の変動に伴い、債券価格が変動するリスク <市場金利と債券の価格・利回りの関係> ・市場金利が上昇➡債券価格は下落➡債券の利回り上昇 ・市場金利が下落➡債券価格は上昇➡債券の利回り低下 ☐ 長期債、低クーポン債ほど価格変動が大きい※
信用リスク (デフォルトリスク、 債務不履行リスク)	☐ 債券の元本や利払いが遅れたり、その一部または全部が支払われないリスク ☐ 格付けは信用リスクの目安となる <信用リスクと債券価格、利回りの関係> ・格付けが高い（信用リスクが低い）➡債券価格の上昇 　➡債券の利回り低下 ・格付けが低い（信用リスクが高い）➡債券価格の下落 　➡債券の利回り上昇
流動性リスク	☐ 換金したいときに換金できない、または妥当な価格で取引ができないリスク ☐ 流通量の少ない（取引しにくい）債券ほど高くなる
繰上償還リスク	☐ 償還期限前に繰り上げ償還をされるなどして、（当初予定していた期間や利回りでの運用ができなくなり）予定していた運用収益が確保できなくなるリスク
カントリー・リスク	☐ 債券の発行体国の政情不安、経済情勢の悪化等により生じる、国の信用リスク ☐ サムライ債（円建て外債）にもカントリーリスクはある
為替変動リスク	☐ 為替相場の変動により、外貨建て債券の円換算した価値が変動するリスク。 <為替相場と債券の価格・利回りの関係> ・円安➡債券価格の上昇➡債券利回りの低下 ・円高➡債券価格の下落➡債券利回りの上昇

※他の条件が同じ場合、債券の価格変動幅は残存期間が長いほど（長期債）、また表面利率が低いほど（低クーポン債）、大きくなる（Lesson10参照）

市場金利と債券の価格、利回りの考え方について解説します。
「債券は固定金利」（金利は変わらない）
・市場金利が上昇すると、
　➡債券を売り、他の変動金利の金融商品（預金等）で運用したい人が増える
　➡債券を売りたい人が増える
　➡債券の価格が下落
　➡債券の利回りが上昇　……という流れになります。

債券の格付け

◯ 格付けは、債券自体や債券発行体の信用度を表したもので、民間格付機関が発表している。発行体の返済能力等の変化に応じて随時見直される。

◯ 格付BBB（トリプルB）以上を投資適格債、BB（ダブルB）以下を投資不適格債（ジャンク債、ハイ・イールド債）という。

◯ 各国政府や政府関係機関等が発行する債券をソブリン債という（一般的に安全性が高い債券とされるが、発行体により異なる）。

◯ 一般的に、他の条件が同じ場合、格付けが高い債券ほど発行利率は低く、利回りも低くなる。

◯ 発行体が同じ債券であっても、発行時期や利率等、他の条件が異なる場合には信用格付けは異なる。

債券の格付けのイメージ

AAA		
AA	投資適格債	◯ 信用度が高い ◯ 債券価格が高く、利回りが低い
A		
BBB		
BB		
B		
CCC	投資不適格債 （ジャンク債、ハイ・イールド債）	◯ 信用度は低い ◯ 債券価格が安く、利回りが高くなる
CC		
C		
D		

債券を買うときはこの格付けをチェックしなきゃね。

そうね、参考にしてみてください。

明日もファイトー！

債券、金利、価格の関係

債券投資を行う際の指標として使われるものに、デュレーションとイールドカーブがある。試験にたまに出るので、基本的な事柄を押さえよう。

デュレーション

◯ 債券に投資した時の、元本の平均回収期間のことをデュレーション（Duration）という。

◯ 一般的に、デュレーションが小さい（＝回収期間が短い）ほど回収リスクは小さくなり、デュレーションが大きい（＝回収期間が長い）ほど回収リスクは大きくなる。

Check!

デュレーションのポイント

◯ デュレーションは、金利変動に対する債券価格の感応度（金利変動に応じてどれくらい債券価格が変動するか）を示す。

◯ 他の条件が同じであれば、償還までの期間が長い債券は、償還までの期間が短い債券に比べ、金利変動に伴う債券価格の変動幅が大きくなる。

◯ 他の条件が同じであれば、表面利率の低い債券は、表面利率の高い債券に比べて、金利変動に対する価格の変動幅が大きくなる。

過去問題にチャレンジ

債券のデュレーションに関する次の記述の空欄（ア）、（イ）にあてはまる語句の組み合わせとして、最も適切なものはどれか。（2022年1月）

> デュレーションは、債券への投資資金の平均回収期間を表すとともに、債券投資における金利変動リスクの度合い（金利変動に対する債券価格の感応度）を表す指標としても用いられる。他の条件が同じであれば、債券の表面利率が低いほど、また残存期間が長いほど、デュレーションは（　ア　）。なお、割引債のデュレーションは、残存期間（　イ　）。

1.（ア）長くなる　（イ）と等しくなる　　2.（ア）短くなる　（イ）よりも短くなる

3.（ア）長くなる　（イ）よりも短くなる　　4.（ア）短くなる　（イ）と等しくなる　　[　　]

イールドカーブ（利回り曲線）

○ 債券の**イールドカーブ**（利回り曲線）とは、債券の利回りと償還期間の関係を表したグラフのことをいう。縦軸を「利回り」、横軸を「残存期間（満期日までの期間）」として、残存期間の異なる債券の利回りを線で結ぶことによりできる曲線（カーブ）である。

○ 債券は、他の条件が同じ場合、償還期間が長いほど利回りは高くなる。この状態を順イールドといい、イールドカーブは、右肩上がりになる。

○ 逆に、金融引き締めや金利引き上げなどにより短期金利が急上昇したときなど、短期債の利回りが長期債の利回りより高くなる場合がある。この状態を逆イールドといい、イールドカーブは右肩下がりとなる。

スティープ化とフラット化

○ イールドカーブの変化を表す言葉に「スティープ化」と「フラット化」がある。

○ イールドカーブのスティープ化は、長期金利の急激な上昇や短期金利の下落により、イールドカーブの傾きが急になることをいう。逆に、イールドカーブのフラット化は、短期金利の上昇や長期金利の下落でイールドカーブの傾きが緩やかになることをいう。

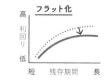

 スティープ（steep）は英語で勾配が急なこと、フラット（flat）は平たんなことを意味します。苦手だなあ、と思われる方は、この2ページは目を通すだけでもOKです。難しいトピックなので、無理に理解しようと思わなくても大丈夫。

がんばった！

解説

デュレーション（債券元本の平均回収期間）は、他の条件が同じならば
・償還までの期間（残存期間）が長い➡デュレーションが長くなる
・償還までの期間（残存期間）が短い➡デュレーションが短くなる
・表面利率が低い➡デュレーションが長くなる
・表面利率が高い➡デュレーションが短くなる
割引債は、利息がつかず、償還時に差益が出る債券。満期まで保有することで元本が回収される。従ってデュレーション＝残存期間となる。（答：1）

本番問題に チャレンジ

過去問題を解いて、理解を確かなものにしよう。

問1 表面利率が0.5%で、償還までの残存期間が8年の固定利付債券を額面100円当たり101円で購入し、購入から5年後に額面100円当たり100円で売却した場合の所有期間利回り（単利・年率）として、最も適切なものはどれか。なお、手数料、経過利子、税金等については考慮しないものとし、計算結果は表示単位の小数点以下第3位を四捨五入するものとする。（2023年9月）

1. 0.17%　　2. 0.30%　　3. 0.37%　　4. 0.50%　　　　[　　]

問2 債券の仕組みと特徴に関する次の記述のうち、最も不適切なものはどれか。（2018年9月）

1. 格付機関が行う債券の信用格付けで、「BBB（トリプルB）」格相当以上の債券は、一般に、投資適格債とされる。
2. 日本国内において海外の発行体が発行する外国債券のうち、円建てで発行するものを「サムライ債」といい、外貨建てで発行するものを「ショーグン債」という。
3. 日本銀行などの中央銀行が金融緩和策を強化すると、一般に、市場金利は低下し、債券価格も下落する。
4. 個人向け国債は、基準金利がどれほど低下しても、0.05%（年率）の金利が下限とされている。　　　　　　　　　　　　　　[　　]

問3 債券の信用リスクに関する次の記述のうち、最も適切なものはどれか。（2016年5月）

1. 債券の発行体の財務状況の悪化などにより、その発行する債券の利子や償還金の支払いが債務不履行（デフォルト）となるリスクを、信用リスクという。
2. 発行体が同一であれば、劣後債であっても他の債券と同等の信用格付となる。
3. 信用格付において最上級の格付を付された債券については、利子や償還金の支払いに遅延が生じることはない。

4. 市場で流通している信用リスクの高い債券と信用リスクの低い
債券を比較した場合、他の条件が同じであれば、信用リスクの高
い債券の方が利回りは低くなる。　　　　　　　　　　　[　　]

解説1

$$所有期間利回り（\%）= \frac{\overset{③}{0.5} + \dfrac{\overset{①}{100-101}}{\underset{②}{5}}}{\underset{④}{101}} \times \overset{⑤}{100}$$

$$= 0.2970\cdots\% ≒ 0.30\%$$　　　　　　　　（答：2）

解説2

1. 記載の通り。格付「BBB」以上は投資適格債、「BB」以下は投資不適格債
である。
2. 記載の通り。サムライ債もショーグン債も、外国法人が発行する。
3. 中央銀行が金融緩和策を強化すると、市場金利は低下し、債券価格は上昇
する（利回りは下がる）。よって、誤り。
4. 記載の通り。個人向け国債は0.05%が最低保証されている。（答：3）

解説3

1. 記載の通り。
2. 劣後債は、債務の弁済順位が劣る社債であり、デフォルトリスクが高くな
る。発行体が同一であっても異なる格付けとなる場合もある。不適切。
3. 信用格付において最上級の格付がされた債券の信用リスクは高いが、元
利金の支払いについては遅延がないと断言はできない。不適切。
4. 他の条件が同一であれば、信用リスクの高い債券ほど債券価格は低くな
る（利回りは高くなる）。不適切。（答：1）

け、計算問題が入ってきた……！ 計算の流れはしっかりと復習した
いな。

息抜きも大事だよ！

株式

株式の取引ルール、株価指数等、基本的な知識を押さえよう。

株主の権利

○ 株式は、株式会社が資金調達のために発行する有価証券。株式の保有者（出資者）を株主といい、次のような権利を持つ。

> 社債は借金なので返済期限（償還期限）がありますが、株式は出資なので、返済期限というものがありません。その代わり、経営に参加し、利益や財産の分配を受ける権利を得ます。

議決権	○ 株主総会に参加し、議案に対し賛否を表明できる権利 ○ 議決権は、単元株（最低売却単位：1単元）につき1つ与えられる
利益配当請求権	○ 会社の利益を配当として受け取ることができる権利
残余財産分配請求権	○ 会社が解散した場合に、残った財産の分配が受けられる権利

証券取引所

○ 株式の取引（売買）が行われる場が証券取引所である。証券取引所は、東京証券取引所（東証）、札幌証券取引所、名古屋証券取引所、大阪証券取引所の4つがある。

○ 東京証券取引所にはさらに、プライム市場、スタンダード市場、グロース市場の3つの市場区分がある。

プライム市場	グローバルな投資家と建設的に対話していく企業向けの市場
スタンダード市場	投資対象として十分な流動性とガバナンス水準を備えた企業向けの市場
グロース市場	高い成長可能性をもった企業向けの市場

株式の売買単位

○ 株式は通常、証券会社を通じて売買される。売買にあたっては最低売買単位が定められ、これを単元株という。単元株は100株。
＜例＞単元株が100株の株式を、300円で1単元（最低売買単位）購入する場合、売買代金は、300円×100株＝30,000円

○ なお、株式累積投資（るいとう）制度、株式ミニ投資制度等のある証券会社では、申込みをすれば、単元未満でも売買が可能。

単元未満で取引する方法

株式累積投資制度 （るいとう）	☐ 一定の株式等を、毎月一定日に一定金額ずつ購入する制度 ☐ 少額の資金で株式投資でき、ドルコスト平均法の効果で平均購入単価を 　低く押さえることができる
株式ミニ投資制度 （ミニ株）	☐ 単元株の10分の1の単位で売買できる ☐ 約定価格は翌営業日の始値と決まっており、指値注文はできない

株価が高くてなかなか手が出ない会社の株も、「るいとう」や「ミニ
株」を利用すれば買いやすくなるね。

ドルコスト平均法

☐ 価格が変動する商品を、定期的に一定金額ずつ購入する投資手法。

☐ 価格が安い時に多く、価格が高い時に少なく購入することになるため、
平均買付金額を引き下げる効果がある。

ドルコスト平均法による平均取得単価の計算例

1回当たり5,000円で株式を4回にわたり購入した場合の平均購入単価は？

	第1回	第2回	第3回	第4回
株価	¥500	¥600	¥800	¥700

1回目の購入株式数：5,000円÷500円＝10株

2回目の購入株式数：5,000円÷600円＝8株

3回目の購入株式数：5,000円÷800円＝6株

4回目の購入株式数：5,000円÷700円＝7株

平均購入単価＝（5,000円×4回）÷（10＋8＋6＋7）株≒645円

私もドルコスト平均法の仕組みを使ってるわ。毎月お給料をもらっ
たら、先取りして同じ金額を投資しているよ。

ドルコスト平均法は積立投資に向いていますよ。

明日もファイトー！

20

株式の売買ルール

株式の取引と決済について整理しよう。決済日と権利確定日は試験にでる。

株式の売買ルールと注文方法

☐ 株式の売買注文は、通常、証券取引所の立会時間（取引時間）内に、オークション方式で決まる。

☐ 売買ルールとして、価格優先の原則、時間優先の原則、成行優先の原則の、3つのルールがある。

価格優先の原則	☐ 複数の買い注文がある場合は、最も高い価格が優先される ☐ 複数の売り注文がある場合は、最も低い価格が優先される
時間優先の原則	☐ 同一価格で注文が入った場合は、時間の早い注文が優先される
成行優先の原則	☐ 注文の条件（時間、価格）が同じなら、指値注文より成行注文が優先される

株式の注文方法

指値注文	☐ 価格を指定して注文する <例>1,000円以上で売りたい/1,000円以下で買いたい
成行注文	☐ 価格を指定せずに、銘柄、売りか買いか、数量のみ指定して注文する 例：価格はいくらでもいいので、売りたい/買いたい

○×問題にチャレンジ

1 スタンダード市場は、「多くの機関投資家の投資対象になりうる規模の時価総額（流動性）を持ち、より高いガバナンス水準を備え、投資者との建設的な対話を中心に据えて持続的な成長と中長期的な企業価値の向上にコミットする企業向けの市場」である。　[　　]

2 プライム市場は、「高い成長可能性を実現するための事業計画及びその進捗の適時・適切な開示が行われ一定の市場評価が得られる一方、事業実績の観点から相対的にリスクが高い企業向けの市場」である。（2023年9月 改題）　[　　]

株価と売買高

- [ ] 株価は約定（取引成立）した値段のことをいう。1日の最初に取引された株価を始値（はじめね）、最後に取引された株価を終値（おわりね）、取引時間中最も高い株価を高値（たかね）、最も低い株価を安値（やすね）と呼ぶ。
- [ ] 1日の株価の変動幅には制限がかけられている。上限まで上がった場合、ストップ高（だか）、下限まで下がった場合、ストップ安（やす）という言い方をする。
- [ ] 1日に取引が成立した株数を売買高（出来高）という。

  <例> 5,000株の売り注文、5,000株の買い注文があり、株価1,000円で取引が成立した場合
  - ➡売買高：5,000株
  - ➡売買代金：1,000円×5,000株＝500万円

取引と決済

- [ ] 株式の売買が約定（成立）すると、約定日（成立した日）から約定日を含めて3営業日目に決済（受渡し）が行われる。

| | | | 9月/10月 | | | |
日	月	火	水	木	金	土
9月24日	25	26	27	28	29	30
10月1日	2	3	4	5	6	7

例：9月25日（月）に約定した場合➡受渡日は9月27日（木）
　　9月28日（木）に約定した場合➡受渡日は10月2日（月）

（解説）

1. 問題文の説明は「プライム市場」についての説明である。スタンダード市場は、「公開された市場における投資対象として一定の時価総額（流動性）を持ち、上場企業としての基本的なガバナンス水準を備えつつ、持続的な成長と中長期的な企業価値の向上にコミットする企業向けの市場」である。（答：×）

2. 問題文の説明は「グロース市場」についての説明である。プライム市場は、多くの機関投資家の投資対象になりうる規模の時価総額（流動性）を持つ。より高いガバナンス水準を備え、投資者との建設的な対話を中心に据えている。そうして持続的な成長と中長期的な企業価値の向上にコミットする企業向けの市場である。（答：×）

21

信用取引

信用取引とは、証券会社に担保として一定の委託保証金を差し入れ、株式の購入資金や株式を借りて取引する方法をいう。

2つの取引方法

☐ 信用取引には、制度信用取引と一般信用取引の2つの取引方法がある。制度信用取引で売買した株式を一般信用取引に変更したり、その逆を行ったりすることはできない。

制度信用取引	☐ 証券取引所が決めたルールに基づいて行う取引で、証券取引所が定めた銘柄でのみ信用取引が可能 ☐ 決済期限は最長6カ月 ☐ 貸借取引※が可能
一般信用取引	☐ 証券会社と顧客の間で条件を決めて行う取引で、原則全ての銘柄で信用取引が可能 ☐ 決済期限は証券会社により異なる（無期限にすることも可能） ☐ 貸借取引ができない

※貸借取引：信用取引の決済において、証券会社が売買の決済に必要な資金や株式を証券金融会社から借り入れること

☐ 信用取引を始める際には、信用取引口座設定約諾書を提出する。

☐ 委託保証金は、最低金額が30万円で、保証金率は約定代金の30%でなければならない。現金で差し入れるほか、一定の有価証券（株式や債券）で代用することもできる。

> 約定代金は、成立した取引の代金のことだね。

○×問題にチャレンジ

1 信用取引では、現物株式を所有していなければ、その株式の「売り」から取引を開始することができない。（2022年9月）　[　　]

2 一般信用取引の建株を制度信用取引の建株に変更することはできるが、制度信用取引の建株を一般信用取引の建株に変更することはできない。（2022年9月）　[　　]

委託保証金のポイント

☐ 原則として約定価格の30%以上（最低委託保証金30万円）を差し入れる
　＜例＞委託保証金率（委託保証金÷取引金額の上限）が30%で、300万円の委託保証金を差し入れた場合

　➡取引可能金額は、300万円÷0.3＝1,000万円となる

☐ 委託保証金は現金の他、国債や上場株式等一定の有価証券でも代用できる

☐ 差し入れた委託保証金の価額が約定価額の20%を下回った場合には、原則として追加保証金（追証）を差し入れなければならない。

信用取引の決済方法

☐ 信用取引は、証券会社から資金や株式を借りて行う取引のため、弁済の必要がある。

☐ 弁済方法には、次の通り差金決済（反対売買）と現物決済（現引き・現渡し）の2つの方法がある。

差金決済 （反対売買）	☐ 原資産の受け渡しはせず、反対売買を行って、差額（差金）だけを受け渡す決済方法 ＜例＞500円で買った株を600円で売った場合➡差額の100円だけを受け取る
現物決済 （現物受渡し）	☐ 現引き：（証券会社から資金を借りて株を購入している場合） 株式は売却せず、証券会社からの借入金を返済して現物株を受け取る ☐ 現渡し：（証券会社から株券を借りて売却している場合） 借りた株券を返し、売却代金を受け取る

息抜きも大事だよ！

解説

1. 信用取引では、現物株式を保有していなくても、借りた株式を使って「空売り」（株を持っていない状態で売り、後で買い戻すこと）から取引を始めることが可能である。（答：✕）

2. 建株とは信用取引で新たに売買した株式のことをいう。取引の枠組みが異なるので、一般信用取引の建株を制度信用取引の建株に変更したり、制度信用取引の建株を一般信用取引の建株に変更することはできない。（答：✕）

株価指数 と 投資指標

株価指数、投資指標を計算する問題は頻出。しっかり押さえよう。

株価指数

☐ 国内外の株価指数には、次のようなものがある。

日経平均株価 （日経平均、日経225）	☐ 東証プライム市場に上場されている銘柄の中から日本経済新聞社が選んだ代表的な225銘柄の修正平均株価 ☐ 株価の高い銘柄の影響を受けやすい
東証株価指数 （TOPIX：Tokyo stock Price Index）	☐ 東証に上場する銘柄（東証プライム、スタンダード市場に上場している銘柄）を対象として、時価総額を加重平均して指数化したもの（安定株主の保有する株式を除いた「浮動株」の売買を基に算出される） ☐ 時価総額の大きな銘柄の影響を受けやすい
JPX日経インデックス400 （JPX日経400）	☐ 東証プライム、スタンダード、グロース市場に上場している企業のうち、ROEや営業利益、時価総額等グローバルな投資基準を満たす400銘柄で構成された株価指数
S＆P500種株価指数	☐ ニューヨーク証券取引所、ナスダックに上場・登録されている米国を代表する約500銘柄を対象として、株価時価総額を加重平均して指数化したもの。S＆Pダウ・ジョーンズインデックス社が選定している
NYダウ	☐ 米国で影響力のある代表的な30銘柄で構成される平均株価指数。S＆Pダウ・ジョーンズインデックス社が選定している
ナスダック（NASDAQ）総合指数	☐ 米国の世界最大級の新興企業（ベンチャー企業）向け株式市場であるナスダックに上場する全銘柄を対象にした、時価総額加重平均型の価格指数。新興企業向けの株式市場です

※ NASDAQ:正式名称は「National Association of Securities Deals Automated Quotations」

経済ニュースでよく聞く言葉がたくさんある！

株式の投資指標

☐ 株式投資の際の判断基準として、次の指標がある。

株価収益率 (PER : Price Earnings Ratio)	株価収益率（倍） $= \dfrac{株価}{1株あたり当期純利益}$	☐ 株価が1株あたり純利益の何倍かを表す ☐ PERが高いほど株価は割高、PERが低いほど株価は割安
1株あたり当期純利益 (EPS : Earnings Per Share)	1株あたり当期純利益 $= \dfrac{当期純利益（税引後）}{発行済株式総数}$	☐ 1株あたりの当期純利益を表し、収益力を表す

例：株価1,200円、資本金100億円、発行済株式総数5億株、当期純利益（税引後）150億円の場合
　　1株あたり当期純利益（EPS）：150億円÷5億株＝30円
　　株価収益率（PER）：1,200円÷30円＝40倍

株価純資産倍率 (PBR : Price Book-value Ratio)	株価純資産倍率（倍） $= \dfrac{株価}{1株あたり純資産}$	☐ 株価が1株あたり純資産の何倍かを表す ☐ PBR＝1の時「株価＝解散価値」となる。PBRが高いほど株価は割高、PERが低いほど株価は割安と言える
1株あたり純資産 (BPS : Book-value Per Share)	1株あたり純資産 $= \dfrac{純資産}{発行済株式総数}$	☐ 1株あたりの純資産額。企業の解散価値を表す

例：株価800円、資本金（純資産）1,000億円、発行済株式総数1億株の場合
　　1株あたり純資産（BPS）：1,000億円÷1億株＝1,000円
　　株価純資産倍率（PBR）：800円÷1,000円＝0.8倍

自己資本利益率 (ROE : Return on Equity)	自己資本利益率（％） $= \dfrac{当期純利益}{自己資本（期首・期末平均）} \times 100$	☐ 自己資本を使ってどれだけ利益を獲得したかを表す ☐ ROEが高いと収益力が高いと言える
配当利回り	配当利回り（％） $= \dfrac{1株あたり配当金}{株価} \times 100$	☐ 株価（投資元本）に対する年間配当金の割合
配当性向	配当性向（％） $= \dfrac{年間配当金額}{当期純利益} \times 100$	☐ 当期純利益に対する年間の配当金額の割合

例：株価400円、資本金800億円、発行済株式総数2億株、当期純利益（税引後）40億円、配当金総額20億円の場合
　　自己資本利益率（ROE）：40億円÷800億円×100＝5.0％
　　配当利回り：10円※÷400円×100＝2.5％　　※1株当たり配当金＝20億円÷2億株＝10円
　　配当性向　：20億円÷40億円×100＝50％

明日もファイトー！

本番問題に チャレンジ

過去問題を解いて、理解を確かなものにしよう。

問1 株式市場および株式市場の指標に関する次の記述について○×を答えなさい。

1. 取引所における株式の普通取引では、売買契約締結の日に資金決済が行われ、それと同時に株主の権利の移転等が証券保管振替機構および金融商品取引業者等に開設された口座において電子的に処理される。（2015年9月 改題）　[　　]

2. 日経平均株価は、プライム市場に上場している銘柄のうち、時価総額上位225銘柄を対象として算出される株価指標である。（2023年5月 改題）　[　　]

問2 東京証券取引所に上場している株式会社LYは、2月末日が決算日および株主配当金の基準日である。株式会社LYの202X年2月期の株主配当金の権利が得られる最終の買付日として、正しいものはどれか。なお、解答に当たっては、下記のカレンダーを使用すること。また、202X年は、2020年以降の年であるものとする。（2022年1月FP協会 資産）

202X年　2月／3月						
日	月	火	水	木	金	土
2/21	22	23（祝）	24	25	26	27
28	3/1	2	3	4	5	6

※網掛け部分は、市場休業日である。

1. 2月22日　　2. 2月24日　　3. 2月25日　　4. 2月26日

問3 右記＜X社のデータ＞に基づき算出される投資指標に関する次の記述のうち、最も不適切なものはどれか。（2023年5月 改題）

＜X社のデータ＞

株価	2,700円
発行済株式数	0.5億株
売上高	2,000億円
経常利益	120億円
当期純利益	75億円
自己資本（＝純資産）	2,500億円
配当金総額	30億円

1. ROEは、3.75%である。　　2. PERは、18倍である。
3. PBRは、0.54倍である。　　4. 配当性向は、40%である。

解説1

1. 資金決済が行われるのは、売買契約締結から3営業日目である。（答：×）
2. 日経平均株価は、東証プライム市場に上場されている銘柄の中から日本経済新聞社が選んだ代表的な225銘柄の修正平均株価である。時価総額上位225銘柄を対象として算出される指数ではない。（答：×）

解説2

　株主配当金の権利を得るためには、権利確定日までに株式の受渡しを完了して株主になっている必要がある。株式の受渡しは、約定日（売買契約成立日）を含めて3営業日目であるので、権利確定日の3営業日前までに株式を購入すればよい。

　本問では2月28日は日曜日（営業日外）なので、権利確定日は直前の営業日である2月26日である。2月26日から3営業日前は2月24日であり、この日が権利付き最終日となる。（答：2）

					権利確定日	
202X年　2月／3月						
日	月	火	3 水	2 木	1 金	土
2/21	22	23（祝）	24	25	26	27
28	3/1	2	3	4	5	6

解説3

1. ROE（自己資本利益率）＝当期純利益÷自己資本×100＝75億円÷2,500億円×100＝3.0%　よって、誤り。
2. 1株あたり純利益＝当期純利益÷発行済株式数＝75億円÷0.5億株＝150円　PER（株価収益率）＝株価÷1株あたり純利益＝2,700円÷150円＝18倍　記載の通り。
3. 1株あたり純資産＝自己資本（純資産）÷発行済株式数＝2,500億円÷0.5億株＝5,000円　PBR（株価純資産倍率）＝株価÷1株あたり純資産＝2,700円÷5,000円＝0.54倍　記載の通り。
4. 配当性向＝配当金総額÷当期純利益×100＝30億円÷75億円×100＝40%　記載の通り。

（答：1）

がんばった！

投資信託

投資信託は、毎回出題されている。しっかり要点を押さえよう。

投資信託の基本

☐ 投資信託は、複数の投資家から集めたお金を1つにまとめ、運用の専門家が複数の資産に投資・運用し、収益を投資家に分配する商品である。元本保証はない。

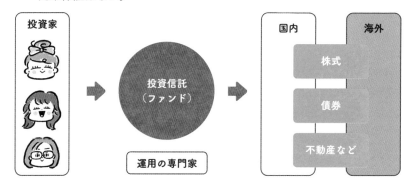

投資信託の種類としくみ

☐ 投資信託は、契約型と会社型（投資法人）に大別できる。日本の投資信託は多くが契約型投資信託である。

契約型投資信託	☐ 運用会社（投資信託会社等）と管理会社（信託銀行等）が信託契約を結ぶことにより組成される投資信託 ☐ 日本の投資信託のほとんどが契約型
会社型投資信託	☐ 不動産等特定資産への投資を目的とする法人を設立することによって組成される投資信託（投資法人） ☐ 代表的なものにJ-REIT（不動産投資法人）等がある

会社型投資信託は、資産運用目的で設立した投資法人（会社のようなもの）に資金を集め、投資・運用をするタイプの投資信託だよ。

契約型投資信託（委託者指図型）の しくみ

○ 販売会社が投資家から集めた資金は、委託会社（運用会社、投資信託会社等）と投資信託契約を結んだ受託会社（管理会社、信託銀行等）が、委託会社の運用指図に従って分別管理・運用を行う。運用によって得られた収益は、分配金や償還金として、投資家に分配される。

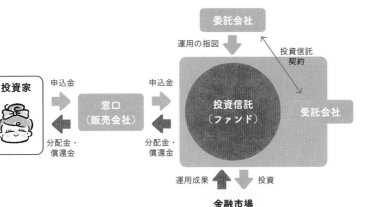

販売会社	○ 証券会社、銀行等 ○ 投資信託（ファンド）の募集・販売や、分配金・償還金の支払い等を行う
委託会社 （運用会社）	○ 運用会社、投資信託会社等 ○ 投資信託（ファンド）を組成し、受託会社（管理会社）に対して運用の指図を行う
受託会社 （管理会社）	○ 信託銀行等 ○ 委託会社の指図に従い、信託財産の分別管理を行う

 運用の専門家が私の資産を運用してくれるんだね。安心！

 そうね、でも、元本保証はないから注意してね！運用報告書を定期的にチェックするのが大切よ。運用報告書は次のLessonで説明するわ。

息抜きも大事だよ！

25

投資信託の取引

投資信託の取引について、基本的な事項を押さえよう。

投資信託のディスクロージャー

☐ 投資信託では、投資家に対して、次のような資料によりディスクロージャー（投資判断に必要な情報開示）を行う。

目論見書 (投資信託説明書)	☐ 投資信託の商品説明書で、投資信託の概要（ファンドの目的、特色、投資リスク、手数料等）や運用実績、投資方針等が記載されている。交付目論見書と請求目論見書の2種類がある ☐ 委託会社（運用会社）が作成し、販売会社が交付する ☐ 交付目論見書は、投資信託の購入時（事前あるいは購入と同時）に必ず交付する。請求目論見書は、投資家から請求されたときに直ちに交付する
運用報告書	☐ 投資信託の報告書で、投資信託の運用実績や資産状況、今後の運用方針等が記載されている ☐ 委託会社（運用会社）が作成し、販売会社が交付する

☐ 投資信託の販売会社は、株式投資信託や外国投資信託を保有する投資家に対して、基準価額や年間の分配金支払額、一部解約や追加購入の状況を反映したトータルリターン（年間の累積損益）を年に1回以上通知することが義務付けられている（トータルリターン通知制度）。

投資信託は運用の専門家が運用してくれますが、お任せにしたまま放置するのはお勧めしません。運用報告書を適宜確認して、自分のお金がどうなっているのかはキチンと確認したいですね。

基準価額

☐ 基準価額は、純資産総額を受益権総口数で割って算出する、投資信託の時価に当たるものである。毎日、1万口当たりの金額で発表される。

☐ 投資信託の購入、換金等の取引は、この基準価額をもとに行われる。

○×問題にチャレンジ

1 投資信託の販売会社は、投資信託（対象外とすることが認められている投資信託を除く）を保有している投資家に対して、分配金の受取りや一部解約等を反映した総合的な損益状況を通知しなければならない。（2016年9月 改題）　　　[　　]

投資信託の換金

☐ 投資信託を換金する方法として、解約請求と買取請求の2つの方法がある。

解約請求	☐ 販売会社を通じて、委託会社（運用会社）に信託財産の一部の解約を請求する方法
買取請求	☐ 販売会社に投資信託を買い取ってもらう（売却する）方法

☐ 換金額は、どちらの場合でも、基準価額から信託財産留保額を差し引いた金額となる。

投資信託のコスト

☐ 投資信託の取引にかかるコストは、次のようなものがある。

時期	名称	内容
購入時	購入時手数料 （販売手数料）	☐ 投資信託の購入時に販売会社に支払う手数料 ☐ 同じ投資信託であっても、金額は販売会社により異なる ☐ 販売手数料のない投資信託も販売されている（ノーロードファンドという）
保有中	運用管理費用 （信託報酬）	☐ 信託財産の運用・管理の報酬として、信託財産から毎日一定割合が差し引かれる（基準価額はすでに信託報酬が差し引かれている） ☐ 運営管理費用から、委託者報酬（投資信託の運用報酬）、受託者報酬（信託財産の管理費用）が支払われる。また委託者は、委託者報酬の中から事務代行手数料（販売手数料）を販売会社に支払っている
換金時	信託財産留保額	☐ 投資信託の解約（中途換金）時に差し引かれ、そのまま信託財産に残される。償還時には引かれない ☐ 解約時に必要な諸費用の一部を解約する投資家から徴収することにより、費用負担の公平性を保つ目的がある ☐ ETFやJ-REIT等、信託財産留保額がかからない投資信託もある

明日もファイトー！

解説

1. 記載の通り。投資信託の販売会社は、投資家に対して総合的な損益状況（トータルリターン）を年1回以上通知しなければならない。（答：○）

投資信託の分類と運用方法

投資信託の分類と運用方法を整理しよう。

投資信託の分類

☐ 投資信託は、様々な切り口により次のように分類できる。これらの分類の組み合わせを確認することで、どのような投資信託かがわかる。

投資対象による分類

株式投資信託	☐ 運用対象として株式を組み入れることができる投資信託（実際に株式を組み入れなくてもよい）
公社債投資信託	☐ 公社債を中心に運用し、株式は一切組み入れることができない投資信託

購入時期による分類（いつ購入できるか）

単位型（ユニット型）	☐ 当初募集期間中のみ購入可能な投資信託
追加型（オープン型）	☐ いつでも自由に購入、換金ができる投資信託

解約の可否による分類（満期前に解約できるか）

オープンエンド型	☐ いつでも解約可能な投資信託 ☐ 日本で販売されている投資信託は、ほとんどがオープンエンド型
クローズドエンド型	☐ 満期まで解約できない投資信託。不動産投資信託等が該当する ☐ 換金したい場合は、市場で売却する

投資信託の分類は、目論見書に載っているわ。この分類の組み合わせを見れば、どんな投資信託か、ざっくり把握できるようになっているよ。

○×問題にチャレンジ

1 組入れ資産のほとんどを債券が占め、株式をまったく組み入れていない証券投資信託であっても、約款上、株式に投資することができれば、株式投資信託に分類される。（2022年9月 改題）　[　　]

2 割安な銘柄の売建てと割高な銘柄の買建てをそれぞれ同程度の金額で行い、市場の価格変動に左右されない絶対的な収益の確保を目指す手法は、マーケット・ニュートラル運用と呼ばれる。（2023年5月 改題）　[　　]

投資信託の運用方法

☐ 投資信託の運用方法には、パッシブ運用（インデックス運用）とアクティブ運用がある。

パッシブ運用とアクティブ運用

パッシブ運用 （インデックス運用）	☐ 日経平均株価やTOPIX等のベンチマーク（投資信託の運用成果の目安とする指標）に連動した運用成果を目指す運用スタイル
アクティブ運用	☐ ベンチマークを上回る運用成果を目指す運用スタイル ☐ 積極的・戦略的な投資判断を行って運用するため、パッシブ運用に比べて運用コストが高くなる

☐ アクティブ運用においては、さらに次の手法を使って運用対象を選別する。

アクティブ運用の4つの手法

トップダウン・アプローチ	☐ 景気や金利等マクロ経済から分析を行い、対象銘柄を絞り込んでいく手法
ボトムアップ・アプローチ	☐ 個別企業の分析を行い、対象銘柄を選定する手法
グロース投資	☐ 将来的に成長性が期待される企業に投資する手法
バリュー投資	☐ 株価が割安であると判断される企業に投資する手法 ☐ PER（株価収益率）やPBR（株価純資産倍率）が低い銘柄などに注目して選別する

マーケット・ニュートラル運用（参考）

☐ ヘッジファンドの投資手法のひとつで、割安銘柄の買いと、割高銘柄の売りを両建てで行う運用方法をいう。市場（マーケット）の価格変動に中立（ニュートラル）な立場で、リスクを抑えながら収益確保を目指す。

がんばった！

解説

1. 記載の通り。株式投資信託は、約款上「株式を組み入れることができる」投資信託である。（答：○）

2. マーケット・ニュートラル運用は、割安銘柄の買建て、割高銘柄の売建てを同額で行う手法である（記載は買建てと売建てが逆）。（答：×）

色々な投資信託

投資信託商品について整理しよう。どんな投資信託かを押さえよう。

追加型公社債投資信託

◯ 追加型公社債投資信託は、いつでも購入可能（＝追加型）で、換金可能（＝オープンエンド型）な公社債投資信託のことをいう。代表的なものにMMFやMRFがある。

◯ 1円以上1円単位で購入でき（購入手数料なし）、いつでも解約できる（信託財産留保額はない）。

• 毎日決算を行い、分配金は月末営業日にまとめて再投資される。

上場投資信託

◯ 証券取引所に上場している投資信託を、上場投資信託という。代表的なものにETF（Exchange Traded Fund）やJ-REIT（日本版REIT:Real Estate Investment Trust）がある。

◯ 上場投資信託は、上場株式と同様、時価で売買が行われ、指値・成行注文や信用取引も可能（受渡し日も上場株式と同様、売買日を含む3営業日目）。

ETF （上場投資信託）	◯ 証券取引所に上場されており、原則上場株式と同様の取引が可能 ◯ 日経平均株価、TOPIX等の株価指数だけでなく、債券やREIT、通貨、コモディティ（商品）等の指数に連動するように運用される ◯ 一般的に、通常の（非上場の）投資信託より運用コストが低額
J-REIT （上場不動産 投資信託）	◯ 投資家から集めた資金で不動産（オフィスビル、商業ビル等）等を購入し、そこから得られた賃料収入や売買益等を投資家に分配するしくみの投資信託 ◯ 会社型投資信託で、投資法人の形態をとって証券取引所に上場されている ◯ J-REITの分配金は、（上場株式の配当金とは異なり）配当控除の適用対象外

◯×問題にチャレンジ

1 ETFは、非上場の投資信託と異なり、運用管理費用（信託報酬）は発生しない。（2023年9月） [　]

2 J-REITの分配金は、所得税の配当控除の対象となる。（2023年9月） [　]

その他の投資信託

☐ 次は、過去出題されているので押さえておこう。

ファンド・オブ・ファンズ	☐ 個別の株式や債券等への投資はせず、複数の投資信託を投資対象としているファンド（投資信託）
ブル型ファンド/ ベア型ファンド	☐ ブル型：相場が上昇すると収益が出るように設計された投資信託 ☐ ベア型：相場が下落すると収益が出るように設計された投資信託
レバレッジETF/ インバースETF/	☐ レバレッジETF：元となる指数（日経平均株価等）の数倍（例えば2倍等）の指数に連動した値動きとなることを目指して運用される上場投資信託 ☐ インバースETF：元となる指数の日々の動きのマイナスの倍数（マイナス2倍等）を掛けた指数に連動した値動きとなることを目指して運用される上場投資信託
リンク債型ETF	特定の指数に連動するように設計された債券（リンク債）に投資することにより、ETFの基準価額を指数に連動させることを目指す上場投資信託
バランス型投資信託	☐ 国内外の株式、債券、REIT（不動産投資信託）など複数の資産に分散投資する投資信託 ☐ 複数の投資信託で運用を行うファンドオブファンズ形式のものがある
外国投資信託	☐ 外国の法律に基づき設定されている、外国籍の投資信託
外貨建て投資信託	☐ 外国の株や債券を投資対象として外貨で取引される投資信託
通貨選択型投資信託	☐ 株式や債券等の投資対象資産に、為替取引（通貨オプション）が組み合わされた投資信託
ESGファンド	☐「Environmental（環境）」「Social（社会）」「Governance（企業統治）」に対する取り組みに注目して投資銘柄（企業）を選定したファンド。頭文字を取って「ESGファンド」等と呼ばれる

投資信託、いっぱいある……。

たしかに多いけど、まずは投資信託の名前を見て、大体どんな中身か推測できるようになるといいわね。

息抜きも大事だよ！

解説

1. ETF（上場投資信託）も投資信託であり、売買手数料と保有にかかる手数料（運用管理費用（信託報酬））が発生する。（答：×）

2. J-REITの分配金は、法人税支払前の収益を分配しており、配当控除の対象外となっている。（答：×）

外貨建て金融商品

本分野では、為替レートと外貨預金の利回り計算等の問題が数多く出題されている。基本的なポイントと考え方を押さえよう。

外貨建て金融商品とは

☐ 外貨建て金融商品は、ドルやユーロ等の外貨建てで運用される金融商品をいう。

☐ 一般的に、外貨建て金融商品の購入時にはその時点の為替レート（円と外貨を交換するレート）で円を外貨に換え、売却時にはその時点の為替レートで外貨を円に換えて取引を行う。

☐ 為替レートには、TTS、TTB、TTMの3種類のレートがある。

為替レートの種類

TTS (Telegraphic Transfer Selling Rate)	☐ 顧客が円を外貨に換える場合のレート （銀行が顧客に外貨を売るので"Selling"が使われる） ☐ TTMに為替手数料が載せられたレートとなっている （例：TTM＝140円で為替手数料が1円の場合、TTS＝141円）
TTB (Telegraphic Transfer Buying Rate)	☐ 顧客が外貨を円に換える場合のレート （銀行が顧客から外貨を買うので"Buying"が使われる） ☐ TTMから為替手数料を引いたレートとなっている （例：TTM＝140円で為替手数料が1円の場合、TTB＝139円）
TTM (Telegraphic Transfer Middle Rate)	☐ 金融機関が毎日決めて発表している為替相場の仲値 ☐ TTSやTTBはこのTTMをもとに決めている

☐ 外貨建て商品には、為替レートが変動するリスク（為替リスク）がある。次の条件の為替の変動により生じる利益を為替差益、為替の変動により生じた損失を為替差損という。

> 3種類のレートがあるけれど、「銀行からみたレート」であることを押さえるとわかりやすいですよ。TTSは、銀行が顧客に外貨を売る（Selling）ためのレート、TTBは、銀行が顧客から外貨を買う（Buying）ためのレートです。

参考：**1ドル＝100円**の時に**5,000ドル**を購入した場合の
　　　為替損益のイメージ

120円　円安ドル高　1ドル＝**120円**で**5,000ドル**を売却
　　　　　　　　　120円／ドル×**5,000ドル**＝60万円（10万円の為替差益）

1ドル＝　**100円**　1ドル＝**100円**で**5,000ドル**を購入
　　　　　　　　　100円／ドル×**5,000ドル**＝50万円

80円　円高ドル安　1ドル＝**80円**で**5,000ドル**を売却
　　　　　　　　　80円／ドル×**5,000ドル**＝40万円（10万円の為替差損）

○ 例題

次の条件で、円貨を米ドルに交換して米ドル建て定期預金に10,000米ドル
を預け入れ、満期時に米ドルを円貨に交換して受け取る場合における円ベー
スでの利回り（単利・年率）はいくらか。税金については考慮しないものと
し、計算結果は表示単位の小数点以下第3位を四捨五入するものとする。
（2023年9月 改題）

＜条件＞

・預入期間　1年
・預金金利　3.00％（年率）
・為替予約なし
・為替レート（米ドル／円）

	TTS	TTB
預入時	130.00円	129.00円
満期時	135.00円	134.00円

解答

ポイント：預入時の適用レートはTTS、満期時の適用レートはTTBで計算

円貨での預入金額：10,000米ドル×130円（TTS）＝1,300,000円

満期時の元利合計額（ドルベース）：10,000米ドル×（1＋0.03）＝
10,300米ドル

満期時の円貨での元利合計額：10,300米ドル×134円（TTB）＝
1,380,200円

円ベースでの利回り：

（1,380,200－1,300,000）円÷1,300,000円×100
＝6.169…≒6.17％　　　　　（答：6.17％）

明日もファイトー！

色々な外貨建て金融商品

外国債券について問われている。名前と債券の特徴を押さえよう。

外貨預金

☐ 外貨預金には、外貨普通預金、外貨貯蓄預金、外貨定期預金等がある（普通、貯蓄、定期の預金の内容や特徴は、原則円建ての貯蓄商品と同じ）。

☐ 外貨預金の取扱通貨や為替手数料は金融機関により異なる。

内容	☐ 外貨建ての預金（特徴、しくみは円預金と同様）
ポイント	☐ 預金保険制度の対象外 ☐ 外貨定期預金の場合は、原則中途換金できない（中途換金できてもペナルティが発生する場合あり）
課税関係	☐ 預金利息：利子所得（源泉分離課税）20.315% ☐ 為替差益：雑所得として総合課税の対象（預入時に為替予約をしている場合は源泉分離課税となり、20.315%）

外貨建てMMF

☐ 外貨建てMMFは外国籍の公社債投資信託で、一般的に外貨預金より利回りが高く、為替手数料が安いという特徴がある。取引開始の際は、外国証券取引口座を開設する必要がある。

内容	☐ 外国籍で外国の法律に基づき設定される公社債投資信託（株式は一切組み入れていない）
ポイント	☐ 取引を始める場合には外国証券取引口座を開設する必要あり ☐ 申込手数料なしで購入でき、換金もいつでも可能（信託財産留保額は不要） ☐ 投資者保護基金の対象（国内の証券会社で購入した場合） ☐ 外貨預金より利回りが高めで為替手数料も安め
課税関係	☐ 収益分配金：申告不要（源泉分離課税20.315%）または申告分離課税 ☐ 譲渡益・為替差益等：申告分離課税20.315%で、上場株式等と損益通算・繰越控除が可能

外貨預金と外貨建てMMFでこんなに違いがあるのね……！

外国債券

☐ 外国債券は、発行体、発行場所、発行通貨のいずれかが外国である債券をいう。取引に際しては外国証券取引口座の開設が必要である。

外国債券の種類とポイント

種類		払込	利払	償還
円建て外債 （サムライ債）	☐ 外国の発行体（外国政府や外国法人等）が日本国内で円建てで発行する	円貨	円貨	円貨
外貨建て外債 （ショーグン債）	☐ 外国の発行体（外国政府や外国法人等）が日本国内で外貨建てで発行する	外貨	外貨	外貨
ユーロ円債	☐ 日本以外の金融市場（ユーロ市場※）で、円建てで発行する	円貨	円貨	円貨
デュアルカレンシー債 （二重通貨建債）	☐ 払込と利払は円建て、償還金の支払いは外貨建てで行われる	円貨	円貨	外貨
リバースデュアルカレンシー債	☐ 払込と償還は円建て、利払は外貨建てで行われる	円貨	外貨	円貨

※ユーロ市場：ユーロマネー（通貨発行国以外で保有している通貨。日本国外で保有されている円はユーロ円）を対象に取引される市場のこと。

 ユーロ市場の「ユーロ」という言葉は、1950年代に欧州（ヨーロッパ）でこのような取引が始まったことから使われるようになったと言われています。通貨のユーロとは全く別物です。

外国株式

☐ 外国株式は外国法人が発行する株式のことで、取引に際しては外国証券取引口座を開設する必要がある。

☐ 取引は次の3つの方法で行う。

国内委託取引	☐ 国内の証券取引所に上場されている外国株式を売買する ☐ 取引は円建てで、受渡日は国内株式同様、約定日を含む3営業日目
国内店頭取引	☐ 国内の証券会社が保有する外国株式を相対で売買する
外国取引	☐ 外国に上場されている株式を、国内の証券会社を通じて売買する

☐ 課税関係は国内株式と同様（配当金は配当所得、売却益は譲渡所得）。

がんばった！

その他の金融商品

その他の金融商品として、金投資と外国為替証拠金取引（**FX取引**）について見ておこう。金投資に関しては、頻回ではないが出題されている。

金投資

⬜ 金への投資（現物投資）は、次のような方法がある。

金地金	⬜ 現物の金地金（金の延べ棒等）を購入する ⬜ 税制：売却益は譲渡所得として総合課税の対象
金貨	⬜ 金貨そのもの（メイプルリーフ金貨、カンガルー金貨等）を購入する ⬜ 税制：売却益は譲渡所得として総合課税の対象
純金積立	⬜ 毎月一定金額の金を継続して購入する。積み立てた金は、地金等で受け取ることができる ⬜ 定期的に一定金額を投資することにより、平均購入価格を下げる効果が期待できるという特徴がある（この投資方法をドルコスト平均法という） ⬜ 金の価格はドル建てが基準のため、為替変動の影響がある（円安になると国内の金価格は上昇する） ⬜ 税制：売却益は譲渡所得として総合課税の対象

> 試験に出やすい純金積立を押さえましょう。

暗号資産（仮想通貨）＜参考＞

⬜ 暗号資産（仮想通貨）は、主にインターネット上の取引に使われる、電子データのみでやり取りする通貨のことをいう。代表的なものに、ビットコインやイーサリアム等がある。デジタル通貨とも言われる。

⬜ 暗号資産は、国家やその中央銀行によって発行される法定通貨と異なり、国家により価値を保証されることはないため、価格が大きく変動する傾向がある。

⬜ 暗号資産への投資により得た利益は、雑所得として総合課税の対象となる。

○×問題にチャレンジ

1 金価格の変動要因には、需給関係、金融動向、政治情勢などが挙げられ、円安（米ドル/円相場）は国内金価格の下落要因になる。（2023年5月）　　　　　　　　[　　]

外国為替証拠金取引（**FX**取引）

リボンを
チェック！

☐ 外国為替証拠金取引（以下FX取引）は、一定の担保（証拠金）を預けてその何倍もの単位で外国通貨の売買を行う取引をいう。外国為替（Foreign Exchange）を略してFXと呼ばれる。

☐ 取引は、取引所FX取引と店頭FX取引の2種類の取引方法がある（課税関係はどちらも同じ）

☐ 証拠金の何倍もの金額で取引できる効果をレバレッジ効果（てこの効果）という。何倍まで取引できるかは法令で上限が決まっている（レバレッジ規制、現在は25倍）である。

FX取引のポイント

利益	☐ FX取引による利益には、為替差益の他に、通貨間の金利差により得る利益（スワップポイント）がある
	☐ これらの利益は、先物取引にかかる雑所得として、申告分離課税の対象（20.315%）
損失	☐ 損失が出た場合は、他の先物取引にかかる雑所得と損益通算ができる。他の所得との損益通算は不可
	☐ その年に控除しきれない損失は、翌年以後3年間にわたり、他の先物取引に係る雑所得から繰越控除することができる

☐ なお、担保と同額の評価損が発生すると、その時点で金融機関が強制的に自動決済してしまう制度（ロスカット制度）が設けられている。

FX取引のレバレッジ効果は、少ない元手でうまくいけば大きな収益が見込める半面、損失が出てしまった場合のダメージは非常に大きくなります。投資全般に言えることですが、よくわからない取引には手を出さないことも大切ですよ。

息抜きも大事だよ！

解説

1. 金の国際市場はドル建てで取引されている。円安になると金の輸入価格が上昇するため、国内金価格の上昇要因となる。記載は不適切。（答：×）

31

金融派生商品（デリバティブ）

金融派生商品（デリバティブ）は、株式や債券等の金融商品から
派生して生まれた金融商品をいう。

☐ 金融派生商品（デリバティブ）を扱う取引をデリバティブ取引といい、
代表的なものに先物取引、オプション取引、スワップ取引がある。

☐ 先物取引やオプション取引は、大阪取引所で取引が行われている。

先物取引

☐ 先物取引は、将来の特定の時点（受渡日）に、特定の価格で売買するこ
とを契約する取引をいう。

☐ 先物を買うことを買い建て、売ることを売り建てという。

☐ 決済方法は、差金決済と現物決済の2つの方法がある。

差金決済	期限までに反対売買を行って買値と売値の差額のみを決済する
現物決済	購入代金を支払って購入したものを受け取る

☐ 先物取引は、現物取引に比べて少額の資金で売買が可能となるレバレッ
ジ効果がある。

先物取引の取引手法

ヘッジ取引	☐ 現物（保有する商品）の価格変動リスクを、先物を使って回避（カバー）する取引 ☐ 価格下落リスクに備える売りヘッジと、価格上昇に備える買いヘッジがある
スペキュレーション取引	☐ 相場動向を予測し、相場変動を利用して短期的な利益を追求する取引。「投機取引」ともいわれる ☐ 先物価格の値上がりを予想して買い建て、予想通り相場が上昇したら反対取引である売り建てを行うことで利益を得る（確定する）ことができる
アービトラージ取引	☐ 同じ価値をもつ商品に価格差が生じたときに、割高な方を売り、割安な方を買うことにより、価格差から生じる利益を追求する取引。「裁定取引」ともいわれる

オプション取引

- ◯ 将来の一定の時点（期間内）に特定の価格（権利行使価格）で取引する権利をオプションといい、オプションを売買する取引をオプション取引という。
- ◯ オプションを買う権利をコール・オプション、売る権利をプット・オプションという。買い手は売り手にオプション料（プレミアム）を支払う
- ◯ オプションには、満期日前にいつでも権利行使可能なアメリカンタイプと、特定の権利行使日のみ行使可能なヨーロピアンタイプがある
- ◯ オプションの買い手の損失はプレミアムに限定され、利益は無限大となる。
- ◯ オプションの売り手の利益はプレミアムに限定され、損失は無限大となる。
- ◯ オプション料（プレミアム）は次のような要因により変動する。

変動要因		プレミアムの変動	
		コール・オプション	プット・オプション
原資産価格	上昇	高くなる ↗	低くなる ↘
権利行使価格	高い	低くなる ↘	高くなる ↗
満期までの残存期間	長い	高くなる ↗	高くなる ↗
ボラティリティ（価格変動率）	大きい	高くなる ↗	高くなる ↗

スワップ取引

- ◯ スワップ取引とは、経済価値の等しいキャッシュフロー（お金の受け取り、支払い等）を、一定期間、取り決めた条件に従って交換する取引をいう。
- ◯ 代表的なものに金利スワップや通貨スワップがある。

金利スワップ	同じ通貨の異なる金利（例：変動金利と固定金利）を交換する
通貨スワップ	異なる通貨の元本・金利の受け取りや支払いを、あらかじめ取り決めた為替レートで交換する

明日もファイトー！

各金融商品の税制

金融商品ごとの税制の違い、ポイントを把握しよう。上場株式等の配当所得は税制が選べるが、それぞれのメリットデメリットを把握しよう。

預貯金の税制

☐ 預貯金の利子は利子所得として、源泉分離課税の対象（税率20.315%）。

＜参考：税率20.315%の内訳＞

所得税15%、復興特別所得税0.315%（15%×2.1%）、住民税5%

※復興特別所得税（復興税）は2037年12月31日まで。試験では復興税を考慮するかしないかが明記される

債券の税制

☐ 債券の利子は、特定公社債等と一般公社債等に分けて課税される。

特定公社債等	特定公社債（国債、地方債、外国国債、公募公社債、上場公社債等）公募公社債投資信託
一般公社債等	私募債など特定公社債以外の債券

☐ 特定公社債等の税制は次の通り。

利子・分配金	☐ 利子所得として、申告不要（源泉徴収）または申告分離課税の選択制（税率20.315%）
譲渡益償還差益	☐ 譲渡所得として、申告分離課税（税率20.315%）
損益通算等	☐ 申告分離課税を選択した場合、上場株式等の譲渡損失と損益通算可能 ☐ 損益通算しても控除しきれない損失については、翌年以後3年間、確定申告することにより繰越控除が可能

税制ってこんなに細かく分かれているの!? 頭がパンクしそう……。

上場株式等の税制

☐ 上場株式等（上場株式、ETF、J-REIT等）の収益には、配当金・分配金（配当所得）と売却益（譲渡所得）があり、税制は所得により異なる。

配当所得の税制

☐ 上場株式等の配当金（ETF・J-REIT等上場投資信託の分配金を含む）は、配当所得として20.315%が源泉徴収されるが、課税方法（確定申告する/しない、または確定申告する場合の税制）は次の通り選択可能。

確定申告	総合課税	☐ その他の所得と合算して課税される ☐ 配当控除の適用を受けることができる
	申告分離課税	☐ 他の所得と分離して、税率20.315%で計算して課税される ☐ 上場株式等の譲渡損失と損益通算することができる
確定申告不要制度		☐ 配当金（分配金）の受取時に20.315%が源泉徴収される ☐ 源泉徴収のみで課税関係が終了する

※一般株式等の配当等は20.42%（所得税・復興特別所得税のみ）

譲渡所得の税制

☐ 上場株式等の売却益は、譲渡所得として申告分離課税の対象となる（税率20.315%）。

☐ 譲渡損失が生じた場合は、同一年の他の上場株式等の譲渡益や（申告分離課税を選択した）配当所得、特定公社債の利子所得や譲渡益等と損益通算できる（一般株式等の譲渡所得との損益通算はできない）。

☐ 損益通算してもなお控除しきれない損失は、翌年以後3年間、確定申告することにより繰越控除することができる。

> 預金以外の金融商品の税制は、インカムゲイン（利子・配当・分配金等）とキャピタルゲイン（売買損益、償還損益）で整理すると覚えやすいですよ。

がんばった！

233

本番問題に チャレンジ

過去問題を解いて、理解を確かなものにしよう。

問1 個人（居住者）が国内の金融機関等を通じて行う外貨建て金融商品の取引等に関する次の記述について、正誤（○×）を答えなさい。（改題 1〜2：2019年1月、3〜4：2022年5月）

1. 国外の証券取引所に上場している外国株式を国内店頭取引により売買するためには、あらかじめ外国証券取引口座を開設する必要がある。　［　　］

2. 国内の証券取引所に上場している外国株式を国内委託取引により売買した場合の受渡日は、国内株式と同様に、売買の約定日から起算して3営業日目となる。　［　　］

3. 外国為替証拠金取引では、証拠金にあらかじめ決められた倍率を掛けた金額まで売買することができるが、倍率の上限は各取扱業者が決めており、法令による上限の定めはない。　［　　］

4. 米ドル建て債券を保有している場合、為替レートが円安・米ドル高に変動することは、当該債券に係る円換算の投資利回りの上昇要因となる。　［　　］

問2 先物取引やオプション取引に関する次の記述のうち、最も不適切なものはどれか。（2022年9月 改題）

1. 現在保有している現物資産が将来値下がりすることに備えるため、先物を売り建てた。

2. 将来保有しようとする現物資産が将来値上がりすることに備えるため、先物を買い建てた。

3. 現在保有している現物資産が将来値下がりすることに備えるため、プット・オプションを売った。　［　　］

問3 金融派生商品に関する次の記述について、正誤（○×）を答えなさい。（2023年9月 改題）

1. クーポンスワップは、異なる通貨間で将来の金利および元本を交換する通貨スワップである。　［　　］

2. オプション取引において、コール・オプションの買い手は「権利
行使価格で買う権利」を放棄することができるが、プット・オプ
ションの買い手は「権利行使価格で売る権利」を放棄することが
できない。 [ ]

解説1
1. 記載の通り。外国株式、外国債券、外国投資信託等の外国証券を売買する
   際は、事前に外国証券取引口座を開設しなければならない。（答：○）
2. 記載の通り。（答：○）
3. 外国為替証拠金取引（FX取引）では、証拠金の何倍もの金額で取引でき
   る（レバレッジ効果）。倍率は法令で定められている（25倍）。（答：×）
4. 記載の通り。円安・米ドル高に変動すると、米ドル建て債券の円換算額は
   増加する。債券のクーポンレートに為替差益が加わるので、投資利回りは
   上昇する。（答：○）

解説2
1. 記載の取引は適切。先物を売り建てることにより（売りヘッジ）、現物資
   産が値下がりしたときに、その資産の先物を売り、リスクをカバーできる。
2. 記載の取引は適切。先物を買い建てることにより（買いヘッジ）、現物資
   産が値上がりしたとしても現時点の先物価格で現物を購入できる。
3. 現物資産の値下がりが予想される場合には、「売る権利」（プット・オプシ
   ョン）を買うことでリスクを回避できる。「売る」は誤り。（答：3）

解説3
1. クーポンスワップは、金利（クーポン）を交換するスワップのこと。記載
   は誤り。（答：×）
2. どちらのオプションでも、「買い手」は放棄することができる。「売り手」
   は放棄できない。記載は誤り。（答：×）

息抜きも大事だよ！

投資信託の税制

投資信託の税制は、分配金に関する出題が頻出している。考え方から理解しよう。

投資信託の税制

○ 投資信託のうち公社債投資信託は「特定公社債等」に該当し、税制は債券の税制が適用される。

○ 株式投資信託は「上場株式等」に該当し、税制は原則株式の配当所得、譲渡所得の税制と同じである。

○ ただし、追加型株式投資信託の分配金に対する課税は、個別元本方式により普通分配金と元本払戻金（特別分配金）に分けて行われる。元本払戻金は非課税となる。

個別元本方式の考え方

○ 分配落ち※後の基準価額≧個別元本→個別元本の金額は変化なし

例：個別元本12,000円、決算時の基準価額13,500円、収益分配金1,000円

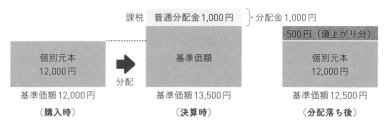

○ 分配落ち後の基準価額＜個別元本→個別元本は減額

例：個別元本12,000円、決算時の基準価額12,500円、収益分配金1,000円

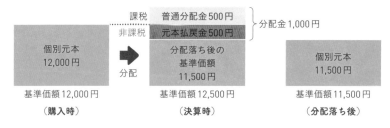

例題

加瀬博之さんは、保有している投資信託（KVファンド）の収益分配金を受け取った（右記＜資料＞参照）。この収益分配金に関する次の記述のうち、正しいものはどれか。なお、税率は20%（所得税15%、住民税5%）とし、復興所得税については考慮しないこととする。（2022年1月FP協会 資産 改題）

<資料>KVファンドの基準価額・
　　　個別元本等の明細（1万口当たり）

分配落ち前の博之さんの個別元本	10,000円
分配落ち前のファンドの基準価額	11,000円
分配金の額	1,500円
分配落ち後のファンドの基準価額	9,500円

1. 収益分配金から源泉徴収される所得税および住民税の合計額は、1万口当たり200円であり、分配落ち後の博之さんの個別元本は1万口当たり9,500円である。

2. 収益分配金から源泉徴収される所得税および住民税の合計額は、1万口当たり300円であり、分配落ち後の博之さんの個別元本は1万口当たり9,500円である。

3. 収益分配金から源泉徴収される所得税および住民税の合計額は、1万口当たり200円であり、分配落ち後の博之さんの個別元本は1万口当たり10,000円である。

4. 収益分配金から源泉徴収される所得税および住民税の合計額は、1万口当たり300円であり、分配落ち後の博之さんの個別元本は1万口当たり10,000円である。

解答

博之さんの保有投資信託の、収益分配前と分配落ち後の状況を図示すると下記の通りとなる。

収益分配金1,500円のうち、1,000円が普通分配金（課税対象）、500円が元本払戻金（非課税）

→収益分配金から源泉徴収される所得税・住民税＝1,000円×20%＝200円

分配落ち後の個別元本は10,000円－500円＝9,500円。

従って、記述が正しいのは1となる。（答：1）

35

証券口座の種類と NISA

資産運用を行うためには証券口座や**NISA**の知識が必須。

証券口座の種類

☐ 証券会社で開設できる口座は、一般口座を含め、次のようなものがある。

一般口座		☐ 投資家が自分で1年間の損益計算を行い、確定申告する口座
特定口座		☐ 証券会社が損益計算を行い、年間取引報告書を作成する口座
	源泉徴収あり	☐ 損益計算に加えて納税まで証券会社が行う
	源泉徴収なし	☐ 損益計算は証券会社が行うが、確定申告と納税は投資家が行う
NISA口座		☐ 国内に住む18歳以上の者が対象の少額非課税投資口座 ☐ 年間投資は、成長投資枠とつみたて投資枠を合算して360万円まで可能 （成長投資枠240万円、つみたて投資枠120万円） ☐ 非課税保有限度額は1,800万円（うち成長投資枠1,200万円） ☐ 非課税保有期間は無期限

○×問題にチャレンジ

1 NISA口座で保有する上場株式の配当金を非課税扱いにするためには、配当金の受け取り方法として登録配当金受領口座方式を選択しなければならない。（2023年5月 改題）　[　　]

2 NISA口座で保有する金融商品を売却することで生じた譲渡損失の金額は、確定申告を行うことにより、同一年中に特定口座や一般口座で保有する金融商品を売却することで生じた譲渡益の金額と通算することができる。（2023年5月 改題）　[　　]

3 2024年にNISA口座を開設できるのは、国内に住所を有する者のうち、2024年1月1日現在で20歳以上の者に限られる。（2023年5月 改題）　[　　]

4 NISA口座の開設先を現在開設している金融機関から別の金融機関に変更する場合、変更したい年分の前年の10月1日から変更したい年分の属する年の9月30日までに変更手続きを行う必要がある。（2023年5月 改題）　[　　]

NISA（少額投資非課税制度）

☐ NISA（Nippon Individual Savings Account、少額投資非課税制度）は、NISA口座（非課税口座）内で、毎年一定金額の範囲内で購入した金融商品から得られる利益が非課税になる制度である。2024年1月に新制度がスタートした。

NISA（新制度）の概要

	併用可	
	成長投資枠	積立投資枠
対象者	日本国内に住む18歳以上の者	
年間投資枠	360万円	
	240万円	120万円
非課税保有期間	無期限	
非課税保有限度額	1,800万円	
	内枠1,200万円	
投資対象商品	上場株式、投資信託等（整理・監理銘柄や毎月分配型の投資信託、一定の投資信託を除く）	長期の積立・分散投資に適した一定の投資信託
旧制度（2023年以前）との関係	2023年までに旧制度の一般NISA、つみたてNISAで投資した商品は、新制度とは別枠で非課税措置を適用する（ただし非課税期間終了後に現行制度にロールオーバーすることはできない）	

☐ 非課税保有限度額内で、枠の再利用が可能（口座内の資産を売却した場合、簿価が減った分は再投資が可能）

☐ NISA口座内の譲渡損失と、他の口座での譲渡益・配当金とは損益通算できない。またNISA口座の損失は翌年以降に繰り越すことはできない。

がんばった！

解説

1. 配当金の受取口座は「株式数比例配分方式」を選択する必要がある。（答：×）

2. NISA口座内の譲渡損失は、他の口座で生じた譲渡益と通算することはできない。（答：×）

3. NISA口座を開設できるのは、国内に住所を有する18歳以上の者である。（答：×）

4. 記載の通りで、金融機関は年1回変更可能。（答：〇）

ポートフォリオ運用の基本

金融の分野で最も理解が難しい項目とも言えるポートフォリオ理論だが、簡単に言えば「分散投資すればリスクが低減できる（卵を1つのかごに盛るな）」ことを学術的に明らかにした理論である。

 専門用語や計算式は難しく見えますが、試験対策として、基本的な考え方とポイントを押さえればOKです！

ポートフォリオ理論の基本

☐ 投資にはリスク（将来の運用結果が不確実であること）が伴うが、分散投資等を行うことでリスクを抑えることは可能である※。

　※ただし、リスクには分散投資によって軽減できるリスク（非システマティックリスク）の他、分散投資でも軽減できないリスク（システマティックリスク：マーケット全体の影響を受けるリスク）が存在する。

 リーマンショックのように、信用不安が連鎖しちゃうとマーケット全体に影響しちゃうんだね。

☐ 運用リスクを軽減し、より安定した高いリターンを獲得するために、どの資産（アセット）をどのような割合で投資するか決めることを、アセットアロケーション（資産配分）という。

☐ ポートフォリオとは、（金融用語では）アセットアロケーションにより構成された運用資産の組み合わせのことをいう。

 「ポートフォリオ」の元の意味は、紙ばさみ（作品や書類を挟むファイル）です。

☐ ポートフォリオ理論は、「資産運用において、価格変動リスクを抑えながら一定の収益（リターン）を得るためには、複数の資産に分散投資することが有効。「どの資産に投資するか」の意思決定は、組み入れ銘柄の個々のリスクや組み入れ比率、銘柄間の値動きの連動性（相関係数）により決まる」というものである。個別の投資銘柄の選択や売買タイミングより、アセットアロケーションの結果が運用成果を大きく左右するとされる。

つまり、ポートフォリオ運用は、ポートフォリオ理論に基づいた、分散投資の手法と言える。

ポートフォリオ決定の要素

☐ ポートフォリオ運用は、最大限リスクを減らしてリターンを追求するために、リターンやリスク、相関関係等、次の指標を基に決めていく。

投資収益率

☐ 投資収益率は、投資金額に対するリターン（投資による収益、インカム・ゲインとキャピタル・ゲインの合計）の割合をいう。ポートフォリオの基本指標となる。

$$投資収益率（\%）= \frac{投資収益}{投資金額} \times 100$$

＜例＞投資金額が10万円、投資収益が2,500円の場合
投資収益率＝2,500÷100,000×100＝2.5%

期待収益率

☐ 期待収益率は、特定の資産の運用結果として期待される平均的な収益率をいう。

☐ ポートフォリオの期待収益率は、将来実際に起こる確率（生起確率）を予想し、各資産の期待収益率をポートフォリオの組み入れ比率で加重平均したもので、ポートフォリオの収益性を見る目安となる。

$$ポートフォリオの期待収益率＝\left(\begin{array}{c}各資産の\\期待収益率\end{array}×組み入れ比率\right)の加重平均$$

☐ 例題
投資家Aさんの各資産のポートフォリオの構成比および期待収益率が右表の通りであった場合、Aさんのポートフォリオの期待収益率はいくらか。（2021年5月　改題）

資産	ポートフォリオの構成比	期待収益率
預金	60%	0.1%
債券	15%	1.0%
株式	25%	8.0%

解答
期待収益率＝60%×0.1%＋15%×1.0%＋25%×8.0%＝2.21%（答：2.21%）

息抜きも大事だよ！

ポートフォリオ運用の基本と実践

リスクと相関係数について押さえよう。

 実際にリスク相関係数の指標がどのように運用評価に使われるのか、試験対策とともに見ていきましょう。

分散と標準偏差

☐ ポートフォリオ運用における「リスク」（期待収益率のばらつき具合の大きさ）を計る尺度に、分散と標準偏差がある。

☐ 分散は、収益率のばらつきの大きさを表す。

> 分散＝（収益率－期待収益率)^2×生起確率

☐ 標準偏差は、期待される収益（リターン）のぶれの大きさを表す。標準偏差が大きいほど収益のブレ幅が大きい（＝リスクが大きい）。

> 標準偏差＝$\sqrt{分散}$

 計算式は覚える必要はありません。これらの計算式がどのように使われるのか、具体的な数字と共に確認できればOKです。

ポートフォリオの相関係数とリスク低減効果

☐ 相関係数は、ポートフォリオに組み入れる資産の値動きの関連性を表す指標。－1（逆の値動き）から＋1（同じ値動き）までの数値で表される。

☐ 相関係数が－1に近づくほどリスク低減効果は高くなる。

相関関係とリスクの関係

相関関係	－1	0	＋1
2つの資産の値動き	全く逆の値動き	相関関係なし（互いにバラバラ）	全く同じ値動き
リスク低減効果	最大	低い	なし

シャープレシオ（**Sharpe Ratio:** シャープの測度）

☐ シャープレシオは、ポートフォリオの運用効率（パフォーマンス）を評価する指標である。ポートフォリオの収益率が、リスクゼロの資産（無リスク資産：預貯金等）から得る収益率をどのくらい上回ったか（＝超

過しているか）、を比較する。

☐ シャープレシオは、数値が大きいほど効率的な運用（低リスクで高リターンを上げた）と評価できる。

$$シャープレシオ = \frac{ポートフォリオの収益率 - 無リスク資産利子率（預金金利）^※}{標準偏差}$$

※ポートフォリオの収益率－無リスク資産利子率（預金金利）＝超過収益率という

☐ 例題

下記資料に基づくファンドAとファンドBの過去5年間の運用パフォーマンスの比較評価に関する次の記述の空欄（ア）、（イ）にあてはまる語句の組み合わせとして、最も適切なものはどれか。（2023年1月）

☐ 資料（ファンドAとファンドBの過去5年間の運用パフォーマンスに関する情報）

ファンド名	実績収益率の平均値	実績収益率の標準偏差
ファンドA	3.2%	1.0%
ファンドB	12.0%	5.0%

ファンドの運用パフォーマンスに係る評価指標の1つとして、シャープレシオがある。

無リスク金利を全期間にわたり1.0%とし、＜資料＞の数値により、ファンドAのシャープレシオの値を算出すると（　ア　）となる。同様にファンドBのシャープレシオの値を算出したうえで、両ファンドの運用パフォーマンスを比較する場合、シャープレシオの比較においては、過去5年間は（　イ　）であったと判断される。

1.（ア）2.2　（イ）ファンドAとファンドBの運用効率は同等
2.（ア）2.2　（イ）ファンドAの方が効率的な運用
3.（ア）3.2　（イ）ファンドAとファンドBの運用効率は同等
4.（ア）3.2　（イ）ファンドAの方が効率的な運用

　　解答

シャープレシオ＝（ポートフォリオの収益率－無リスク金利）÷標準偏差

（ア）ファンドAのシャープレシオ＝（3.2%－1.0%）÷1.0%＝2.2

（イ）ファンドBのシャープレシオ＝（12.0%－1.0%）÷5.0%＝2.2

ファンドA、ファンドBのシャープレシオはともに2.2であり、運用効率は同等であったと判断できる。（ア）、（イ）を満たすのは（答：1）

明日もファイトー！

新NISAで、
引き出しながら殖やせる時代に

2024年から始まった新NISA制度には、新たに加わった特徴として「非課税保有限度額の簿価残高方式による管理」があります。

新NISAの枠組みで購入・運用できる金額は、1人あたり1800万円と決まっていますが、新NISAの枠組みで購入した商品を途中で売却した場合は、売却により残高が減った分、新たに投資することが可能となりました。これを「枠の再利用をする」と言います。

枠が再利用できるようになるのは、売却した年の翌年です。また、再利用できる金額は、簿価（当初購入した時の金額分）となります。

この制度ができたことにより、コツコツと増やした資産を教育資金や住宅資金等に使いながら、資産形成を続けていくことが可能になりました。

ライフプランに合わせ、必要なタイミングでお金を使いながら、同時に資産も殖やし続ける。工夫次第で資産寿命を長くすることも可能な時代です。

Chapter 4

タックス
プランニング

Chapter 4 では、所得税を中心に学ぶ。損益通算と繰越控除については内容がより具体的で詳しくなる。また、法人税・消費税と法人の決算書の見方は 2 級で初めて学ぶ項目。

所得税は、3 級で基本知識を修得できている場合は、例題を解くなどして問題演習でどのように取り組むか学ぼう。

法人の税務と所得税の損益通算、決算分析等、2 級で初めて学ぶ項目は試験に頻出。しっかり取り組もう。

| アクセスキー | u（小文字のユー） |

バタ子さん、給与明細書を確認する

バタ子さん、何やら難しい顔をして、書類をのぞき込んでいます……。

バタ子ちゃん、難しい顔して、どうしたの？

あ、マサエさん。こんにちは。今月、給与明細書と一緒に住民税決定通知書をもらったので、ちょっと眺めていたところなんです。

何か、気になるところがあった？

税金だけじゃない、色々なお金が給与明細書から引かれるってことは3級でも勉強しましたけど、何がそんなに引かれているのか、改めて気になりました。

バタ子ちゃん、良いところに気づいたね！ 給与明細書は、大切な情報が満載の重要書類よ。

えっと、まず押さえておくポイントって何ですか？

まず、給与明細書の上の部分、「勤怠」と「支給」のところは、お給料支払いの対象となった期間の出欠勤の状況などが載っているわ。各項目の日数とか時間は確認したいところね。

ふむふむ。バタ美の具合が悪くなって、早退した時の状況も反映されているか、確認しなきゃ。

それから、大切なのが次の「控除」ね。社会保険料がずらずらっと出てくるところよ。今はバタ子ちゃんの介護保険料の欄は空欄だけれど、40歳になると、介護保険料も天引きされるようになるの。

40歳になると、介護保険料も払うんだ……ますます手元に残るお金が減るんですね。

所得税は、給与から課税所得を計算するまでに、経費や所得控除を差し引くことができることは、覚えているかな？

はい！ 結構色々な控除があった気がします。

そうよね。自分が控除の対象になるかどうかをキチンと確認して、適用できる控除をちゃんと適用すること。賢く節税するコツよ。

iDeCoは、掛金全額が所得控除の対象になるって勉強したでしょ。ここでも「控除」がポイントなのよ。

そうか。色々なルールを、自分の場合は？ とうまく使っていくことも大切なんですね。応用できるように勉強します！

所得税の基本

国税や地方税、直接税や間接税の違い、課税される所得や非課税
となる所得とはどのようなものかを学習しよう。

国税と地方税

- [ ] どこが課税するかの違いによって、国税と地方税に分けられる。国税は
国に納付、地方税は地方公共団体（都道府県や市区町村）に納付する。
※税金を課す者を課税主体という。

直接税と間接税

- [ ] 直接税とは、税金を負担する者が、直接自分で納付する税金。
- [ ] 間接税とは、税金を負担する者と、納付する者が異なる税金。
※税金を納付する者を納税者、実際に税金を負担する者を担税者という。

国税と地方税、直接税と間接税の区分

	直接税	間接税
国税	所得税・相続税・贈与税 登録免許税など	消費税・酒税・印紙税など
地方税	住民税・都市計画税・固定資産税・不動産取得税など	地方消費税など

消費税や酒税まで意識したことがなかったけれど、価格に含まれて
いるんだね！

申告納税方式と賦課課税方式

- [ ] 納税者が自分で税額を計算して申告する申告納税方式。課税する国や
地方公共団体が税額を計算して、納税者に通知する賦課課税方式。

〇×問題にチャレンジ

1 相続税は直接税に該当し、消費税は間接税に該当する。 [　]

2 固定資産税は国税に該当し、登録免許税は地方税に該当する。
(2023年5月 改題) [　]

課税方式

申告納税方式	所得税・相続税・法人税など
賦課課税方式	個人住民税・固定資産税など

納税義務者

☐ 納税義務者は居住者と非居住者に分けられ、課税される所得が異なる。

納税義務者		課税される所得
居住者 （国内に住所がある、または国内に1年以上住まいがある個人）	非永住者以外	国内・国外で得た全ての所得
	非永住者（日本国籍がなく、過去10年間のうち半分以下しか日本に住んでいない個人）	国内で得た所得 国外の所得で国内に支払われた、または国外から送金されたもの （国外で得て、国外で支払われた所得は課税されない）
非居住者 （居住者以外）		国内で得た所得のみ （国外で得た所得は課税されない）

所得税が非課税となるもの

☐ 所得税を課すことが、適当でないとされる所得には課税されない。

- 障害者や遺族が受け取る公的年金（障害年金、遺族年金など）。
- 雇用保険や健康保険の給付金（基本手当や傷病手当金など）。
- 会社員の通勤手当（月額15万円まで）。
- 生活用動産（30万円以下のもの）の譲渡による所得。
- 宝くじの当せん金。

非課税所得はよく出題されるので覚えてね。

明日もファイトー！

解説

1. 本文の通り。（答：○）
2. 固定資産税は地方税、登録免許税は国税に該当する。記載が逆。（答：×）

2

所得税の計算方法

所得税の計算方法や計算の流れについて理解しよう。

所得税の課税方法

☐ 所得税は原則、**総合課税**。一部所得は**分離課税**。

課税方法		内容	対象となる所得
総合課税		原則として、全ての所得を合算した総所得金額に課税する	給与所得など
分離課税	申告分離課税	他の所得と分離して、所得を計算して課税する	株式の譲渡所得退職所得など
	源泉分離課税	所得を得た時点で一定税率が差し引かれて課税関係が完結する	預貯金の利子所得など

※利子所得は税法上の区分では総合課税

☐ **超過累進課税制度**：年間の所得が多くなるほど税率が高くなる。

☐ 個人が1年間（1月1日～12月31日）に得た所得金額に課税される税金。

☐ 所得金額＝総収入金額－必要経費

所得税の速算表

課税所得金額	税率	控除額
195万円未満	5%	0円
195万円以上330万円未満	10%	97,500円
330万円以上695万円未満	20%	427,500円
695万円以上900万円未満	23%	636,000円
900万円以上1,800万円未満	33%	1,536,000円
1,800万円以上4,000万円未満	40%	2,796,000円
4,000万円以上	45%	4,796,000円

ここでは、ざっくりと流れを押さえればOKです！

○×問題にチャレンジ

1 所得税額の計算において課税総所得金額に乗じる税率は、課税総所得金額が大きくなるにつれて段階的に税率が高くなる超過累進税率が採用されている。（2023年9月 改題）　　　[　　]

所得税の計算の流れ

1. 各種所得金額を算出

所得を次の10種類に分け、それぞれの所得金額を算出する。
（総合課税：利子所得・配当所得・不動産所得・事業所得・給与所得・譲渡所得・一時所得・雑所得　分離課税：山林所得・退職所得）

2. 総所得金額を算出

各所得を合計し、課税標準を計算する（損益を通算し、損失の繰越控除を行う）。

> 課税標準とは、税金を計算する際の基準となるもので、総所得金額のことです。

3. 課税総所得金額を算出

課税標準から所得控除（以下）を差し引き、課税所得金額を出す。
（基礎控除・配偶者控除・配偶者特別控除・扶養控除・障害者控除・寡婦控除・ひとり親控除・勤労学生控除・社会保険料控除・生命保険料控除・地震保険料控除・小規模企業共済等掛金控除・医療費控除・雑損控除・寄附金控除）

4. 所得税額を算出

課税所得金額に税率を掛けて所得税額を計算し、所得税から税額控除を差し引いて申告納税額を計算する。

5. 申告納税額を算出

源泉徴収分の金額を差し引き、申告する納税額を算出する。

解説

1. 本文の通り。（答：○）

所得税の計算手順

どこを学んでいるか、わからなくなったらこの図で確認しよう。

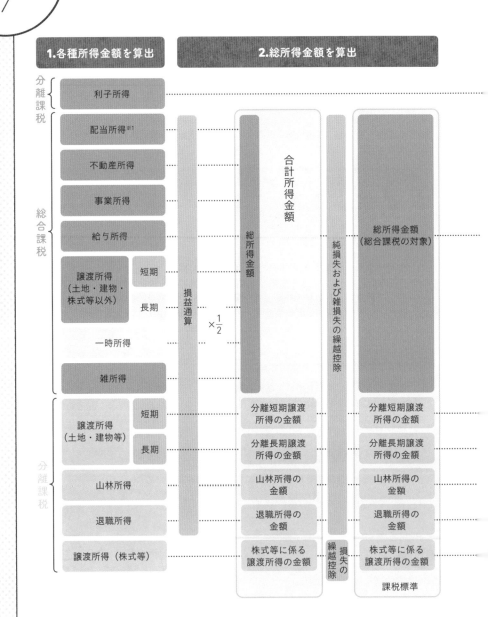

1.各種所得金額を算出　**2.総所得金額を算出**

分離課税
- 利子所得

総合課税
- 配当所得※1
- 不動産所得
- 事業所得
- 給与所得
- 譲渡所得（土地・建物・株式等以外）　短期／長期
- 一時所得
- 雑所得

分離課税
- 譲渡所得（土地・建物等）　短期／長期
- 山林所得
- 退職所得
- 譲渡所得（株式等）

損益通算　×½

合計所得金額

総所得金額

分離短期譲渡所得の金額

分離長期譲渡所得の金額

山林所得の金額

退職所得の金額

株式等に係る譲渡所得の金額

純損失および雑損失の繰越控除

損失の繰越控除

総所得金額（総合課税の対象）

分離短期譲渡所得の金額

分離長期譲渡所得の金額

山林所得の金額

退職所得の金額

株式等に係る譲渡所得の金額

課税標準

※1 上場株式等の配当所得については申告分離課税か確定申告不要制度を選択できる

3.課税総所得金額を算出

4.所得税額を算出

5.申告納税額を算出

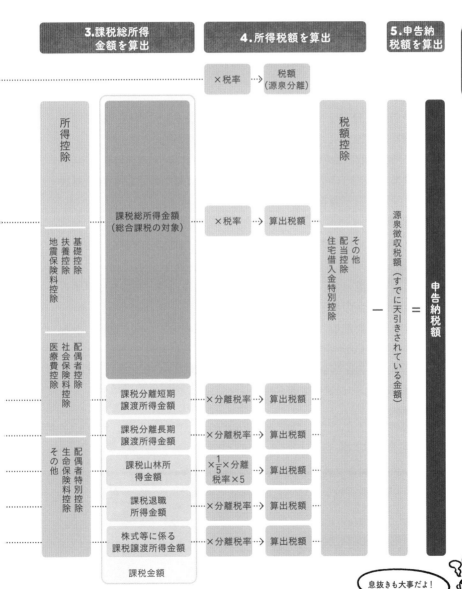

×税率 → 税額（源泉分離）

所得控除

課税総所得金額（総合課税の対象） ×税率 → 算出税額

基礎控除
扶養控除
地震保険料控除

配偶者控除
社会保険料控除
医療費控除

配偶者特別控除
生命保険料控除
その他

課税分離短期譲渡所得金額 ×分離税率 → 算出税額

課税分離長期譲渡所得金額 ×分離税率 → 算出税額

課税山林所得金額 ×$\frac{1}{5}$×分離税率×5 → 算出税額

課税退職所得金額 ×分離税率 → 算出税額

株式等に係る課税譲渡所得金額 ×分離税率 → 算出税額

課税金額

税額控除

住宅借入金特別控除
配当控除
その他

源泉徴収税額（すでに天引きされている金額）

申告納税額

息抜きも大事だよ！

253

利子所得と配当所得、不動産所得

ここからは所得の種類や内容の違いを理解しよう。

 利子所得と配当所得は金融と合わせて確認することが大切。不動産所得は頻出するため、しっかりと学習しましょう。

利子所得

☐ 利子所得（預貯金や一般公社債等の利子など）は原則、20.315％（所得税15.315％、住民税5％）の源泉分離課税。

☐ 利子所得＝収入金額（利子所得の金額は源泉徴収される前の収入金額）

☐ 外国債券の利子等は総合課税、特定公社債等の利子は申告分離課税、又は申告不要を選択する。

配当所得

☐ 配当所得は、株式の配当金や株式投資信託の収益分配金などによる所得。

☐ 配当所得＝配当収入－元本取得のための負債利子（株式を取得するための借入金の利子）。

☐ 確定申告不要制度や申告分離課税、総合課税の中から、選択できる（Chapter3 Lesson32参照）。

☐ 上場株式等の配当金は20.315％、上場株式等以外の配当金は20.42％（住民税なし）が源泉徴収される。

Check!

配当所得のポイント

☐ 総合課税を選択すると、配当控除の適用を受けることができる
☐ 申告分離課税を選択すると、配当所得との損益通算が可能となる

○×問題にチャレンジ

1 不動産の貸付けを事業的規模で行ったことにより生じた賃料収入に係る所得は、不動産所得となる。（2023年9月 改題）　[　　]

- ☐ 申告不要制度を選択すると、20.315％の税金が差し引かれ、課税関係は終了
- ☐ 非上場株式の配当金は、原則総合課税の対象。1銘柄につき1回の配当金が10万円以下の少額配当の場合、確定申告は不要

不動産所得

- ☐ 不動産所得は、不動産の貸付による所得をいい、マンションなどの家賃収入や月極駐車場や土地の賃貸料がある（コインパーキングなどの時間貸駐車場は事業所得か雑所得となる）。
- ☐ 原則、総合課税。
- ☐ 不動産の売却による収入は譲渡所得、不動産の売買取引の仲介による所得は事業所得となる。

> 事業的規模であっても、不動産の貸付は不動産所得ですよ！

※事業的規模：貸家なら5棟以上、アパート等の部屋なら10室以上。

不動産所得の計算

- ☐ 不動産所得＝総収入金額－必要経費（－青色申告特別控除額）

総収入金額の例	必要経費の例
・家賃、地代、駐車場の賃料、礼金、更新料 ・入居者に返還を要しない敷金や保証金	・借入金利子、固定資産税、都市計画税、不動産取得税、減価償却費、修繕費、火災保険料など ・不動産を取得するための借入金の利子は必要経費になるが、借入金元本返済額は必要経費にならない ・所得税や住民税は必要経費にならない

※青色申告特別控除：Lesson22参照

不動産所得の損益通算

- ☐ 不動産所得に損失がある場合、他の所得と合算して損益通算できる。ただし、土地を取得するための負債利子（借入金の利子）が不動産所得の損失の中に含まれている場合、その負債利子は損益通算できない。

明日もファイトー！

解説

1. 不動産の貸付けによる所得であれば、事業的規模であっても事業所得ではなく、不動産所得になる。（答：○）

255

5

事業所得 と 給与所得

間違えやすい事業所得のポイントを確認。身近な給与所得は計算できるようにしよう。

事業所得

☐ 事業所得とは、農業や製造業、小売業・サービス業など継続的に行う事業から生じる所得。

☐ 総合課税。

☐ 事業所得＝総収入金額－必要経費（－青色申告特別控除額）

総収入金額の範囲	必要経費の範囲
• 事業により確定した売上や手数料収入など • 実際の現金収入額ではなく、その年に確定した金額（未収金額を含む）	• 収入金額に対する売上原価（商品の仕入時や製品の製造時の費用、選定した評価方法により計算） • 減価償却費、給料、家賃、水道光熱費など ※個人事業主を被保険者とする生命保険などの保険料、自宅の火災保険の保険料などは必要経費にならない

☐ 売上原価＝年初棚卸高＋当年仕入高－年末棚卸高

☐ 商品の評価方法：先入先出法、総平均法、移動平均法、最終仕入原価法等

☐ 減価償却：建物や車両等の固定資産は使用すると価値が減少する。その価値の減少分を見積り、費用計上することを減価償却という。定額法や定率法で計算する（Lesson26参照）。

給与所得

☐ 給料や賃金、賞与などの所得、他にも金銭以外のものを受け取った場合に、給与所得となる。

☐ 総合課税。

○×問題にチャレンジ

1 事業所得の金額は、原則として、その年中の「事業所得に係る総収入金額－必要経費」の算式により計算される。（2023年1月 改題）　［　　］

給与所得の計算

☐ 給与所得＝給与収入金額－給与所得控除（最低55万円）

• 給与所得控除額の速算表

給与等の収入金額	給与所得控除額
162万5千円以下	55万円
162万5千円超～180万円以下	収入金額×40%－10万円
180万円超～360万円以下	収入金額×30%＋8万円
360万円～660万円以下	収入金額×20%＋44万円
660万円～850万円以下	収入金額×10%＋110万円
850万円以上	195万円（上限）

☐ 給与所得者でも確定申告が必要な場合がある（Chapter4 Lesson21参照）。

通勤手当や出張旅費は非課税です。

リボンを
チェック！

所得金額調整控除

☐ 所得金額調整控除額＝（給与等の収入金額※最高1,000万円－850万円）× 10%

☐ 次の要件に該当する場合、給与所得から一定額を所得金額調整控除額として控除することができる。

その年の給与収入が850万円を超える	かつ	• 本人が特別障害者 • 23歳未満の扶養親族がいる • 特別障害者の同一生計配偶者や扶養親族がいる

特定支出控除

☐ 下記の特定支出金額が、給与所得控除額の2分の1を超える場合、その超える金額を給与所得から控除することができる。

特定支出になるもの	通勤費や転勤のための転居費用、職務上の研修費用、資格取得費、通常必要な出張旅費、職務上の旅費、単身赴任時の帰宅旅費など

がんばった！

解説

1. 本文の通り。（答：○）

本番問題に チャレンジ

過去問題を解いて、理解を確かなものにしよう。

○ **問1** FPの吉田さんは、個人に対する所得税の仕組みについて耕治さんから質問を受けた。吉田さんが下記<イメージ図>を使用して行った所得税に関する次の（ア）～（エ）の説明のうち、適切なものには○、不適切なものには×を解答欄に記入しなさい。（2024年1月FP協会 資産）

<イメージ図>

$$ 収入または経済的利益 - 必要経費 = 所得金額 - 所得控除 = 課税所得 \times 税率 - 税額控除 = 税額 $$

（出所：財務省「所得税の基本的な仕組み」を基に作成）

（ア）「耕治さんが収入保障保険の保険料を支払ったことにより受けられる生命保険料控除は、所得控除として、一定金額を所得金額から差し引くことができます。」 [   ]

（イ）「耕治さんが琴美さんの医療費を支払ったことにより受けられる医療費控除は、所得控除として、一定金額を所得金額から差し引くことができます。」 [   ]

（ウ）「耕治さんがふるさと納税をしたことにより受けられる寄附金控除は、税額控除として、一定金額を所得税額から差し引くことができます。」 [   ]

（エ）「耕治さんが振り込め詐欺による被害にあったことにより受けられる雑損控除は、所得控除として、一定金額を所得金額から差し引くことができます。」 [   ]

○ **問2** 次の記述について、正誤（○×）を答えなさい。

1. 所得税では、原則として、納税者本人の申告により納付すべき税額が確定し、この確定した税額を納付する申告納税制度が採用

されている。（2023年9月） ［　　］

2. 所得税の納税義務を負うのは居住者のみであり、非居住者が所得税の納税義務を負うことはない。（2023年9月） ［　　］

3. 所得税では、課税対象となる所得を8種類に区分し、それぞれの所得の種類ごとに定められた計算方法により所得の金額を計算する。（2023年5月） ［　　］

4. 会社の役員が役員退職金を受け取ったことによる所得は、給与所得となる。（2023年9月） ［　　］

5. 利子所得の金額は、「利子等の収入金額－元本を取得するために要した負債の利子の額」の算式により計算される。（2023年5月） ［　　］

6. 不動産所得の金額は、原則として、「不動産所得に係る総収入金額－必要経費」の算式により計算される。（2023年5月） ［　　］

7. 給与所得の金額は、原則として、その年中の「給与等の収入金額－給与所得控除額」の算式により計算される。（2023年1月） ［　　］

解説1

（ア）生命保険料控除は所得控除として、一定金額を所得金額から差し引くことができる。（答：○）

（イ）医療費控除は所得控除として、一定金額を所得金額から差し引くことができる。（答：○）

（ウ）ふるさと納税をしたことにより受けられる寄附金控除は、所得控除として、一定金額を所得税額から差し引くことができる。（答：×）

（エ）詐欺は雑損控除の対象にならない。災害、盗難、横領により、納税者本人や生計を一にする親族が損害を受けた場合、所得控除を受けることができる。（答：×）

解説2

1. 本文の通り。（答：○）

2. 非居住者も納税義務を負う。（答：×）

3. 課税対象となる所得は10種類。（答：×）

4. 役員退職金は給与所得ではない。（答：×）

5. 利子所得の金額は、源泉徴収される前の収入金額となる。（答：×）

6. 本文の通り。（答：○）

7. 本文の通り。（答：○）

息抜きも大事だよ！

譲渡所得 と 一時所得

譲渡所得や一時所得について学習する。

譲渡所得

☐ 不動産や株式、ゴルフ会員権、金地金、30万円を超える宝石など資産の譲渡による所得。ただし、棚卸資産（商品や製品など）の譲渡による所得は事業所得となる。

譲渡所得の金額

☐ 総合課税となる場合（ゴルフ会員権や金地金等の譲渡）

☐ 長期譲渡所得は、所得金額の $\frac{1}{2}$ を総所得金額に算入する。

| 所有期間が 5年以下 | 短期譲渡所得 | 他の所得と合算する超過累進税率（5%〜45%） | 総収入金額−（取得費＋譲渡費用）−特別控除額（50万円）※短期と長期を合計して最高50万円※短期譲渡所得と長期譲渡所得の両方がある場合、特別控除の50万円はまず短期から控除、残りは長期から控除する |
| 所有期間が 5年超 | 長期譲渡所得 $\times \frac{1}{2}$ | | |

☐ 申告分離課税となる場合（土地・建物等の譲渡）

| 譲渡した年の1月1日において、保有期間が5年以下 | 短期譲渡所得 | 税率は39.63%（所得税30%復興特別所得税0.63%住民税9%） | 総収入金額−（取得費＋譲渡費用）−特別控除額（譲渡したものにより控除額は異なる） |
| 譲渡した年の1月1日において、保有期間が5年超 | 長期譲渡所得 | 税率は20.315%（所得税15%復興特別所得税0.315%住民税5%） | ① ② ③ ④ ⑤ 取得 ────────────── 譲渡 1月1日 1月1日 1月1日 1月1日 1月1日 1月1日 |

長期譲渡所得は、1月1日を起点とした山が5つあるか確認しましょう！

過去問題にチャレンジ

次のうち、所得税の計算において申告分離課税の対象となるものはどれか。（2019年9月）

1. 不動産の貸付けにより賃貸人が受け取った家賃に係る所得
2. 金地金を譲渡したことによる所得
3. 自宅を譲渡したことによる所得
4. ゴルフ会員権を譲渡したことによる所得

[　]

申告分離課税となる場合（株式等の譲渡）

短期と長期の区別はない	税率は20.315% （所得税15% 復興特別所得税0.315% 住民税5%）	総収入金額－〔取得費＋譲渡費用（委託手数料）＋負債利子〕 ※特別控除はない

取得費と譲渡費用

取得費	取得費＝購入した価格＋資産を取得するためにかかった費用 （購入時の仲介手数料、登録免許税など） ※取得費が不明な場合や収入金額の5%より少ない場合は、収入金額の5%を取得費とすることができる（概算取得費という）
譲渡費用	譲渡費用＝資産を譲渡するためにかかった費用 （譲渡時の仲介手数料や印紙税、取り壊し費用など）

短期か長期のどちらになるか、また税率、概算取得費、何が費用となるか、などが問われますよ。

一時所得

営利目的の継続的な行為から生じる所得以外の所得のうち、一時的なもの。

一時所得の例	☐ 契約者本人が受け取る満期保険金・解約返戻金 （医療給付金や火災保険の保険金などや宝くじの当選金は非課税） ☐ 懸賞金やクイズの賞金 ☐ 競馬・競輪などの払戻金 ☐ 貸主からの立退料等

一時所得の税制

- 総合課税。
- 一時所得金額が黒字の場合、一時所得金額の $\frac{1}{2}$ の金額を他の所得と合算する。赤字の場合はなかったものとして、他の所得と合算できない。

一時所得の計算

- 一時所得＝総収入金額－収入を得るために支出した金額－特別控除額（最高50万円）

明日もファイトー！

解説

1. 対象とならない。不動産所得に該当し、総合課税。
2. 対象とならない。土地・建物・株式等以外の譲渡所得は総合課税。
3. 対象となる。
4. 対象とならない。金地金の譲渡と同様に総合課税。（答：3）

退職所得 と 山林所得

退職所得は頻出問題です。必ず計算問題ができるようにしよう。

退職所得

☐ 退職所得とは、退職金、退職手当、企業年金の退職一時金等をいう。

☐ 分離課税。

退職所得の計算

☐ 退職所得＝（収入金額－退職所得控除額）× $\frac{1}{2}$

勤続年数	退職所得控除額
20年以下	40万円×勤続年数（最低80万円）
20年超	800万円＋70万円×（勤続年数－20年）

※勤続年数で1年未満の端数がある場合、1年に切り上げる
※障害者になったことが原因で退職した場合、退職所得控除額は100万円を加算する

退職金の計算問題は実技試験を中心として、頻出問題です。勤続年数に端数がある場合の計算方法は、きちんと計算できるようにね！

特定役員退職手当等の退職所得

☐ 役員等としての勤続年数が5年以下の者が、退職金の支払いを受けた場合。

☐ 退職所得＝（収入金額－退職所得控除額）※計算式に× $\frac{1}{2}$ の適用はない

特定役員退職手当等や短期退職手当等の計算でも、勤続年数で1年未満の端数がある場合、その端数を1年に切り上げるんだね。

短期退職手当等の退職所得

☐ 一般従業員（役員等以外）としての勤続年数が5年以下の一般従業員（役員等以外）が300万円を超える退職金の支払い受けた場合、300万円を超える部分には計算式の2分の1の適用はない。

☐ 退職所得＝150万円＋｛収入金額－（300万円＋退職所得控除額）｝
　　　　　（300万円× $\frac{1}{2}$ ）　　　　　（300万円を超える部分）

○×問題にチャレンジ

1　退職一時金を受け取った退職者が、「退職所得の受給に関する申告書」を提出している場合、所得税および復興特別所得税として、退職一時金の支給額の20.42％が源泉徴収される。（2022年1月 改題）　　［　　］

退職所得の受給に関する申告書

	確定申告	住民税
提出している	退職金等の支払いのときに適正な税額が源泉徴収されるため、確定申告の必要はない	住民税も特別徴収される
提出していない	退職所得控除が適用されず、一律20.42%（所得税20%、復興特別所得税0.42%）が源泉徴収される。確定申告をすることで税額の還付を受けることができる	住民税は申告書を提出している場合と同額が特別徴収される

リボンを
チェック！

「退職所得の受給に関する申告書」は退職金を受け取る前に、勤務先などに提出する書類です。提出しなかった場合、退職所得控除が適用されないため、本来の税額よりも多い税金を納めなければならない可能性があります。

死亡退職金

◯ 死亡退職金は退職所得ではなく、みなし相続財産として相続税の課税対象。死亡して3年経過後に支給が確定した場合、受け取った者の一時所得となる。

山林所得

◯ 山林の伐採や譲渡による所得。ただし、山林を取得してから5年以内に譲渡した場合は、山林所得ではなく事業所得か雑所得になる。また、山林を土地付で譲渡する場合の土地の部分は、譲渡所得となる。

◯ 分離課税。

◯ 山林所得＝総収入金額－必要経費－特別控除額（最高50万円）

山林所得の税額

◯ 山林所得の税額は、5分5乗方式で計算する。

◯ 税額＝ $\left(山林所得の金額 \times \dfrac{1}{5} \times 税率\right) \times 5$

「5」分の1にして「5」を掛けるから、5分5乗方式というのね。

がんばった！

解説

1.「退職所得の受給に関する申告書」を提出していない場合に、退職所得控除が適用されず、一律20.42%が源泉徴収される。「退職所得の受給に関する申告書」を提出している場合ではない。（答：×）

雑所得

雑所得の概要について理解しよう。

雑所得

☐ 他の9種類のいずれの所得にも該当しない所得。

☐ 雑所得の例

公的年金等の雑所得	☐ 国民年金、厚生年金、国民年金基金、厚生年金基金、確定拠出年金などの老齢給付金
公的年金等以外の雑所得	☐ 講演料、作家以外の者が受け取る原稿料や印税 ☐ 生命保険などの個人年金保険 ☐ 暗号資産（仮想通貨）の取引による所得

雑所得の税制と計算

☐ 原則として、総合課税。

☐ 公的年金等の雑所得と公的年金等以外の雑所得に分けて計算し、合計する。

雑所得	=	公的年金等の雑所得 ＝公的年金等の金額－公的年金等控除額	+	公的年金等以外の雑所得 ＝総収入金額－必要経費

○×問題にチャレンジ

1 一時所得の金額は、「一時所得に係る総収入金額－その収入を得るために支出した金額－特別控除額」の算式により計算される。（2023年5月 改題） [　　]

2 会社員が勤務先から無利息で金銭を借り入れたことにより生じた経済的利益は、雑所得となる。（2023年9月 改題） [　　]

3 借家人が賃貸借の目的とされている居宅の立退きに際して受け取る立退き料（借家権の消滅の対価の額に相当する部分の金額を除く）は、原則として一時所得に該当する。（2022年9月 改題） [　　]

公的年金等控除額

（公的年金等の雑所得以外の所得が**1,000万円以下**の者）

☐ 公的年金等控除額は、受給者の年齢や公的年金以外の所得に応じて異なる。

公的年金等に係る雑所得の速算表

公的年金等に係る雑所得以外の合計所得金額が1,000万円以下		
年金を受け取る人の年齢	公的年金等の収入金額の合計額	公的年金等に係る雑所得の金額
65歳未満	60万円以下	0円
	60万円超 130万円未満	収入金額の合計額 － 60万円
	130万円以上 410万円未満	収入金額の合計額 × 0.75 － 27万5千円
	410万円以上 770万円未満	収入金額の合計額 × 0.85 － 68万5千円
	770万円以上 1,000万円未満	収入金額の合計額 × 0.95 － 145万5千円
	1,000万円以上	収入金額の合計額 － 195万5千円
65歳以上	110万円以下	0円
	110万円超 330万円未満	収入金額の合計額 － 110万円
	330万円以上 410万円未満	収入金額の合計額 × 0.75 － 27万5千円
	410万円以上 770万円未満	収入金額の合計額 × 0.85 － 68万5千円
	770万円以上 1,000万円未満	収入金額の合計額 × 0.95 － 145万5千円
	1,000万円以上	収入金額の合計額 － 195万5千円

息抜きも大事だよ！

解説

1. 本文の通り。$\frac{1}{2}$を掛けるのは、総所得金額に算入する金額を求める段階。（答：○）

2. 無利息で会社員が借り入れた場合、会社員は経済的利益を得たとみなされる。この場合は原則、利息相当額が給与所得として課税される。（答：×）

3. 借家人が受け取った立退き料は一時所得となる。（答：○）

損益通算

損益通算の対象になる所得とならない所得を理解しよう。

損益通算の仕組み

☐ 損益通算とは、複数の所得の中で利益（黒字）と損失（赤字）がある場合、利益と損失を相殺することをいう。

損益通算できる所得

☐ 不動産所得・事業所得・山林所得・譲渡所得。

☐ 上記取得に損失がある場合、給与所得や一時所得などの利益と損益通算できる。

> 損益通算は、「ふ（不）・じ（事）・さん（山）・じょう（譲）（富士山上）」と覚えましょう！損失が生じないなど、他の所得は対象になりません。

損益通算できないもの

☐ 配当所得・給与所得・一時所得・雑所得で生じた損失。
　※利子所得・退職所得に損失は生じない。

不動産所得の例外	• 土地の取得のための負債利子（建物の取得のための負債利子は損益通算可能）
譲渡所得の例外	• 生活に必要でない資産（ゴルフ会員権や別荘など）の譲渡損失 • 自己の居住用財産以外の土地、建物の譲渡による損失 • 生活用動産（衣類など）の譲渡損失 • 株式等の譲渡損失 　（ただし申告分離課税を選択した上場株式等の配当所得との損益通算は可能）

間違えやすいポイント

☐ 事業所得に損失がある場合、他の所得と損益通算できる。青色申告の承認は要件ではない。

☐ 自宅などの居住用財産の譲渡損失は、給与所得などと損益通算できる。

損益通算の順序

- ◯ 所得を3つのグループに分けて、グループごとに黒字と赤字を通算する。

第1次通算

- ◯ 経常所得グループ内と一時的な所得グループ内で損益通算する。

　　※総合長期譲渡所得と一時所得は、損益通算後に $\frac{1}{2}$ にする。

第2次通算

- ◯ 経常所得グループと一時的な所得グループで損益通算する。

　　※経常所得グループが赤字の場合、先に譲渡所得、次に一時所得から差し引く。

第3次通算

- ◯ 第2次通算後にまだ残っている損失がある場合、まずは山林所得、次に退職所得から差し引く。山林所得に損失があれば、経常所得グループ、譲渡所得、一時所得、退職所得の順に差し引く。

リボンを
チェック！

損益通算の流れ

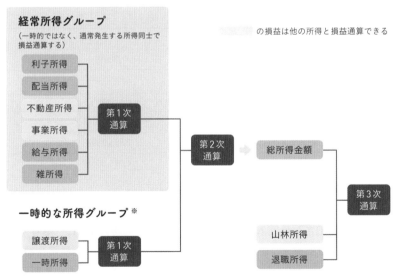

経常所得グループ
（一時的ではなく、通常発生する所得同士で損益通算する）

　　　　　　　　の損益は他の所得と損益通算できる

- 利子所得
- 配当所得
- 不動産所得 ── 第1次通算
- 事業所得
- 給与所得
- 雑所得

一時的な所得グループ ※

- 譲渡所得 ── 第1次通算
- 一時所得

第2次通算 ➡ 総所得金額

第3次通算

山林所得

退職所得

※総合長期譲渡所得と一時所得は損益通算後に $\times\frac{1}{2}$ をする

明日もファイトー！

267

本番問題に チャレンジ

過去問題を解いて、理解を確かなものにしよう。

⬜ **問1** 裕子さんは、勤務先の早期退職優遇制度を利用して2024年9月末に退職を予定している。裕子さんの退職に係るデータが下記<資料>のとおりである場合、裕子さんの退職一時金に係る所得税額を計算しなさい。なお、裕子さんは「退職所得の受給に関する申告書」を適正に提出し、勤務先の役員であったことはなく、退職は障害者になったことに基因するものではないものとする。また、解答に当たっては、単位を円とし、所得控除および復興特別所得税については考慮しないこととする。(2023年5月FP協会 資産 改題)

<資料>

支給される退職一時金	2,500万円
勤続期間	21年4ヵ月

課税される所得金額	税率	控除額
1,000円 から 1,949,000円 まで	5%	0円
1,950,000円 から 3,299,000円 まで	10%	97,500円
3,300,000円 から 6,949,000円 まで	20%	427,500円
6,950,000円 から 8,999,000円 まで	23%	636,000円
9,000,000円 から 17,999,000円 まで	33%	1,536,000円
18,000,000円 から 39,999,000円 まで	40%	2,796,000円
40,000,000円 以上	45%	4,796,000円

[　　]

⬜ **問2** 会社員の増田さんの2024年分の所得等が次<資料>のとおりである場合、増田さんが2024年分の所得税の確定申告を行う際に、給与所得と損益通算できる損失はいくらになるか。なお、▲が付された所得金額は、その所得に損失が発生していることを意味するものとする。また、記載のない事項については一切考慮しないものとし、解答に当たっては、単位を円とする。(2023年9月FP協会 資産 改題)

<資料>

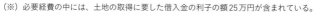

所得の種類	所得金額	備考
給与所得	540万円	勤務先からの給与で年末調整済み
不動産所得	▲70万円	収入金額：180万円 必要経費：250万円（※）
譲渡所得	▲40万円	上場株式の売却に係る損失
譲渡所得	▲15万円	ゴルフ会員権の売却に係る損失

（※）必要経費の中には、土地の取得に要した借入金の利子の額25万円が含まれている。

[　　]

解説 1

$$退職所得＝（収入金額－退職所得控除額）× \frac{1}{2}$$

勤続年数	退職所得控除額
20年以下	40万円×勤続年数（最低80万円）
20年超	800万円＋70万円×（勤続年数－20年）

※勤務年数で1年未満の端数がある場合、1年に切り上げる

- 裕子さんの勤続年数は21年4ヵ月、切り上げて22年として計算する

  退職所得控除額は、800万円＋70万円×（22－20年）＝940万円

  退職所得金額は、（2,500万円－940万円）× $\frac{1}{2}$ ＝780万円

- 退職所得は分離課税となり、個別に所得税の速算表に当てはめて計算する。

  780万円に該当する税率は23％、控除額は636,000円

  7,800,000円×23％－636,000円＝1,158,000円（答：1,158,000円）

解説 2

土地の取得に要した借入金の利子の額25万円は損益通算の対象にならない。

70万円－25万円＝45万円が損益通算の対象になる。

上場株式の売却に係る損失は、給与所得と損益通算できない。

生活に必要でない資産（ゴルフ会員権）の譲渡損失は損益通算

できない。（答：45万円）

がんばった！

損失の繰越控除

損失の繰り越し控除には様々な種類がある。

純損失の繰越控除

☐ 損益通算しても控除しきれなかった損失を純損失という。

☐ 青色申告者の場合、純損失を翌年以降3年間にわたって繰り越し、各年
分の黒字所得金額から控除できる。

雑損失の繰越控除

☐ 災害や盗難等で生じた損失は所得から控除できる（雑損控除）。

☐ 雑損控除をしても控除しきれなかった損失は、翌年以降3年間にわたっ
て繰り越し、各年分の所得金額から控除できる。

上場株式等に係る譲渡損失の
損益通算及び繰越控除

☐ 上場株式等を譲渡し、譲渡損失が発生した場合、確定申告することで翌
年以降3年間にわたって繰り越し、株式等の譲渡益や上場株式等の配当
所得から控除できる（非上場株式は繰越控除の対象にならない）。

☐ 初年度だけでなく、毎年確定申告の必要がある。

○×問題にチャレンジ

1 終身保険の解約返戻金を受け取ったことによる一時所得の金額の計
算上生じた損失の金額は、給与所得の金額と損益通算することがで
きる。　[　　]

2 先物取引に係る雑所得の金額の計算上生じた損失の金額は、上場株
式等に係る譲渡所得の金額と損益通算することができる。　[　　]

3 不動産所得の金額の計算上生じた損失の金額のうち、不動産所得を
生ずべき業務の用に供する土地の取得に要した負債の利子の額に相
当する部分の金額は、事業所得の金額と損益通算することができる。[　　]

4 業務用車両を売却したことによる譲渡所得の金額の計算上生じた損
失の金額は、事業所得の金額と損益通算することができる。　[　　]
（2023年9月 改題）

株式等の譲渡損失の損益通算と繰越控除

リボンを
チェック！

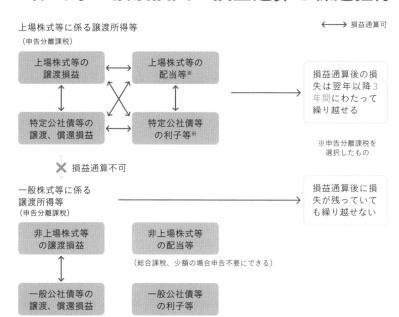

上場株式等に係る譲渡所得等
（申告分離課税）

⟷ 損益通算可

| 上場株式等の
譲渡損益 | ⟷ | 上場株式等の
配当等※ |

| 特定公社債等の
譲渡、償還損益 | ⟷ | 特定公社債等
の利子等※ |

損益通算後の損
失は翌年以降3
年間にわたって
繰り越せる

※申告分離課税を
選択したもの

✖ 損益通算不可

一般株式等に係る
譲渡所得等
（申告分離課税）

損益通算後に損
失が残っていて
も繰り越せない

| 非上場株式等
の譲渡損益 | | 非上場株式等
の配当等 |

（総合課税、少額の場合申告不要にできる）

| 一般公社債等の
譲渡、償還損益 | | 一般公社債等
の利子等 |

損失は3年間にわたって繰り越しできるのね。

息抜きも大事だよ！

解説

1. 一時所得で生じた損失は、損益通算できません。（答：×）

2. 雑所得で生じた損失は、損益通算できません。（答：×）

3. 不動産所得の例外として、土地の取得のための負債利子は損益通算できません。
（答：×）

4. 本文の通り。（答：○）

所得控除

所得から控除できる種類と内容について学習しよう。

所得控除とは

☐ 所得税を計算するときに、個人の事情を考慮して必要経費とは別に、所得から一定額を控除する制度。

☐ 所得税は、個人が1年間（1月1日～12月31日）に得た所得に課税。

> 人それぞれの状況や事情に応じて公平な負担になるような制度ってことね。

$$\boxed{所得税額} = \frac{課税所得金額＝所得金額－所得控除額}{（所得金額＝総収入金額－必要経費）} × 所得税率$$

所得控除の種類

☐ 所得控除には、物的控除と人的控除がある。

物的控除（7種類）	雑損控除、医療費控除、社会保険料控除、寄附金控除、生命保険料控除、地震保険料控除、小規模企業共済等掛金控除、
人的控除（8種類）	配偶者控除、配偶者特別控除、扶養控除、寡婦控除、ひとり親控除、勤労学生控除、障害者控除、基礎控除

雑損控除

☐ 災害、盗難、横領により、納税者本人や生計を一にする親族が保有する住宅や家財等の資産に損害を受けた場合、確定申告を行うことで控除することができる（詐欺や恐喝、生活に通常必要でないものは対象外）。

<次の内多い方の金額>
- 損失額－総所得金額等×10%
- 災害関連支出額－5万円

○×問題にチャレンジ

1　納税者が医師の診療に係る医療費を支払った場合、その全額を医療費控除として総所得金額等から控除することができる。（2023年5月改題）　[　　]

2　納税者が特定一般用医薬品等（スイッチOTC医薬品等）の購入費を支払った場合、その全額を医療費控除として総所得金額等から控除することができる。（2023年5月 改題）　[　　]

医療費控除

- [ ] 納税者本人、生計を一にする配偶者・その他の親族のために医療費を支払った場合、一定額を控除することができる。控除額の上限は200万円。
- [ ] 会社の年末調整ではなく、確定申告が必要となる。
- [ ] 医療費控除額＝支払った医療費－保険金等で補てんされる金額－10万円※
  ※総所得金額が200万円未満の場合は、総所得金額×5%

 未払いの医療費があった場合、支払った年に医療費控除の対象になります！

対象になるもの	対象にならないもの
• 医師・歯科医師の診療費など • 通院費（公共交通機関の交通費、緊急時のタクシー代） • 医薬品（薬局で購入する市販薬を含む）の購入費 • 出産費用 • 人間ドックの費用（検診で疾病が発見され、治療した場合） • 治療のためのマッサージの施術費	• 自家用車で通院した場合のガソリン代や駐車場代 • 美容整形費 • 疾病予防や健康増進費用（ジムのトレーニングやビタミン剤など） • 人間ドックの費用（検診の結果で異常がなかった場合） • メガネやコンタクトレンズの購入費

セルフメディケーション税制（医療費控除の特例）

- [ ] 2017年1月1日〜2026年12月31日までの間に購入したスイッチOTC医薬品※の購入金額が年間12,000円を超えた場合、所得から控除できる制度。
  ※病院で処方されていた医薬品がドラッグストア等で購入できるようになったもの。セルフメディケーション税制の対象商品。
- [ ] 人間ドックなどの健康診断を受けている等、一定の取り組みを行う個人が対象
- [ ] 控除額＝支払った金額－12,000円（上限額は88,000円）
- [ ] 医療費控除とセルフメディケーション税制は併用できない。
- [ ] 生計を一にする配偶者やその他親族のために購入した医薬品も対象。

明日もファイトー！

解説

1. 医療費控除として、医療費の全額を控除できない。（答：×）
2. スイッチOTC医薬品等の購入費の全額を、医療費控除として控除できない。（答：×）

その他の所得控除

他にもある所得控除について学習する。

社会保険料控除

☐ 納税者本人、生計を一にする配偶者やその他の親族の負担すべき社会保険料（国民健康保険料、国民年金保険料、国民年金基金の掛金など）を支払った場合、その全額が控除される。控除額に上限はない。

※65歳以上の介護保険料は、年金から天引きされるため、本人の社会保険料控除の対象となる（生計を一にする納税者の社会保険料控除の対象にならない）。

寄附金控除

☐ 一定の団体（国や地方公共団体、一定の公益法人など）へ寄附をした場合に控除の対象になる。確定申告が必要。

☐ 寄附金控除額＝その年に支出した寄附金の合計額－2,000円
（総所得金額の40％相当額が上限）

☐ ふるさと納税：任意の自治体に寄附した場合、2,000円を超える部分について、一定の限度額まで所得税や住民税から控除を受けることができる制度。寄附した自治体が5つまでなら、確定申告が不要となるワンストップ特例制度がある。

ふるさと納税は寄附金控除の1つだけど、住民税からも控除されるんだ。

○×問題にチャレンジ

1 納税者が支払った生命保険の保険料は、その金額の多寡にかかわらず、支払った全額を生命保険料控除として総所得金額等から控除することができる。（2023年9月 改題）　　　[　　]

ワンストップ特例制度と確定申告の違い

	ワンストップ特例制度	確定申告
寄附先	寄附先は5つまで	制限はない
申請方法	寄附をする時に、各自治体に申請	税務署に確定申告
控除される税金	住民税から全額控除	所得税からの控除と住民税からの控除

生命保険料控除

☐ 生命保険料控除、個人年金保険料控除、介護医療保険料控除の3つ。控除額の上限は合計で12万円。年末調整で適用可能。

地震保険料控除

☐ 居住用家屋や家財などの地震保険料を支払った場合に控除を受けることができる。（生活用動産のみを補償の対象とした保険料も対象）年末調整で適用可能。
所得税：地震保険料の全額（上限額は5万円）
住民税：地震保険料の $\frac{1}{2}$（上限は25,000円）

小規模企業共済等掛金控除

☐ 小規模企業共済の掛金や確定拠出年金の掛金を支払った場合に控除を受けることができる。掛金の全額を控除できる。

事業所に勤務する方は、年末調整で控除を受けるために、保険会社等から送付される書類はきちんと確認してね！

がんばった！

解説

1. 生命保険料控除は全額ではなく、上限は合計で12万円。（答：×）

本番問題に チャレンジ

過去問題を解いて、理解を確かなものにしよう。

○ **問1** <資料>を基に、浩二さんの2024年分の課税総所得金額（所得控除を差し引いた後の金額）として正しいものはどれか。給与所得以外に申告すべき所得はなく、年末調整の対象となった所得控除以外に適用を受けることのできる所得控除はない。（2023年1月FP協会 資産 改題）

<資料1>

I.家族構成（同居家族）

氏名	続柄	生年月日	年齢	備考
伊丹 浩二	本人	1963年11月18日	61歳	会社員
奈美	妻	1965年7月28日	59歳	会社員

［資料2：負債残高］

住宅ローン：1,200万円（債務者は浩二さん）

自動車ローン：70万円（債務者は浩二さん）

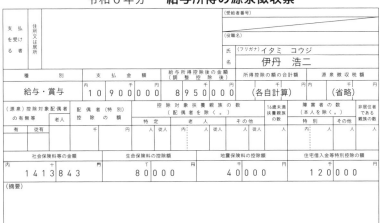

令和6年分　**給与所得の源泉徴収票**

1. 6,816,157円　　2. 6,936,157円

3. 7,036,157円　　4. 7,416,157円

［　　］

○ **問2**　青山さんの2024年分の収入は、下記＜資料＞のとおりである。
＜資料＞の空欄（ア）〜（ウ）にあてはまる所得の種類の組み合わせとして、
適切なものはどれか。（2022年1月FP協会 資産 改題）

＜資料＞

所得区分	収入等の内容	備考
（ア）	収益の分配10万円	上場投資信託（ETF）の普通分配金に係るものである。
（イ）	暗号資産取引により生じた所得10万円	売却価額から取得価額を控除した利益。取引自体が事業と認められるものではなく、取引が事業所得等の各種所得の基因となる行為に付随して生じていない。
（ウ）	受取保険金200万円	保険期間15年の一時払養老保険の満期保険金（保険契約者・保険料負担者は青山さん）。一時金で受け取っている。

1.（ア）配当所得　（イ）譲渡所得　（ウ）雑所得
2.（ア）利子所得　（イ）雑所得　　（ウ）雑所得
3.（ア）配当所得　（イ）雑所得　　（ウ）一時所得
4.（ア）利子所得　（イ）譲渡所得　（ウ）一時所得　　　　［　　］

解説1
課税総所得金額＝総所得金額－所得控除の合計額
所得控除は、社会保険料控除、生命保険料控除、地震保険料控除、基礎控
除となる。
所得控除：1,413,843＋80,000＋40,000＋480,000＝2,013,843
課税総所得金額：8,950,000－2,013,843＝6,936,157
住宅借入金等特別控除は税額控除であり、所得控除ではない。
また、配偶者は会社員であるため、配偶者控除や配偶者特別控除の対象者と
はならない。他に扶養親族はいないため、扶養控除等の適用はない。（答：2）

解説2
（ア）株式の配当金や株式投資信託の収益分配金などによる所得は、配当所
　　　得となる。
（イ）暗号資産（仮想通貨）の取引による所得は、雑所得となる。
（ウ）契約者本人が受け取る満期保険金や解約返戻金は、一時所得となる。
保険期間が5年以下の一時払養老保険の満期保険
金は、源泉分離課税になるが、15年であるため一時
所得となる。（答：3）

息抜きも大事だよ！

本番問題に チャレンジ

過去問題を解いて、理解を確かなものにしよう。

問1 会社員の香川さんが2024年中に支払った医療費等が下記＜資料＞のとおりである場合、香川さんの2024年分の所得税の確定申告における医療費控除の金額（最大額）として、正しいものはどれか。

なお、香川さんの2024年中の所得は、給与所得700万円のみであるものとし、香川さんは妻および中学生の長女と生計を一にしている。また、セルフメディケーション税制（特定一般用医薬品等購入費を支払った場合の医療費控除の特例）については考慮せず、保険金等により補てんされる金額はないものとする。（2023年5月FP協会 資産 改題）

＜資料＞

支払年月	医療等を受けた人	医療機関等	内容	支払金額
2月	妻	A皮膚科医院	美容のためのスキンケア施術	140,000円
7月	本人	B病院	健康診断（注1）	11,000円
8月	本人	B病院	治療費（注1）	150,000円
9月	長女	C病院	治療費（注2）	25,000円

（注1）香川さんは7月に受けた健康診断により重大な疾病が発見されたため、引き続き入院して治療を行った。
（注2）香川さんの長女はテニスの試合中に足を捻挫し、歩行が困難であったためタクシーでC病院まで移動し、タクシー代金として2,200円を支払った。その後の通院は、自家用自動車を利用し、駐車場代金として5,500円を支払っている。タクシー代金および駐車場代金はC病院への支払金額（25,000円）には含まれていない。

1. 75,000円　　2. 88,200円　　3. 93,700円　　4. 228,200円　　[　]

問2 高橋さん（66歳）の2024年分の収入等が下記＜資料＞のとおりである場合、高橋さんの2024年分の所得税における総所得金額として、正しいものはどれか。なお、記載のない事項については一切考慮しないものとする。（2024年1月 FP協会 資産）

＜資料＞

内容	金額
老齢基礎年金	80万円
遺族厚生年金	100万円
生命保険の満期保険金（一時金）	270万円

※生命保険は、養老保険（保険期間20年、保険契約者および満期保険金受取人は高橋さん）の満期保険金であり、既払込保険料（高橋さんが全額負担している）は160万円である。

リボンを
チェック！

＜公的年金等控除額の速算表＞

納税者区分	公的年金等の収入金額（A）	公的年金等控除額
		公的年金等に係る雑所得以外の所得に係る合計所得金額　1,000万円 以下
65歳以上の者	330万円 以下	110万円
	330万円 超410万円 以下	(A) × 25％ ＋ 27.5万円
	410万円 超770万円 以下	(A) × 15％ ＋ 68.5万円
	770万円 超1,000万円 以下	(A) × 5％ ＋ 145.5万円
	1,000万円 超	195.5万円

1. 30万円　　2. 55万円　　3. 60万円　　4. 110万円　　　　［　　　］

解説1

医療費控除額＝支払った医療費－保険金等で補てんされる金額－10万円

美容のためのスキンケア施術は、対象にならない。

健康診断費用は、重大な疾病が発見され引き続き治療を行っているため、対象となる。治療費は対象。

歩行が困難であったため、C病院まで利用したタクシー代金の2,200円は対象となる。

11,000 ＋ 150,000 ＋ 25,000 ＋ 2,200 ＝ 188,200

188,200 － 100,000 ＝ 88,200 （答：2）

解説2

＜資料＞にある、それぞれの収入について所得金額を計算する。

老齢基礎年金（雑所得）：公的年金等に係る雑所得となる。

公的年金等の雑所得＝公的年金等の金額－公的年金等控除額

高橋さんは66歳、65歳以上の速算表から、公的年金等控除額は110万円雑所得＝80万円－110万円＝▲30万円＝0円

遺族厚生年金（非課税所得）：遺族年金は非課税所得、総所得金額に算入しない。

生命保険の満期保険金（一時所得）：270万円

一時所得＝総収入金額－収入を得るために支出した金額－特別控除額（最高50万円）

一時所得金額の1/2の金額を他の所得と合算する。

＜資料＞から、総収入金額は満期保険金　270万円、支出金額は既払込保険料　160万円となる。

一時所得＝270万円－160万円－50万円＝60万円　　60万円×1/2＝30万円

老齢年金と遺族年金はそれぞれ0円となり、総所得金額は一時所得と同じ金額の30万円となる。（答：1）

明日もファイトー！

人的控除

人に関する控除の種類を確認しよう。

配偶者控除

☐ 納税者に控除の対象となる配偶者がいる場合、一定額の控除を受けることができる。

配偶者控除を受けられない要件	・納税者本人の合計所得金額が1,000万円を超えている場合 ・青色事業専従者や白色事業専従者となっている場合 ・配偶者の合計所得が48万円を超えている場合（給与収入であれば、収入103万円以上）

配偶者控除の額

納税者本人の合計所得金額	控除額	
	配偶者控除	老人控除配偶者（70歳以上）
900万円以下	38万円	48万円
900万円超～950万円以下	26万円	32万円
950万円超～1,000万円以下	13万円	16万円

※納税者本人の合計所得金額が900万円以下、配偶者の合計所得金額が48万円以下の場合、配偶者控除の額は最高38万円、老人控除配偶者の場合は48万円となる

配偶者特別控除

☐ 配偶者の合計所得金額が48万円以上でも133万円以下であれば、配偶者の合計所得金額に応じて所得控除を受けることができる。

配偶者の合計所得金額		納税者本人の合計所得金額		
		900万円以下	900万円超 950万円以下	950万円超 1,000万円以下
配偶者特別控除額	48万円超～95万円以下	38万円	26万円	13万円
	95万円超～100万円以下	36万円	24万円	12万円
	100万円超～105万円以下	31万円	21万円	11万円
	105万円超～110万円以下	26万円	18万円	9万円
	110万円超～115万円以下	21万円	14万円	7万円
	115万円超～120万円以下	16万円	11万円	6万円
	120万円超～125万円以下	11万円	8万円	4万円
	125万円超～130万円以下	6万円	4万円	2万円
	130万円超～133万円以下	3万円	2万円	1万円

※納税者本人の合計所得金額が1,000万円を超えている場合、控除を受けられない

配偶者控除と配偶者特別控除のイメージ（納税者本人の合計所得が900万円以下の場合）

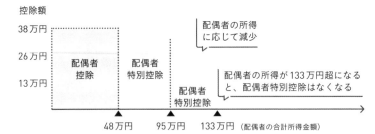

扶養控除

◯ 納税者本人と生計を一にする扶養親族がいる場合、一定の金額を控除
できる。合計所得金額が48万円以下（給与収入であれば年収103万以
下）であること。

区分		控除額（所得税）
一般の控除対象扶養親族（16歳未満）		なし
一般の控除対象扶養親族（16歳以上19歳未満）		38万円
特定扶養親族（19歳以上23歳未満）		63万円
一般の控除対象扶養親族（23歳以上70歳未満）		38万円
70歳以上（老人扶養親族）	同居でない場合	48万円
	同居の場合	58万円

※12月31日の時点の年齢で、配偶者以外の親族（6親等内の血族及び3親等内の姻族）

その他の人的控除

控除の種類	控除額	内容	
寡婦控除	27万円	合計所得金額が500万円以下であること	ひとり親に該当せず、次のいずれかの要件に該当する者 • 夫と離婚後、婚姻しておらず扶養親族がいる者 • 夫と死別後、婚姻していない者、または夫の生死が不明な者
ひとり親控除	35万円		その年の12月31日時点で婚姻をしていない者、または配偶者の生死が不明な者で次の全てに該当する者 • 現在婚姻していない者 • 総所得金額等が48万円以下の子がいること
勤労学生控除	27万円	納税者本人が勤労学生（合計所得金額が75万円以下）	
障害者控除	27万円	一般障害者	納税者本人、配偶者、扶養親族が障害者であること
	40万円	特別障害者	障害等級1級に該当する者など
	75万円	同居特別障害者	特別障害者と同居している場合

基礎控除

◯ 納税者本人の合計所得金額が2,500万円以下であれば、無条件で適用
される。

合計所得金額	基礎控除額
2,400万円以下	48万円
2,400万円超～2,450万円以下	32万円
2,450万円超～2,500万円以下	16万円
2,500万円超～	なし※

※2,500万円を超えると適用されない

がんばった！

税額控除

税額控除の種類や内容を学習しよう。

税額控除

☐ 課税総所得金額に税率を掛けて計算した所得税から一定の金額を控除できることをいう。

配当控除

☐ 上場株式等の配当金は所得税等が源泉徴収される。配当所得について総合課税を選択して、確定申告を行うことで対象となる。

配当控除額の計算

課税総所得金額		1,000万円	税額控除の金額
配当所得を加えても1,000万円以下の場合	配当所得以外の所得　配当所得 ×10%		配当所得の金額×10%
配当所得を加えて1,000万円を超える場合	配当所得以外の所得　配当所得 ×10% ×5%		配当所得金額×5% ＋ 配当所得金額×10%
配当所得以外の所得が1,000万円を超えている場合	配当所得以外の所得　配当所得 ×5%		配当所得金額×5%

配当控除の適用外	・申告不要制度や申告分離課税を選択した配当金 ・NISA口座による受取配当金 ・外国法人からの配当金 ・国内上場不動産投資法人（J-REIT）の分配金など

外国税額控除

☐ 日本と外国との二重課税を調整するしくみ。

☐ 外国で所得税に相当する税金を課税された場合、一定額の外国所得税を所得税から控除することができる。

参考：所得控除、所得税額、税額控除のイメージ

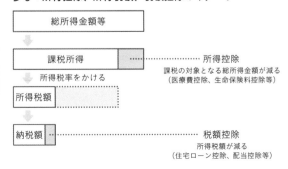

課税所得金額に税率をかけて計算した所得税額から一定の金額を控除できる

- 総所得金額等
- 課税所得 ……………… 所得控除
  課税の対象となる総所得金額が減る（医療費控除、生命保険料控除等）
- 所得税率をかける
- 所得税額
- 納税額 ……………… 税額控除
  所得税額が減る（住宅ローン控除、配当控除等）

住宅ローン控除（住宅借入金等特別控除）

☐ 個人が住宅ローンを利用して住宅を取得したり、増改築した場合に税額控除を受けることができる。

☐ 住宅ローン控除額＝住宅借入金等の年末時点の残高×0.7％

住宅ローン控除の控除額（**2024年中に居住を開始した場合**）

新築・買取再販住宅		認定住宅 （認定長期優良・ 認定低炭素）	ZEH水準 省エネ住宅	省エネ基準 適合住宅	その他の住宅
借入 限度額	子育て世帯等	5,000万円	4,500万円	4,000万円	0円 （2023年までに新築の 建築確認：2,000万円）
	それ以外	4,500万円	3,500万円	3,000万円	
控除期間		13年			13年（2024年以降入 居の場合：10年）

※子育て世帯等：18歳以下の扶養親族を有する者、又は自身もしくは配偶者のいずれかが39歳以下の者

既存住宅	認定住宅（認定長期優良・認定低炭素） ZEH水準省エネ住宅・省エネ基準適合住宅	その他の住宅
借入限度額	3,000万円	2,000万円
控除期間	10年	

主な適用要件とポイント

住宅	・居住用住宅であること（店舗併用住宅の場合は$\frac{1}{2}$以上が居住用） ・床面積が原則50m²以上であること
適用対象者	・控除を受ける年の合計所得金額が2,000万円以下であること。新築住宅：合計所得金額が1,000万円以下の場合に限り床面積要件を40m²とする（2024年中に建築確認） ・住宅を取得した日から6か月以内に入居し、適用を受ける年の年末まで引き続き居住していること
借入金	返済期間が10年以上の住宅ローンであること
その他の ポイント	・適用を受けるためには、必ず初年度に確定申告しなければならない（給与所得者の場合は、2年目以降は年末調整で適用可能） ・入居後、転勤等により居住できない場合でも、再入居後は適用可能 ・所得税額から控除しきれなかった場合、翌年度の住民税から控除できる

夫婦共有名義の住宅の場合、要件を満たせば、夫婦ともに住宅ローン控除の適用を受けられます。

息抜きも大事だよ！

283

本番問題に チャレンジ

過去問題を解いて、理解を確かなものにしよう。

⬜ **問1** 会社員の大津さんは、妻および長男との3人暮らしである。大津さんが2024年中に新築住宅を購入し、同年中に居住を開始した場合等の住宅借入金等特別控除（以下「住宅ローン控除」という）に関する次の（ア）～（エ）の記述について、適切なものには○、不適切なものには×を解答欄に記入しなさい。なお、大津さんは、年末調整および住宅ローン控除の適用を受けるための要件をすべて満たしているものとする。（2023年5月FP協会 資産 改題）

（ア）2024年分の住宅ローン控除可能額が所得税から控除しきれない場合は、その差額を翌年度の住民税から控除することができるが、その場合、市区町村への住民税の申告が必要である。 [　　]

（イ）大津さんが所得税の住宅ローン控除の適用を受ける場合、2024年分は確定申告をする必要があるが、2025年分以降は勤務先における年末調整により適用を受けることができる。 [　　]

（ウ）一般的に、住宅ローン控除は、その建物の床面積の内訳が居住用40m^2、店舗部分30m^{2}の合計70m^{2}の場合は適用を受けることができない。 [　　]

（エ）将来、大津さんが住宅ローンの繰上げ返済を行った結果、すでに返済が完了した期間と繰上げ返済後の返済期間の合計が8年となった場合、繰上げ返済後は住宅ローン控除の適用を受けることができなくなる。 [　　]

⬜ **問2** 会社員の福岡さんは、2024年中に下記の配当の支払いを受けた。配当所得についてすべて総合課税による確定申告を選択した場合、福岡さんの2024年分の所得税における配当控除の金額として、正しいものはどれか。なお、福岡さんの所得は給与所得、配当所得のみであり、記載のない条件については一切考慮しないこととする。（2022年5月FP協会 資産 改題）

<＜福岡さんが2024年中に受け取った配当等＞>

＜福岡さんが2024年中に受け取った配当等＞

銘柄	配当等の金額（税引前）	左記の計算期間	備考
株式会社WA	350,000円	12ヵ月	内国法人の上場株式から生じた利益剰余金の配当
株式会社WB	250,000円	12ヵ月	内国法人の非上場株式から生じた利益剰余金の配当で、少額配当に該当するものはない。

＜福岡さんの給与所得、所得控除額＞

給与所得	1,200万円
所得控除額	210万円

＜配当控除の控除率＞

	課税総所得金額等	控除率
①	その年分の課税総所得金額等が1,000万円以下である場合	10%
②	その年分の課税総所得金額等が1,000万円を超え、かつ、課税総所得金額等から配当所得の金額を差し引いた金額が1,000万円以下である場合	課税総所得金額等1,000万円以下の部分の配当所得：10% 課税総所得金額等1,000万円超の部分の配当所得：5%
③	その年分の課税総所得金額等から配当所得の金額を差し引いた金額が1,000万円を超える場合	5%

1. 25,000円　　2. 30,000円　　3. 35,000円　　4. 55,000円　　[　　]

解説1

（ア）市区町村への住民税の申告は必要ない。（答：×）

（イ）本文の通り。（答：○）

（ウ）店舗併用住宅の場合は、$\frac{1}{2}$以上が居住用住宅であること、床面積が原則40m²であることから、住宅ローン控除の適用を受けることができる。（答：×）

（エ）本文の通り。（答：○）

解説2

課税総所得金額＝1,200万円－210万円＝990万円

配当所得60万円を加算した場合、1,000万円以下の部分の10万円が10%、1,000万円超の部分の50万円が5%となる。

明日もファイトー！

	1,000万円	
990万円	10万円	50万円
	10%	5%

10万円×10%＋50万円×5%＝35,000円（答：3）

源泉徴収票の見方

源泉徴収票の計算について理解する。

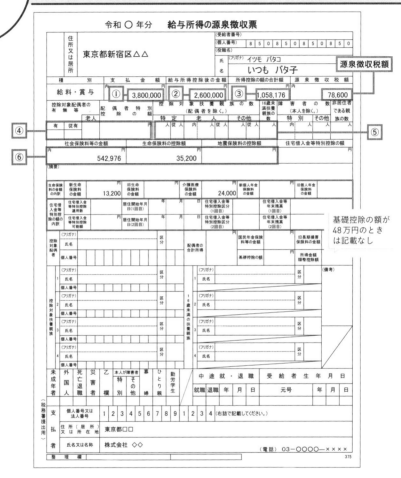

右側注記：
源泉徴収税額

右側注記：
基礎控除の額が
48万円のとき
は記載なし

所得税の速算表

課税所得金額	税率	控除額
195万円未満	5%	0円
195万円以上330万円未満	10%	97,500円
330万円以上695万円未満	20%	427,500円
695万円以上900万円未満	23%	636,000円
900万円以上1,800万円未満	33%	1,536,000円
1,800万円以上4,000万円未満	40%	2,796,000円
4,000万円以上	45%	4,796,000円

源泉徴収票の数字
から、所得控除の
額の合計額や源泉
徴収税額を計算で
きるようにね！

源泉徴収税額の計算

①支払金額（給与等の総額）：380万円

②給与所得控除後の金額（給与所得金額＝給与等の総額－給与所得控除額）：380万円－120万円＝260万円

給与所得控除額（速算表より）：380万円×20%＋44万円＝120万円

リボンをチェック！

- 所得金額調整控除

  バタコさんの給与収入は380万円以下なので、所得金額調整控除は適用されない。仮に給与収入が1,100万円で、23歳未満の扶養親族が1人いれば、所得金額調整控除が適用される。給与収入が1,000万円を超えている場合、1,000万円と850万円の差額の10%、（1,000万円－850万円）×10%＝15万円が、所得金額調整控除額として、給与所得控除後の金額から差し引かれる。

---

③所得控除の額の合計額：105万円8,176円

配偶者控除：なし＋54万2,976円（社会保険料控除として全額が対象）＋3万5,200円（一般の新生命保険料控除：1万3,200円・介護医療保険料控除：2万2,000円）＋0円（地震保険料控除）＋48万円（基礎控除）＝105万円8,176円

④配偶者控除の対象となる配偶者はいない。

⑤控除対象扶養親族：対象となる扶養親族はいない。

⑥各種控除の額：54万2,976円（社会保険料控除）、3万5,200円（生命保険料控除）、0円（地震保険料控除）

源泉徴収税額の考え方

◯ 給与所得控除後の金額－所得控除額＝課税対象金額

260万円－105万8,176円＝154万1,824円（1,000円未満切捨て）

◯ 源泉徴収税額＝課税対象金額×所得税率

154万1,000円×5%＝7万7,050円

◯ 所得税額＋復興特別所得税額＝源泉徴収税額

7万7,050円＋（7万7,050円×2.1%）＝7万8,600円（100円未満切捨て）

給与所得控除額の速算表

給与等の収入金額	給与所得控除額
162万5千円以下	55万円
162万5千円超～180万円以下	収入金額×40%－10万円
180万円超～360万円以下	収入金額×30%＋8万円
360万円超～660万円以下	収入金額×20%＋44万円
660万円超～850万円以下	収入金額×10%＋110万円
850万円以上	195万円（上限）

がんばった！

源泉徴収制度と確定申告制度

源泉徴収制度・確定申告制度の概要を学習する。

源泉徴収制度

◯ 給与所得者の場合、会社（給与等の支払者）が所得税額を計算して給与から天引きし、翌月の10日までに所得税を納付する制度。

年末調整

◯ 給与所得から源泉徴収された所得税を、会社が年末にその過不足を社員に代わって精算し、1年間の所得税を確定すること。

源泉徴収票

◯ 会社は年末調整後に社員に対して、1年間の給与の金額や源泉徴収された金額等が記載された源泉徴収票を発行する。

確定申告制度

◯ 確定申告とは、納税者が1月1日〜12月31日までの1年間の所得税額を自分で計算して申告、納税する制度。

◯ 申告時期：所得があった年の翌年2月16日〜3月15日までの期間に、自宅の納税地（住所地）の所轄税務署に提出する。

◯ 所得税の納付：確定申告書の提出期限（2月16日〜3月15日）までに納付する。

◯ 作成した申告書等は、e-Tax（電子申告）を利用して提出することができる。

◯ 振替納税：金融機関を通じて振り込む。

◯ 納付が遅れた場合、延滞税が発生する。

◯×問題にチャレンジ

1 確定申告を要する者は、原則として、所得が生じた年の翌年2月16日から3月15日までの間に納税地の所轄税務署長に対して確定申告書を提出しなければならない。（2020年1月 改題）　　[　　]

給与所得者で確定申告が必要な場合	◻ 年間給与等の収入金額が 2,000 万円を超える場合
	◻ 給与所得、退職所得以外の所得金額が 20 万円を超える場合
	◻ 2 か所以上から給与を受け取っている場合
確定申告により還付が受けられる場合	◻ 配当控除、医療費控除、セルフメディケーション税制、雑損控除、寄附金控除を受ける場合
	◻ 住宅ローン控除を受ける場合（初年度のみ確定申告、2 年目以降は年末調整）
	◻ 退職時に「退職所得の受給に関する申告書」を提出しなかった者で、計算上の金額よりも徴収された税額の方が多い場合

修正申告と更生の請求

◻ 確定申告した内容に間違いがあった場合、修正申告や更生の請求を行う必要がある。

| 修正申告 | 過少申告：申告した税額が実際の税額よりも少なかった場合に行う
原則として、不足した税額に加えて、過少申告加算税を支払う |
| 更生の請求 | 過大申告：申告した税額が実際の税額よりも多かった場合、確定申告の提出期限から 5 年以内に行う。払い過ぎた税金の還付を受ける |

マイナンバー制度

◻ 特別永住者などの外国人も含めて、住民票を有する全ての者に、12 桁の個人番号を配布する制度。不正に番号を使われるなどを除き、番号の変更はできない。

医療費控除を受けるためにマイナンバーカードを使って確定申告をやったことがあるよ。スマホを使ってオンラインでできて便利だったけど、ちょっと時間がかかった……。

初めて確定申告をする場合は、時間をとって早めに手続きをした方が、焦らなくて済むわね。

息抜きも大事だよ！

解説

1. 本文の通り。（答：◯）

青色申告制度

青色申告の要件や特典について学習しよう。

青色申告制度

☐ 正規の簿記の原則に基づいて所得額や納税額を申告することで、様々な
税法上の特典を受けられる制度。青色申告以外の申告を白色申告という。

青色申告できる者

☐ 不動産所得・事業所得・山林所得のいずれかの所得がある者。

 青色申告は「ふ・じ・さん（富士山）は、青い」と覚えましょう！

青色申告の要件

☐ 青色申告をしようとする年の3月15日までに「青色申告承認申請書」を
納税地の所轄税務署に提出して承認を受ける必要がある（その年の1月
16日以後に開業する場合は、事業開始後2カ月以内）。

☐ 正規の簿記の原則に従って取引を記帳し、一定の帳簿書類を備えて7年
間保存する。

青色申告特別控除の概要

控除額	必要な要件
55万円	下記全てに該当すること ①事業所得がある。または事業的規模（5棟・10室基準）の不動産所得がある ②正規の簿記の原則に従って記帳している ③帳簿書類（貸借対照表や損益計算書等）を申告書に添付して、申告期限内に提出する
65万円	上記の①〜③に該当して、電子帳簿保存またはe-Taxを利用して申告する場合など
10万円	上記要件に該当しない場合（山林所得や事業的規模でないなど）

 2020年分以後の青色申告特別控除について、55万円の青色申告特
別控除を受けることができる者が、電子帳簿保存、またはe-Taxに
よる電子申告を行っている場合は、65万円の青色申告特別控除が受
けられますよ。

○×問題にチャレンジ

1 青色申告者は、仕訳帳、総勘定元帳その他一定の帳簿を原則として
10年間保存しなければならない。（2023年9月 改題）　　　　[　　]

青色申告の主な特典

青色事業専従者給与の必要経費算入

☐ 青色申告者が青色事業専従者に給与を支払った場合、適正な金額は全額必要経費に算入できる。

Check!

青色事業専従者

☐ 青色申告者と生計を一にする配偶者や15歳以上の親族で年間6カ月を超えて事業に従事するもの

☐ 「青色事業専従者給与に関する届出書」を税務署に提出している者

☐ 「青色事業専従者給与に関する届出書」に記載した金額の範囲内の給与であること

純損失の繰越控除と繰戻還付

☐ 青色申告を選択した年に純損失が生じた場合、翌年以降3年間（法人は10年間）にわたって繰越控除できる。

※純損失：損益通算した結果、所得金額より損失の方が多く控除しきれずに残った損失

☐ 純損失が生じた場合、前年も青色申告していれば、前年分の所得と通算して、繰戻還付を受けることができる。

棚卸資産の低価法による評価

☐ 青色申告者は棚卸資産について、低価法（原価と時価のどちらか低い方で評価する方法）を適用できる。

明日もファイトー！

解説

1. 保存期間は10年ではなく、7年。（答：×）

個人住民税・個人事業税

個人住民税と所得税の違いを理解しよう。

個人住民税

◯ 個人住民税には、都道府県が課税する道府県民税（東京都は都民税）と市町村が課税する市町村民税（東京23区は特別区民税）の2種類がある。

◯ その年の1月1日現在の住所地で、前年の所得金額に対して課税される。

◯ 生活保護を受けている者、障害者や寡婦などで前年の所得が135万円以下の場合は、個人住民税は非課税となる。

税額計算

◯ 個人住民税は、均等割と所得割の2つがある。

均等割	所得金額の大小にかかわらず、原則、定額で課税される
所得割	前年の所得金額に比例して、一律10%課税される

納付

◯ 個人住民税は市区町村が税額を算出して納税者に通知し、その通知があってから納付する賦課課税方式。

◯ 納付方法は、普通徴収と特別徴収の2種類がある。

普通徴収	納税者本人が納税通知書と納付書により直接納付する 税額を年4回に分けて納付
特別徴収	会社が給与から天引きして納付する。市区町村が特別徴収税額を通知して、会社が年税額を6月から翌年5月までの12回に分けて、毎月の給与から天引きして納付する

○×問題にチャレンジ

1 個人住民税の課税は、その年の4月1日において都道府県内または市町村（特別区を含む）内に住所を有する者に対して行われる。（2022年5月 改題）　　　　　[　　]

個人住民税と所得税の主な違い

リボンを
チェック！

	個人住民税	所得税
申告納付先	都道府県や市区町村	国
税率	全国一律10%（所得割）	超過累進税率
課税所得	前年	当年
課税方式	賦課課税方式	申告納税方式
均等割	あり	なし
基礎控除	43万円（合計所得金額が2,400万円を超えると減額される）	48万円（合計所得金額が2,400万円を超えると減額される）
配偶者控除	最高33万円（70歳以上は最高38万円）	最高38万円（70歳以上は最高48万円）
配偶者特別控除	最高33万円	最高38万円
扶養控除	33万円	38万円

所得税は累進課税（所得が多いほど、税率が高くなる）、住民税の所得割は比例税率（所得にかかわらず一律10%）です。

個人事業税

○ 個人事業税は、都道府県が課税する地方税。事業所得、または事業的規模の不動産所得がある個人に課税される。

○ 個人事業税＝（事業の所得金額ー事業主控除額：上限290万円）×税率
※税率は業種によって、3〜5%

個人事業税の申告と納付

○ 事業所得が290万円（事業主控除額）を超える場合、翌年3月15日までに申告が必要。ただし、所得税の確定申告や住民税の申告をした場合は不要。

○ 個人事業税は、都道府県から送付される納税通知書により、原則、8月と11月の2回に分けて納付する賦課課税方式。

がんばった！

解説

1. 個人住民税は、その年の1月1日現在の住所地で課税される。（答：×）

Chapter 4

24

学習日
／

法人税の基礎と計算

法人税のしくみや計算方法について学習しよう。

法人税の基礎

☐ 法人税とは、各事業年度の所得に対して課税される国税。

納税義務者

☐ 各法人が定款に定める会計期間を事業年度という。

☐ 法人の納税義務者は、国内に**本店**または**主たる事務所**を有する内国法人と内国法人以外の外国法人。内国法人は、国内外全ての源泉所得に対して課税される。外国法人は、国内源泉所得に対してのみ課税される。

法人税の申告と納付

確定申告	原則として各事業年度の終了日の翌日から2か月以内に、財務諸表（貸借対照表や損益計算書など）を添付して、申告書を所轄の税務署長に提出して納付する
中間申告	普通法人で事業年度が6か月を超える法人は、事業年度開始から6か月を経過した日から2か月以内に申告書を所轄の税務署長に提出して納付する

法人の青色申告の要件

☐ 原則として「青色申告承認申請書」を事業年度開始日の前日までに所轄の税務署長に提出し、承認を受けなければならない。

☐ 新規法人の場合、法人設立日以後**3か月**以内、もしくは第1期目の事業年度終了日のうち、早い方の日の前日までに提出しなければならない。

 事業年度開始日が4月1日なら、前日である3月31日までに申請書を提出するってことね。

法人税の課税所得金額

☐ 法人税を計算する。
法人税法上の益金・損金と企業が開示する企業会計上の収益・費用とでは異なる。
法人税法上の課税所得金額＝益金－損金
企業会計上の利益額＝収益－費用

○×問題にチャレンジ

1 法人税の各事業年度の所得の金額は、その事業年度の益金の額から損金の額を控除した金額である。（2023年9月 改題）　　[　　]

◯ 益金と収益、損金と費用は一致していないので調整が必要。

◯ 実際の法人税の計算を行う場合、会計上の利益をもとに、法人税法による調整を行い、計算する。このことを申告調整（税務調整）という。

$$ \begin{array}{|c|}\text{法人税の}\\\text{課税所得金額}\end{array} = \begin{array}{|c|}\text{会計上の}\\\text{利益}\end{array} + \begin{array}{|c|}\text{加算}\\\hline \text{益金算入}\\\text{損金不算入}\end{array} - \begin{array}{|c|}\text{減算}\\\hline \text{益金不算入}\\\text{損金算入}\end{array} $$

加算	益金算入	会計上の収益ではないが、税法上は益金になるもの 例；役員から会社への資産の無償譲渡など
	損金不算入	会計上の費用だが、税法上は損金にならないもの 例；法人税や法人住民税など
減算	益金不算入	会計上の収益だが、税法上は益金にならないもの 例；受取配当金など
	損金算入	会計上の費用ではないが、税法上は損金になるもの 例；法人事業税や固定資産税など

法人税の計算と税率

◯ 法人税額＝課税所得金額×税率

◯ 法人税の税率は、法人の種類によって決まる比例税率だが、中小法人には特例がある。

◯ 普通法人の主な法人税率

法人の区分（普通法人）	課税所得	税率
資本金が1億円超（大法人）	年間の所得金額	23.2%
資本金が1億円以下（中小法人）	年間800万円超の部分	23.2%
	年間800万円以下の部分	15% （軽減税率の適用）※

※2025年3月31日までに開始する事業年度については、税率が15%

息抜きも大事だよ！

 解説

1. 本文の通り。（答：◯）

益金 と 損金

益金や損金、交際費などについて学ぶ。

益金（受取配当等の益金不算入）

☐ 法人が株式の配当金を受け取った場合、会計上の収益となるが、法人税法上は一定割合が益金不算入になる（株式の配当金は法人が法人税を課税された後の利益から支払われているため、配当金を受け取った法人に課税すると二重課税となる）。

 一定の割合をマイナスして、法人税を計算するっていうことだね！

損金

☐ 役員報酬などの役員給与は、原則として損金不算入だが、定期同額給与や事前確定届出給与、業績連動給与については、損金算入できる。

	内容
定期同額給与	1か月以下の一定期間ごとに同じ金額を支給する給与
事前確定届出給与	税務署に支払い時期と金額を事前に届出したうえで支給される給与
業績連動給与	非同族会社において業績や利益に連動して業務執行役員に支給される給与

損金算入にならない場合（損金不算入）

☐ 役員給与の額のうち、不相当に高額な部分。

☐ 事前確定届出給与として届出た金額と異なる場合、支給金額の全額。

役員退職給与

☐ 法人が支給する役員退職金は、原則としてその事業年度に損金算入される（不相当に高額な場合、損金に算入されない）。

☐ 適正かどうかの算定方法として、功績倍率方式がある。

☐ 最終退職給与適正額＝最終報酬月額×役員在任年数×功績倍率
（役員の退職給与算定にあたって使用される倍率）

交際費

⬜ 交際費とは、仕入先や得意先など、法人の事業に関係する者に対する接待や贈答などで支出する費用のことをいう。**会計上**は交際費として支出した金額は**費用**となるが、**税法上**では、原則として**損金不算入**となる。ただし、一定の範囲内では損金算入できる。

⬜ 交際費の損金算入できる限度額

資本金	損金算入限度額
中小法人の場合 （資本金1億円以下） ①または②の選択	①年間交際費のうち、800万円以下の全額 ②年間交際費のうち、飲食支出費用×50%
中小法人以外の場合 （資本金1億円超100億円以下）	年間交際費のうち、飲食支出費用×50%

※資本金が100億円を超える法人は、交際費を損金算入できない

⬜ 交際費の費用

交際費に含まれる費用	交際費に含まれない費用※
• 接待等の飲食代やタクシー代 • 取引先へのお歳暮やお中元の代金 • 取引先への香典やお祝い金など	• カレンダーや手帳等の作成費用（広告宣伝費に該当） • 会議における茶菓代や弁当代（会議費に該当） • 従業員の慰安のための運動会や社内旅行の費用（福利厚生費に該当）　など

※1人あたり1万円以下の一定額の飲食代は、交際費から除外され全額損金算入できる

租税公課

⬜ 法人が負担する税金や罰金などは、損金に算入できないものがある。

損金算入	損金不算入
法人事業税、固定資産税、都市計画税、登録免許税、印紙税など	法人税、法人住民税、延滞税、加算税、印紙税の過怠税、反則金など

明日もファイトー！

減価償却費

減価償却費やその他税務について学習する。

減価償却

☐ 法人が建物や車両などを購入した場合、長期にわたって利用され、時間の経過とともに価値は減少していく。この価値の減少分を見積り、耐用年数に応じて費用計上することを減価償却という。

☐ 土地は減価償却資産ではない。

減価償却の方法

☐ 法人税法上、減価償却費として損金に算入できる金額は、損金経理した金額のうち、償却限度額以下の金額となる。

☐ 減価償却の方法は定額法か定率法の選択制。法人の法定償却法は建物を除き定率法。個人事業主の場合は定額法。

定額法	毎年同じ額を減価償却費として計上する方法
定率法	毎年の未償却残額に一定の償却率を掛けて計上する方法

※建物（1998年4月1日以後に取得したもの）、建物付属設備や構築物（2016年4月1日以降に取得したもの）は定額法のみ

☐ 定額法での計算方法

$$減価償却費＝取得価額×定額法償却率×\frac{事業供用月数}{12}$$

少額減価償却資産の処理方法

処理方法	減価償却資産の取得価額	処理方法
少額減価償却資産	10万円未満または、使用可能期間が1年未満	取得時に全額を費用計上できる（損金算入できる）
一括償却資産	10万円以上20万円未満	一括して3年間で均等に償却できる（$\frac{1}{3}$の金額を3年間）
中小企業者等の少額減価償却資産の特例	30万円未満のもの	青色申告法人（中小法人または青色申告の個人事業主）が取得したもので1事業年度で合計300万円を限度として、取得価額の全額を損金算入できる※2026年3月31日までに取得し、事業に使用したものが対象

法人と役員間の取引にかかる税務

☐ 法人と役員との間で取引があった場合の税務上の取扱いは以下の通り。

取引内容			法人の取扱い	役員の取扱い
法人から役員へ	法人の資産を役員に譲渡	無償または低額で譲渡	時価との差額を役員給与とする（原則、損金不算入）	時価との差額は役員給与となり所得税等を課税
		高額で譲渡	時価との差額を受贈益とする	時価との差額は法人への寄附とみなされる
	法人が役員に金銭の貸付	無利息や低金利で貸付	通常の利息との差額を役員給与とする（原則、損金不算入）	通常の利息との差額は役員給与となり所得税等を課税
	法人が役員に住宅の貸付	無償での貸付	適正な賃料相当額を役員給与とする（原則、損金不算入）	適正な賃料相当額が経済的利益とみなされ、役員給与として所得税等を課税
役員から法人へ	役員が法人に金銭を貸付	利息の授受がある	支払い利息として損金算入（適正部分）	受け取る利息は雑所得となる
		無利息	経理処理は不要	課税関係は生じない
	役員の資産を法人に譲渡	無償または低額で譲渡	時価との差額を受贈益とする	・時価の$\frac{1}{2}$未満の譲渡の場合、時価が譲渡収入となり、所得税が課税 ・時価の$\frac{1}{2}$以上の譲渡の場合、譲渡価額が収入となり所得税が課税
		高額で譲渡	時価との差額を役員給与とする（原則、損金不算入）	時価との差額は役員給与となり所得税等を課税

時価との差額がある場合、給与とする取扱いがあるってことね。

法人成り

個人で行っている事業を法人組織に移行することを法人成りという。税率が低くなったり経営者の報酬を費用として計上できるなどのメリットがある。交際費の計上に制限があったり、赤字でも法人住民税を負担したりなどデメリットもある。

税務上の違い	個人事業主	法人
青色申告特別控除	あり	なし
税率	超過累進課税	比例税率
交際費	全額必要経費	一定額以上は損金不算入
欠損金※の繰越控除期間	3年	10年
減価償却（法定償却法）	強制償却（定額法）	任意償却（定率法）

※欠損金：損金額が益金額を上回っている場合の差額

がんばった！

27

法人決算書の見方と分析

企業が作成する決算書は財務諸表と呼ばれ、貸借対照表や損益計算書、キャッシュフロー表が重要となる。

貸借対照表（**B/S・バランスシート**）

☐ 期末時点における企業の財政状態を表す一覧表。

貸借対照表

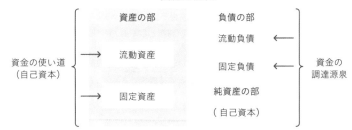

流動資産	流動性の高い資産 （現金や売掛金など）	流動負債	流動性の高い負債（支払い手形や買掛金など）
		固定負債	流動性の低い負債（長期借入金など）
固定資産	流動性の低い資産 （土地や建物など）	純資産	企業が内部に積み立てた資金など借金以外の 企業の資金 （資本金など）

「資産＝負債＋純資産」となり、左右の合計額は一致します。

流動性が高いって、お金に換えやすいってことね。

○×問題にチャレンジ

1 損益計算書の営業利益の額は、売上総利益の額から販売費及び一般管理費の額を差し引いた額である。　[　　]

2 損益計算書の税引前当期純利益の額は、経常利益の額に営業外損益の額を加算・減算した額である。
（2023年9月 改題）　[　　]

損益計算書（P/L）

☐ 一定期間における企業の経営成績を表す報告書。企業の利益を5段階に
分けて計算する。

```
    売上高
 －) 売上原価（製造原価や仕入コストなど）

    売上総利益（粗利益）
 －) 販売費及び一般管理費（人件費など）

    営業利益（企業の本業によって生じた利益）
 ＋) 営業外収益（受取利息や受取配当金など）
 －) 営業外費用（支払利息など）

    経常利益（企業の経常的な事業活動から生じた利益）
 ＋) 特別利益（臨時的な収益）
 －) 特別損失（臨時的な支出）

    税引前当期純利益（法人税等を差し引く前の企業全体の利益）
 －) 法人税、住民税及び事業税

    当期純利益（税引後の最終利益）
```

キャッシュフロー計算書

☐ 一定期間における企業のキャッシュフロー（資金の増減）を表す報告書。
キャッシュフロー計算書は3つある。

営業活動によるキャッシュ・フロー	企業の本業で得た資金の流れを表す（売上や仕入など）
投資活動によるキャッシュ・フロー	企業が将来の事業拡大のために投じた資金の流れを表す（設備投資など）
財務活動によるキャッシュ・フロー	資金調達など（金融機関からの借入など）資金の流れを表す

息抜きも大事だよ！

解説

1. 本文の通り。（答：○）
2. 損益計算書の税引前当期純利益の額は、経常利益の額に特別利益の額を加算、
特別損失の額を減算した額である。（答：×）

本番問題に チャレンジ

過去問題を解いて、理解を確かなものにしよう。

○ **問1** 下記<資料>は、克典さんの2024年分の所得税の確定申告書に添付された損益計算書である。<資料>の空欄（ア）にあてはまる克典さんの2024年分の事業所得の金額の数値として、正しいものはどれか。なお、克典さんは青色申告の承認を受けており、青色申告決算書（貸借対照表を含む）を添付し、国税電子申告・納税システム（e-Tax）を利用して電子申告を行うものとする。（2023年9月FP協会 資産 改題）

<資料>
[損益計算書]

	科　目		金額（円）
	売上（収入）金額 （雑収入を含む）	①	40,000,000
売上原価	期首商品棚卸高	②	2,500,000
	仕　入　金　額	③	24,000,000
	小計	④	26,500,000
	期末商品棚卸高	⑤	3,000,000
	差　引　原　価	⑥	23,500,000
差　引　金　額		⑦	＊＊＊
経費	減　価　償　却　費	⑱	500,000
	〜省　略〜		
	雑　　　　　費	㉛	100,000
	計	㉜	5,000,000
差　引　金　額		㉝	＊＊＊

		科　目		金額（円）
各種引当金・準備金等	繰戻額等	貸倒引当金	㉞	0
			㉟	
			㊱	
		計	㊲	0
	繰入額等	専従者給与	㊳	1,800,000
		貸倒引当金	㊴	0
			㊵	
			㊶	
		計	㊷	1,800,000
青色申告特別控除前の所得金額			㊸	＊＊＊
青色申告特別控除額			㊹	650,000
所　得　金　額			㊺	（　ア　）

※問題作成の都合上、一部を「＊＊＊」にしてある。

1. 9,050,000
2. 9,700,000
3. 10,850,000
4. 11,500,000

[　　]

◯ **問2**　次の記述について、正誤（◯×）を答えなさい。（2023年9月 改題）

1. 会社が役員に対して無利息で金銭の貸付けを行った場合、原則として、通常収受すべき利息に相当する金額が、その会社の所得金額の計算上、益金の額に算入される。 ［　　］

2. 会社が役員からの借入金について債務免除を受けた場合、その債務免除を受けた金額が、その会社の所得金額の計算上、益金の額に算入される。 ［　　］

3. 役員が所有する土地を適正な時価の2分の1未満の価額で会社に譲渡した場合、その役員は、適正な時価の2分の1に相当する金額により当該土地を譲渡したものとして譲渡所得の計算を行う。 ［　　］

4. 役員が会社の所有する社宅に無償で居住している場合、原則として、通常の賃貸料相当額が、その役員の給与所得の収入金額に算入される。 ［　　］

解説1

⑦売上総利益＝①売上金額（4,000万円）－⑥売上原価（2,350万円）＝1,650万円

㉝営業利益＝⑦1,650万円－㉜経費合計（500万円）＝1,150万円

・専従者給与は必要経費に算入できるので、

㊸青色申告特別控除前の所得金額＝㉝1,150万円－㊳専従者給与（180万円）＝970万円

㊺所得金額＝㊸970万円－㊹青色申告特別控除額（65万円）＝905万円

（答：1）

解説2

1. 本文の通り。（答：◯）

2. 本文の通り。（答：◯）

3. 時価の2分の1未満の価額で会社に譲渡した場合、時価で譲渡したものとして譲渡所得の計算を行う。（答：×）

4. 本文の通り。（答：◯）

明日もファイトー！

決算書の分析

決算書の様々な分析方法は、どのように計算するかを理解しよう。

決算書の分析

☐ 財務状況を分析する方法には、収益性分析、安全性分析、資本効率性分析、損益分岐点分析などがある。

収益性分析

☐ 自己資本利益率（ROE）	純資産（自己資本）に対する当期純利益の比率 ROEが高いほど収益力がある 自己資本利益率（％）＝ $\dfrac{当期純利益}{自己資本} \times 100$
☐ 総資本利益率（ROA）	総資本を使ってどれだけの利益をあげているかを示す 総資本利益率（％）＝ $\dfrac{当期純利益}{総資本} \times 100$
☐ 総資本経常利益率（ROA）	総資本に対する経常利益の割合を示す 総資本経常利益率（％）＝ $\dfrac{経常利益}{総資本} \times 100$
☐ 売上高利益率	売上高に対する各種利益の割合 売上高利益率が高い場合、企業収益率が高い 売上高利益率（％）＝ $\dfrac{各利益}{売上高} \times 100$

安全性分析

☐ 流動比率	流動負債に対する流動資産の割合。 流動比率が高いほど、財務の安全性も高い 流動比率（％）＝ $\dfrac{流動資産}{流動負債} \times 100$
☐ 固定比率	純資産（自己資本）に対する固定資産への割合 固定比率が低いほど安全性が高い 固定比率（％）＝ $\dfrac{固定資産}{自己資本} \times 100$

○×問題にチャレンジ

1 流動比率（％）は、「流動資産÷流動負債×100」の算式で計算される。 [　　]

2 自己資本比率（％）は、「自己資本÷総資産×100」の算式で計算される。（2023年9月 改題） [　　]

安全性分析（続き）

☐ 当座比率	短期の支払い能力を判断する指標。当座比率が高いほど、短期の支払い能力が高い 当座比率（%）＝ $\dfrac{\text{当座資産}}{\text{流動負債}} \times 100$
☐ 負債比率	自己資本に対する負債の割合 負債比率が低いほど、財務の安全性が高い 負債比率（%）＝ $\dfrac{\text{流動負債と固定負債}}{\text{自己資本}} \times 100$
☐ 自己資本比率	総資本に対する自己資本の割合 自己資本比率が高いほど財務の安全性が高い 自己資本比率（%）＝ $\dfrac{\text{自己資本}}{\text{総資本}} \times 100$

資本効率性分析

☐ 総資本回転率	資産運用効率を表す指標 総資本回転率（%）＝ $\dfrac{\text{売上高}}{\text{総資本}} \times 100$
☐ 売上債権回転期間	売上債権が回収されるまでの期間 売上債権回転期間（月）＝ $\dfrac{\text{売上債権}}{\text{売上高}} \times 12$

損益分岐点分析

☐ 損益分岐点売上高	収支がゼロ（売上＝変動費＋固定費）となる時点の売上高 損益分岐点売上高＝ $\dfrac{\text{固定費}}{(1-\text{変動費}\div\text{売上高})}$
☐ 損益分岐点比率	実際の売上高に対する損益分岐点売上高の割合を見る財務分析の指標 損益分岐点比率（%）＝ $\dfrac{\text{損益分岐点売上高}}{\text{売上高}} \times 100$

計算式が文章で出題された場合に、間違えないようにね！

がんばった！

解説

1. 本文の通り。（答：○）

2. 本文の通り。（答：○）

消費税

消費税の取引の区分、税率の違い、対象となる基準期間と課税期間とは何かを学習する。

課税取引と非課税取引

☐ 消費税は商品の購入やサービスの提供などに課税される間接税。

☐ 消費税が課税される課税取引と非課税となる非課税取引がある。

☐ 課税取引	要件を満たした取引	• 国内の取引 • 事業者が事業として、対価を得て行う • 資産の譲渡・貸付・役務（サービス）の提供であること • 不課税取引：上記要件を満たさない取引（寄附金、保険金、配当金など）
☐ 非課税取引	課税取引で、消費税を課税することがなじまない取引	• 国外での取引 • 土地の譲渡・貸付（短期的な貸付などは課税） • 居住用建物（自宅等）の貸付（事業用貸付などは課税） • 株式等の有価証券の譲渡（手数料には課税） • 預貯金や貸付金の利子 • 生命保険料や損害保険料 • 郵便切手・印紙の取引など

消費税率

☐ 一定の食料品や新聞などは軽減税率となる。

	標準税率	軽減税率
消費税（国税）	7.8%	6.24%
地方消費税率（地方税）	2.2%	1.76%
合計	10.0%	8.0%

○×問題にチャレンジ

1 消費税の課税期間に係る基準期間は、個人事業者についてはその年の前年である。（2023年9月 改題）　　　　　　　[　　]

基準期間

- 消費税の対象となる課税売上高を算出する期間。
- 法人の場合、前々事業年度（2年度前）。
- 個人事業者の場合、前々年（2年前）。

 消費税の納税義務が免除されるかどうかは、その年の初日（1月1日）の時点で確定している必要があります。だから、前年ではなく確定している2年前の売上高で判定するんですよ。

課税期間

- 法人の課税期間は、法人の事業年度となる。
- 個人事業者の場合、課税期間は1月1日～12月31日となる。

基準期間と課税期間

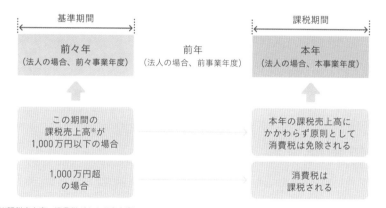

※課税売上高：消費税がかかる売上高

息抜きも大事だよ！

解説

1. 基準期間は、個人事業者の場合、前々年（2年前）となる。（答：×）

リボンをチェック！

Chapter 4-30 消費税

307

消費税の納税義務者と税額の計算・申告

納税義務者や免税事業者の要件、計算方法や申告・納税を学ぶ。

納税義務者

☐ 課税対象となる取引を行う法人、および個人事業者（非居住者や外国法人も対象）

☐ 事業者免税点制：基準期間の課税売上高が1,000万円以下の事業者は、その課税期間について、消費税の納税義務が免除される制度。

☐ 基準期間における課税売上高が1,000万円以下であっても、特定期間※の課税売上高が1,000万円を超え、かつ、特定期間の給与等支払い額の合計額も1,000万円を超える場合、課税事業者となる。

※特定期間：課税期間の前年の1月1日（法人の場合は前事業年度開始日）〜6か月間

消費税

	基準期間 （前々年）	特定期間 （前年の前半の6か月）			課税期間 （本年）
課税売上高	1,000万円超	－			課税
	1,000万円以下	課税売上高・支払給与総額	両方が1,000万円超	課税
			どちらかが1,000万円以下	免除

新規開業等の場合

☐ 新規に事業を開始した場合、当初2年間は基準期間（前々事業年度）がないため、原則として消費税は免除される。ただし、資本金額が1,000万円以上の法人の場合、課税事業者となり消費税が課税される。

納付税額の計算

☐ 消費税の納付税額の算出方法には、原則課税制度と簡易課税制度がある。

原則課税制度

☐ 課税売上高が5億円以下で、課税売上高の割合が95％以上の事業者は、

次の計算式で消費税を算出する。

- 消費税額 = 課税売上高に係る消費税額 − 課税仕入高に係る消費税額

- 課税売上高 5,000 万円超の場合は、原則課税制度になる。

リボンをチェック！

簡易課税制度

- 基準期間における課税売上高が 5,000 万円以下の事業者は、簡易課税制度を選択することができる。
- 簡易課税制度選択届出書を税務署長に届け出ることで、適用できる。
- 簡易課税制度を選択した場合、最低 2 年間は継続しなければならない。
- 業種ごとに決められたみなし仕入率を用いて、課税仕入高に係る消費税額を算出する。
- 消費税額 =

課税売上高に係る消費税額 − （課税仕入高に係る消費税額 ×みなし仕入率）

第1種	第2種	第3種	第4種	第5種		第6種
卸売業	小売業	製造業・建設業・農業等	飲食業	金融業保険業	サービス業運輸通信業	不動産業
90%	80%	70%	60%	50%		40%

消費税の確定申告と納税の期限

法人の場合	事業年度終了日（決算日）の翌日から2か月以内（申告期限の延長の特例を受ける場合、1か月延長可能）
個人事業者の場合	課税期間の翌年1月1日〜3月31日まで

- 前の課税期間に納めた消費税額が 48 万円を超える場合、中間申告が必要。

インボイス制度（適格請求書等保存方式）についても理解しましょう。税務署長の登録を受けた適格請求書発行事業者は、適格請求書（インボイス）を発行できます。登録を受けると基準期間の課税売上高が 1,000 万円以下であったとしても、消費税を納税しなければなりません。

明日もファイトー！

ふるさと納税

ふるさと納税は、生まれ育ったふるさとや応援したい自治体に寄附を行う制度です。

ふるさと納税をすると、寄附金額のうち2000円（自己負担額）を超える金額が附金控除として所得控除の対象となります。結果として所得税の還付や住民税の控除が受けられます（所得金額等により上限あり）。

寄附者に対して地域の特産品などを返礼品として贈呈する自治体もあり、寄付する側にとっては、自分の意思で地域を応援できるだけでなく、地域の特産品を受け取って楽しめることも魅力の一つと言えるでしょう。

しかし、ふるさと納税により特に都市部の自治体の税収が減り、財政に影響が出ている事態が生じていることも知っておきたいところです。住民税は、役所や警察、消防、ごみの収集等、行政サービスの財源でもあります。節税や返戻品も嬉しいですが、自分の住むまちの一員として、適切に会費（税金）を納めることも考えていきたいですね。

Chapter **5**

不動産

Chapter 5 では、不動産取引に必要な契約に関する知識、法律、税金等について学ぶ。
法律や税金は、「どんな法律（制度）か」「適用される条件」「例外規定」を整理しながら学習しよう。
建蔽率や容積率等加重平均して求める問題が頻出だが、難しくないのでマスターしよう。不動産の譲渡に関する税金の計算もよく出るが、まずは基本的なルールを押さえてからパターンに慣れるようにしよう。

アクセスキー | **X** (大文字のエックス)

バタ子さん、家を買う⁉

スマホで何かを見ているバタ子さん。ひょっとして、ため息ついてる……？

バタ子ちゃん、こんにちは。どうしたの？ ため息つきながらスマホなんて見て。

あ、マサエさん、アキコさん、こんにちは。バタ美も3歳だし、これから家のことも考えたいなって。どんな物件があるかサイトで見たら、値段が高くてびっくりしてたんです。

住宅価格、上がっているものね。バタ子ちゃんは、お家については将来どんなふうにしたいっていう考えはあるの？

はい、私とドタ助君の通勤しやすいエリアで、マンションを買いたいな、と。今から備えられること、ありますか？

まずは資金計画を立てたいね。不動産って、買う時も、買った後も色々とお金がかかるのよ。色々なお金を払うためにも、不動産を買う時には、まとまった資金を準備しておく必要があるわ。頭金って言うんだけど。

頭金！ 聞いたことありますね。どれくらい用意したらいいんですか？ それから、色々なお金って、税金とかですか？

頭金は、一般的には物件価格の3割くらいの金額を用意できると無理のない資金計画が立てられるわよ。

物件価格の3割……それって、1千万とか超えちゃうってことですよね？ 結構大変……。

そう、だから住宅資金は「人生の3大資金」の1つなのよ。

じゃあ、色々かかるお金っていうのは？ 税金ですかね？

税金もその一つね。例えばマンションを購入する時は、マンション代金に消費税も必要、それから不動産取得税や登録免許税、ローンを組むなら抵当権の登記費用も掛かるのよ。

税金のほかにも、マンションを不動産業者の仲介で買った場合は、仲介手数料もかかるし、購入した後は、毎年固定資産税がかかるわ。それからマンションで忘れていけないのは、管理費と修繕積立金。毎月数万円単位でお金が引き落とされることも多いので、要注意。

えっ。そうなんですね……。不動産屋さんには「今のお家賃と同じ金額の住宅ローンを払ったら、こんな素敵なお家が買えますよ♪」って聞いたんですけど、実際はちょっと違うってことですね？

その魔法の言葉は、ちょっと気を付けたほうがいいかもしれないわ。

買った後に予定外の支出がわかって、家計が苦しくなるなんてことにならないよう、前もって調べましょうね。

後から「こんなはずじゃなかった」とならないように、勉強しなきゃ！

不動産の基礎と登記

不動産の基礎や調査方法、登記について学習する。

不動産とは

☐ 土地や建物のことで、それぞれ別の不動産とみなされる。

☐ 土地は用途によって、宅地・農地・林地などに分けられる。

不動産の調査方法

設置場所	調査資料	内容
法務局 (登記所)	登記事項証明書	登記記録（登記されている内容）を証明するもの
	地積測量図	土地についての測量の結果を示した図（形状や面積など）。ない場合もある
	地図	区画や地番が示された精度の高い図。備えている登記所は少ない
	公図	地図に準ずる図面。土地のおおよその位置や形状を表す。地図のない登記所に備えられる
市町村役場 (固定資産税課、都市計画課など)	固定資産課税台帳	固定資産の所有者や価格など資産内容を確認するためのもの
	都市計画図	都市計画を定めた図。用途地域・防火規制など掲載

不動産登記制度

☐ 不動産登記とは、不動産の所在や所有者、権利関係などを不動産登記記録（登記簿）に記載して公示すること。

☐ 登記記録は一筆の土地または一個の建物ごとに作成される。

※一筆：「筆」は土地登記上で土地を数える単位。一区切りの宅地等のこと。

不動産登記のポイント

☐ 表題部は登記義務があり、建物を新築した場合、その建物の所有権を取得した日から1カ月以内に登記しなければならない。権利部には登記義

○×問題にチャレンジ

1 新築した建物の所有権を取得した者は、その所有権の取得の日から1カ月以内に、所有権保存登記を申請しなければならない。（2023年9月 改題）　　　[　　]

リボンを
チェック！

務はないため、登記の名義と本来の権利関係が一致しない場合がある。

☐ 表題部記載の土地の地番や建物の、市区町村が定める住居表示の住居
番号とは一致していない。

☐ 一戸建ての場合は土地と建物は別に登記記録が作成される。マンション
では土地と建物は一緒に登記される（一緒に処分しなければならないた
め）。

不動産登記記録（登記簿）の概要

☐ 表題部と権利部（甲区・乙区）から構成される。

表題部	土地・建物など不動産の概要を表示		土地	所在・地番・地目（田、畑、宅地など土地の種類）・地積（面積）など
			建物	所在・家屋番号・種類・構造・床面積など
権利部	甲区	所有権に関する事項を表示		所有権保存登記、所有権移転登記、仮登記、差押えなど
	乙区	所有権以外の権利に関する事項を表示		抵当権、賃借権など

（土地） ─ 所在など状況を表示　【不動産登記事項証明書】　　現在の所有者を表示

【表題部】	（土地の表示）		調整 平成○○年○月○日	地図番号		（余白）
【不動産番号】	1234567890123			（余白）		
【所在】	○○県△△市□□町○○○-○			（余白）		
【①地番】	【②地目】	【③地積】 m²	【原因及びその日付】		【登記の日付】	
7777番7	宅地	100 00	7777番1から分筆		平成○○年○月○日	

【権利部（甲区）】　　（所有権に関する事項）

【順位番号】	【登記の目的】	【受付月日・受付番号】	【原因】	【権利者その他の事項】
1	所有権移転	平成○○年○月○日 第○○○○号	平成○○年○月○日売買	所有者 ○○県□□市○○○-○ いつも バタ子

【権利部（乙区）】　　（所有権以外の権利に関する事項）

【順位番号】	【登記の目的】	【受付月日・受付番号】	【原因】	【権利者その他の事項】
1	抵当権設定	平成○○年○月○日	平成○○年○月○日	債権額 金○○○○万円 利息 年○．○％ 損害金 年○○％ 年365日日割計算 債務者 ○○市○○丁目○番○号 ○○ ○○ 抵当権者 ○○県○○市○○丁目○番○号 株式会社 ○○○○

所有権以外の権利事項を表示　　所有権に関する事項を表示　　所有者名

明日もファイトー！

解説

1. 権利に関する登記は義務ではない。表題部は登記義務があり、1カ月以内に登記
しなければならない。（答：×）

本登記と仮登記、不動産の価格

仮登記とは何か。登記の閲覧や申請、不動産の価格について学ぼう。

本登記と仮登記

☐ 本登記とは、対抗力という法的な効力を発生させる登記。本登記の順位は仮登記の順位による。

☐ 仮登記とは、本登記をするために必要な要件が整っていない場合、将来の本登記のために登記の順位を保全することを目的として行う予備的な登記。対抗力はない。

不動産登記の効力

☐ 登記には対抗力があるが、公信力はない。

対抗力	自分の正当な権利（所有権等）を第三者に対して主張できる法的効力 ・不動産登記を行った場合、第三者に自分の権利を主張できる ・仮登記では権利を主張できない
公信力	登記された内容を信じて取引したものが保護される権利 ・登記記録を信用して、本当の所有者ではないものと取引した場合、法的に保護されない。権利を取得することができない可能性がある

登記記録の閲覧と申請

☐ 登記事務は電子化されているため、登記簿の代わりに登記事項要約書（登記内容のポイント）が交付される。

☐ 従来の登記簿謄本や抄本の代わりに登記事項証明書が交付される。

☐ 登記事項証明書は、法務局で申請書に記入して手数料を払えば、誰でも自由に請求できる。オンライン請求も可能。法務局窓口か郵送で受け取る。

○×問題にチャレンジ

1 評価替えの基準年度における宅地の固定資産税評価額は、前年の地価公示法による公示価格等の60％を目途として評定されている。（2023年1月 改題）

[　　]

登記の抹消

☐ 登記内容は抹消できるが、利害関係者の承諾が必要となる。

不動産の価格

☐ 土地の価格には、実際の取引価格（実勢価格、時価ともいう）以外に、公示価格、基準地標準価格、相続税評価額（路線価）、固定資産税評価額の4つの価格がある。

☐ 固定資産税評価額のみ、3年ごとに見直しになる。

不動産の4つの価格

	公示価格	基準地標準価格	相続税評価額（路線価）	固定資産税評価額
利用目的	一般の土地取引の指標	公示価格の補完的価格	相続税・贈与税の算出基準	固定資産税・都市計画税・不動産取得税・登録免許税の算出基準
決定機関	国土交通省	都道府県	国税庁	市区町村
評価基準日	毎年1月1日	毎年7月1日	毎年1月1日	1月1日（3年ごとに見直し）
公表	3月下旬	9月下旬	7月下旬	4月下旬
公示価格に対する評価水準	100%	100%	約80%	約70%
特徴	土地取引に影響力が大きい。1m²あたりの更地価格を表記。都市計画区域内対象	都市計画区域外の住宅地等も対象	評価方法は2種類（路線価方式、倍率方式）	一般に公開されない。土地の所有者、借地人、借家人は固定資産課税台帳を閲覧可能

がんばった！

解説

1. 固定資産税評価額は、公示価格の70%を目途としている。（答：×）

3

不動産の鑑定評価方法

不動産の**3**つの鑑定評価方法を計算例から理解しよう。

不動産の鑑定評価方法

原価法	不動産の再調達原価を試算し、減価修正して不動産価格を求める方法 ※再調達原価：その時点で新たに購入した場合の価格 ※減価修正：経年劣化等で価値が低下した分を減額		
取引事例比較法	類似の取引事例を参考に、比較によって評価する方法。地域や取引時期の比較などを修正、補正を加えて価格を求める方法		
収益還元法	不動産が将来生み出す収益を基準に価格を求める方法		
	直接還元法	一定期間の純収益を還元利回りで割り戻して価格を求める方法	
	DCF法	将来的に継続して生まれる各期の純収益と復帰価格（最終的な正味売却価格）を求め、現在価値に割り戻して評価額を求める方法	
		NPV法 （正味現在価値法）	収益の現在価値の合計から投資額の現在価値の合計を差し引いて、投資する価値があるのか判定する方法 • 差額がプラスであれば投資価値があるとみなされる
		IRR法 （内部収益率法）	内部収益率と期待収益率を比較して、投資する価値があるのか判定する方法 • 内部収益率が期待収益率よりも上回れば有効な投資とみなされる

※内部収益率：投資期間中の収益の現在価値の合計と、保有期間終了後の不動産価格の現在価値の合計が初期投資額と等しくなる割引率
※期待収益率：投資家が期待する収益率

直接還元法による不動産の評価額

◯ 計算例：次の場合の直接還元法による不動産の評価額はいくらか。

- 不動産からの総収入（年間） 2,000万円
- 必要経費（年間） 1,000万円
- 還元利回り 5%

◯×問題にチャレンジ

1 収益還元法は、文化財の指定を受けた建造物等の一般的に市場性を有しない不動産や賃貸の用に供されていない自用の不動産の価格を求める際には、基本的に適用してはならないとされる。（2023年9月改題）　　　[　　]

解答：直接還元法による価格＝（総収入－必要経費）÷還元利回り
＝（2,000万円－1,000万円）÷5％＝2億円

不動産の投資分析手法（DCF法）

☐ 不動産投資が有効か投資分析を行う一般的な手法。収益還元法のひとつであるDCF法（ディスカウンテッド・キャッシュフロー法）が用いられている。

☐ DCF法には、NPV法とIRR法の2種類がある。

DCF法による不動産の評価額

☐ 計算例：次の場合のDCF法による不動産の評価額はいくらか。
- 不動産からの収入（毎期）　　　500万円
- 所有期間（3年）経過後の不動産価格　　　5,000万円
- 割引率　　　　　　　　　　　　　　3％

解答：1年目から3年目までの各期の収入と不動産の売却価格を割引率で割って、現在価値に割り戻して算出した金額を合計する。

投資期間	1年目	2年目	3年目	売却価格
収益	500万円	500万円	500万円	5,000万円
計算方法	$500 \div 1.03$	$500 \div (1.03)^2$	$500 \div (1.03)^3$	$5,000 \div (1.03)^3$
現在価値	485万円	471万円	457万円	4,575万円

※現在価値：千円以下切り捨て
評価額＝485万円＋471万円＋457万円＋4,575万円＝5,988万円

表に書き出すと間違えずに計算できそう！

息抜きも大事だよ！

解説

1. 収益還元法は公共公益を目的とした不動産には適用できないが、自用の不動産の価格を求める際には適用できる。（答：×）

不動産の投資判断

代表的な**3**つの計算方法は、どのように計算するのかを学習する。

不動産の投資判断

☐ 不動産事業の採算を見る指標として、下記の3つがある。

☐ それらは、表面利回り（単純利回り）、NOI利回り（純利回り）、キャッシュ・オン・キャッシュ※（自己資金に対する収益力）である。

※キャッシュ・オン・キャッシュ：投資した自己資金に対するリターンの割合を示す指標

Check!

3つの指標

• 表面利回り（単純利回り）：%

$$=\frac{年間収入の合計額}{総投資額（自己資金＋借入金）}×100$$

• NOI利回り（純利回り）：%

$$=\frac{年間収入の合計額－諸経費}{総投資額（自己資金＋借入金）}×100$$

• キャッシュ・オン・キャッシュ（自己資金に対する収益力）：%

$$=\frac{収入－支出}{自己資金}×100＝\frac{現金手取額}{自己資金}×100$$

NOIとは、「Net Operating Income（ネット・オペレーティング・インカム）」の頭文字で「純収益」という意味になります。

○×問題にチャレンジ

1 NOI利回り（純利回り）は、対象不動産から得られる年間の総収入額を総投資額で除して算出される利回りであり、不動産の収益性を測る指標である。（2023年9月改題）　　　　　　[　　]

表面利回り（単純利回り）：%	☐ 不動産の購入価格に対する年間の家賃収入の割合 ☐ 諸経費を考慮しない
NOI利回り（純利回り）：%	☐ 不動産の購入価格に対する年間の純収入（家賃収入から諸経費を引いた金額）の割合 ☐ 諸経費を考慮する
キャッシュ・オン・キャッシュ（自己資金に対する収益力）：%	☐ 自己資金と借入金で不動産を購入した場合、自己資金に対しての手取り額の割合 ☐ 家賃収入から借入金の返済額を引いた金額

☐ 計算例：取得した不動産　6,000万円、賃料収入（年）　600万円、年間経費　100万円、自己資金　2,000万円、銀行借入　3,000万円（年間借入金返済額　200万円）の場合、表面利回りとNOI利回り、およびキャッシュ・オン・キャッシュはいくらか。

解答

• 表面利回り（単純利回り）：%

$$=\frac{600万円}{2,000万円+3,000万円}\times 100 = 12\%$$

• NOI利回り（純利回り）：%

$$=\frac{600万円-100万円}{2,000万円+3,000万円}\times 100 = 10\%$$

• キャッシュ・オン・キャッシュ（自己資金に対する収益力）：%

$$=\frac{600万円-100万円-200万円}{2,000万円}\times 100 = 15\%$$

NOI利回りは頻出問題。計算だけでなく文章問題も正誤を判断できるようにね！

問題は何度も計算したら、わかるようになったよ。

明日もファイトー！

解説

1. 記述は表面利回り（単純利回り）の説明となっている。NOI利回り（純利回り）は年間収入から諸経費を引いた純収益を総投資額で除して算出される利回りで、不動産投資の収益性を評価する尺度。（答：×）

本番問題にチャレンジ

過去問題を解いて、理解を確かなものにしよう。

☐ 問1　○×問題（2023年9月改題）

1. 抵当権の登記の登記事項は、権利部乙区に記録される。　[　　]

2. 区分建物を除く建物に係る登記記録において、床面積は、壁その他の区画の中心線で囲まれた部分の水平投影面積（壁芯面積）により記録される。　[　　]

3. 登記情報提供サービスでは、登記所が保有する登記情報を、インターネットを使用してパソコン等で確認することができるが、取得した登記情報に係る電子データには登記官の認証文は付されない。　[　　]

☐ 問2　○×問題（2023年9月改題）

1. 原価法は、価格時点における対象不動産の再調達原価を求め、この再調達原価について減価修正を行って対象不動産の価格を求める手法である。　[　　]

2. 取引事例比較法では、取引事例の取引時点が価格時点と異なり、その間に価格水準の変動があると認められる場合、当該取引事例の価格を価格時点の価格に修正する必要がある。　[　　]

3. 収益還元法は、対象不動産が将来生み出すであろうと期待される純収益の現在価値の総和を求めることにより、対象不動産の価格を求める手法である。　[　　]

☐ 問3　不動産の投資判断の手法等に関する次の記述のうち、最も不適切なものはどれか。（2023年5月）

1. レバレッジ効果とは、投資に対する収益率が借入金の金利を上回っている場合に、借入金の利用により自己資金に対する利回りが上昇する効果をいう。

2. DCF法は、連続する複数の期間に発生する純収益および復帰価格を、その発生時期に応じて現在価値に割り引いて、それぞれを合計して対象不動産の収益価格を求める手法である。

3. NPV法（正味現在価値法）による投資判断においては、対象不動産から得られる収益の現在価値の合計額が投資額を上回っている場合、その投資は有利であると判定することができる。

4. IRR法（内部収益率法）による投資判断においては、対象不動産に対する投資家の期待収益率が対象不動産の内部収益率を上回っている場合、その投資は有利であると判定することができる。　［　　］

解説1

1. 本文の通り。（答：○）

2. 本文の通り。（答：○）

3. 本文の通り。（答：○）

解説2

1. 本文の通り。（答：○）

2. 本文の通り。（答：○）

3. 本文の通り。（答：○）

解説3

1. 〜3. は本文の通り。

4. 不適切。内部収益率が期待収益率よりも上回れば有効な投資とみなされる。（答：4）

がんばった！

不動産の取引

宅地建物取引業とは何か、契約や報酬のポイントを理解する。

宅地建物取引業とは

☐ 次の内容の取引を**不特定多数の者**を対象に、その業務を**反復継続**して行うこと。

宅地建物取引業の内容

☐ **自ら**当事者として、土地や建物の売買、交換を**行う**。

☐ 他人間の契約を**媒介（仲介）**して、土地や建物の売買、交換、賃借を行う。

☐ 他人間の契約を**代理**して、土地や建物の売買、交換、賃借を行う。

宅地建物取引業者

☐ 不動産の取引を業として行う者のこと。

☐ 都道府県知事（1つの都道府県のみ事務所を設置する場合）、または国土交通大臣（複数の都道府県に事務所を設置する場合）から、宅地建物取引業の免許を受けることが必要。

☐ 宅地建物取引業の事務所には、5人に1人の割合で宅地建物取引士を置くことが義務付けられている。

保有する建物を自らが貸主として他人に賃貸する場合、免許は不要！

宅地建物取引士の独占業務

☐ 契約成立前に、借主や買主に対して**重要事項の説明**を行う。

☐ 重要事項説明書への記名（相手方の同意により電磁的方法による書面交付が可能）。

☐ 契約書面への記名。

媒介契約

☐ 不動産業者に土地や建物の売買や賃貸の媒介（仲介）を依頼する場合、媒介契約を結ぶ。

		一般媒介契約	専任媒介契約	専属専任媒介契約
依頼主側	同時に複数の業者に依頼	可能	不可	
	自己発見取引 （自分で取引相手を探す）	可能		不可
業者側	依頼主への報告義務	なし	2週間に1回以上	1週間に1回以上
	指定流通機構※への 物件登録義務	なし	契約日から7日以内 （休業日を除く）	契約日から5日以内 （休業日を除く）
契約の有効期間		特になし	3カ月以内（3カ月を超える契約を結んだ場合でも、有効期間は3カ月となる）	

※指定流通機構：国土交通大臣が指定する不動産流通機構、レインズと呼ばれる

報酬の限度額

☐ 宅地建物取引業者が不動産の売買、交換、賃貸の媒介や代理を行った場合、取引金額に応じて受け取る報酬の限度額を国土交通大臣が定めている。

☐ 宅地建物取引業者が受け取る報酬（仲介手数料）の限度額は、次の通り。

	売買代金	報酬限度額
売買・交換の媒介の場合	200万円以下の場合	取引金額×5％
	200万円超400万円以下	取引金額×4％＋2万円
	400万円超	取引金額×3％＋6万円
売買・交換の代理の場合	媒介の場合の2倍以内（依頼者の双方から受け取る場合も限度額は同じ）	
賃貸借の媒介・代理の場合	賃借料の1カ月分（依頼者の双方から受け取る合計額の上限）	

※空家等の売買を除く

☐ 宅地建物取引業者が売主となる場合、仲介手数料は受け取れない。

依頼者との合意があっても、限度額を超えることは違法です。

公正な取引を守るために限度額があるんだね！

息抜きも大事だよ！

7

売買契約に関する留意事項

契約に関連することも大切。

手付金

☐ 契約成立を確認するために、買主から売主に支払われるお金。通常は解約手付として代金の一部に充当する。

☐ 解約手付が交付されると、相手方が契約の履行に着手（売主は物件の引渡し、買主は代金支払いまで）するまでは、買主は手付金を放棄することで、売主は手付金の倍額を支払うことで、契約を解除できる。相手方が契約の履行に着手した後では、契約は解除できない。

☐ 宅地建物取引業者が自ら売主となる契約で、買主が宅地建物取引業者以外の場合、売買代金の2割を超える手付金を受け取ることはできない。

危険負担

☐ 契約後から建物の引渡し前に、建物が双方の過失なく滅失し、建物の引渡しがされない場合、買主は債務の履行（売主への代金の支払い）を拒絶することや契約の解除ができる。双方に責任がない天災などの場合、売主の危険負担（売主が責任を負う）とする。

契約不適合責任（瑕疵担保責任）

☐ 不動産の品質などが契約内容に適合しないものである場合、買主は売主に対して、履行の追完請求、代金減額請求、損害賠償請求、契約の解除を行うことができる。これを売主の契約不適合責任という。

☐ 買主が権利を行使するには、不適合を知った時から1年以内に、その旨を売主に通知することが必要である。

☐ 買主が権利を行使できることを知った日から5年、権利を行使できる日から10年のどちらか早い時点で時効消滅する。

住宅の品質確保の促進に関する法律

☐ 新築住宅の構造耐力上必要な部分や雨水の侵入を防止する部分について売主は、建物の引渡しから最低10年間は契約不適合責任を負う。

床面積の表示

- ☐ 壁芯面積：壁の中心線から内側の面積。
  内法面積：壁の内側の面積。
- ☐ 床面積の比較

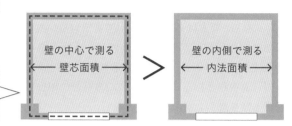

壁芯面積は面積が大きく表示される

壁の中心で測る
← 壁芯面積 →

＞

壁の内側で測る
← 内法面積 →

- ☐ 登記簿上、マンションは内法面積で表示されているが、マンションのパンフレットなどでは壁芯面積で表示されるため、面積が大きく表示される。
- ☐ 一戸建て等の建物の登記簿は、壁芯面積で表示されている。

不動産広告

- ☐ 道路距離80mを徒歩1分（1分未満は切上げ）で計算して表示する。最寄駅から徒歩5分なら、物件までの道路距離は320m〜400m以内（80m×4〜5分）。
- ☐ マンション等ではバルコニーは共有部分として考えられ、専有面積には含まれない。

クーリングオフ

- ☐ 宅地建物取引業者が自ら売主となる契約において、一定の場所で一般の個人の買主と契約をした場合、買主は原則として、クーリングオフに関する書面を受け取ってから8日以内であれば書面で契約を解除できる。
- ☐ すでに物件の引渡しを受けて代金を全額支払った場合、事務所等で契約の締結等をした場合、クーリングオフはできない。

知ってから広告をみるといいかも！

明日もファイトー！

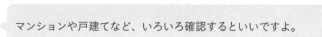

マンションや戸建てなど、いろいろ確認するといいですよ。

本番問題に チャレンジ

過去問題を解いて、理解を確かなものにしよう。

問1 宅地建物取引業法に関する次の記述のうち、最も不適切なものはどれか。なお、買主は宅地建物取引業者ではないものとする。（2023年5月）

1. 宅地建物取引業者が建物の貸借の媒介を行う場合、貸主と借主の双方から受け取ることができる報酬の合計額は、当該建物の借賃（消費税等相当額を除く）の2ヵ月分に相当する額に消費税等相当額を加算した額が上限となる。

2. 宅地建物取引業者は、自ら売主となる宅地の売買契約の締結に際して、代金の10分の2を超える額の手付を受領することができない。

3. 宅地建物取引業者が、自ら売主となる宅地の売買契約の締結に際して手付を受領したときは、その手付がいかなる性質のものであっても、買主が契約の履行に着手する前であれば、当該宅地建物取引業者はその倍額を現実に提供して、契約の解除をすることができる。

4. 専任媒介契約の有効期間は、3ヵ月を超えることができず、これより長い期間を定めたときは、その期間は3ヵ月とされる。　　[　　]

問2 不動産の売買契約に係る民法の規定に関する次の記述のうち、最も不適切なものはどれか。なお、特約については考慮しないものとする。（2023年9月）

1. 同一の不動産について二重に売買契約が締結された場合、譲受人相互間においては、売買契約の締結の先後にかかわらず、原則として、所有権移転登記を先にした者が、当該不動産の所有権の取得を他方に対抗することができる。

2. 不動産の売買契約において買主が売主に手付金を交付した場合、売主が契約の履行に着手する前であれば、買主はその手付金を放棄することで契約を解除することができる。

3. 不動産が共有されている場合に、各共有者が、自己の有している持分を第三者に譲渡するときは、他の共有者の同意を得る必要がある。

4. 売買の目的物である建物が、その売買契約の締結から当該建物の引渡しまでの間に、地震によって全壊した場合、買主は、売主に対する建物代金の支払いを拒むことができる。　　　　　[　　]

解説1

1. 宅地建物取引業者が賃借の媒介を行う場合、買主と借主の双方から受け取ることができる報酬の合計額は、賃借料の1カ月分＋消費税以内が限度額となる。よって不適切。

2〜4は本文の通り。（答：1）

解説2

1. 不動産の権利を第三者に対抗するためには登記が必要。売買契約を先に締結した者が所有者とはならない。二重に売買契約が締結された場合、先に登記をした買主が所有権を主張できる。よって適切。

2. 売主が契約の履行に着手する前であれば、買主は手付金を放棄することで契約を解除することができる。よって適切。

3. 共有持分は所有権のひとつであり、各共有者は自己の持分を自由に処分できる。共有物の全体を処分する場合は、共有者全員の同意が必要。よって不適切。

4. 契約締結から建物の引渡しまでの間に建物が滅失した場合、買主は売主への代金の支払いを拒むことができる。双方に責任がない天災などの場合、売主の危険負担とする。よって適切。（答：3）

がんばった！

借地借家法

借地借家法は、土地や建物の貸し借りについて定めた法律。土地や建物を借りる者の保護を目的としている。借地権や借家権のポイントを学習する。

借地権

☐ 建物の所有を目的に他人の土地を借りて使用する権利。

☐ 借地権の登記がなくても借地上の建物の登記を行えば、第三者に対して対抗することができる。

普通借地権（普通借地契約）の概要

契約の存続期間	30年以上（期間の定めのない場合や30年未満で定めた場合は30年） ※地主と借地人が合意した場合、30年超の契約も可能
更新期間	最初の更新期間は20年以上、2回目以降は10年以上 期間満了時に建物がある場合、同一条件で更新
土地の利用目的	建物の用途は制限なし（居住用も事業用も可）
契約方式	定めなし（書面の必要なし）
特徴	地主が更新を拒絶する場合、正当な事由が必要。更新しない場合、借地人は地主に対して建物買取請求権（時価での買取を求める権利）がある

定期借地権（定期借地契約）

☐ 定められた契約期間で借地契約が終了し、その後契約も更新がない借地権のこと。

	一般定期借地権	建物譲渡特約付借地権	事業用定期借地権
契約の存続期間	50年以上	30年以上	10年以上50年未満※
更新	契約の更新はない		
土地の利用目的	制限なし（居住用も事業用も可）		事業用のみ（居住用は不可）
契約方式	書面（公正証書以外も可） ※電子契約による契約も可	定めなし（書面の必要なし・口頭でも可）	必ず公正証書
特徴	建物買取請求権がない旨の契約が可能	終了時に地主が借地人から建物を買い取る	建物の取り壊し費用は借地人が負担
返還方法	原則、更地にて返還	建物を譲渡し、土地を地主に返還	原則、更地にて返還

※事業用借地権（10年以上30年未満）と事業用定期借地権（30年以上50年未満）がある

借家権

☐ 他人の建物を借りる権利。用途は原則として限定されていない。普通借家権（普通借家契約）と定期借家権（定期借家契約）がある

	普通借家権	定期借家権
契約の存続期間	1年以上（1年未満の契約は期間の定めのない契約となる）	制限なし（1年未満の契約も可能）
契約の更新	期間満了により契約が終了しても、賃貸人（大家）は正当な事由で更新を拒絶しなければ、同一条件で自動更新される	期間満了により契約は終了、更新しない合意の上、再契約は可能
解約の条件	賃貸人（大家）が契約を解約するには、期間満了の1年から6か月前までに正当な拒絶事由をもって賃借人（借主）に通知しなければならない。賃借人（借主）からの場合、正当な事由は不要	契約期間が1年以上の場合、期間満了の1年から6か月前までに「期間満了により契約が終了する」旨の通知が必要。賃貸人（大家）が通知をしない場合、賃借人（借主）は同一条件で建物を使用し続けることが可能
利用目的	制限なし（居住用も事業用も可）	
契約方式	定めなし（書面の必要なし・口頭でも可）	書面（公正証書以外も可） ※電子契約による契約も可 契約締結前に契約の更新がなく、期間満了により契約が終了することを書面で説明することが必要
中途解約	• 賃借人（借主）から解約を申入れるときは、正当な事由がなくても解約の申入れ日から3か月経過後に契約は終了 • 賃貸人（大家）から解約を申入れるときは正当な事由が必要。解約の申し入れ日から6か月経過後に契約は終了 特約で定められるのが一般的	特約がないと中途解約は不可。ただし、床面積が200m² 未満の居住用建物の場合、転勤等やむをえない事情があるときは、1か月前までであれば賃借人（借主）からの中途解約は可能

※普通借家権から定期借家権への切替えは、事業用建物は可能、居住用建物は不可
※普通借家契約では、建物の賃借権の登記がなくても建物の引渡しがあれば、賃借権を第三者に対抗できる（引き続き入居できる）

息抜きも大事だよ！

造作買取請求権

☐ 賃借人（借主）は賃貸人（大家）の同意を得て造作物（エアコンなど）を取り付けることができる。契約終了時に賃貸人（大家）に時価で買い取るように請求することができる。造作買取請求権は特約で排除することができる。

定期借地権は契約方式など、3つの違いを比較して確認しましょう。事業用定期借地権はよく出題されるポイントですよ。

都市計画法と開発許可制度

都市計画法の概要と開発許可制度の内容について学習する。

都市計画法

◯ 計画的な街づくりを行うため、都市計画に関する事項を定めた法律。

◯ 都市計画法によって、国土は都市計画区域、準都市計画区域、それ以外の区域に分けられている。

都市計画区域

◯ 総合的に整備や開発を行う必要がある区域。原則として都道府県知事が指定。都市計画区域が2つ以上の都道府県にわたる場合、国土交通大臣が指定。

◯ 都市計画区域は、線引区域である**市街化区域**、**市街化調整区域**と**非線引区域**に分かれる

◯×問題にチャレンジ

1 全ての都市計画区域において、都市計画に市街化区域と市街化調整区域の区分（区域区分）を定めなければならない。（2023年5月 改題）　[　　]

開発許可制度

☐ 都市計画区域内等で開発行為※を行う場合、事前に都道府県知事の許可が必要。

※開発行為：建築物や特定工作物を建設する目的で、土地を整理、造成すること（土地の区画形質の変更）。土地の分筆（土地の所有権を分割登記すること）等は含まれない。

☐ 都道府県知事の許可の有無は次の通り。

区域		許可の内容
都市計画区域	市街化区域	1,000m² 以上の開発行為は許可が必要
	市街化調整区域	規模にかかわらず許可が必要
	非線引区域	3,000m² 以上の開発行為は許可が必要
準都市計画区域		
許可が不要な場合		• 上記規模未満の開発行為 • 市街化区域以外の区域に、農林漁業用建築物や農林漁業従事者の住宅の建築を目的とする開発行為は、許可が不要 • 市街地再開発事業・土地区画整理事業※として行う開発行為 ※土地区画整理事業：道路、公園、河川等の公共施設を整備する事業

建築行為の制限

☐ 開発許可を受けた開発区域内では、工事完了の公告前と公告後に次のような制限がある。

```
開発許可          工事完了
                  の公告
  ↓                ↓
  ●────────────────●──────────────────→
```

工事完了の公告前	工事完了の公告後
開発許可を受けた開発区域内では、原則、工事完了の公告があるまでは建築物の建築等はできない（土地の譲渡は可能）	原則、予定建築物等以外のものは建築等できない

明日もファイトー！

解説

1. 一部の都市圏を除いて、区域区分の定めは任意。（答：×）

建築基準法

建築基準法は建築物の敷地や構造、用途に関する基準を定めている法律。用途地域の用途制限や道路の制限は、重要ポイントとなる。

用途制限

☐ 都市計画法では、用途地域を住居系、商業系、工業系に区分し、13種類の用途地域を定めている。

☐ 建築基準法では、用途地域に建築できる建物を下記のように制限している。

○建築可能　△制限あり　×建築不可

用途地域 / 建物の用途	住居系								商業系		工業系		
	第一種低層住居専用地域	第二種低層住居専用地域	田園住居地域	第一種中高層住居専用地域	第二種中高層住居専用地域	第一種住居地域	第二種住居地域	準住居地域	近隣商業地域	商業地域	準工業地域	工業地域	工業専用地域
神社・教会・寺院・診療所・公衆浴場・保育所・派出所	○	○	○	○	○	○	○	○	○	○	○	○	○
住宅・老人ホーム・図書館	○	○	○	○	○	○	○	○	○	○	○	○	×
幼稚園・小学校・中学校・高等学校	○	○	○	○	○	○	○	○	○	○	○	×	×
大学・各種専門学校等・病院	×	×	×	○	○	○	○	○	○	○	○	×	×
カラオケボックス・パチンコ店	×	×	×	×	×	×	○	○	○	○	○	○	○
ナイトクラブ・キャバレー	×	×	×	×	×	×	×	×	○	○	○	×	×
ホテル・旅館	×	×	×	×	×	△	○	○	○	○	○	×	×

△：ホテル・旅館を第一種住居地域に建てる場合、3,000m²以下であれば可能

用途制限のポイント

☐ 1つの敷地が異なる2つ以上の用途地域にわたる場合、面積が過半を占める用途地域の制限が適用される。

☐ 神社・教会・寺院・診療所・公衆浴場・保育所・派出所は全ての地域で建築可能。住宅は工業専用地域のみ建築できない。

「保育所はどの地域でも建てられるんだな」とか、「住宅や学校などは、工業地域や工業専用地域では建てられないんだな」など、○よりも×のところをイメージしてみて！　全部覚える必要はないですよ。

道路に関する制限

◯ 建築基準法は防火等のために、建物に接する道路についても制限している。

建築基準法上の道路

◯ 原則：幅員（道路幅）が4m以上ある道路。

◯ 例外である2項道路※：幅員が4m未満の道路で、建築基準法が施行されたとき、すでに建築物が立ち並んでいた特定行政庁の指定を受けている道路。

※2項道路：建築基準法第42条2項の規定によることが名前の由来。

例外の2項道路は、昔からある街に多そうね。

セットバック

◯ 幅員が4m未満の道路である2項道路の場合、原則として道路の中心線から両側に2m後退した部分が道路と敷地の境界線となり、その部分は道路とみなされる。この敷地の後退部分をセットバックという。

◯ セットバック部分は道路とみなされ、建蔽率や容積率を計算する際の敷地面積には含まれない。

幅員3mの道路の場合

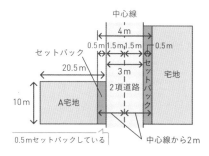

敷地の反対側が河川やがけの場合のセットバック例

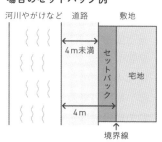

接道義務

◯ 建築物の敷地は、原則として幅員4m以上の道路に2m以上接していなければならない。

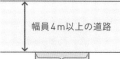

がんばった！

本番問題に チャレンジ

過去問題を解いて、理解を確かなものにしよう。

○ **問1** 借地借家法に関する次の記述のうち、最も不適切なものはどれか。なお、本問においては、同法第22条の借地権を一般定期借地権といい、第22条から第24条の定期借地権等以外の借地権を普通借地権という。
（2023年9月）

1. 普通借地権の設定契約において、期間の定めがないときは、存続期間は30年とされる。

2. 普通借地権の存続期間が満了した時点で借地上に建物が存在しない場合は、借地権者が契約の更新を請求しても、従前の契約と同一の条件で契約が更新されたものとはみなされない。

3. 一般定期借地権の設定契約において、存続期間は30年とすることができる。

4. 一般定期借地権の設定契約は、公正証書による等書面（電磁的記録による場合を含む）によってしなければならない。　　[　　]

○ **問2** 借地借家法に関する次の記述のうち、最も適切なものはどれか。なお、本問においては、同法第38条による定期建物賃貸借契約を定期借家契約といい、それ以外の建物賃貸借契約を普通借家契約という。
（2023年9月）

1. 普通借家契約において存続期間を6ヵ月と定めた場合、その存続期間は1年とみなされる。

2. 期間の定めのない普通借家契約において、建物の賃貸人が賃貸借の解約の申入れをし、正当の事由があると認められる場合、建物の賃貸借は、解約の申入れの日から6ヵ月を経過することによって終了する。

3. もっぱら事業の用に供する建物について定期借家契約を締結する場合、その契約は公正証書によってしなければならない。

4. 定期借家契約は、契約当事者間の合意があっても、存続期間を3ヵ月未満とすることはできない。　　[　　]

◯ 問3　◯×問題（2023年5月 改題）

1. 都市計画区域のうち、用途地域が定められている区域については、防火地域または準防火地域のいずれかを定めなければならない。　[　　]

2. 市街化調整区域内において、農業を営む者の居住の用に供する建築物の建築の用に供する目的で行う開発行為は、開発許可を受ける必要はない。　[　　]

3. 土地区画整理事業の施行として行う開発行為は、開発許可を受けなければならない。　[　　]

解説1

1.～2.、4. は本文の通り。

3. 一般定期借地権は存続期間を50年以上としなければならない。よって不適切。（答：3）

解説2　3

1. 普通借家契約の存続期間は1年以上で、1年未満の契約は期間の定めのない契約となる。よって不適切。

2. 本文の通り。

3. 定期借家契約は書面または電子契約での契約が必要だが、公正証書である必要はない。よって不適切。

4. 定期借家契約は存続期間に制限はないため、1年未満の契約も可能。よって不適切。（答：2）

解説3

1. 都市計画区域内の土地について、防火地域または準防火地域を任意で定めることができる。定めなければならないわけではない。（答：×）

2. 本文の通り。（答：◯）

3. 土地区画整理事業として行う開発行為は許可が不要。（答：×）

息抜きも大事だよ！

建蔽率
けんぺいりつ

建蔽率の基本を理解して、計算もできるように学習する。

建蔽率とは
けんぺいりつ

○ 敷地面積に対する建築面積の割合。次の式で求められる。

$$建蔽率（\%）＝\frac{建築面積}{敷地面積}×100$$

最大建築面積＝敷地面積×建蔽率

○ 計算例：敷地面積が350m^{2}の土地に、建築面積245m^{2}の建物を建てた場合の建蔽率はいくらか。また、敷地面積が350m^{2}の土地の建蔽率が70%であれば、最大建築面積はいくらか。

○ 解答：建蔽率＝245m^2÷350m^2×100＝70%

最大建築面積＝350m^2×70%＝245m^2

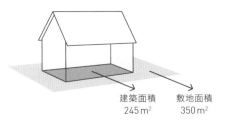

建築面積
245 m^2

敷地面積
350 m^2

建蔽率の上限と緩和

○ 建蔽率は用途地域ごとに上限が定められているが、次の条件を満たす場合は上限が緩和されて、建築面積が増える。

条件	緩和率
特定行政庁が指定する角地	10%緩和
防火地域・準防火地域内で耐火建築物等	
上記の両方に該当する場合（建蔽率が80%以外の地域）	20%緩和
建蔽率が80%の地域内でかつ防火地域内にある耐火建築物等	制限なし（建蔽率100%）

建蔽率によって建物の大きさを制限することで、建物同士の距離をとり、火災のときの延焼を防ぎ、風通しや日当たりを確保できます。

防火地域と準防火地域における建築物の制限

防火地域	耐火建築物等	地階を含む3階以上の建物、または延べ面積が100m²超の建物
	耐火または準耐火建築物等	上記以外
準防火地域	耐火建築物等	地階を除く階数が4階以上の建物、または延べ面積が1,500m²超の建物
	耐火または準耐火建築物等	地階を除く階数が3階以下で延べ面積が500m²超1,500m²以下の建物

- ◯ **防火地域**：商業地など市街地の中心部で建築できる建物に制限がある地域。
- ◯ **準防火地域**：防火地域の周辺地域のことで、防火地域よりは規制が緩い。
- ◯ 2つの地域にわたる建物を建てる場合、最も厳しい地域の規制を適用する。

建物が建蔽率の異なる地域にわたる場合

- ◯ 建物の敷地が建蔽率の異なる地域にわたる場合、それぞれの地域の面積と建蔽率を加重平均（土地ごとに計算して合計）して求める。
- ◯ 計算例：建蔽率の異なる土地にわたる建物を建築する場合、建蔽率と最大建築面積はいくらか。

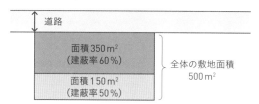

解答

建蔽率60%の土地　最大建築面積＝350m²×60%＝210m²　①

建蔽率50%の土地　最大建築面積＝150m²×50%＝75m²　②

最大建築面積：①＋②＝210m²＋75m²＝285m²

建蔽率（%）＝ $\dfrac{\text{建築面積}}{\text{敷地面積}} \times 100 = \dfrac{(210\text{m}^2 + 75\text{m}^2)}{(350\text{m}^2 + 150\text{m}^2)} \times 100 = 57\%$

明日もファイトー！

14

容積率
ようせきりつ

容積率の基本を理解して、計算もできるように学習する。

容積率とは
ようせきりつ

☐ 敷地面積に対する建築物の延べ面積の割合。用途地域ごとに上限が定められている（指定容積率）。求め方は、次の通り。

$$容積率（\%）＝\frac{建築物の延べ面積}{敷地面積}×100$$

最大延べ面積＝敷地面積×容積率

☐ 計算例：敷地面積が330m²の土地に、延べ面積660m²の建物を建てた場合の容積率はいくらか。また、敷地面積が330m²の土地で容積率が200％の場合、建築できる建物の最大延べ面積はいくらか。

解答
容積率＝
$660m² ÷ 330m² × 100 = 200\%$
最大延べ面積＝
$330m² × 200\% = 660m²$

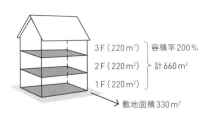

3F（220m²）｜容積率200%
2F（220m²）｝計660m²
1F（220m²）｜

敷地面積330m²

前面道路の幅員による容積率の考え方

☐ 前面道路の幅員が12m未満である場合、用途地域別に制限がある。用途地域別に定められている指定容積率と次の計算式で求める数値の小さい方の容積率を用いる。

住居系用途地域	法定乗数 $\frac{4}{10}$	前面道路の幅員×$\frac{4}{10}$
その他	法定乗数 $\frac{6}{10}$	前面道路の幅員×$\frac{6}{10}$

☐ 前面道路の幅員が12m以上ある場合は、指定容積率を用いる。

☐ 敷地が2つ以上の道路に面している場合、最も幅の広い道路が前面道路となる。

容積率は前面道路幅員による容積率の制限、建蔽率は防火地域や角地の緩和があります。それぞれ入れ替えて出題されるので注意しましょう。

◯ 計算例：次の敷地に建物を建てる場合、最大延べ面積はいくらか。

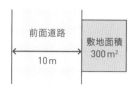

前面道路
10m

敷地面積
300㎡

第二種住居地域で指定容積率300％

解答：前面道路の幅員10mに住居系用途地域の乗数$\frac{4}{10}$を掛ける。

$10m × \frac{4}{10} × 100 = 400\%$、指定容積率の300％の方が小さいので、

300％を用いる。最大延べ面積　300㎡×300％＝900㎡

敷地が容積率の異なる地域にわたる場合

◯ 建物の敷地が容積率の異なる地域にわたる場合、容積率は加重平均で求める。

◯ 計算例：容積率の異なる次の土地にわたる建物を建築する場合の容積率の上限と最大延べ面積はいくらか。

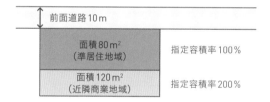

前面道路10m

面積80㎡
（準居住地域）

指定容積率100％

面積120㎡
（近隣商業地域）

指定容積率200％

解答

〔準住居地域〕：指定容積率が100％の土地は住居系地域

前面道路の幅員$10m × \frac{4}{10} × 100 = 400\%$、指定容積率100％と比較すると

小さい方は指定容積率であり、容積率は100％を用いる。

$80㎡×100\% = 80㎡$　①

〔近隣商業地域〕：指定容積率が200％の土地は商業系地域（その他）

前面道路の幅員$10m × \frac{6}{10} × 100 = 600\%$、指定容積率200％と比較すると

小さい方は指定容積率であり、容積率は200％を用いる。

$120㎡×200\% = 240㎡$　②

最大延べ面積：①＋②＝$80㎡ + 240㎡ = 320㎡$

容積率：$320㎡ ÷ (80㎡ + 120㎡) × 100 = 160\%$

がんばった！

15

建築基準法の
その他のポイント

建築上の規制で、他にどのような規制があるのかを学ぶ。

高さ制限

- 斜線制限と日影規制がある。

斜線制限

- 建物の高さ制限のひとつ。建物の高さは道路の境界線等から上方斜めに引いた線の内側におさまらなければならない。
- 斜線制限には、道路斜線制限、隣地斜線、北側斜線制限がある。
- 道路斜線制限：道路および道路上空の空間を確保するための制限（全ての区域で適用）。
- 隣地斜線制限：高い建物間の空間を確保するための制限（低層住居地域や田園住居地域にはない）。
- 北側斜線制限：住宅地における日当たりを確保するための制限（住宅地のみ適用あり）。

隣地斜線制限のイメージ

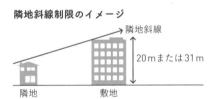

日影規制（日影による中高層の建築物の高さ制限）

- 建物の高さ制限のひとつ。北側（隣地の南側）の敷地の日照を確保するための制限。

○×問題にチャレンジ

1 道路斜線制限（前面道路との関係についての建築物の各部分の高さの制限）は、原則として、第一種低層住居専用地域、第二種低層住居専用地域における建築物にのみ適用され、商業地域における建築物には適用されない。（2023年9月 改題）　　　[　　]

- 住居系用途地域、近隣商業地域、準工業地域で適用される。
  原則、商業地域、工業地域、工業専用地域は適用されない。
- 日影規制の対象区域外の地域でも、高さが10mを超え、冬至日に対象区域内に日影を生じさせる場合、日影規制が適用される。

低層住居専用地域等内の制限（絶対高さ制限）

- 第一種・第二種低層住居専用地域、田園住居地域で適用される。
- 原則として高さ10mまたは12mを超える建築物を建てることができない。地域により10m、または12mの制限がある。

用途地域 制限・規制	住居系								商業系		工業系			無指定地域
	第一種低層住居専用地域	第二種低層住居専用地域	田園住居地域	第一種中高層住居専用地域	第二種中高層住居専用地域	第一種住居地域	第二種住居地域	準住居地域	近隣商業地域	商業地域	準工業地域	工業地域	工業専用地域	
道路斜線制限	○	○	○	○	○	○	○	○	○	○	○	○	○	○
隣地斜線制限				○	○	○	○	○	○	○	○	○	○	○
北側斜線制限	○	○		○	○									
日影規制	○	○	○	○	○	○	○	○	○		○			○
絶対高さ制限	○	○	○											

解説

1. 道路斜線制限は全ての区域で適用される。（答：×）

本番問題に チャレンジ

過去問題を解いて、理解を確かなものにしよう。

問1 建築基準法に従い、下記＜資料＞の土地に耐火建築物を建てる場合、建築面積の最高限度（　ア　）と延べ面積（床面積の合計）の最高限度（　イ　）の組み合わせとして、正しいものはどれか。なお、＜資料＞に記載のない条件については一切考慮しないものとする。（2023年9月FP協会資産）

＜資料＞

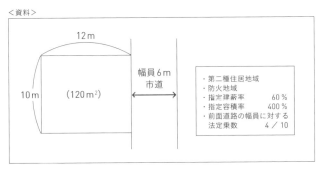

1.（ア）72m² （イ）288m²
2.（ア）72m² （イ）480m²
3.（ア）84m² （イ）288m²
4.（ア）84m² （イ）480m²

[　　]

問2 都市計画区域および準都市計画区域内における建築基準法の規定に関する次の記述のうち、最も不適切なものはどれか。（2023年5月）

1. 建築基準法第42条第2項により道路境界線とみなされる線と道路との間の敷地部分（セットバック部分）は、建蔽率および容積率を算定する際の敷地面積に算入することができない。

2. 第一種低層住居専用地域、第二種低層住居専用地域または田園住居地域内における建築物の高さは、原則として、10mまたは12mのうち都市計画で定められた限度を超えることができない。

3. 近隣商業地域、商業地域および工業地域においては、地方公共
　団体の条例で日影規制（日影による中高層の建築物の高さの制
　限）の対象区域として指定することができない。

4. 建築物が防火地域および準防火地域にわたる場合においては、
　原則として、その全部について防火地域内の建築物に関する規
　定が適用される。　　　　　　　　　　　　　　　　［　　］

解説1

（ア）　防火地域内に耐火建築物を建て場合、建蔽率の上限が緩和され10%
　　　加算となる。建蔽率は60％＋10％＝70％、建築面積の最高限度＝
　　　120m^2×70％＝84m^2

（イ）　前面道路の幅員が12m未満である場合、用途地域別に定められてい
　　　る指定容積率と以下の計算式で求める数値の小さい方の容積率を用
　　　いる。
　　　住居系用途地域：前面道路の幅員×4/10　6m×4/10×100＝240%
　　　400％＞240％
　　　延べ面積（床面積の合計）の最高限度＝120m^2×240％＝288m^2
　　　（答：3）

解説2

1.〜2. 4. は本文の通り。

3. 近隣商業地域は日影規制の適用対象地域に含まれる。よって不適切。
　（答：4）

建蔽率と容積率、最大建築面積と最大延べ面積、過去問を繰り返し
チャレンジして計算できるようにしましょう。

明日もファイトー！

17

学習日

/

国土利用計画法、農地法、土地区画整理法

国土利用計画法の概要や農地法の規制などを理解する。

国土利用計画法

◯ 総合的、計画的に国土を利用するための法律。

土地取引規制制度

◯ 土地取引の規制に関する措置。

◯ 全国に一般的に適用される事後届出制、地価の上昇の程度等によって区域や期間を限定して適用される事前届出制である注視区域制度と監視区域制度、許可制である規制区域制度から構成されている。

制度	区域等	区域	届出が必要な面積	許可・届出先	届出時期	届出人
事後届出制	一定面積以上の取引	市街化区域	2,000㎡以上	都道府県知事に届出	契約締結後2週間以内	買主
		市街化区域以外の都市計画区域	5,000m²以上			
		都市計画区域外	1ha以上			
事前届出制	注視区域	市街化区域	2,000m²以上	都道府県知事に届出	契約締結前	買主と売主の両方
		市街化区域以外の都市計画区域	5,000m²以上			
		都市計画区域外	1ha以上			
	監視区域	都道府県知事が定める定める面積以上				
許可制	規制区域	必ず許可が必要	面積に関係ない	都道府県知事の許可	契約締結前（許可制）	

※各区域は都道府県知事が指定。
・注視区域：地価が相当な程度を超えて上昇した、もしくは、上昇するおそれがある地域。
・監視区域：地価が急激に上昇した、もしくは、上昇するおそれがある地域。
・規制区域：投機的取引が相当範囲で集中的に行われ、地価が急激に上昇した、もしくは、上昇するおそれがある地域。

表を覚える必要はありませんよ。制度が3種類あること、届出と許可の違いなど、赤字の部分を理解すれば大丈夫です。

土地の投機的取引や地価の高騰が、国民の生活に影響を及ぼさないようにしているんだ！

農地法

◯ 農地や採草牧草地の売買や転用等を規制し、農地等を守るための法律。

農地法上の分類	概要	許可・届出
権利の移動（3条）	農地や採草牧草地をそのまま売買する	農業委員会の許可
転用（4条）	農地を農地以外のものに転用する	都道府県知事の許可 ※農林水産大臣が指定する市町村の地域内での農地等の場合、指定市町村長の許可が必要
転用目的での権利の移動（5条）	農地を農地以外のものに転用するために権利を移動する	※市街化区域内の特例 市街化区域内の農地等の場合は、あらかじめ農業委員会に届出すれば、都道府県知事の許可は不要

※登記上は農地でなくても、現況が農地かどうかで判断する。

土地区画整理法

◯ 都市計画区域内で土地を整備して良好な環境をつくるための法律。
◯ 土地区画整理事業における開発行為は、都道府県知事等の許可は不要。
◯ 減歩：公共施設の整備等の目的で、土地の所有者から土地の一部を提供してもらうこと
◯ 換地（換地処分）：従来使用していた宅地を別の場所に移動してもらうこと。不公平が生じる場合は精算金が交付される。

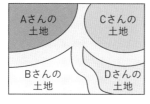

◯ 仮換地：換地の前に仮の換地として指定される土地のこと（仮換地が指定されると以前の土地は使用できなくなる。ただし、売買はできる）。
◯ 保留地：換地として定めず、売買目的で施工者が確保している土地。なお、売買代金は区画整理事業の費用に充てられる。

区分所有法

区分所有法の概要、敷地利用権や集会決議について学ぶ。

区分所有法（建物の区分所有等に関する法律）

☐ 集合住宅での建物の使用や管理に関して定めた法律。

区分所有権

☐ 区分所有建物（分譲マンションなど）は専有部分と共用部分に分けられる。このうち専有部分の所有権を区分所有権という。

☐ 共用部分には、法定共用部分と規約共用部分がある。

部分	内容			例
専有部分	区分所有者が専用で使える。区分所有権の対象となる建物の部分	専有部分の賃借人は、建物等の使用に関して、区分所有者と同一の義務を負う ※区分所有権は、登記することで第三者に対抗することができる		分譲マンションの居室、店舗、事務所など
共有部分	区分所有者が共同で利用する。専有部分以外の建物の部分	法定共用部分	法律上当然に、共用となる部分	共同玄関、エレベーター、バルコニー、階段、廊下など
		規約共用部分 ※登記をしなければ第三者に対抗できない	本来は専有部分だが、規約の定めにより共用とされた部分	集会室、管理人室、倉庫など

バルコニーは共有部分なんだ！

万が一の災害時に避難経路になるからなのよ。

共用部分の共有や持分割合

☐ 共用部分：原則として区分所有者が全員で共有。

☐ 持分割合：原則として、各区分所有者が所有する専有部分の床面積の割合で決まる。規約で別段の定めをすることが可能。

○×問題にチャレンジ

1 区分所有者が建物および建物が所在する土地と一体として管理または使用する庭、通路その他の土地は、規約により建物の敷地とすることができる。（2023年9月 改題）　　　[　　]

敷地利用権

◯ 住居など専有部分を所有するための土地を利用する権利。敷地利用権には所有権や地上権などがある。敷地についての共有持分のこと。

◯ 区分所有権と敷地利用権は分離して別々に処分はできない。規約で分離処分を許可した場合は可能。

集会決議

◯ 各区分所有者の意思決定は、集会の決議によって行われる。

◯ 区分所有者人数と専有部分の床面積の割合による議決権によって決議する。

Check!

集会決議の詳細

決議	区分所有者と議決権の割合	内容
普通決議	過半数の賛成	一般的事項 管理者の選任など
特別決議	$\frac{3}{4}$ 以上の賛成	規約の設定、変更、廃止 共用部分の変更（エレベーター設置など）
	$\frac{4}{5}$ 以上の賛成 ※規約で別段の定めができない	建替え

※規約：区分所有者が建物や敷地の使用等について定めるもの。

管理組合

◯ 区分所有者全員で行う建物等を管理するための団体。区分所有者は自動的に管理組合の構成員となり、任意に脱退することはできない。

◯ 区分所有建物の管理者は、年1回以上は集会を招集しなければならない。集会を招集する場合、開催日の1週間前に各区分所有に招集を通知する必要がある。

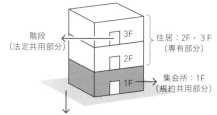

階段（法定共用部分）

住居：2F・3F（専有部分）

集会所：1F（規約共用部分）

区分所有建物の敷地（敷地利用権）

息抜きも大事だよ！

解説

1. 本文の通り。（答：◯）

不動産の税金

不動産は色々な場面で税金が課税される。それぞれの違いを理解する。

不動産取得時の税金

☐ 不動産を取得したときに課税される4種類の税金のこと。

不動産取得税

☐ 不動産を取得した場合、不動産がある都道府県が課税する地方税のこと。

課税主体	不動産がある都道府県（地方税）
納税義務者	不動産の取得者（個人・法人）
課税標準	固定資産税評価額
税額の計算	不動産取得税＝課税標準×税率
税率	本則は4％、2027年3月31日までに取得した場合は、特例として3％
課税対象	売買、交換、贈与、建築（増改築を含む）等により、土地や建物を取得したもの ※登記の有無は関係がない
課税されない場合	相続や遺贈、法人の合併などによる取得の場合

☐ 免税点：次の場合、課税されない。

取得した土地	課税標準価格が10万円未満	
取得した家屋	新築・増改築	1戸につき価格が23万円未満
	新築・増改築以外（売買、贈与など）	1戸につき価格が12万円未満

課税標準の特例

住宅	税額の計算	主な要件
新築住宅	不動産取得税＝（課税標準－1,200万円）×3％ ※長期優良住宅：1,300万円（2026年3月31日まで）	床面積：50m²（一戸建て以外の賃貸住宅の場合は40m²）以上240m²以下 賃貸住宅も可
中古住宅	不動産取得税＝（課税標準－控除額）×3％ ※新築時期で異なる控除額：100～1,200万円	床面積：50m²以上240m²以下、一定の耐震基準、賃貸住宅は不可
宅地	不動産取得税＝課税標準×$\frac{1}{2}$×3％ 一定の要件を満たす場合、さらに税額から一定額が軽減される（$\frac{1}{2}$控除の特例措置）	2027年3月31日までに土地や住宅を取得した場合

登録免許税

☐ 不動産の登記をするときに課税される国税。

☐ 権利部の登記を行う者が納付する。表題登記には課税されない。

課税主体	国（国税）			
納税義務者	不動産登記を受ける者（個人・法人）			
課税標準	固定資産税評価額（抵当権設定登記：債権金額）			
税額の計算	登録免許税＝課税標準×税率			
税率	登記事項		税率	軽減税率
	住宅用家屋	所有権保存登記	0.4%	0.15%
		所有権移転登記	2.0%（売買） 2.0%（贈与等） 0.4%（相続）	0.3% なし なし
		抵当権設定登記	0.4%	0.1%
	軽減税率は2027年3月31日まで。認定長期優良住宅等に係る特例措置：税率を一般住宅特例より引き下げ			
非課税登記	表題登記、滅失登記など			

※相続や遺贈、贈与、法人の合併による取得のときにも課税される。
※認定長期優良住宅・低炭素住宅に係る特例措置（所有権保存登記・所有権移転登記の税率➡0.1%）

印紙税

⬜ 課税文書を作成した場合、文書に印紙を貼付、消印して納税する国税。

課税主体	国（国税）
納税義務者	課税文書の作成者 売買契約書を売主・買主が所有する場合、双方の契約書に印紙が必要
課税対象	不動産売買契約書、土地の賃貸借契約書等 （仮契約書や念書等にも必要）
課税されない場合	建物の賃貸借契約書、不動産媒介契約書、国や地方公共団体が作成する文書など 記載金額が5万円未満の領収書など
税額	契約書に記載された契約金額に応じて異なる

※収入印紙の貼付がない場合、印紙税額の3倍（本来の税額＋2倍の税額）、消印がなかった場合、印紙の額面金額と同額の過怠税が課される。この場合でも契約は有効。

消費税

⬜ 不動産取引での課税関係は次の通り。

明日もファイトー！

	譲渡	貸付		仲介手数料
土地	課税されない	1か月以上の貸付をした場合の賃料は課税されない	1か月未満の貸付をした場合の賃料は課税される	課税される
建物	課税される （個人が売主の場合：課税されない）	居住用建物	課税されない	
		居住用以外の建物	課税される	

不動産保有時の税金

不動産を保有している時に課税される税金には**2種類**ある。

固定資産税

○ 不動産を所有している場合、課税される地方税。幅広い用途に使われる。

課税主体	不動産がある市町村（地方税）
納税義務者	1月1日に固定資産課税台帳に登録されている者
課税標準	固定資産税評価額（3年ごとに見直し）
税額の計算	固定資産税＝課税標準×1.4％ 条例によって異なる税率に変更できる
納期	都市計画税と合わせて年4回に分割して納付（第1期に全額を納付することも可能）

※年の途中で売却した場合、1月1日に固定資産課税台帳に記載されている者が全額を支払う。実務上は、売主と買主の間で按分して負担する。

課税標準の特例

○ 小規模 住宅用地	200m² 以下の部分	固定資産税＝課税標準×$\frac{1}{6}$×1.4％
	【計算例】300m²の宅地の固定資産税＝（200m²×$\frac{1}{6}$＋100m²×$\frac{1}{3}$）×1.4％	
○ 一般 住宅用地	200m² 超の部分で床面積の10倍 までの部分	固定資産税＝課税標準×$\frac{1}{3}$×1.4％

※居住用だけでなく、賃貸住宅の用地にも適用される。

新築住宅の税額減額特例（**2026年3月31日**まで）

○ 新築住宅 （一戸建て）	居住用部分の床面積50m²以上 280m²以下で、床面積120m² 以下の部分	固定資産税×$\frac{1}{2}$	3年間 認定長期優良住宅：5年
○ 新築中高層住宅 （耐火構造等）			5年間 認定長期優良住宅：7年

○×問題にチャレンジ

1 固定資産税の納税義務者が、年の中途にその課税対象となっている家屋を取り壊した場合であっても、当該家屋に係るその年度分の固定資産税の全額を納付する義務がある。(2023年5月 改題)　[　　　]

タワーマンションの課税

リボンを
チェック！

○ 居住用超高層建築物（高さ60m以上の建築物、複数の階に住戸が所在しているもの）の固定資産税（居住用超高層建築物全体に係る固定資産税額）では、各区分所有者に按分する際に用いる各区分所有者の専有部分の床面積に、一定の補正率を反映して計算する（2024年1月1日以降、評価方法が変更）。

> タワーマンション高層階と低層階の売買価格等に差があるため、固定資産税額の不公平感を解消することを目的として見直しされました。補正率を反映して計算するので、高層階は固定資産税が高くなります。

Chapter 5-20 | 不動産保有時の税金

都市計画税

○ 公園や道路など都市計画事業等の費用とするため課税する地方税。

○ 課税主体	不動産がある市町村（地方税）
○ 納税義務者	市街化区域内の土地・建物の所有者 1月1日に固定資産課税台帳に登録されている者
○ 課税標準	固定資産税評価額
○ 税額の計算	都市計画税＝課税標準×0.3%（上限） 0.3%を上限として、条例によって下げることができる
○ 納付	固定資産税と合わせて納付

課税標準の特例

○ 小規模住宅用地	200m²以下の部分	都市計画税＝課税標準×$\frac{1}{3}$×0.3%
○ 一般住宅用地	200m²超で床面積の10倍までの部分	都市計画税＝課税標準×$\frac{2}{3}$×0.3%

> がんばった！

解説

1. 固定資産税の納税義務者は、1月1日に固定資産課税台帳に登録されている者であり、納付する義務がある。（答：○）

不動産譲渡時の税金

長期譲渡所得や短期譲渡所得の違い、計算方法は大切なポイントである。

不動産の譲渡所得

☐ 土地や建物などを譲渡（売却）して所得を得た場合、譲渡所得となり所得税や住民税が課税される。この場合の譲渡所得は分離課税となる。

☐ 短期譲渡所得と長期譲渡所得

所得の種類	譲渡した年の1月1日時点で判断する	税率
短期譲渡所得	所有期間が5年以下	39.63％（所得税30％、復興特別所得税0.63％、住民税9％）
長期譲渡所得	所有期間が5年超	20.315％（所得税15％、復興特別所得税0.315％、住民税5％）

不動産の取得日・譲渡日

判定に用いる日	原則	例外
取得日	資産の引渡しを受けた日	選択により契約の効力発生日とすることも可 相続や贈与により取得した場合：被相続人や贈与者の取得日を引き継ぐ
譲渡日	資産を譲渡した日	選択により契約の効力発生日とすることも可

○×問題にチャレンジ

1 相続により取得した土地を譲渡した場合、その土地の所有期間を判定する際の取得の日は、相続人が当該相続を登記原因として所有権移転登記をした日である。（2023年9月 改題） [　　]

2 土地の譲渡に係る所得については、その土地を譲渡した日の属する年の1月1日における所有期間が5年以下の場合、短期譲渡所得に区分される。（2023年9月 改題） [　　]

3 譲渡所得の金額の計算上、譲渡した土地の取得費が不明な場合には、譲渡収入金額の5％相当額を取得費とすることができる（2023年9月 改題） [　　]

譲渡所得の計算

○ 譲渡所得＝総収入金額ー（取得費＋譲渡費用）

総収入金額	譲渡（売却）時の譲渡価額の合計金額
取得費	譲渡した土地や建物の購入代金、購入時の仲介手数料、建築代金、設備費などの合計金額から減価償却費相当額を差し引いた金額 取得（購入・贈与・相続）時に納付した登録免許税、印紙税、不動産取得税
譲渡費用	譲渡時に支出した仲介手数料、売主負担の印紙税、取壊費用、賃借人に支払う立退料、売却のための広告費など。 ※固定資産税や都市計画税、修繕費などは譲渡費用に含まれない （資産の維持・管理のためにかかった費用は譲渡費用とならない）

概算取得費

○ 取得費が不明な場合や実際の取得費が購入代金の5％を下回る場合、譲渡収入金額の5％を取得費とすることができる。

収用等により土地建物を売ったときの特例（譲渡所得から最高5,000万円までの特別控除を差し引く特例）

○ 土地収用法など収用権が認められている公共事業のために土地や建物を売った場合、収用などの課税の特例を受けることができる。

○ 一定の要件を満たした場合、特別控除として5,000万円まで差し引くことができる。

息抜きも大事だよ！

解説

1. 相続や贈与により取得した場合：被相続人や贈与者の取得日を引き継ぐ。
（答：×）

2. 本文の通り。（答：○）

3. 本文の通り。（答：○）

22

居住用財産の譲渡の特例

居住用財産の特例の種類や概要を理解することが大切。

居住用財産を譲渡した場合の3,000万円の特別控除の特例

☐ 課税譲渡所得＝譲渡所得金額（譲渡益）－特別控除（3,000万円）

適用のポイント	・居住用財産（自宅や敷地など）を譲渡した場合、譲渡所得から最高3,000万円まで控除ができる特例 ・居住用財産の譲渡であること（店舗併用住宅の場合：居住用部分が90％以上） ・居住期間や保有期間に制限はなく、短期譲渡でも長期譲渡でも利用可能 ・居住しなくなってから3年を経過した年の12月31日までの譲渡であること ・住宅など夫婦共有名義の場合、それぞれが最高3,000万円まで控除できる（合計6,000万円まで控除できる） ・控除後に譲渡所得がなく課税されない場合でも確定申告が必要 ・居住用財産の軽減税率の特例と併用できる
適用されない場合	・特別関係者（配偶者・直系血族など）への譲渡である場合 ・前年や前々年にこの特例を受けている場合（3年に1度しか適用できない） ・譲渡した年や前年、前々年に居住用財産の買換え特例、譲渡損失の繰越控除などの特例の適用を受けている場合

居住用財産を譲渡した場合の長期譲渡所得の課税の特例

☐ 所有期間が10年を超える居住用財産を譲渡した場合、3,000万円特別控除後の金額に、さらに長期譲渡所得の軽減税率が適用される

課税長期譲渡所得金額	軽減税率
6,000万円以下	14.21％（所得税10％、復興特別所得税0.21％、住民税4％）
6,000万円超	20.315％（所得税15％、復興特別所得税0.315％、住民税5％）

○×問題にチャレンジ

1　3,000万円特別控除は、居住用財産を配偶者に譲渡した場合には適用を受けることができない。（2023年1月 改題）　　　　[　　]

特定の居住用財産の買換えの特例

☐ 所有期間が10年を超える居住用財産を買換えた場合、譲渡益に対する課税を将来に繰り延べることができる。

☐ 譲渡した資産価額よりも取得した資産の取得価額の方が高い場合、譲渡はなかったものとされる。取得した資産の取得価額の方が低い場合、差額分が譲渡益として課税される。

譲渡する居住用財産の要件	・売却した年の1月1日時点で所有期間が10年超、居住期間の合計が10年以上であること ・資産の売却金額が1億円以下であること ・2025年12月末までの譲渡であること
取得する居住用財産の要件	・居住用部分の床面積が50m²以上、敷地面積が500m²以下であること ・中古住宅は築25年以内であること ・譲渡した年の前年から翌年までの3年間に買換え資産を取得し、取得年の翌年末までに居住開始すること
適用のポイント	・買換え特例と3,000万円特別控除・居住用財産の譲渡による軽減税率の特例は併用できないため、どちらか一方を選択する ・この特例を受けて譲渡所得がなくなる場合でも確定申告は必要
適用されない場合	・特別関係者（配偶者・直系血族など）への譲渡である場合 ・控除後に譲渡所得がなく課税されない場合でも確定申告が必要

☐譲渡資産の譲渡価額≦買換え資産の取得価額：
　譲渡はなかったとみなされ、課税は繰り延べられる。

4,000万円　　　　買換え　　　　5,500万円
　　　　　　　　　≦

☐譲渡資産の譲渡価額＞買換え資産の取得価額：
　差額分（**1,500万円**）が譲渡益とみなされ、課税される。

5,500万円　　　　買換え　　　　4,000万円
　　　　　　　　　＞

解説

1. 本文の通り。（答：○）

明日もファイトー！

その他の譲渡の特例

損益通算やその他の特例も理解できるように学習する。

居住用財産買換え等の場合の譲渡損失の損益通算及び繰越控除の特例

○ 所有期間が5年を超える居住用財産を譲渡して、譲渡損失が発生した場合、その他の所得と損益通算できる。損益通算をしても損失が残る場合、翌年以降3年間にわたって繰越控除できる。

適用のポイント	• 譲渡した年の1月1日時点で所有期間が5年を超えていること • 2025年12月末までの譲渡であること • 控除を受ける年の年末時点で、取得した居住用財産に10年以上の住宅ローンの残高があること • 対象者の合計所得が繰越控除する年に3,000万円以下であること

特例のまとめ

	所有期間	居住期間	併用できる特例
居住用財産の3,000万円の特別控除	要件なし		居住用財産の3,000万円の特別控除と軽減税率の特例は併用可
軽減税率の特例	10年超	要件なし	
居住用財産の買換え特例		10年以上	併用不可
居住用財産の買換え等の場合の譲渡損失の繰越控除	5年超	要件なし	住宅ローン控除と併用可

いろいろ特例があるけど、まとめの表で整理して覚えればいいね。

○×問題にチャレンジ

1 3,000万円特別控除は、譲渡した居住用財産の所有期間が、譲渡した日の属する年の1月1日において10年を超えていなければ、適用を受けることができない。（2023年1月 改題） [　　]

2 軽減税率の特例では、課税長期譲渡所得金額のうち6,000万円以下の部分の金額について、所得税（復興特別所得税を含む）10.21％、住民税4％の軽減税率が適用される。（2023年1月 改題） [　　]

3 3,000万円特別控除と軽減税率の特例は、重複して適用を受けることができる。（2023年1月 改題） [　　]

被相続人の居住用財産（空き家）に係る譲渡所得の
特別控除の特例

☐ 被相続人の居住用財産（空き家）を相続した相続人が、その家屋または
撤去した土地を譲渡した場合、譲渡所得から3,000万円を控除できる。

☐ 課税譲渡所得＝譲渡所得金額（譲渡益）－特別控除（3,000万円）

適用のポイント	・相続開始日から3年を経過する年の12月31日までの譲渡であること ・譲渡金額が1億円以下であること ・相続開始直前まで被相続人が1人で居住しており、その後、譲渡時まで居住等で使用されていないこと ・1981年5月31日以前に建築された建物であること ・マンションなど区分所有建物でないこと ・2027年12月31日までの譲渡であること

相続税の取得費加算と選択適用となる　※Chapter6 Lesson22参照

低未利用土地等を譲渡した場合の長期譲渡所得の特別控除

☐ 都市計画区域内にある一定の低未利用土地等を譲渡した場合、譲渡所
得から100万円を控除できる。

適用のポイント	・建物等も含めて譲渡した金額が500万円以下（一定の場合は800万円以下）であること ・譲渡した年の1月1日時点で、所有期間が5年を超えていること ・2020年7月1日から2025年12月31日までの間の譲渡であること ・低未利用土地等に該当することや譲渡後の利用について、所在地の市区町村長の確認を得ていること

※ 低未利用土地等：空き地や空き家、一時的な資材置場等、利用されていない土地など

がんばった！

解説

1. 3,000万円特別控除は、所有期間の要件はない。（答：×）

2. 本文の通り。（答：○）

3. 本文の通り。（答：○）

本番問題に チャレンジ

過去問題を解いて、理解を確かなものにしよう。

⬜ **問1** 下記＜資料＞は、近藤さんが購入を検討している中古マンションのインターネット上の広告（抜粋）である。この広告の内容等に関する次の記述のうち、最も適切なものはどれか。（2023年5月FP協会 資産 改題）

＜資料＞

販売価格	7,980万円	所在地	◎◎県□□市○○町1−5
交通	△△線◇◇駅から徒歩2分	間取り	2LDK
専有面積	54.28m^2（壁芯）	バルコニー面積	8.40m^2
階／階建て	24階／32階	築年月	2016年10月
総戸数	288戸	構造	鉄筋コンクリート造
管理費	15,800円／月	修繕積立金	9,600円／月
土地権利	所有権	取引形態	媒介

1. この広告の物件は専有部分と共用部分により構成されるが、バルコニーは専有部分に当たる。
2. この広告の物件の専有面積として記載されている壁芯面積は、登記簿上の内法面積より大きい。
3. この広告の物件を購入した場合、近藤さんは管理組合の構成員になるかどうかを選択できる。
4. この広告の物件を購入した場合、購入前になされた集会の決議については、近藤さんにその効力は及ばない。 [　　　]

⬜ **問2** 小山さんは、FPで税理士でもある牧村さんに固定資産税について質問をした。下記の空欄（ア）〜（エ）にあてはまる語句を語群の中から選び、その番号のみを解答欄に記入しなさい。なお、同じ番号を何度選んでもよいこととする。（2023年1月FP協会 資産）

> 小山さん：「マイホームを購入する予定です。固定資産税について、教えてください。」
> 牧村さん：「固定資産税は、毎年（　ア　）現在の土地や家屋などの所有者に課される税金です。」

小山さん：「今、新築住宅には、固定資産税が軽減される制度があると聞きました。」

牧村さん：「新築住宅が一定の要件を満たす場合は、新築後の一定期間、一戸当たり120m²相当分の固定資産税が（　イ　）に減額されます。」

小山さん：「固定資産税には、住宅用地についての特例があるとも聞いています。」

牧村さん：「そのとおりです。一定の要件を満たす住宅が建っている住宅用地（小規模住宅用地）については、一戸当たり（　ウ　）までの部分について、固定資産税の課税標準額が、固定資産税評価額の（　エ　）になる特例があります。」

＜語群＞

1. 1月1日　　2. 4月1日　　3. 7月1日　　4. 2分の1　　5. 3分の1

6. 6分の1　　7. 200m²　　8. 280m²　　9. 330m²

ア［　　　］イ［　　　］ウ［　　　］エ［　　　］

解説1

1. バルコニーやベランダは、階段や廊下と同じように共用部分となる。よって不適切。

2. マンションの専有部分の床面積は、登記簿上、内法面積で表示されているが、マンションのパンフレットなどでは壁芯面積で表示されるため、面積が大きく表示される。適切。

3. マンションの購入者は、区分所有者として自動的に管理組合の構成員となる。構成員になるかどうかを選択することはできない。よって不適切。

4. 物件の購入前に行われた集会の決議や規約設定の効力は及ぶ。買主は売主が有していた規約や集会の決議による権利義務を承継する。よって不適切。（答：2）

解説2

（ア）固定資産税の納税義務者は、1月1日に固定資産課税台帳に登録されている者。（答：1）

（イ）新築住宅は、床面積50m²以上280m²以下で床面積120m²以下の部分について、固定資産税が1/2となる特例がある。（答：4）

（ウ）200m²。（答：7）

（エ）小規模住宅用地で200m²以下の部分について、課税標準が1/6となる特例がある。（答：6）

息抜きも大事だよ！

本番問題に チャレンジ

過去問題を解いて、理解を確かなものにしよう。

問1　不動産取得税に関する次の記述の空欄（ア）〜（エ）にあてはまる語句を語群の中から選び、その番号のみを解答欄に記入しなさい。（2023年9月FP協会 資産）

不動産取得税は、原則として不動産の所有権を取得した者に対して、その不動産が所在する（　ア　）が課税するものであるが、相続や（　イ　）等を原因とする取得の場合は非課税となる。課税標準は、原則として（　ウ　）である。また、一定の条件を満たした新築住宅（認定長期優良住宅ではない）を取得した場合、課税標準から1戸当たり（　エ　）を控除することができる。

＜語群＞
1. 市町村　　2. 都道府県　　3. 国税局　　4 贈与　　5. 売買
6. 法人の合併　　7. 固定資産税評価額　　8. 公示価格　9. 時価
10. 1,000万円　　11. 1,200万円　　12. 1,500万円
ア［　　］イ［　　］ウ［　　］エ［　　］

問2　橋口さんは、自身の居住用財産である土地・建物の譲渡を予定しており、FPで税理士でもある吉田さんに居住用財産を譲渡した場合の3,000万円特別控除の特例（以下「本特例」という）について質問をした。下記＜資料＞に基づく本特例に関する次の（ア）〜（エ）の記述について、適切なものには○、不適切なものには×を解答欄に記入しなさい。（2023年9月FP協会 資産 改題）
＜資料＞

土地・建物の所在地：○○県××市△△町1－2－3
取得日：2021年2月4日
取得費：2,500万円
譲渡時期：2024年中
譲渡金額：3,200万円

（ア）「2021年に本特例の適用を受けていた場合、2024年に本特例の適用を受けることはできません。」　［　　］
（イ）「橋口さんの2024年の合計所得金額が3,000万円を超える場合、本特例の適用を受けることはできません。」　［　　］

（ウ）「譲渡先が橋口さんの配偶者や直系血族の場合、本特例の適用
　　　を受けることはできません。」　　　　　　　　　　　　　[　　]

（エ）「本特例の適用を受けられる場合であっても、譲渡益が3,000
　　　万円に満たないときは、その譲渡益に相当する金額が控除額
　　　になります。」　　　　　　　　　　　　　　　　　　　　[　　]

◯ **問3**　次の記述について、正誤（◯×）を答えなさい。（2023年9月 改題）

1. 不動産取得税は、土地の取得について所有権移転登記が未登記
　であっても、当該取得に対して課される。　　　　　　　　　　[　　]

2. 登録免許税は、建物を新築した場合の建物表題登記に対して課
　される。　　　　　　　　　　　　　　　　　　　　　　　　　[　　]

3. 登録免許税は、贈与により不動産を取得した場合の所有権移転
　登記に対して課される。　　　　　　　　　　　　　　　　　　[　　]

解説1

（ア）不動産が所在する都道府県が課税する地方税。（答：2）

（イ）相続や遺贈、法人の合併等による不動産の取得は課税されない。（答：6）

（ウ）不動産取得税の課税標準は、固定資産税評価額である。（答：7）

（エ）床面積が50m²以上240m²以下などの一定の要件を満たす新築住宅を
　　　取得した場合、課税標準の特例として、固定資産税評価額から1,200
　　　万円を控除できる。（答：11）

解説2

（ア）本特例は3年に1回しか適用できない。2021年に適用を受けていた場
　　　合、3年前であるため2024年は適用を受けることができる。（答：×）

（イ）本特例には合計所得金額による制限はない。（答：×）

（ウ）本文の通り。（答：◯）

（エ）本特例は、最高3,000万円を控除できる。譲渡益が2,000万円であれば、
　　　2,000万円が控除額となる。（答：◯）

解説3

1. 本文の通り。（答：◯）

2. 登録免許税は、表題登記には課税されない。（答：×）

3. 本文の通り。（答：◯）

明日もファイトー！

不動産の有効活用

不動産の有効活用である**6**つの事業方式について学習する。

事業方式による土地の有効活用

⬭ 自己建設方式

概要		土地所有者が自分で自分の所有する土地に建物を建設して、賃貸業を行う方法。企画・資金調達・管理運営まで全て自分で行う
特徴	メリット	土地所有者が収益の全てを受け取ることができる
	デメリット	建設・管理まで自分で行うため、リスクが高い
資金負担		土地所有者

⬭ 事業受託方式

概要		土地所有者が資金調達して、デベロッパー（不動産開発業者）に企画、建物の建設、管理運営まで事業の全てを任せる方法。 賃料は土地所有者が受け取る
特徴	メリット	全てデベロッパーが行うため、専門知識は不要
	デメリット	委託して行うため、デベロッパーに報酬を支払う必要がある
資金負担		土地所有者

⬭ 土地信託方式

概要		土地所有者が信託銀行に土地を信託して、信託銀行が資金調達から企画立案・建物の建設・管理運営を行う方法。土地所有者は信託配当を受け取る 信託終了時に土地・建物が返還され、登記上の名義も土地所有者に戻される
特徴	メリット	事業一切を信託銀行に任せられる
	デメリット	信託報酬を支払う必要がある。運用実績に応じた配当で保証されない
資金負担		信託銀行

たくさんあって覚えられない……。

それぞれのキーワードをヒントに、その方式を選択できれば大丈夫！

☐ 等価交換方式

概要	土地所有者が土地を提供して、その土地にデベロッパーが資金を負担して建物を建設する。建設費用と土地価額の出資割合に応じて、土地と建物の権利を分ける方法 全部譲渡方式と部分譲渡方式がある

全部譲渡方式

土地を全て
譲渡

譲渡した土地の価額分だけ土地と建物を受け取る

部分譲渡方式

土地の一部を
譲渡

譲渡した土地の価額分だけ建物を受け取る

特徴	メリット	土地を譲渡するため、資金負担がない
	デメリット	土地をデベロッパーと共有しなくてはならない
資金負担		デベロッパー

☐ 定期借地権方式

概要	土地所有者が定期借地権を設定した土地を一定期間賃貸して、地代を受け取る方法。契約終了時は更地で返還される。

特徴	メリット	資金負担がなく、手間がかからない
	デメリット	土地を長期にわたって、他のものへ転用できない可能性がある
資金負担		借地人

☐ 建設協力金方式

概要	建物に入居予定の借主（テナント）等から保証金や建設協力金を借り受けて、建物の全部または一部の建設資金に充当し、土地所有者が建物を建設する方法 テナントから保証金を差し引いた賃料を受け取る

特徴	メリット	土地所有者は建設資金の借入れ等の必要がない
	デメリット	テナントが撤退した場合、処理が複雑となる
資金負担		テナント（土地所有者が一部を負担する場合もある）

がんばった！

不動産投資の形態

不動産投資の形態について、それぞれどういうものかを理解する。

現物不動産投資

☐ マンション等現物の不動産を所有して、投資をする形態のこと。
☐ アパートやマンションの経営

メリット	安定的な収入が見込める 専門的な知識を必要としない
デメリット	空室となる可能性や管理コストがかかる問題点がある
その他	駅に近い等、利便性や環境などの立地条件に左右される

☐ オフィスビルの経営

メリット	賃貸マンションより収益性が高い
デメリット	法人が対象となるため、景気変動の影響を受けやすい
その他	立地条件に影響される

☐ 駐車場経営

メリット	借地権や借家権が発生しない
デメリット	減税措置がなく、固定資産税が高くなる 相続税評価が高くなる
その他	青空駐車場や立体駐車場、月極駐車場や時間貸駐車場など選択肢がある

証券化不動産投資

☐ 不動産を担保として証券等を発行して、不特定多数の投資家がその証券に投資することで資金調達を行う形態のこと。
☐ 不動産の所有者がSPC（特定目的会社）を設立して、不動産を譲渡して、証券を発行するしくみ。

不動産の証券化のメリット

☐ 少額からの投資や複数の不動産への分散投資が可能。
☐ 不動産の流動性・換金性が高くなる。

不動産投資信託（J－REIT）

- [ ] 不動産証券化のひとつで、不動産に投資することを目的とした投信信託。
- [ ] 投資家から集めた資金を不動産等に投資して、その売却益や賃料収入等を配当として投資家に分配するしくみ。会社型投資信託（投資法人）の形態。
- [ ] J－REITはクローズド・エンド型で取引所に上場されており、一般の投資家も市場で売買が可能。
- [ ] 基本的に上場株式と同様の取扱い。分配金は配当所得となるが、配当控除の適用はない。指値注文や成行注文も可能。（Chapter3 Lesson32参照）

小口化不動産投資

- [ ] 不動産の権利を小口化して、複数の投資家が不動産に出資する。共同で1つの不動産に投資して、共有持分を所有して運用する形態。

不動産クラウドファンディング

- [ ] 小口化不動産投資のひとつ。インターネットを使用して投資家から資金調達を行い、集まった資金で事業者が不動産を購入して運営する。得た利益は投資家に分配される。

不動産が証券化できるなんて知らなかった！

不動産証券化の歴史は日本ではまだ浅いの。バブル崩壊後の不良債権問題があり、債権の担保になっていた不動産の処分を進めやすくするために導入されたのが「証券化」。不動産証券化のためのしくみ作りに必要となる各種の法制度が整備されてきたわ。

息抜きも大事だよ！

本番問題にチャレンジ

過去問題を解いて、理解を確かなものにしよう。

○ **問1** 不動産の有効活用の一般的な特徴に関する次の記述のうち、最も不適切なものはどれか。（2023年1月）

1. 事業受託方式は、土地有効活用の企画、建設会社の選定および土地上に建設する建物の管理・運営をデベロッパーに任せることができるが、建設資金の調達は土地所有者が行う必要がある。

2. 建設協力金方式は、土地所有者が、建設する建物を貸し付ける予定のテナントから、建設資金の全部または一部を借り受けてビルや店舗等を建設する方式である。

3. 定期借地権方式では、土地所有者は土地を一定期間貸し付けることによって地代収入を得ることができ、当該土地上に建設される建物の建設資金を調達する必要はない。

4. 等価交換方式では、土地所有者は土地の出資割合に応じて、建設される建物の一部を取得することができるが、建設資金の調達は土地所有者が行う必要がある。 [   ]

○ **問2** 建築基準法に従い、下記＜資料＞の土地に建築物を建てる場合の延べ面積（床面積の合計）の最高限度を計算しなさい。なお、記載のない条件は一切考慮しないこととする。また、解答に当たっては、単位はm²とすること。（2023年5月FP協会 資産 改題）

[   ]m²

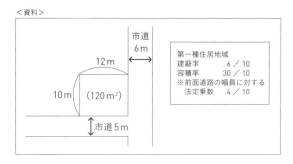

＜資料＞

市道 6m

12m

10m　（120m²）

市道 5m

第一種住居地域
建蔽率　　　6／10
容積率　　　30／10
※前面道路の幅員に対する
　法定乗数　4／10

○**問3** 建築基準法に従い、下記＜資料＞の土地に建物を建てる場合の建築面積の最高限度を計算しなさい。なお、＜資料＞に記載のない条件については一切考慮しないこととする。また、解答に当たっては、単位はm²とすること。（2023年1月FP協会 資産 改題）

[　]m²

リボンを
チェック！

＜資料＞

解説1

1〜3は本文の通り。

4. 等価交換方式では、建設資金の調達はデベロッパーが行う。よって不適切。（答：4）

解説2

建物の延べ面積の限度は、敷地面積×容積率

前面道路の幅員が12m未満である場合、用途地域別に定められている指定容積率と以下の計算式で求める数値の小さい方の容積率を用いる。

前面道路の幅員：2つの道路に接している場合、幅の広い方が前面道路

住居系用途地域：前面道路の幅員$\times \dfrac{4}{10}$　$6m \times \dfrac{4}{10} \times 100 = 240\%$

300％＞240％

延べ面積（床面積の合計）の最高限度＝120m²×240％＝288m²

（答：288m²）

解説3

建築面積の最高限度額は敷地面積×建蔽率

準住居地域の部分：180m²×60％＝108m²

近隣商業地域の部分：60m²×80％＝48m²

108m²＋48m²＝156m²（答：156m²）

明日もファイトー！

家も年をとる⁉

住宅を購入すると、保有中に税金や保険料等の経費（維持費）がかかることは以前お伝えしましたが、同時に、メンテナンスに関するお金についても考えておく必要があります。

例えば新築一戸建てを購入した場合、固定資産税や火災保険料等で大体年間数十万円の維持費がかかると言われますが、10年目以降くらいになると、外壁塗装や水回りの設備交換等、数十万円単位のメンテナンスが必要になってきます。

マンションの場合は、固定資産税や火災保険料の他、共用部分の清掃や各種定期点検等の費用として管理費を毎月支払います。それとは別に、修繕積立金の拠出があります。マンションの大規模修繕は十数年に1回程度と言われますが、積立金不足により追加の拠出が必要なケースも出ています。年金生活に入ってから大きなお金が必要となると、ライフプランが狂う可能性もあります。早いうちから様々な可能性を考え、備えていきたいですね。

Chapter 6

相続・事業承継

Chapter 6では、相続と贈与について学ぶ。また3級にはなかった内容として、中小企業オーナー等の事業承継対策・相続対策について学ぶ。相続、贈与は、民法と相続税法の2つの法律が関係してくる。法律により規定が異なる場合があるので、違いをしっかり押さえよう。

3級より計算問題が増える。相続税額、宅地等の相続税評価額、小規模宅地の特例を使った計算問題は頻出。繰り返して解いて理解しよう。

アクセスキー **Z** (大文字のゼット)

バタ子さん、相続について考える

バタ子さん、マサエさんとアキコさんを見かけて、駆け寄ってきました。何か話したいことがある様子です……。

マサエさん、アキコさん、こんにちは。ちょっと聞いてください！

バタ子ちゃん、息を切らせてどうしたの？

私の母の妹がおひとり様でずっと独身なんですけど、この間「もっと年をとったら、バタ子ちゃんに色々なことをお願いしないとね」って言われたんです。「私は遺書も用意しているし、後見をどうするかとか、後のことを色々考えているのよ」って言われて……。

独身の親戚の面倒を甥っ子や姪っ子が見るケース、世間的にもすごく増えているわね。バタ子ちゃんは、叔母様とは親しいの？ まだ叔母様もお若いでしょうから、早めに声をかけてくださったのかもね。

はい、叔母とは結構仲良しで、これまでも色々気にかけてもらっているので、私もできることはしたいな、って思っています。でも、何から手を付けたらいいのか……。

実際そうなるのはまだ少し先だと思うけれど、親の財産管理と相続の問題は、私たちもよくご相談を受けますよ。

年を重ねて認知症が進むと、預金を下ろすとか、亡くなった他のきょうだいの遺産分割協議書に印鑑を押すとか、以前できたことができなくなってしまう場合があるの。

例えば、預金を下ろせなくなると、親は自分の財産を使えなくなってしまう。そうすると、親の介護費用を子どもたちが負担するのか？ という問題が出てきたりするわ。

親が自分たちのお金を使えないって、それまずいですよね。

リボンを
チェック！

そう、だから、そうならないように早めに対策を考えておくことが大切よ。

まずは、基本に立ち返って、相続についてもう一度勉強してみたらどうかしら？ 私たちが講師をした3級FP講座でも、親の相続をきっかけに受講されるケースが多いですよ。

なるほど！ 転ばぬ先の杖。早めに知っておくこと、大切ですね。私もまずは改めて勉強してみて、次に「我が家の場合は？」を考えてみたいと思います！

贈与の基本

贈与の概要と種類や違い、特例について学習する。

贈与の概要

☐ 自分の財産を無償で相手に与える契約。

☐ 相手が合意することによって成立する。

贈与契約の違い

☐ 口頭での贈与契約	契約履行前：撤回できる 契約履行後：撤回できない
☐ 書面での贈与契約	相手方の承諾がなければ撤回できない
☐ 夫婦間の贈与契約	第三者の権利を侵害しない限り、婚姻期間中はいつでも、夫婦の一方から取り消すことが可能

贈与の種類

種類	定義	ケース	ポイント
定期贈与	定期的に一定額の財産を贈与	毎年100万円を10年間贈与する	贈与者・受贈者※の一方が死亡した場合に効力を失う
負担付贈与	受贈者に一定の債務を負わせる贈与	不動産を贈与するかわりに、住宅ローンを引き継ぐ	受贈者が債務を履行しない場合、贈与者は契約を解除できる
死因贈与	贈与者が死亡することによって効力が発生する贈与契約（双方の合意が必要）	私が死んだら、この家を贈与する	贈与税ではなく、相続税の対象。原則、遺言で取り消すことができる
単純贈与	上記以外の贈与		

※贈与者：贈与する人、受贈者：財産を受け取る人

○×問題にチャレンジ

1 書面によらない贈与は、その履行の終わった部分についても、各当事者が解除をすることができる。（2023年9月 改題） 　[　]

2 負担付贈与とは、贈与者が受贈者に対して一定の債務を負担させることを条件とする贈与をいい、その受贈者の負担により利益を受けるものは贈与者に限られる。（2023年9月 改題） 　[　]

贈与税の納税義務者

☐ 個人からの贈与により財産を取得した個人。

☐ 個人が法人から贈与された場合は所得税、法人が個人から贈与された場合は法人税の課税対象。

☐ 国内に住所がある個人から国内外の財産を贈与により取得した場合、取得した者に日本国籍があるか国内に住所があるかに関わらず、国内外全ての財産が課税対象。

リボンをチェック！

贈与税の課税財産

課税財産		例	
本来の贈与財産 （民法上の贈与に あたる取得財産）	実際の贈与によって取得した財産。金銭に換算できる経済的価値のあるもの	現金、預貯金、有価証券、不動産など	
みなし贈与財産 （税法上、贈与を受けたとみなす財産）	贈与により取得した財産ではないが、実際に贈与を受けた場合と同様のものとみなして課税される財産	生命保険金	保険料負担者以外の者が保険金を受け取った場合の保険金額
		低額譲渡	個人間で時価よりも著しく低い価額で財産を譲り受けた場合の時価との差額
		債務免除	債務を免除してもらった場合の免除金額（返済が困難だとみなされた部分については、贈与税の課税対象外となる）

お金や不動産だけでなく、有価証券や生命保険金も贈与の対象になるんだね！

明日もファイトー！

解説

1. 書面によらない口約束などの贈与契約は、履行の終わった部分については解除できない。（答：×）

2. 受贈者の負担により利益を受けるものは贈与者に限らない。第三者が利益を受ける場合もある。（答：×）

贈与財産に関する注意点

贈与税が非課税になる場合や申告と納付についての基本を学ぶ。

贈与税の非課税財産

☐ 次の場合は、贈与税が課税されない。

扶養義務者からの生活費や教育費	通常必要とされる範囲での金額であれば贈与税は課税されない。仕送りであっても、子がその資金で資産運用等を行った場合は課税される場合もある
法人から贈与された財産	贈与税は非課税だが、所得税や住民税の課税対象 雇用関係あり：給与所得、雇用関係なし：一時所得
香典・祝い金・見舞金等	社交上必要と認められる範囲を超えている場合、課税される場合もある
離婚に伴う財産分与や慰謝料	夫婦で婚姻中に築いてきた財産の範囲を超える財産分与である場合、贈与とみなされる
相続や遺贈により取得した財産	財産を取得した者が、相続開始年にすでに被相続人から受けていた贈与財産は、相続税の課税対象
特定贈与信託により信託された財産	一定額（上限6,000万円）まで非課税 ※特定贈与信託：特定障害者（重度の心身障害者等）の生活の安定を図る目的で、家族等が信託銀行に財産を預けて管理してもらうもの

土地の利用に関する権利

☐ 税法上、下記に区分されて取扱いが異なる。

使用貸借	無償で土地を貸す契約は、贈与税の課税対象にならない	子が親から土地を無償で借りて利用した場合、土地の使用権の価値はないとみなされる 不動産の名義を無償で親が子の名義に変更した場合、贈与税が課税される
賃貸借	土地を借りて利用する場合、通常権利金等が必要となる	権利金の授受がない場合、権利金額が借地権の価額より少ない場合、土地を借りている者に贈与税が課税される

○×問題にチャレンジ

1 父が所有する土地の名義を無償で子の名義に変更した場合、その名義変更により取得した土地は、原則として、贈与税の課税対象とならない。（2023年9月改題）　　　[　　]

親子間では使用貸借が多いですが、親子間の土地の貸借と売買で一定の場合、贈与税の対象となる場合があります。

贈与税の課税制度

- 贈与税の課税制度には、暦年課税と相続時精算課税がある。
- 受贈者は1人の贈与者につき1つの制度を選択する。

暦年課税制度

- 1月1日から12月31日までの1年間に贈与された財産の合計額から、基礎控除額（110万円）を差し引いた残りの金額に課税する制度。
- 贈与により取得した財産の合計額が基礎控除額（110万円）以下の場合、贈与税は課税されず申告不要。

父母の両方から贈与された場合でも、基礎控除額は110万円。父母それぞれに対して110万円が適用される訳ではありませんよ！

贈与税額の計算

- 基礎控除後の贈与額に贈与税率を掛けて贈与税額を算出する。
- 贈与税額＝（贈与税の課税価格－110万円）×税率

贈与税の申告と納付

- 申告書の提出期限：贈与を受けた年の翌年の2月1日から3月15日まで
- 申告書の提出先：受贈者の住所地を管轄する税務署。
- 納付期限：申告書の提出期限と同じ（3月15日まで）、金銭で一括納付
- 作成した申告書等は、e-Tax（電子申告）を利用して提出することができる。

がんばった！

解説

1. 親の土地を無償で子の名義に変更した場合、その土地は子が贈与により時価で取得したものとして贈与税の課税対象となる。（答：×）

贈与税のルールと計算

納付の方法や贈与税の特例について学ぶ。

延納

☐ 下記要件を満たす場合、延納（年払いで分割して納付）することができる。

延納の要件	金銭での一括納付が困難である理由があること
	申告期限までに申請して、税務署長の許可を得ること
	贈与税額が10万円を超えていること
	延納税額に相当する担保を提供すること（延納税額が100万円以下で、かつ、延納期間が3年以内の場合は不要）

※延納期間：最高5年。延納した期間に応じて利子税を支払う

☐ 贈与税に物納は認められていない。

贈与税の税率

☐ 贈与者によって贈与税率が異なる。

☐ 直系尊属から贈与を受けた場合、特例税率が適用される。受贈者が贈与を受けた年の1月1日時点で、18歳以上の場合に限る。

贈与税の速算表

基礎控除後の課税価格	一般贈与財産		特例贈与財産	
	税率	控除額	税率	控除額
200万円以下	10%	-	10%	-
200万円超～300万円以下	15%	10万円	15%	10万円
300万円超～400万円以下	20%	25万円		
400万円超～600万円以下	30%	65万円	20%	30万円
600万円超～1,000万円以下	40%	125万円	30%	90万円
1,000万円超～1,500万円以下	45%	175万円	40%	190万円
1,500万円超～3,000万円以下	50%	250万円	45%	265万円
3,000万円超～4,500万円以下	55%	400万円	50%	415万円
4,500万円超			55%	640万円

 速算表は覚えなくてOK。計算する時に特例になるかを確認すること！

贈与税の配偶者控除の特例

☐ 一定の要件にあてはまる配偶者が、居住用不動産、またはその購入資金を贈与された場合、課税価額から基礎控除（110万円）とは別に、最高2,000万円の控除ができる。

☐ 贈与税額＝（課税価格－基礎控除額（110万円）－2,000万円）×税率

Check!

贈与税の配偶者控除の特例の適用要件

☐ 婚姻期間が贈与日において20年以上あること（1年未満切捨て）。

☐ 過去に同じ配偶者からの贈与で特例を受けていないこと（同一夫婦間では一生に1度のみ）。

☐ 国内にある居住用不動産、もしくは居住用不動産を取得するための金銭の贈与であること（店舗併用住宅の贈与の場合、居住用部分が90％以上必要）。

☐ 贈与を受けた年の翌年3月15日までに、その居住用不動産に居住し、その後も居住する見込みであること。

※贈与を受けた年の翌年3月15日までに贈与税の申告書を提出すること。

※贈与税額0円の場合でも申告が必要。

リボンを
チェック！

Check!

贈与税の配偶者控除の特例のポイント

☐ 贈与者が贈与した年に死亡した場合でも、適用を受けることができる。

☐ この適用を受けて3年以内に贈与者が死亡した場合でも、配偶者控除に相当する部分（最高2,000万円）は相続税の課税価格に加算されない。

☐ 居住用の家屋のみ、敷地のみでも適用を受けられる（一定の要件がある）事業用の不動産は不可。

☐ 2,000万円のうち、控除しきれなかった金額があっても、他の財産から控除することや翌年に繰り越すことはできない。

息抜きも大事だよ！

☐ 例題：妻が夫から以下の贈与を受け、贈与税の配偶者控除の特例の適用を受けた場合、課税価格から控除できる金額は最高でいくらになるか。

贈与財産	贈与時の相続税評価額
居住用家屋とその敷地	1,900万円
株式	300万円

解答：居住用家屋とその敷地（1,900万円）は全額控除の対象。株式は暦年贈与の対象、110万円まで控除できる。　1,900万円＋110万円＝2,010万円

相続時精算課税制度と教育資金の非課税

相続時精算課税制度の概要と非課税措置について理解する。

相続時精算課税制度

☐ 贈与時点での贈与税を軽減し、その後、相続が発生した時点で贈与財産と相続財産を合算して税金を再計算し、相続税として支払う制度。

☐ 相続時精算課税制度の概要

適用対象者	贈与者	贈与年の1月1日時点で60歳以上の父母または祖父母
	受贈者	贈与年の1月1日時点で満18歳以上の推定相続人である子（養子・代襲相続人を含む）または満18歳以上の孫
手続き	受贈者	贈与を受けた翌年2月1日から3月15日までに、相続時精算課税選択届出書を提出する
対象財産	贈与財産	種類や金額、回数、贈与期間に制限はない
特別控除額	累計2,500万円までが非課税	この制度を選択した贈与者からの贈与財産の価額のうち、2,500万円の非課税枠を超える分に一律20%の税率が適用される
	年110万円までの贈与	年110万円以下の贈与であれば贈与税が課税されず、かつ、累計2,500万円の特別控除に含める必要はない
贈与税	計算方法	{（贈与額－年110万円）－2,500万円｝×20%
ポイント	申告	贈与の都度申告が必要だが、贈与税額が年110万円以下の贈与については、贈与税申告が不要
	選択	この制度を選択した場合、取り消しは不可 贈与者ごと、受贈者ごとに選択できる（父は相続時精算課税制度、母は暦年課税とすることも可能）
相続発生時	受贈者	• 贈与者からの贈与財産と相続財産を合算して相続税額を算出し、すでに納付した贈与税額を控除できる • 贈与財産の価額は贈与時の価額とする • すでに納付した贈与税額が相続税額よりも多い場合、申告することで差額が還付される

相続税の税率よりも贈与税の税率の方が高くて、次世代への資産の移転が進みにくかったんだ。資産の移転が行われるように改正したんだね。

直系尊属から教育資金の一括贈与を受けた場合の非課税

☐ 一定の子や孫に対して、直系尊属が教育資金として金銭を一括贈与し、金融機関に信託等をした場合、一定金額を非課税とする制度。

☐ 直系尊属から教育資金の一括贈与を受けた場合の非課税の概要。

適用対象者	贈与者	父母や祖父母等の直系尊属
	受贈者	贈与契約日に30歳未満の子や孫 ※前年の合計所得金額が1,000万円を超える場合は対象外
非課税金額	学校	1人につき1,500万円
	学校以外の塾等	1,500万円のうち、500万円までが上限
適用期間	2026年3月31日までの贈与	
ポイント	• 30歳到達時に残額があった場合でも、学校等に在学、あるいは教育訓練給付金の対象訓練を受講している場合は、贈与税が課税されない。在学等その状況が終了した年の年末、または40歳に達した時点で残額があれば、贈与税の課税対象となる • 23歳以上の受贈者は、学校以外に支払われる場合、教育訓練給付金の支給対象となる受講費に限定される • 贈与者が死亡した場合、死亡日における残額が相続税の課税対象になる。受贈者が贈与者の子以外（孫やひ孫）である場合、相続税の2割加算の対象となる ※ただし、下記の場合は相続税の対象にならない • 受贈者の要件：23歳未満、学校等に在学、あるいは教育訓練給付金の対象訓練を受講している ※23歳未満であっても一定の場合は課税される		

適用を受けるためには「教育資金非課税申告書」の提出が必要

対象者や非課税金額、特別控除額などを中心に理解しましょう。

贈与税が軽減されたり、非課税になったりする制度は、試験でもよく問われるところです。それぞれを比較して、違う点を覚えてくださいね。

明日もファイトー！

結婚・子育て資金、住宅取得資金の贈与の非課税

結婚・子育て資金、住宅取得資金の贈与の非課税について学ぶ。

直系尊属から結婚・子育て資金の一括贈与を受けた場合の非課税

一定の子や孫に対して、直系尊属が結婚資金や子育て資金として金銭を一括贈与し、金融機関に信託等をした場合、一定金額を非課税とする制度（直系尊属についてはLesson8にて解説）。

適用対象者	贈与者	父母や祖父母等の直系尊属
	受贈者	18歳以上50歳未満の子や孫 ※前年の合計所得金額が1,000万円を超える場合は対象外
非課税金額	子育て資金	1人につき1,000万円
	結婚資金	1人につき300万円
適用期間		2025年3月31日までの贈与
ポイント		・子育てと結婚の両方に使用する場合でも、1,000万円が上限 ・50歳に達した時点で残額があれば、贈与税の課税対象となる ・贈与者が死亡した場合、死亡日における残額が相続税の課税対象になる。受贈者が贈与者の子以外（孫やひ孫）である場合、相続税の2割加算の対象となる

※適用を受けるためには「結婚・子育て資金非課税申告書」の提出が必要
※直系尊属から教育資金の一括贈与を受けた場合の非課税と併用可能
※直系尊属から住宅取得等資金の贈与を受けた場合の非課税と併用可能

〇×問題にチャレンジ

直系尊属から住宅取得等資金の贈与を受けた場合の贈与税の非課税の特例（以下「本特例」という）に関する問題。（2021年9月 改題）

1 受贈者の配偶者の父母（義父母）から住宅取得資金の贈与を受けた場合、本特例の適用を受けることができない。 [ ]

2 住宅取得資金の贈与者が死亡した場合において、その相続人が贈与を受けた住宅取得資金のうち、本特例の適用を受けて贈与税が非課税とされた金額については、その贈与が暦年課税または相続時精算課税制度のいずれの適用を受けていたとしても、相続税の課税価格に加算されない。 [ ]

直系尊属から住宅取得等資金の贈与を受けた場合の非課税

☐ 18歳以上の者に対して、直系尊属が住宅取得等資金を贈与した場合、一定金額を非課税とする制度。

適用対象者	贈与者	父母や祖父母等の直系尊属 （配偶者の父母等は対象外）
	受贈者	贈与を受けた年の1月1日時点で18歳以上の者 ※その年の合計所得金額が2,000万円以下の者
所得制限と住宅の要件	合計所得金額1,000万円以下	床面積40m²以上50m²未満 $\frac{1}{2}$以上が居住用であること
	合計所得金額1,000万円超2,000万円以下	床面積50m²以上240m²以下 $\frac{1}{2}$以上が居住用であること
適用期間	2026年12月31にまでの贈与	
非課税限度額	• 一般住宅：500万円 • 耐震・省エネ住宅：1,000万円	

※直系尊属から結婚・子育て資金の一括贈与を受けた場合の非課税と併用可能

子や孫のライフイベントを助けるための制度。限度額は押さえておきたい！

解説

1. 父母や祖父母等の直系尊属からの贈与が対象。配偶者の父母等は姻族となり対象外。（答：○）

2. 本文の通り。（答：○）

がんばった！

本番問題に チャレンジ

過去問題を解いて、理解を確かなものにしよう。

◯ 問1 ○×問題

贈与税の配偶者控除は、贈与を受けた年の1月1日時点において婚姻期間が20年以上である配偶者から受けた贈与でなければ、適用を受けることができない。(2024年1月 改題)　　　　　　　　　　　　　[　　]

◯ 問2

工藤さん(59歳)は、2024年12月に夫から居住用不動産(財産評価額2,750万円)の贈与を受けた。工藤さんが贈与税の配偶者控除の適用を受けた場合の2024年分の贈与税額として、正しいものはどれか。なお、2024年においては、このほかに工藤さんが受けた贈与はないものとする。また、納付すべき贈与税額が最も少なくなるように計算すること。(2023年1月FP協会 資産 改題)

<贈与税の速算表>

(イ) 18歳以上の者が直系尊属から贈与を受けた財産の場合(特例贈与財産、特例税率)

基礎控除後の課税価格	税率	控除額
200万円 以下	10%	―
200万円 超 400万円 以下	15%	10万円
400万円 超 600万円 以下	20%	30万円
600万円 超 1,000万円 以下	30%	90万円
1,000万円 超 1,500万円 以下	40%	190万円
1,500万円 超 3,000万円 以下	45%	265万円
3,000万円 超 4,500万円 以下	50%	415万円
4,500万円 超	55%	640万円

(注)「18歳以上の者」とあるのは、2022年3月31日以前の贈与により財産を取得した者の場合、「20歳以上の者」

（ロ）上記（イ）以外の場合（一般贈与財産、一般税率）

基礎控除後の課税価格	税率	控除額
200万円 以下	10%	－
200万円 超 300万円 以下	15%	10万円
300万円 超 400万円 以下	20%	25万円
400万円 超 600万円 以下	30%	65万円
600万円 超 1,000万円 以下	40%	125万円
1,000万円 超 1,500万円 以下	45%	175万円
1,500万円 超 3,000万円 以下	50%	250万円
3,000万円 超	55%	400万円

1. 14万円
2. 102万円
3. 131万円
4. 175万円

[ ]

解説 1

贈与を受けた年の1月1日時点ではない。婚姻期間が贈与日において20年以上あることが要件（答：×）

解説 2

贈与税の配偶者控除の特例

婚姻期間が贈与日において20年以上ある配偶者が、居住用不動産、またはその購入資金を贈与された場合、基礎控除（110万円）とは別に、最高2,000万円の控除ができる。

2,750万円－110万円－2,000万円＝640万円

贈与者である夫は直系尊属ではないため、＜贈与税の
速算表＞は（ロ）を使用して贈与税額を計算する。

息抜きも大事だよ！

640万円×40％－125万円＝131万円（答：3）

本番問題に チャレンジ

過去問題を解いて、理解を確かなものにしよう。

◯ **問1** 贈与税に関する次の記述のうち、最も不適切なものはどれか。
（2023年1月）

1. 個人が法人からの贈与により取得した財産は、贈与税の課税対象とならない。

2. 個人から受ける社交上必要と認められる香典・見舞金等の金品で、贈与者と受贈者との関係等に照らして社会通念上相当と認められるものは、贈与税の課税対象とならない。

3. 扶養義務者相互間において生活費または教育費に充てるためにした贈与により取得した財産のうち、通常必要と認められるものは、贈与税の課税対象とならない。

4. 契約者（＝保険料負担者）が母、被保険者が父、保険金受取人が子である生命保険契約において、父の死亡により子が受け取った死亡保険金は、贈与税の課税対象にならない。　　　[　　]

◯ **問2** 贈与税の申告と納付に関する次の記述のうち、最も適切なものはどれか。（2023年9月）

1. 贈与税の申告書は、原則として、贈与を受けた年の翌年2月1日から3月15日までの間に、受贈者の納税地の所轄税務署長に提出しなければならない。

2. 国税電子申告・納税システム（e-Tax）は、贈与税の申告には対応していない。

3. 贈与税を納期限までに納付することが困難である場合、その納付を困難とする金額を限度として延納または物納を申請することができる。

4. 贈与税の納付について認められる延納期間は、最長10年である。
　　　[　　]

解説1

1. 適切。個人が法人から贈与された場合は所得税、法人が個人から贈与された場合は法人税の課税対象。

2. 適切。社交上必要と認められ、社会通念上相当と認められるものは、贈与税の課税対象とならない。

3. 適切。財産のうち、通常必要と認められる生活費または教育費は、贈与税の課税対象とならない。有価証券などは課税対象となる。

4. 不適切。契約者、被保険者、保険金受取人が異なる生命保険契約は、契約者から保険金受取人への贈与とみなされる。そのため、父の死亡により子が受け取った死亡保険金は、贈与税の課税対象になる。（答：4）

解説2

1. 適切。所得税の申告は2月16日からだが、贈与税の申告は、贈与を受けた年の翌年2月1日から3月15日までの間に、受贈者の納税地を所轄する税務署長に提出する。

2. 不適切。作成した申告書等は、e-Tax（電子申告）を利用して提出することができる。

3. 不適切。贈与税は延納できるが、物納は認められていない。

4. 不適切。贈与税の納付で認められる延納期間は、最長5年。（答：1）

贈与税の問題は、贈与の種類や贈与の契約についてなど、基本的な部分を問う問題も多いです。非課税財産には、どのようなものがあるか、申告書の提出期限や基礎控除額についても大切です。赤字の部分を復習しましょう。

明日もファイトー！

相続の基礎

相続の基本的な内容と納税義務者について学ぶ。

相続とは

◯ 被相続人（死亡した人）の全ての財産（権利と義務）を相続人が引き継ぐことをいう。

◯ 相続は人の死亡によって開始する。行方不明等により一定期間生死が不明の場合、失踪宣告によって死亡したとみなされる。

◯ 失踪宣告には下記の種類がある。

普通失踪	7年間、行方不明等により生死が不明の場合、家庭裁判所は申し立てにより、失踪宣告をして死亡とみなす
特別失踪	災害により行方不明になったり、大きな事故に巻き込まれたりして、その後1年以上消息が不明である場合、家庭裁判所は申し立てにより、失踪宣告をして死亡とみなす

相続開始の場所

◯ 被相続人の死亡時の住所地。相続税の申告書は住所地の税務署に提出する。

相続税の納税義務者

◯ 相続や遺贈によって財産を取得した個人。

◯ 財産を取得した時に国内に住所がある者は、取得した国内外全ての財産が課税対象になる。

◯ 国内に住所がある被相続人から財産を取得した場合、相続人等の住所や国籍に関わらず、国内外全ての財産が課税対象。

◯ 日本に住所がない被相続人から財産を取得した場合、相続人等の国籍や国内居住期間により課税財産の範囲が異なる。

◯×問題にチャレンジ

1 日本国内に住所のある者が相続または遺贈により財産を取得した場合、その財産のうち日本国内に所在するもののみが相続税の課税対象になる。（2015年9月改題）　　　[　　]

親族等の数え方

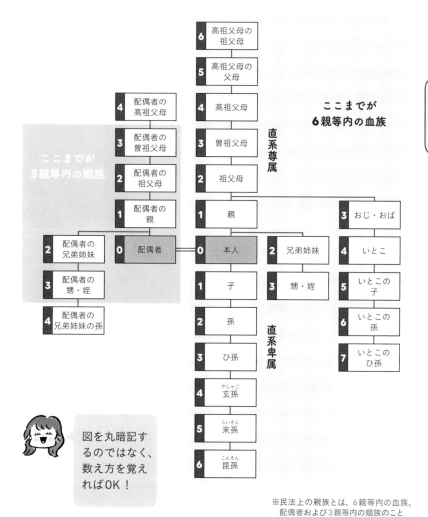

6 高祖父母の祖父母		
5 高祖父母の父母		
4 配偶者の高祖父母	**4** 高祖父母	
3 配偶者の曽祖父母	**3** 曽祖父母	
2 配偶者の祖父母	**2** 祖父母	
1 配偶者の親	**1** 親	**3** おじ・おば
0 配偶者 ＝ **0** 本人	**2** 兄弟姉妹	**4** いとこ
2 配偶者の兄弟姉妹	**3** 甥・姪	**5** いとこの子
3 配偶者の甥・姪	**1** 子	**6** いとこの孫
4 配偶者の兄弟姉妹の孫	**2** 孫	**7** いとこのひ孫
	3 ひ孫	
	4 玄孫（やしゃご）	
	5 来孫（らいそん）	
	6 昆孫（こんそん）	

ここまでが**6親等内の血族**

直系尊属

ここまでが**3親等内の姻族**

直系卑属

図を丸暗記するのではなく、数え方を覚えればOK！

※民法上の親族とは、6親等内の血族、
　配偶者および3親等内の姻族のこと

がんばった！

解説

1. 日本国内に住所がある者は、国内外全ての財産が課税対象となる。（答：×）

法定相続人 と 相続分

相続人は誰か、順位や相続分も含めて大切な項目を理解する。

相続人の範囲と順位

☐ 法定相続人：民法で定める相続人。

☐ 相続では優先順位があり、上の順位の者がいない場合、下の順位の者が相続人になる。

☐ 相続順位は次のとおり。

常に相続人となる	配偶者（正式な婚姻関係のみ）
第1順位	子（養子・非嫡出子・胎児を含む） ※非嫡出子と嫡出子の相続分、順位は同じ 非嫡出子：法律上の婚姻関係のない男女の間に生まれた子 相続するには認知が必要
第2順位	直系尊属（本人の父母や祖父母） ※第1順位の者がいない場合は父母、父母もいない場合は祖父母が相続人となる
第3順位	兄弟姉妹 ※第1順位や第2順位の者がいない場合、相続人となる

相続人になれない者

☐ 相続開始以前にすでに死亡している者。

☐ 相続を放棄した者。

☐ 法定相続人でも相続欠格や相続廃除となる場合は相続できない。

欠格	被相続人を殺害したり、脅迫や詐欺を行ったり、遺言書を偽造した場合
廃除	被相続人を虐待していたり、重大な侮辱を与えたりして、家庭裁判所に被相続人が申し立てた場合

 自分に危害を加えた人に相続はしたくないよね……。

代襲相続

☐ 相続開始時点で、相続人となる者がすでに死亡、欠格、廃除により、相続権がなくなっている場合、その者の子が代わりに相続すること。

☐ 代襲相続人：その者の代わりに相続人となる者。

代襲相続人	本来の相続人の全ての相続権を引継ぐ 相続分は本来の相続人と同じ
放棄	相続放棄した者の子は、代襲相続人になれない
子が死亡	被相続人の子が相続開始以前にすでに死亡している場合、被相続人の孫が代襲相続する（限りなく下に代襲相続が可能、子→孫→ひ孫…等）
兄弟姉妹	兄弟姉妹の場合は、被相続人の甥・姪までしか代襲相続できない

指定相続分と法定相続分

- ◯ 指定相続分：被相続人が遺言によって指定する相続分。遺言では相続分や相続人を指定できる。指定相続分は法定相続分より優先される。
- ◯ 法定相続分：民法で定められた相続分。遺言による指定がない場合に適用。
- ◯ 法定相続分の相続割合は次のとおり。

配偶者	他の相続人			相続人の例と相続割合
$\frac{1}{2}$	第1順位	子	$\frac{1}{2}$	配偶者と子：配偶者$\frac{1}{2}$・子$\frac{1}{2}$
$\frac{2}{3}$	第2順位	直系尊属	$\frac{1}{3}$	配偶者と直系尊属（父と母）：配偶者$\frac{2}{3}$・直系尊属（父と母）$\frac{1}{3}$
$\frac{3}{4}$	第3順位	兄弟姉妹	$\frac{1}{4}$	配偶者と兄弟姉妹：配偶者$\frac{3}{4}$・兄弟姉妹$\frac{1}{4}$
その他の相続分				配偶者はいないが、子と直系尊属のみで相続した場合：子が全てを相続する
同順位の法定相続人が複数いた場合				複数の相続人で法定相続分を均等に按分する

法定相続分と法定相続人のポイント

配偶者	配偶者は常に相続人（内縁関係には相続分はない）
養子	実子と養子の相続分は同じ ※普通養子縁組：実の父母と養親の父母と両方に親族関係が存続する 特別養子縁組：原則15歳未満の子が対象。実の父母との親族関係が終了し、養親のみが父母となる
胎児	相続開始時に胎児であった場合も実子として相続人になる。死産の場合は相続人にならない
兄弟姉妹	半血兄弟姉妹の相続分は、全血兄弟姉妹の$\frac{1}{2}$ ※全血兄弟姉妹：父母が同じ兄弟姉妹 ※半血兄弟姉妹：父母のどちらか一方のみ同じ兄弟姉妹

息抜きも大事だよ！

Chapter 6

10

学習日 /

法定相続分の計算

ここでは、計算できるように理解することが大切なポイント。

ず、図がいっぱいでめまいが……。

大丈夫、ここは重要なポイント！ まずは第1順位の子がいるか、次に第2順位の父母、第3順位の兄弟姉妹、など順番に考えればスッキリ分かりますよ！

非嫡出子がいる場合

配偶者は常に相続人。第1順位の子がいるため、父母に法定相続分はない
相続分は、配偶者：$\frac{1}{2}$、子：$\frac{1}{2}$

子A：養子だが実子と相続分は同じ。子C：非嫡出子だが嫡出子である子Aと子Bと相続分は同じ
それぞれ$\frac{1}{2} \times \frac{1}{3} = \frac{1}{6}$

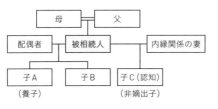

相続分

代襲相続人がいる場合

配偶者は常に相続人。第1順位の子がいるため、父母に法定相続分はない
相続分は、配偶者：$\frac{1}{2}$、子：$\frac{1}{2}$

子Aと子Bは、$\frac{1}{2} \times \frac{1}{2} = \frac{1}{4}$。孫Cと孫Dは代襲相続人であり、子Bの相続分の$\frac{1}{4} \times \frac{1}{2} = \frac{1}{8}$

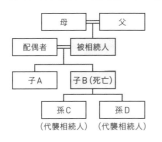

相続分

配偶者と兄弟姉妹が相続人の場合

被相続人には子も父母もいないため、配偶者と第3順位の弟C、死亡した姉の子である甥Aと姪Bが代襲相続人として相続する
相続分は、配偶者：$\frac{3}{4}$、兄弟姉妹：$\frac{1}{4}$

$\frac{1}{4}$を弟Cと甥A・姪Bで相続する。弟Cは、$\frac{1}{4} \times \frac{1}{2} = \frac{1}{8}$
甥A・姪Bは$\frac{1}{4} \times \frac{1}{2} \times \frac{1}{2} = \frac{1}{16}$

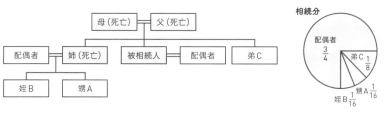

相続分

相続放棄者がいる場合

配偶者と子Aと子Bが相続人となるが、子Bは相続放棄しているため、相続人ではなかったことになる。孫Cと孫Dは代襲相続人にならない

配偶者と子Aが相続人となる
相続分は、配偶者：$\frac{1}{2}$、子A：$\frac{1}{2}$

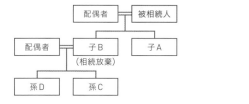

相続分

二重身分である者がいる場合

◯ 代襲相続人である者が、被相続人の普通養子となっている場合、代襲相続人としての相続分と養子としての相続分の両方を相続する。これを二重身分という。

配偶者と子B、被相続人の養子になっている孫Cが相続人となる
孫Cは、死亡している子Aの代襲相続人でもあるため、養子としての相続分と代襲相続人としての相続分の両方を相続する

相続分は、配偶者：$\frac{1}{2}$、子：$\frac{1}{2}$
子が3人いるのと同じため、子A・子B・孫Cそれぞれ$\frac{1}{2} \times \frac{1}{3} = \frac{1}{6}$
孫Cは養子分と子Aの代襲相続人としての相続分を合わせて相続するので、$\frac{1}{6} + \frac{1}{6} = \frac{1}{3}$となる

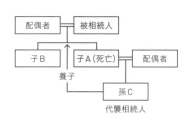

相続分

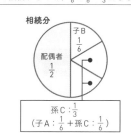

孫C：$\frac{1}{3}$
（子A：$\frac{1}{6}$ ＋ 孫C：$\frac{1}{6}$）

リボンをチェック！

明日もファイトー！

特別受益と寄与分

特別受益や寄与分、配偶者居住権とは何かを学習する。

特別受益者

☐ 特定の相続人が被相続人の生前に贈与や遺贈を受けていた場合、その受けた贈与分を特別受益といい、贈与を受けた相続人を特別受益者という。

☐ 特別受益者の相続分＝（相続財産＋特別受益額）×法定相続分－特別受益額

寄与分

☐ 被相続人の財産の維持や増加に対して、特別な貢献（看護や介護など）をした場合、その相続人は相続分に寄与分が加算される。

☐ 寄与者の相続分＝（相続財産－寄与分）×法定相続分＋寄与分額

特別寄与料制度

☐ 寄与分は相続人に認められているが、相続人以外の親族（相続人の配偶者など）が無償で被相続人の介護を行った場合、特別寄与者として寄与に応じた額の金銭を特別寄与料として相続人に対して請求できる制度。

特別寄与料	各相続人が法定相続分、または指定相続分に応じて負担する	
特別寄与料に対する税金	特別寄与料を支払う相続人	支払った特別寄与料を各相続人の課税評価から債務控除できる
	特別寄与者	遺贈による取得とみなされ、相続税の課税対象
請求期限	特別寄与者が相続の開始及び相続人を知った時から6か月以内に請求する必要がある。 相続の開始があったことを知らなかった場合、相続開始から1年以内に請求しなければならない	
申告期限	特別寄与者は、特別寄与料の額が確定したことを知った日の翌日から10か月以内に相続税の申告を行わなければならない	

○×問題にチャレンジ

1 配偶者居住権の存続期間は、原則として、被相続人の配偶者の終身の間である。（2023年5月 改題） [　]

配偶者居住権

- ☐ 配偶者が相続開始時に被相続人が所有している建物に居住していた場合、被相続人の死亡後もその建物に居住することができる権利。
- ☐ 自宅の建物に関する権利を"住む権利"と"所有する権利"に分けて、配偶者は"住む権利"を相続する。
- ☐ 建物にのみ適用され、宅地には適用されない。
- ☐ 配偶者居住権と配偶者短期居住権がある。

権利	概要	税金等	利用に適している場合
配偶者居住権	• 原則、配偶者が亡くなるまで一生涯、その建物に居住することができる • 登記することで効力を発する • 被相続人からの遺言や遺産分割協議書、審判によって取得することができる	• 特別受益財産として相続税の対象 • 配偶者居住権の設定された住宅を相続した場合、相続税評価額から配偶者居住権の評価額を差し引いた金額が、相続税評価額となる。 （相続税評価額＝相続税評価額－配偶者居住権評価額）	• 不動産の価値が高く、建物の所有権を取得すると、建物以外の財産を受け取れなくなる
配偶者短期居住権	相続開始時に被相続人が所有している建物に居住していた配偶者が、遺産分割協議が成立するまで、その建物に無償で居住することができる権利（最低6か月間）	• 相続が開始すると、自動的に権利が発生する • 相続財産に含まれないため、遺産分割の対象にならない	• 配偶者居住権を設定することができない • 転居先を探すのに時間がかかる • 居住建物の売却を検討している

配偶者居住権のイメージ

自宅の評価額：**4,000万円**

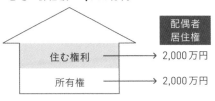

＜ケース＞
相続人 ：配偶者と子1人
相続財産：自宅 4,000万円
　　　　　現金 2,000万円
配偶者 ：配偶者居住権 2,000万円
　　　　　現金 1,000万円
子 ：自宅 所有権 2,000万円
　　　　　現金 1,000万円

 解説

 がんばった！

1.本文の通り。〔答：○〕

12

夫婦間贈与と成年後見制度

夫婦間贈与や成年後見制度などのポイントを押さえておこう。

夫婦間贈与（配偶者への贈与等の特別受益の持ち戻し免除）

☐ 婚姻期間が20年以上である夫婦間で、居住用不動産の遺贈、または贈与があった場合、その不動産は遺産分割の対象から除外できる（特別受益の対象とならない）。

☐ 例：相続人：配偶者と子1名（長男）
遺産：居住用不動産　2,000万・その他の財産（預貯金）　2,000万円
配偶者に対する生前贈与：居住用不動産　2,000万

過去問題にチャレンジ

法定後見制度に関する次の記述の空欄（ア）〜（ウ）にあてはまる語句の組み合わせとして、最も適切なものはどれか。（2023年9月）

・法定後見制度は、本人の判断能力が（ア）に、家庭裁判所によって選任された成年後見人等が本人を法律的に支援する制度である。
・法定後見制度において、後見開始の審判がされたときは、その内容が（イ）される。
・成年後見人は、成年被後見人が行った法律行為について、原則として、（ウ）。

1　（ア）不十分になる前　（イ）戸籍に記載　（ウ）取り消すことができる　［　　］
2　（ア）不十分になった後　（イ）登記　（ウ）取り消すことができる　［　　］
3　（ア）不十分になった後　（イ）戸籍に記載
　　（ウ）取り消すことはできない　［　　］
4　（ア）不十分になる前　（イ）登記　（ウ）取り消すことはできない　［　　］

居住用不動産は特別受益の対象とならないため、遺産分割の対象外となる。
よって、預貯金の2,000万円を配偶者と子で分割する。

配偶者：1,000万円　子：1,000万円

成年後見制度

- 認知症、知的障害、精神障害などの理由で判断能力の不十分な方々の権利を保護し、支援する制度。
- 不動産や預貯金などの財産を管理したり、介護サービスや施設入所など契約を結んだり、遺産分割の協議をする必要があるときなど、不利益を被らないようにする。

制度の概要

制度	概要	権限
法定後見制度	○ 本人の判断能力が不十分になった後に対応する制度 ○ 本人の判断能力の程度に応じて、「後見」「保佐」「補助」の3つの制度がある ○ 家庭裁判所が成年後見人等（成年後見人・保佐人・補助人）を選任する（配偶者や親族に限らない）	成年後見人等の権限 ○ 一定の範囲内で代理したり、本人が締結した契約を取り消すことができる ○ 日用品の購入など日常生活に関する行為は取り消せない
任意後見制度	○ 本人が十分な判断能力があるときに、あらかじめ、任意後見人となる方や将来に本人の判断能力が不十分になった後、その者に委任する事務の内容について公正証書で契約を結ぶ制度 ○ 本人等の申立てにより、家庭裁判所が任意後見人を監督する任意後見監督人を選任した時から効力が生じる	任意後見人の権限 ○ 任意後見契約で定めた範囲内で代理することができるが、本人が締結した契約を取り消すことはできない。

息抜きも大事だよ！

解説

1.（ア）不十分になった後。

（イ）登記。

家庭裁判所によって後見開始の審判等がされると、後見人等の住所・指名など後見人等の同意権や代理権の内容が登記される。

（ウ）取り消すことができる

（答：2）

本番問題に チャレンジ

過去問題を解いて、理解を確かなものにしよう。

問1 ○×問題
代襲相続人が1人である場合の当該代襲相続人の法定相続分は、被代襲者が受けるべきであった法定相続分と同じである。（2023年1月 改題） [　　]

問2
下記＜親族関係図＞の場合において、民法の規定に基づく法定相続分に関する次の記述の空欄（ア）～（ウ）にあてはまる適切な語句または数値を語群の中から選び、その番号のみを解答欄に記入しなさい。なお、同じ番号を何度選んでもよいこととする。（2023年9月FP協会 資産）

[相続人の法定相続分]
- 被相続人の配偶者の法定相続分は（　ア　）である。
- 被相続人の二男の法定相続分は（　イ　）である。
- 被相続人の孫Aの法定相続分は（　ウ　）である。

＜語群＞
1. ゼロ　　2. 1／2　　3. 1／3　　4. 1／4　　5. 1／6
6. 1／8　　7. 1／12　　8. 1／18　　9. 2／3

[　　]

解説1

1. 本文の通り。（答：○）

解説2

（ア）　配偶者は常に相続人。第1順位の子がいる。

　　　　相続分は、配偶者：1／2、子：1／2（答：2）

（イ）　子の1／2を子3人分で配分する。

　　　　1／2×1／3＝1／6（答：5）

（ウ）　死亡した長女の相続分は、孫Aと孫Bに代襲相続される。

　　　　1／2×1／3×1／2＝1／12（答：7）

法定相続人：配偶者、長男、二男、孫A、孫B

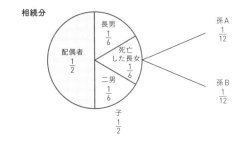

親族関係図の問題は、パターンを変えて出題されます。基本的な法定相続分の計算は解答できるようにしましょう。配偶者と子どもの場合、配偶者と父母の場合、配偶者と兄弟姉妹の場合です。
また、2級ではもう少し深い内容で、放棄者や代襲相続人がいる場合、養子や非嫡出子、二重身分である者がいる場合なども、どのように計算するかを確認しておきましょう。

明日もファイトー！

相続の承認と放棄

相続には承認と放棄があり、それぞれの要点や違いを学ぶ。

☐ 相続人は、被相続人の財産を相続するかどうかを選択することができる。

相続		要点	期限
相続の承認	単純承認	・被相続人の全ての財産（資産や負債）を受け継ぐこと ・以下の場合も単純承認したものとみなされる ①相続人が財産の全部または一部を処分した場合 ②「限定承認」や「相続放棄」をした後でも、相続財産の全部または一部を意図的に隠すなどした場合	相続の開始があったことを知った日から3カ月以内に「相続放棄」や「限定承認」を行わなかった場合、単純承認したものとみなされる（家庭裁判所の手続きは不要）
	限定承認	・相続財産の範囲内でのみ、被相続人の債務を引継ぐこと	相続の開始があったことを知った日から3カ月以内に「限定承認申述書」を共同相続人全員で家庭裁判所に提出しなければならない
相続の放棄		・被相続人からの相続を拒否すること ・相続の開始前に放棄することはできない ・放棄すると、相続はなかったものとみなされて、放棄した者の子も相続人とはならない（代襲相続人にはなれない）	・相続の開始があったことを知った日から3カ月以内に「相続放棄申述書」を家庭裁判所に提出しなければならない ・各相続人が単独で行うことができる

○×問題にチャレンジ

1 相続人が不存在である場合は、被相続人の相続財産は法人となり、特別縁故者の請求によってその財産の全部または一部が特別縁故者に対して分与されることがある。（2023年1月 改題） [　]

2 相続の単純承認をした相続人は、被相続人の財産のうち、積極財産のみを相続する。（2023年1月 改題） [　]

3 限定承認は、相続人が複数いる場合、限定承認を行おうとする者が単独ですることができる。（2023年1月 改題） [　]

4 相続の放棄をする場合は、相続人は相続の開始があったことを知った時から原則として6ヵ月以内に家庭裁判所に申述しなければならない。（2023年1月 改題） [　]

手続きの違い

共同相続人	限定承認	家庭裁判所
	相続人全員で行う	

相続人	放棄	家庭裁判所
	1人でも可能	

☐ 共同相続人：相続人が複数いる場合、全ての相続人のこと。被相続人が亡くなった時点で自動的に共同相続人となる。

 相続の放棄をしても、生命保険金を受け取ることはできます。ただし、放棄した場合、生命保険等の非課税の適用はありません。

がんばった！

解説

1. 相続人が不存在である場合、家庭裁判所は申立てにより、相続財産の清算人を選任、相続財産清算人によって財産は清算される。特別縁故者（被相続人と特別の縁故のあった者）に対する相続財産分与がなされる場合もある。（答：〇）

2. 相続の単純承認をした相続人は、被相続人の全ての財産を受け継ぐ。
積極財産：資産（プラス財産）、消極財産：負債（マイナスの財産）（答：×）

3. 限定承認の申述は，共同相続人全員で行わなければならないので，一部の人だけで行うことはできない。（答：×）

4. 相続の開始があったことを知った時から3カ月以内に、家庭裁判所に申述しなければならない。（答：×）

遺産分割

遺産分割の方法や考え方について学習する。

遺産分割の種類

☐ 遺産分割：相続財産（遺産）を相続人で分けること。

☐ 遺産分割には、4つの方法がある。

種類	概要
指定分割	• 遺言によって遺産を分割する • 協議分割よりも指定分割が優先される • 遺産の全部、または一部について行うことができる
協議分割	• 遺言がない場合に協議分割を行う • 共同相続人全員の協議によって遺産を分割する • 決定は、法定相続分よりも優先される • 遺言があった場合でも、共同相続人全員の合意があれば、遺言とは異なる協議分割も可能
調停分割	協議が成立しない場合、共同相続人の申し立てにより、家庭裁判所の調整によって分割する
審判分割	家庭裁判所の調停でも協議が成立しない場合、家庭裁判所の審判によって分割する

遺産分割のポイント

☐ 遺産分割の期限は定められていないため、相続人は相続の開始後、いつでも他の相続人に対して分割の請求を行うことができる。

☐ 被相続人は遺言で、遺産分割を一定期間禁止することができる。禁止できる期間は、相続の開始時から最長で5年間。

☐ 遺産分割が終わっていない場合でも、相続開始の翌日から10ヶ月以内に相続税の申告が必要（法定相続分で遺産分割があったものとして申告する）。

○×問題にチャレンジ

1 代償分割は、現物分割を困難とする事由がある場合に、共同相続人が家庭裁判所に申し立て、その審判を受けることにより認められる。（2023年1月 改題）　[　　]

2 被相続人は、遺言によって、相続開始の時から5年を超えない期間を定めて、遺産の分割を禁ずることができる。（2023年1月 改題）　[　　]

遺産分割の方法

☐ 遺産分割には3つの方法がある。

分割方法	概要	例
現物分割	遺産を現物の形で、個別の財産ごとに分割する方法	土地A：長男、土地B：次男、預貯金：長女
換価分割	遺産の全部、または一部を売却して、その代金を分割する方法 ※売却時に各相続人に所得税が課される場合がある	不動産3,000万円を売却。長男・次男・長女で各1,000万円
代償分割	• 特定の相続人が遺産を現物の形で取得して、その代わりに自分の固有財産（代償財産）を他の相続人に対して支払う方法 • 相続財産が自社株や不動産などで分割が困難な場合、大半の財産を特定の相続人に相続させる場合などに利用する • 代償財産として不動産で支払った場合、時価で譲渡したものとみなされて、所得税や住民税が課される場合がある（この場合、譲渡所得となる）	• 長男が事業を相続して自社株を全て相続する代わりに、自分の財産を他の相続人に支払う

死亡保険金は民法上、原則として遺産分割協議の対象になりません（保険金受取人の固有の財産とみなされます）。

遺産分割協議書

☐ 遺産分割が成立した場合、**遺産分割協議書**を作成するが定められた**書式や作成の期限はない**。相続人全員の自署・実印での押印、印鑑証明書が必要。

☐ 所有権の移転登記をする場合、遺産分割協議書が必要となる。**代償分割**を行った場合、遺産分割協議書に明記する必要がある。

☐ 遺産分割が成立した後でも、共同相続人**全員の合意**があれば、協議内容の取消しや再分割協議も可能。

息抜きも大事だよ！

解説

1. 代償分割は、家庭裁判所に申し立てて、その審判を受ける必要はない。審判を受けて分割する方法は、審判分割という。（答：×）

2. 本文の通り。（答：○）

遺言

遺言の種類や概要、考え方について理解しよう。

遺言とは

☐ 死後のために財産処分など、生前に自分で最後の意思表示をしておくこと。遺言者の死亡によって効力が発生する法律行為。

遺言のポイント

☐ 満15歳以上で意思能力があれば、誰でも作成できる。

☐ 遺言は単独で作成する。夫婦共同での遺言は作成できない。

☐ 遺言書はいつでも内容の変更や撤回ができる。複数の遺言書がある場合、最も日付の新しいものが有効。古い遺言書と新しい遺言書で内容が異なる部分は、撤回したとみなされる。

遺言の撤回

☐ いつでも何度でも本人が自由に撤回できる。一部や全部の撤回も可能。同じ方式で撤回する必要はない。

☐ 遺言者が遺言内容に関わる行為や異なる財産処分をした場合、その遺言は撤回されたものとみなされる。

> ドタ助君とバタ美のために遺言を作ろう……と思ったけれど、内容に影響を及ぼすような財産処分をしたら撤回とみなされるのね。遺言の内容は見直しが大切そう！

遺贈

☐ 被相続人の遺言により、財産の一部または全部を特定の者に一方的に贈与する単独行為。遺贈による財産は相続税の対象。

☐ 代襲相続はできないため、被相続人より先に受遺者（財産を取得する者）が死亡していた場合、その遺贈は無効。

遺言の種類と方式

普通方式による遺言の種類

種類	☐ 自筆証書遺言	☐ 公正証書遺言	☐ 秘密証書遺言
作成方法	本人が本文の全文、日付（年月日）、氏名を自書し、押印 • 代筆やパソコンなどで作成したものは不可（全ページに署名・押印は必要） • 財産目録に限りパソコンでの作成は可	• 本人が口述して、公証人が筆記。作成には、相続財産に応じた手数料がかかる • 原本が公証役場に保管される	• 本人が作成して署名・押印の後封印。公証人の前で本人が住所氏名を記入、公証人が日付を記入。 • パソコンでの作成や代筆は可
場所	自由	公証役場	公証役場
証人	不要	証人2名以上の立会いが必要	公証人1名、証人2名以上の立会いが必要
署名・押印	本人	本人（実印）、公証人、証人	本人、公証人、証人
家庭裁判所の検認	原則、必要	不要	必要

※推定相続人や相続の利害関係者、未成年者は証人になれない
※遺言書の押印：公正証書遺言以外は、実印である必要はない
※自筆証書遺言書保管制度：法務局で保管されている遺言書の検認は不要

> エンディングノートには、法的効力はありません。

家庭裁判所による検認

☐ 家庭裁判所が相続人に対して遺言の存在やその内容を知らせるとともに、遺言書の内容を明確にして、遺言書の偽造・変造を防止するための手続き。

☐ 相続人の立会いのもと、家庭裁判所で遺言書を開封する。

☐ 遺言の有効・無効を判断する手続きではない。

☐ 検認前に遺言書を開封した場合でも、遺言自体は有効。

> 明日もファイトー！

遺留分

遺留分の定義や割合、遺留分侵害額請求権について学ぶ。

遺留分とは

☐ 民法では、一定の相続人が最低限の遺産を取得できるように保障する制度がある。この最低限の遺産取得分を遺留分という。

☐ 遺留分権利者（遺留分を請求する権利がある人）は、配偶者や子（代襲相続人を含む）、直系尊属（父母など）。兄弟姉妹に遺留分はない。

☐ 被相続人の生前に家庭裁判所の許可を得て、遺留分を放棄することができる。相続開始後は当事者間の意思表示だけで有効、手続きは不要。

遺留分の割合

☐ 直系尊属だけが相続人である場合：相続財産の1/3

☐ その他（配偶者のみ・子のみ・配偶者と子など）の場合：相続財産の1/2

☐ 兄弟姉妹：遺留分はない。

遺留分権利者と遺留分の割合

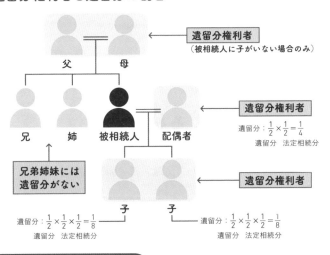

○×問題にチャレンジ

1 遺留分侵害額請求権とは、遺留分権利者およびその承継人が、遺留分侵害額に相当する金銭の支払いを請求することができる権利をいい、請求先は受遺者に限られる。（2021年1月 改題）　　[　　]

遺留分侵害額請求権（遺留分減殺請求権）

☐ 遺言や贈与によって遺留分を侵害された場合、遺留分権利者は遺留分侵害額に相当する金銭の支払いを請求することができる。この権利を遺留分侵害額請求権という。

☐ 遺留分侵害額請求権は、下記期間の制限がある。
　①相続の開始および侵害されたことを知った日から1年（消滅時効）
　②相続開始から10年（除斥期間）

☐ 相続人の遺留分を侵害する内容の遺言であっても、遺言の効力は有効。遺留分を侵害された場合は、侵害する者に郵便等で意思表示を行い、請求する必要がある。裁判で請求する必要はない。

遺留分割合の計算例

☐ 遺留分の対象となる相続財産が9,000万円の場合

・相続人が配偶者と子2人の場合

遺留分＝遺留分算定の基礎となる財産×遺留分割合×法定相続分

配偶者：$9,000万円 \times \dfrac{1}{2} \times \dfrac{1}{2} = 2,250万円$

子：$9,000万円 \times \dfrac{1}{2} \times \dfrac{1}{2} \times \dfrac{1}{2} = 1,125万円$（子1人あたり）

・相続人が父または母のみの場合

父または母のみ：$9,000万円 \times \dfrac{1}{3} = 3,000万円$

・相続人が配偶者と兄弟姉妹の場合

配偶者：$9,000万円 \times \dfrac{1}{2} = 4,500万円$

兄弟姉妹：なし

遺留分は、相続できる遺産の最低保障額。例えば、亡くなった親が家族関係にない方に全財産を相続させると遺言に残してしまったら……残された家族は困りますね。

もしものために相続人を守る制度なんだね。

解説

1. 請求先は受遺者（遺贈を受けた者）に限られる訳ではない。遺留分を算定する財産には贈与財産も含まれるため、受贈者（贈与を受けた者）にも請求できる。
（答：×）

がんばった！

本番問題に チャレンジ

過去問題を解いて、理解を確かなものにしよう。

問1 自筆証書遺言と公正証書遺言に関する次の記述のうち、最も適切なものはどれか。（2023年5月FP協会 資産）

1. 自筆証書遺言を作成する際には証人が不要であるが、公正証書遺言を作成する際には証人が2人以上必要である。

2. 家庭裁判所の検認が不要になるのは、遺言書が公正証書遺言である場合に限られる。

3. 自筆証書遺言を作成する場合において、財産目録を添付するときは、その目録も自書しなければ無効となる。

4. 公正証書遺言は公証役場に原本が保管されるが、自筆証書遺言についての保管制度は存在しない。　　　　　　　　　　[　　]

問2 下記＜親族関係図＞の場合において、民法の規定に基づく法定相続分および遺留分に関する次の記述の空欄（ア）～（ウ）に入る適切な語句または数値を語群の中から選び、その番号のみを解答欄に記入しなさい。なお、同じ番号を何度選んでもよいこととする。（2023年5月FP協会 資産）

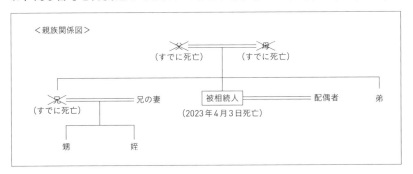

＜親族関係図＞

[各人の法定相続分および遺留分]

• 被相続人の配偶者の法定相続分は（　ア　）

• 被相続人の甥の法定相続分は（　イ　）

• 被相続人の弟の遺留分は（　ウ　）

<語群>

1. なし　　2. 1／2　　3. 1／3　　4. 1／4　　5. 1／6
6. 1／8　　7. 1／12　　8. 1／16　　9. 2／3　　10. 3／4

　　　　　（ア）［　　　］　　（イ）［　　　］　　（ウ）［　　　］

リボンを
チェック！

解説 1

1. 適切。本文の通り。2. 不適切。自筆証書遺言書保管制度を利用した場合も、遺言書の検認は不要。3. 不適切。自筆証書遺言は本人が自書し、代筆やパソコンなどで作成したものは不可だが、財産目録に限りパソコンでの作成は可能。4. 不適切。自筆証書遺言書保管制度を利用することで、法務局での保管が可能となる。（答：1）

解説 2

（ア）　子がいないため、法定相続人は配偶者と兄弟姉妹になるケース。
　　　　配偶者と弟、死亡した兄の子である甥・姪が代襲相続人として相続する。
　　　　相続分は、配偶者：3/4、兄弟姉妹：1/4。（答：10）

（イ）　死亡した兄の相続分：1/4×1/2＝1/8
　　　　甥・姪の相続分：1/4×1/2×1/2＝1/16（答：8）

（ウ）　兄弟姉妹に遺留分はないため、弟の遺留分はない。（答：1）

相続分

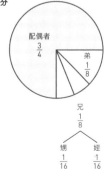

息抜きも大事だよ！

409

相続税の仕組み

相続財産の範囲や非課税財産についての基本を学ぶ。

相続税の課税財産

☐ 相続税の課税財産の種類

課税財産の種類	概要	ケース
本来の相続財産	相続や遺贈により取得した財産。金銭に換算できる経済的価値のある財産 ※被相続人が購入していた所有権移転登記がされていない不動産を相続した場合でも、相続税の課税対象	預貯金、株式や債券、売掛金など
みなし相続財産	本来は相続財産ではないが、実質的に相続財産とみなされて相続税が課される財産	生命保険金、死亡退職金など

みなし相続財産

生命保険金	契約者（保険料負担者）、被保険者が被相続人で、保険金の受取人が相続人である場合
死亡退職金や退職手当金	被相続人の死亡後3年以内に支給が確定したもの ※被相続人の死亡後3年を経過後、支払いが確定した場合、遺族の一時所得として所得税の対象

遺産分割前の相続預金の払戻し制度

☐ 被相続人の預金を遺産分割が終了する前であっても、各相続人が一定の範囲で預金の払戻しを受けることができる制度。

☐ 単独で払戻しができる金額＝相続開始時の預金額×$\frac{1}{3}$×各相続人の法定相続分。同一の金融機関からの払戻しは150万円が上限。

☐ 遺産分割前に払戻しされた預貯金は、その相続人が遺産分割により取得したとみなされて相続分から差し引かれる。

☐ 例：相続人（長男・次男）、相続開始時の預金額　600万円であった場合
長男が単独で払戻しできる金額＝600万円×$\frac{1}{3}$×$\frac{1}{2}$＝100万円

制度があることやその金額について、問われても答えられるようにね。

暦年課税による生前贈与の加算対象期間等の見直し

☐ 相続又は遺贈により財産を取得した者が、その相続開始前7年以内（改正前は3年以内）に被相続人から贈与により取得した財産がある場合、その取得した財産の贈与時の価額を相続財産に加算する。

☐ 延長された4年間に贈与により取得した財産の価額については、総額100万円までは加算されない。

加算対象期間について

☐ この改正は、2024年1月1日以後に贈与により取得する財産に係る相続税について適用される。具体的な贈与の時期等と加算対象期間は次の通り。

贈与の時期		加算対象期間
～2023年12月31日		相続開始前3年間
2024年1月1日～	贈与者の相続開始日	
	2024年1月1日～2026年12月31日	相続開始前3年間
	2027年1月1日～2030年12月31日	2024年1月1日～相続開始日
	2031年1月1日～	相続開始前7年間

相続時精算課税に係る基礎控除の創設

☐ 贈与税・相続税相続時精算課税を選択した受贈者が、贈与者から2024年1月1日以後に贈与により取得した財産の贈与税については、暦年課税の基礎控除とは別に、贈与税の課税価格から基礎控除額110万円が控除される。

☐ 贈与者の死亡による相続税の課税価格に加算される贈与者から2024年1月1日以後に贈与により取得した財産の価額は、基礎控除額を控除した後の残額とする（土地・建物が災害によって一定以上の被害を受けた場合、相続時に再計算を行うように改正された）。

※相続時精算課税制度はLesson4参照

明日もファイトー！

相続財産に加算されない財産	☐ 贈与税の配偶者控除の特例の適用を受けた財産 ☐ 直系尊属から住宅取得等資金の贈与を受けた場合の非課税額 ☐ 直系尊属から教育資金の一括贈与を受けた場合の非課税額 ☐ 直系尊属から結婚・子育て資金の一括贈与を受けた場合の非課税額
ポイント	☐ 相続人が相続や遺贈により財産を取得した場合のみ、生前贈与加算がある　相続放棄などで相続財産を取得していない場合、加算されない ☐ 相続開始の年に被相続人から贈与を受けていた場合、その財産は贈与税ではなく、相続税の対象となる

相続税の非課税財産

相続税が非課税になる財産の種類について学ぶ。

相続税の非課税財産

- ☐ 次の財産は、相続税の課税対象にはならない。
- ☐ 墓地、墓石、仏壇、仏具、祭具など。
- ☐ 香典（社会通念上相当の金額を超える場合、贈与税の対象）。
- ☐ 公共事業用財産、国などに寄付した財産。
- ☐ 自動車事故などの場合、被害者の遺族が受け取る死亡保険金（対人賠償等）。

生命保険金の非課税金額

- ☐ 相続人が被相続人の死亡により生命保険金や損害保険金を受け取った場合、次の計算式で求めた金額が非課税となる。受け取った死亡保険金額が、非課税限度額以内であれば申告不要。
- ☐ 生命保険金等が非課税の対象となる契約形態：契約者（保険料負担者）・被保険者が被相続人、受取人が法定相続人である配偶者や子などである場合。
- ☐ 非課税限度額＝500万円×法定相続人の数
- ☐ 複数の者が生命保険金を受け取った場合、各相続人が受け取った保険金の割合に応じて按分する。
- ☐ 各人の非課税限度額＝

$$非課税限度額 \times \frac{その相続人が受け取った生命保険金}{全ての相続人が受け取った生命保険金の合計額^{※}}$$

※放棄者分は除く。

> 死亡保険金は相続放棄者でも受け取れますが、相続税の非課税金額は適用されないので、受け取った保険金全額が相続税の課税対象です。

死亡退職金

- ☐ 被相続人の死亡後、3年以内に支払いが確定した退職金も同様
- ☐ 非課税限度額＝500万円×法定相続人の数（生命保険金と同額）

ケース：受け取った生命保険金に適用される非課税金額はいくらか
＜受け取った生命保険金＞
配偶者　1,500万円　　子A　500万円　　　子B　500万円

法定相続人の数	相続放棄した子Bも含めるため、3人
非課税金額の合計	500万円×3人＝1,500万円
配偶者の非課税金額	$1,500万円 × \dfrac{1,500万円}{1,500万円（配偶者）＋500万円（子A）} ＝1,125万円$
子Aの非課税金額	$1,500万円 × \dfrac{500万円}{1,500万円（配偶者）＋500万円（子A）} ＝375万円$
子Bの非課税金額	なし 分母の生命保険の合計額の中には相続を放棄した子Bの生命保険金の額は含めない

リボンをチェック！

弔慰金
（ちょう　い　きん）

- [ ] 被相続人の死亡によって被相続人の勤務先から受け取る弔慰金についても、一定額が非課税となる。非課税限度額を超える部分は退職手当金とみなされる（みなし相続財産となる）。
- [ ] 業務上の死亡の場合：非課税限度額＝死亡時の普通給与×36ヶ月（3年分）
- [ ] 業務外の死亡の場合：非課税限度額＝死亡時の普通給与×6ヶ月（半年分）

法定相続人の数

- [ ] 相続税の計算上、法定相続人の数について相続税法では民法とは取り扱いが異なる。

相続の放棄があった場合	放棄がなかったものとして法定相続人の数に含める	
養子がいる場合	被相続人に実子がいる場合	法定相続人に加える養子の数は1人まで
	被相続人に実子がいない場合	法定相続人に加える養子の数は2人まで
養子でも実子とみなされる場合	・特別養子縁組によって養子になった者 ・再婚の場合、配偶者の実子で被相続人の養子となった者 ・代襲相続人で、かつ被相続人の養子となった者	

がんばった！

※民法では相続を放棄した場合、最初から相続人でなかったものとみなされる。また、民法上では養子は何人でも増やすことができる

413

相続税の債務控除と葬儀費用

相続税の計算の際に控除できるものについて学習する。

債務控除および葬儀費用

☐ 相続税の計算において、被相続人の借金や未払金、および葬儀費用を負担した場合、原則として相続財産価額から控除することができる。

☐ 被相続人が亡くなった時に確定している債務が対象。

	〇控除できるもの	×控除できないもの
債務	借入金 業務上の債務 • 未払い医療費 • 未払い税金（所得税・住民税・固定資産税など）	遺言執行費用 相続関連費用（税理士や弁護士などに対する費用） 被相続人が生前に購入した墓地・墓石や仏壇の未払金
葬儀費用	通夜費用、仮葬儀や本葬儀費用 埋葬料・火葬費用、納骨に要した費用 お寺へのお布施や戒名料 遺体の捜索・搬送費用など	香典返戻費用 初七日・四十九日などの法要費用

※被相続人が団体信用生命保険に加入していた場合：住宅ローンの残高は債務控除の対象にならない（団体信用生命保険契約により返済が免除される住宅ローンは、相続人が支払う必要のない債務となる）

過去問題にチャレンジ

相続人が負担した次の費用等のうち、相続税の課税価格の計算上、相続財産の価額から債務控除をすることができるものはどれか。なお、相続人は債務控除の適用要件を満たしているものとする。（2023年5月 改題）

1 被相続人が生前に購入した墓碑の購入代金で、相続開始時点で未払いのもの

2 被相続人が所有していた不動産に係る固定資産税のうち、相続開始時点で納税義務は生じているが、納付期限が到来していない未払いのもの

3 被相続人に係る初七日および四十九日の法要に要した費用のうち、社会通念上相当と認められるもの

4 被相続人の相続に係る相続税の申告書を作成するために、相続人が支払った税理士報酬

[　]

墓地や墓石・仏壇などは相続税の非課税財産のため、購入した代金が未払いであっても債務控除の対象にはなりません。相続開始後に相続人が墓地などを購入しても、費用は相続税の課税対象となる相続財産から控除できませんよ。

一身専属権

☐ 被相続人の一身に専属した権利は、相続財産には含まれない（その人でなければ成立しないもの、雇用契約上の地位など）。

リボンをチェック！

相続財産に加算するものと差し引くもの

相続財産として加算するもの	本来の相続財産	非課税財産	相続財産から差し引くもの
		債務、葬式費用	
	みなし相続財産		
	相続時精算課税制度による贈与財産	課税価格	相続税の計算のもととなる財産の金額
	生前贈与加算（7年以内の贈与財産）		

息抜きも大事だよ！

解説

1. 墓地、墓石、仏壇などは相続税の非課税財産のため、購入代金が未払いであっても債務控除の対象とはならない。よって、不適切。

2. 相続開始時点で納税義務は生じている未払いの固定資産税などは、被相続人が亡くなった時に確定している債務であるため、債務控除の対象となる。よって、適切。

3. 初七日および四十九日の法要に要した費用は、債務控除の対象にならない。よって、不適切。

4. 相続税の申告書を作成するための税理士報酬などは、債務控除の対象にならない。よって、不適切。（相続開始後に相続人の事由により発生した費用）

（答：2）

22

相続税の計算

相続税の計算の流れや考え方を理解しよう。

相続税の計算手順

- [ ] 大きく分けて次のような3ステップに沿って計算される。
  第1ステップ：相続税の課税遺産総額の計算
  第2ステップ：相続税の総額の計算
  第3ステップ：各相続人の納付税額の計算

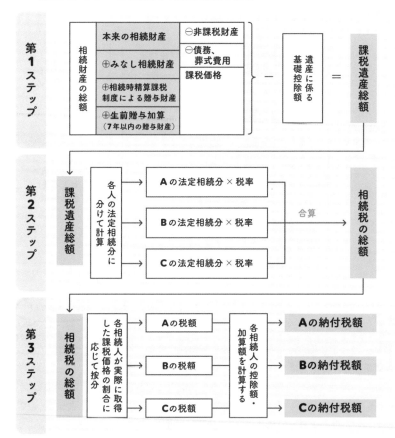

課税遺産総額を各相続人が法定相続分で相続したと仮定して、相続税の総額を計算します。それから、実際に取得した課税価格の割合に応じて、相続税の総額を各相続人に振り分けます。

課税遺産総額の計算（第**1**ステップ）

☐ 様々な相続財産の課税価格の合計額から、下記の基礎控除額を差し引き、課税遺産総額を計算する。課税価格が基礎控除額以下である場合、相続税は課税されず相続税の申告書の提出も不要。

相続税の基礎控除額

遺産に係る基礎控除額＝3,000万円＋600万円×法定相続人の数（生命保険金の場合と同じ）

相続税の総額の計算（第**2**ステップ）

☐ 相続税の総額は、相続税の計算を行う便宜上の金額であり、各相続人が法定相続分を取得したと仮定して計算する。各相続人の課税対象額に対応する税率を掛けて計算し、相続人全員の相続税額を合算する。

☐ 相続税の速算表（この表は覚えなくてOK）

法定相続分に応じた取得金額	税率	控除額
1,000万円以下	10%	―
1,000万円超～3,000万円以下	15%	50万円
3,000万円超～5,000万円以下	20%	200万円
5,000万円超～1億円以下	30%	700万円
1億円超～2億円以下	40%	1,700万円
2億円超～3億円以下	45%	2,700万円
3億円超～6億円以下	50%	4,200万円
6億円超	55%	7,200万円

相続税の取得費加算の特例

☐ 相続または遺贈により取得した不動産や株式などの財産を、相続の開始があった日の翌日から相続税の申告期限の翌日以降3年を経過する日までに譲渡した場合、相続税額の一定金額を譲渡した資産の取得費に加算することができる特例。

☐ "空き家を譲渡した場合の3,000万円の控除の特例"と重複して適用は不可。

明日もファイトー！

23

相続税計算の加算と控除

相続税を計算するときの加算や控除について理解する。

相続税額の2割加算

☐ 被相続人の一親等の血族（父母、子・代襲相続人となった孫を含む）および配偶者以外の者が、相続や遺贈などによって財産を取得した場合、相続税額に2割相当額が加算される。

☐ 対象者：兄弟姉妹・祖父母、甥・姪、養子にした孫（生存中の実子の子）

☐ 相続税の加算額＝相続税額×20％

税額控除

☐ 相続税額から一定額を控除できる制度で、次の6種類ある。

贈与税額控除（①）

☐ 被相続人から生前贈与を受けていた場合、すでに納付した贈与税額、および相続時精算課税によって納付した贈与税額を相続税額から控除できる。

☐ 生前贈与加算の対象となった者（相続開始前3年以内に贈与を受けた者（2024年1月1日以後の暦年課税による贈与の場合、相続開始前7年以内に贈与を受けた者））

配偶者の税額の軽減（②）

☐ 被相続人の配偶者が相続や遺贈により取得した財産が、1億6千万円、もしくは配偶者の法定相続分相当額以下であれば、相続税は課税されない。

○×問題にチャレンジ

1 すでに死亡している被相続人の子を代襲して相続人となった被相続人の孫は、相続税額の2割加算の対象とならない。（2022年5月 改題）　[　]

2 「配偶者に対する相続税額の軽減」の適用を受けることができる配偶者は、被相続人と法律上の婚姻の届出をした者に限られ、いわゆる内縁関係にある者は該当しない。（2022年5月 改題）　[　]

配偶者の税額軽減額の求め方

⬜ 配偶者の税額軽減額＝$\dfrac{相続税の総額×①または②}{相続税の課税価格の合計額}$

・以下の①あるいは②のいずれか少ない金額で計算する。

①相続税の課税価格の合計額×配偶者の法定相続分、または1億6千万円の多い方

②配偶者の実際に取得した財産の課税価格

配偶者の適用要件

⬜ 法律上の婚姻関係（期間は問わない）であること。

⬜ 申告期限までに遺産分割されて、相続財産が確定していること。

⬜ 納付税額が0円になっても、相続税の申告が必要。

未成年者控除 （③）

⬜ 相続人が未成年者である場合、次の金額を相続税額から控除できる。

⬜ 控除額＝（18歳－相続開始時の年齢）×10万円

※年齢に達するまでの年数が、何カ月など端数がある場合、1年として計算する。

障害者控除 （④）

⬜ 相続人が障害者である場合、次の金額を相続税額から控除できる。

⬜ 控除額＝（85歳－相続開始時の年齢）×10万円（特別障害者の場合：20万円）

※年齢に達するまでの年数が、何カ月など端数がある場合、1年として計算する。

相次相続控除 （⑤）

⬜ 10年以内に2回以上の相続が発生した場合、1回目の相続税額の一定額を2回目の相続税から控除できる。

外国税額控除 （⑥）

⬜ 外国にある被相続人の財産を取得し、その外国で相続税に相当する税が課された場合、二重課税を防ぐため、税額を控除することができる。

がんばった！

解説

1. 代襲相続人となった孫は、被相続人の一親等とする（答：〇）

2. 法律上の婚姻の届出をした者に限られる。内縁関係にある者は該当しない。（答：〇）

相続税の計算例

相続税は次の流れで計算する。

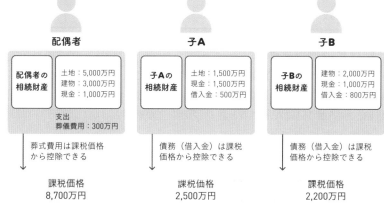

第1ステップ 各相続人の課税価格を計算する

配偶者

| 配偶者の相続財産 | 土地：5,000万円
建物：3,000万円
現金：1,000万円 |

支出
葬儀費用：300万円

葬式費用は課税価格から控除できる

課税価格
8,700万円

子A

| 子Aの相続財産 | 土地：1,500万円
現金：1,500万円
借入金：500万円 |

債務（借入金）は課税価格から控除できる

課税価格
2,500万円

子B

| 子Bの相続財産 | 建物：2,000万円
現金：1,000万円
借入金：800万円 |

債務（借入金）は課税価格から控除できる

課税価格
2,200万円

相続税の総額を計算する

課税価格
8,700万円

課税価格
2,500万円

課税価格
2,200万円

各相続人の課税財産を一度合計する

合計
13,400万円

－

遺産に係る
基礎控除額

3,000万円＋600万円×
法定相続人の数

4,800万円
（3,000万円＋600万円×3人）

＝

課税遺産総額
8,600万円

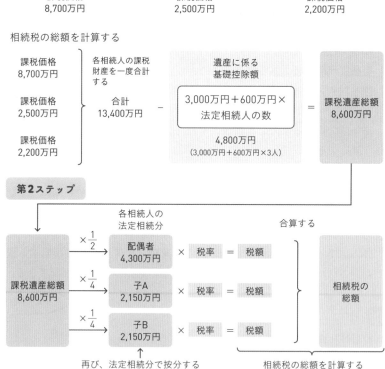

第2ステップ

各相続人の
法定相続分

合算する

課税遺産総額
8,600万円

×$\frac{1}{2}$ → 配偶者 4,300万円 × 税率 ＝ 税額

×$\frac{1}{4}$ → 子A 2,150万円 × 税率 ＝ 税額

×$\frac{1}{4}$ → 子B 2,150万円 × 税率 ＝ 税額

相続税の
総額

再び、法定相続分で按分する

相続税の総額を計算する

第3ステップ 各相続人の納付税額を計算する

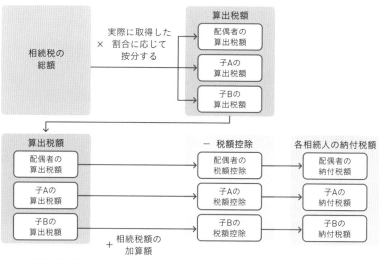

相続人が兄弟姉妹などの場合には、ここで相続税額の加算をする

相続発生から1年間のスケジュール

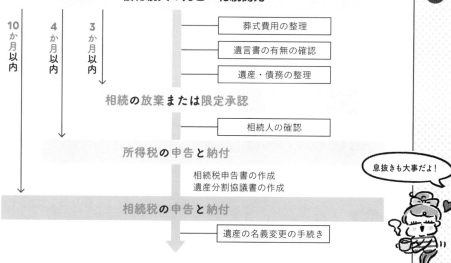

息抜きも大事だよ！

相続税の申告と納付

相続税の申告期限や準確定申告、物納や延納について学ぶ。

相続税の申告と納付

- ☐ 申告書の提出期限：相続の開始を知った日の翌日から10カ月以内。
- ☐ 相続税の課税価格の合計額が遺産に係る基礎控除額以下：申告は不要
- ☐ 申告書の提出先：被相続人の死亡時の住所地を管轄する税務署。
- ☐ 納付期限：申告書の提出期限と同じ（10カ月以内）、金銭で一括納付。期日までに納付されなかった場合、延滞税が加算される。
- ☐ 遺産分割協議が成立していない場合：法定相続分で相続があったものとみなして、10カ月以内に申告する。
- ☐ 作成した申告書等は、e-Tax（電子申告）を利用して提出することができる。

申告書の申告税額を修正する場合

- ☐ 申告額より相続税額が増える場合：修正申告
- ☐ 申告額より相続税額が減る場合：更生の請求

> 相続人の誰かが相続税を納付しない場合、相続人全員が連帯して納付する責任があります（連帯納付義務）。

被相続人の所得税の準確定申告

- ☐ 準確定申告：一定額以上の所得があった被相続人が亡くなった場合、相続人は1月1日から死亡した日までに確定した所得について確定申告をしなければならない。
- ☐ 申告・納税期限：相続の開始があったことを知った日の翌日から4カ月以内。

相続税の納付方法

- ☐ 金銭での一括納付が困難な場合、延納や物納という方法が認められている。

> 不動産が相続財産の大部分を占める場合、納税資金が不足して相続税を支払うことが難しいこともあります。要件を満たせば延納や物納することができますよ！

延納

☐ 下記要件を満たす場合、延納（年払いで分割して納付）することができる。

延納の要件	金銭での一括納付が困難である理由があること
	申告期限までに申請して、税務署長の許可を得ること
	相続税額が10万円を超えていること
	• 延納税額に相当する担保を提供すること（延納税額が100万円以下で、かつ、延納期間が3年以内の場合は不要） • 担保は相続財産、相続財産以外（相続人固有の財産）も対象

※延納期間：相続財産に占める不動産等の割合に応じて5年から最高20年。延納した期間に応じて利子税を支払う

延納申請中や延納中でも、金銭の一括納付への変更は可能
延納から物納への変更は、申告期限から10年以内であれば可能

物納

☐ 下記要件を満たす場合、物納することができる。

物納の要件	金銭での一括納付が困難であり、延納によっても金銭で納付することが困難とする理由があること
	申告期限までに申請して、税務署長の許可を得ること
	物納できる財産：相続や遺贈により取得した相続財産で国内にあるもの 相続時精算課税制度の適用を受けた財産は、物納できない
	物納の収納価額：原則として相続税評価額。小規模宅地等の評価減の特例を適用した土地を物納する場合、特例適用後の低い評価額となる ※収納価額：物納財産を税務署（国）が引き取る価額

物納許可後、1年以内に限り、金銭一括納付か延納に変更できる（物納の撤回）

物納適格財産	第1順位	国債・地方債、不動産、船舶、上場株式など
	第2順位	非上場株式など
	第3順位	動産
物納不適格財産		担保権が設定されている不動産、共有物である不動産など

☐ 相続税額より物納する財産の方が多い場合、相続税額を超える部分は金銭で還付される。還付金は譲渡所得とみなされ、所得税や住民税が課税される。

明日もファイト！

本番問題に チャレンジ

過去問題を解いて、理解を確かなものにしよう。

○ **問1** 奈美さんは、2024年2月1日に浩二さんが死亡した場合、民法の規定に基づく法定相続分および遺留分に関して、FPで税理士でもある成田さんに相談をした。成田さんの次の説明の空欄（ア）～（ウ）に入る適切な語句または数値を語群の中から選び、その番号のみを解答欄に記入しなさい。なお、同じ番号を何度選んでもよいこととする。（2023年1月FP協会 資産改題）

> 「仮に2024年2月1日に浩二さんが死亡した場合、浩二さんの姪である知美さんの法定相続分は（　ア　）です。浩二さんが妻の奈美さんに全財産を相続させる旨の遺言を作成した場合、知美さんの遺留分は（　イ　）です。また、相続税の申告が必要な場合、基礎控除の額は（　ウ　）です。」

<語群>
1. ゼロ　　2. 1／8　　3. 1／12　　4. 1／16　　5. 1／24
6. 1／32　　7. 3,600万円　　8. 4,800万円　　9. 5,400万円

<伊丹家の親族関係図>

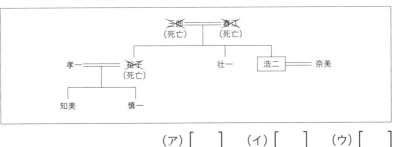

(ア) [　　] 　(イ) [　　] 　(ウ) [　　]

○ **問2** 相続税の納税に関する次の記述のうち、最も不適切なものはどれか。（2023年1月）

1. 相続により土地を取得した者がその相続に係る相続税について延納を申請する場合、一定の要件を満たせば、その相続により取得した土地以外の土地を延納の担保として提供することができる。

2. 相続税は金銭による一括納付が原則であるが、一括納付や延納による金銭の納付が困難な場合、納税義務者は、その納付を困難とする金額を限度に物納を申請することができる。

3. 物納に充てることができる財産の種類には順位があり、不動産と上場株式はいずれも第1順位に分類されている。

4.「小規模宅地等についての相続税の課税価格の計算の特例」の適用を受けた宅地等を物納する場合の収納価額は、特例適用前の価額である。　　　　　　　　　　　　　　　　　　　　　[　　]

解説1

（ア）　子がいないため、法定相続人は配偶者と兄弟姉妹になるケース。配偶者と壮一さん、死亡した裕子さんの子である知美さん・慎一さんが代襲相続人として相続する。相続分は、配偶者：3/4、兄弟姉妹：1/4
裕子さんの相続分：$1/4 \times 1/2 = 1/8$
知美さんと慎一さんの相続分：$1/4 \times 1/2 \times 1/2 = 1/16$（答：4）

（イ）　兄弟姉妹に遺留分はないため。代襲相続する知美さんも遺留分はない。（答：1）

（ウ）　5,400万円。遺産に係る基礎控除額＝3,000万円＋600万円×法定相続人の数。法定相続人：奈美さん、壮一さん、知美さん、慎一さんの4人
3,000万円＋600万円×4＝5,400万円（答：9）

解説2

1. 適切。延納の担保は相続財産、相続財産以外（相続人固有の財産）も対象。2. 適切。金銭での一括納付が困難であり、延納によっても金銭で納付することが困難とする理由があることなど、要件を満たす場合、物納することができる。3. 適切。物納適格財産の第1順位は、国債・地方債、不動産、船舶、上場株式などである。4. 不適切。「小規模宅地等についての相続税の課税価格の計算の特例」の適用を受けた宅地等を物納する場合の収納価額は、特例適用後の低い評価額となる。（答：4）

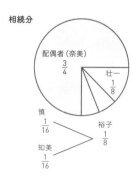

相続分

がんばった！

相続財産の評価

評価の方法や計算、特例など重要ポイントの理解が大切。

宅地の評価

- ☐ 宅地：建物の敷地として用いられる土地。

  評価単位
- ☐ 宅地は、一区画（利用単位、二筆以上の宅地の場合もある）ごとに評価する。登記上の一筆（一個の土地）ごとの評価ではない。

  評価方式
- ☐ 所在する地域により、国税庁が指定した方式を用いる。
- ☐ 路線価方式と倍率方式がある。どちらを選択するか、所在地により国税庁が指定する。

路線価方式	市街地にある宅地の評価方法。路線価図により公表。 宅地が接する道路の路線価（1m²あたり千円単位で表示）を基準とし、宅地の形状や状況により価格が計算される。
倍率方式	市街地以外の路線価が定められていない、郊外や農村部などにある宅地の評価方法。 固定資産税評価額に国税庁の定める一定の倍率を掛けて計算する。倍率は評価倍率表により公表。

> 宅地は、買ったときの値段ではなく、国税庁が指定した方式で評価するのね！

実際の路線価の表記

- ☐ 借地権割合：土地の更地の評価額に対する借地権評価額の割合。国税庁が地域ごとに決定する。借地権割合がC（70％）である場合、借地人の権利が70％、地主の権利が残りの30％となる。

"380"は路線価：千円単位で表記
1m²あたりの路線価：380×1,000円＝38万円

アルファベット表記：借地権割合
A＝90％、B＝80％、C＝70％、D＝60％、
E＝50％…を意味する

← **380 D** →

150 m²

> 路線価は千円……（ろせんか）は（せんえん）

路線価方式による評価

○ 宅地が接する道路の路線価を基準として、調整率を用いて評価する。

1つの道路にのみ面している宅地

○ 評価額＝路線価×奥行価格補正率
×地積（面積）

○ ケース：評価額＝390千円×1.00
×130m² ＝ 50,700千円

角地で正面と側面が道路に面している宅地

○ 評価額＝｛（正面路線価×奥行価格補正率）＋（側方路線価×奥行価格
補正率×側方路線影響加算率）｝×地積（面積）

○ 例題：角地で2つの道路に面している宅地の路線価方式による相続税評
価額を計算しなさい。

解答：「路線価×奥行価格補正率」の価格が高い方が正面路線価

800千円×0.95 ＝ 760千円、600千円×1.00 ＝ 600千円

正面路線価：760千円

評価額＝｛（800千円×0.95）＋（600千円×1.00×0.03）｝×640m² ＝
49,792千円

正面と裏面が道路に面している宅地

○ 評価額＝｛（正面路線価×奥行価格補正率）＋（裏面路線価×奥行価格
補正率×二方路線影響加算率）｝×地積（面積）

○ ケース：350千円＞250千円　高い方が正面路線価

評価額＝｛（350千円×1.00）＋（250千円×1.00×0.02）｝
×400m² ＝ 14,200千円

○ 路線価方式で評価する宅地が不
整形地である場合、不整形地補
正率を用いて評価する。倍率方
式で評価する宅地は、不整形地
補正率は用いない。

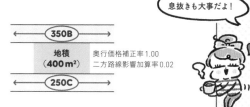

息抜きも大事だよ！

427

宅地上の権利や建物等の評価

宅地は**4種類**に分類。自用地以外は自用地の評価を基にして計算する。

	概要	評価額	ケース
☐ 自用地	借地権など他人が使用する権利がない土地。所有者が自分で利用している宅地	評価額＝路線価方式、または倍率方式で計算した評価額 Aさんの建物 Aさんの土地	Aさんの土地にAさんの建物を建てる ※青空駐車場にしている宅地は、自用地として評価する
☐ 借地権	建物の所有を目的に他人の土地を借りて使用する権利 借地権が設定されている場合の宅地の賃借権	評価額＝自用地評価額×借地権割合 Bさんの建物 Bさん（借地権） Aさんの土地（貸宅地）	Aさんの土地をBさんが借りている場合のBさんの権利：借地権 【例】自用地評価額　3,500万円 　　　借地権割合　　70% Bさん：借地権の評価額 3,500万円×0.7＝2,450万円
☐ 貸宅地（底地権）	借地権が設定されている宅地	評価額＝自用地評価額×（1－借地権割合） Bさんの建物 Bさん（借地権） Aさんの土地（貸宅地）	Aさんの土地をBさんが借りている場合のAさんの土地：貸宅地 【例】自用地評価額　3,500万円 　　　借地権割合　　70% Aさん：貸宅地の評価額 3,500万円×（1－0.7） ＝1,050万円
☐ 貸家建付地	土地の所有者が建物を建てて、他人に貸し付けている場合の宅地（賃貸アパートなど）	評価額＝自用地評価額×（1－借地権割合×借家権割合×賃貸割合） アパート（Aさんが所有） 借家権 Aさんの土地（貸家建付地）	Aさんの土地にAさんがアパートを建てて、賃貸している 【例】自用地評価額　4,000万円 　　　借地権割合　　70% 借家権割合　　30% 賃貸割合（満室）100% Aさん：貸家建付地の評価額 4,000万円×（1－0.7×0.3×1） ＝3,160万円

※賃貸アパートが空き家となっている場合：土地は自用地として評価する

貸宅地や貸家建付地は計算できるように、また計算式も文章で正解を選択できるようにね。

土地の使用貸借

⬜ 使用貸借契約（無償で貸し付ける契約）の場合、自用地として評価する。

⬜ ケース：子が無償で親の土地を借り、自宅を建てている場合。

宅地の使用貸借		評価額
貸主（土地の所有者）	父	宅地の評価額：自用地として評価
借主	子	宅地の使用権：0円

※使用貸借（無償で貸し借りする）⇔賃貸借（賃料を支払うことで貸し借りする）

私道の評価

利用者	評価額
不特定多数の者	評価しない（評価額0円）
特定の者	自用地の評価額×30%
宅地の所有者のみ	自用地として評価する

建物の評価

分類	評価額	例など
自用家屋	評価額＝固定資産税評価額×1.0	自宅、・事務所、店舗、別荘など
貸家	評価額＝自用家屋の評価額×（1－借家権割合×賃貸割合）	貸付されている建物（アパートなど）
借家権	評価額＝自用家屋の評価額×借家権割合×賃貸割合	建物を借りた場合の権利 ※借家権割合：全国一律30%とされている
建築中の家屋	評価額＝その家屋の費用現価の額×70%	※費用現価の額：課税時期までにその建物に投じられた建築費用を、課税時期の現在価値に直した額の合計額

附属設備等の評価

明日もファイトー！

分類	評価額	例
家屋と構造上一体となっている設備	家屋の価額に含めて評価する	電気設備、ガス設備、給排水設備など
構築物	評価額＝（再建価額－建築時から課税時期までの償却費の合計額または減価の額）×70%	門、塀など
庭園設備	評価額＝その庭園設備の課税時期においての調達価額×70%	庭木、庭石、あずまや、庭池など

本番問題にチャレンジ

過去問題を解いて、理解を確かなものにしよう。

○**問1** Aさんの相続が開始した場合の相続税額の計算における下記＜資料＞の甲宅地の評価に関する次の記述のうち、最も適切なものはどれか。なお、記載のない事項については考慮しないものとする。（2023年9月）

＜資料＞

甲宅地（Aさん所有）
乙建物（長男所有）
公道

※Aさんの相続人は、妻および長男の合計2名である。
※甲宅地は、使用貸借契約により長男に貸し付けられており、長男が所有する乙建物の敷地の用に供されている。
※乙建物は、相続開始時において、長男の居住の用に供されている。

1. 長男が相続により甲宅地を取得した場合、貸宅地として評価する。
2. 長男が相続により甲宅地を取得した場合、自用地として評価する。
3. 妻が相続により甲宅地を取得した場合、貸宅地として評価する。
4. 妻が相続により甲宅地を取得した場合、貸家建付地として評価する。

[　　]

◯ **問2** 宅地の相続税評価額の算定方法等に関する次の記述のうち、最も適切なものはどれか。（2024年1月）

1. 宅地の評価方法には、路線価方式と倍率方式があり、どちらの方式を採用するかについては、納税者が任意に選択することができる。
2. 倍率方式は、固定資産税評価額に国税局長が一定の地域ごとに定める倍率を乗じて計算した金額によって評価する方式である。
3. 正面と側方に路線がある宅地（角地）を路線価方式によって評価する場合、原則として、それぞれの路線価に奥行価格補正率を乗じた価額を比較し、低い方の路線価が正面路線価となる。
4. 路線価は、路線に面する標準的な宅地の1坪当たりの価額であり、千円単位で表示される。

[　]

解説1

子が無償で親の土地を借りて自宅を建てている場合など、使用貸借契約（無償で貸し付ける契約）の場合、自用地として評価する。（答：2）

解説2

1. 不適切。宅地の評価方法である路線価方式と倍率方式のどちらの方式を採用するかは、国税局で定める。納税者が任意に選択することができない。
2. 適切。本文の通り。
3. 不適切。それぞれの路線価に奥行価格補正率を乗じた価額を比較し、高い方の路線価が正面路線価となる。
4. 不適切。路線に面する標準的な宅地の1m²当たりの価額となる。（答：2）

がんばった！

小規模宅地等の評価減の特例

外せない重要な項目。しっかりと理解して覚えるポイント。

小規模宅地等の特例

☐ 相続または遺贈により取得した宅地等のうち、被相続人の居住用や事業用等がある場合、一定の面積まで相続税の評価額から一定割合を減額する制度。

☐ 小規模宅地等の評価減の特例の概要

宅地等の利用区分		限度面積	減額割合	適用要件
居住用	特定居住用宅地等	330m²	80%	• 被相続人等の居住用の宅地等 • 取得者①配偶者：要件なし ②同居の親族：相続税申告期限まで居住・所有など一定の要件がある ③別居の親族：①②がいない場合で、相続開始前3年以内にその親族または配偶者の所有する家屋に居住したことがないなど一定の要件がある
事業用	貸付以外の事業用 特定事業用宅地等	400m²	80%	• 被相続人等の事業用の宅地等 • 取得者が一定の親族：事業を相続税申告期限まで継続するなど一定の要件がある
	貸付事業用 特定同族会社事業用宅地等	400m²	80%	※特定事業用宅地等もある場合：合計400m²まで
	貸付事業用宅地等	200m²	50%	• 被相続人等の貸付事業に使用されていた宅地等 • 取得者が一定の親族：相続税申告期限までその貸付事業を行っていることなど一定の要件がある ※構築物がない青空駐車場は対象外
その他の要件	* 建物または構築物のある宅地等（空き地は不可） • 相続開始前3年以内に事業の用や貸付の用に供された宅地等を除く • 相続税の申告期限までに遺産分割が終了していること。未分割の場合適用できないが、申告期限から3年以内に遺産分割が確定した場合は適用可能 • この制度を利用して納付税額が0円の場合でも相続税の申告が必要 ※特定居住用宅地等と特定事業用宅地等を併用する場合：合計730m²（330m² + 400m²）まで適用可能			

減額される金額の計算方法

リボンを
チェック！

◯ 特定居住用宅地等である場合

$$減額される金額＝宅地等の相続税評価額×\frac{分母のうち330\,m^2までの部分}{その宅地等の敷地面積}×80\%$$

◯ 特定事業用宅地等である場合

$$減額される金額＝宅地等の相続税評価額×\frac{分母のうち400\,m^2までの部分}{その宅地等の敷地面積}×80\%$$

◯ 貸付事業用宅地等である場合

$$減額される金額＝宅地等の相続税評価額×\frac{分母のうち200\,m^2までの部分}{その宅地等の敷地面積}×50\%$$

うぅ、苦手な計算が続く……。

大丈夫！　計算式よりも、表の中の限度面積と減額割合の3種類の関係性を必ず覚えてね！

具体的な計算方法

◯ 例題：自用地評価額5,000円（500m²）の特定居住用宅地等について小規模宅地等の特例の適用を受けた場合、相続税評価額はいくらになるか

解答　特定居住用宅地等：500m²のうち、330m²まで80%減額される

減額される金額：$5,000万円×\dfrac{330m^2}{500m^2}×80\%＝2,640万円$

減額後の評価額：5,000万円－2,640万円＝2,360万円

贈与によって取得した財産は小規模宅地等の特例の適用はありません。相続時精算課税を適用する場合も同様です（死因贈与は対象）。

息抜きも大事だよ！

金融資産等の財産評価

上場株式やその他の財産の相続税評価について学習する。

上場株式の評価

☐ 上場株式は、次の①～④のうち最も低い価額で評価する。
①課税時期（原則、相続開始日）の最終価格（終値）
②課税時期の属する月の毎日の最終価格の月平均額
③課税時期の属する月の前月の毎日の最終価格の月平均額
④課税時期の属する月の前々月の毎日の最終価格の月平均額

☐ ケース：被相続人の死亡日　7月16日

①課税時期の最終価格（終値）	7月16日	1,500円
②課税時期の属する月の毎日の最終価格の月平均額	7月の最終価格の月平均	1,480円
③課税時期の属する月の前月の毎日の最終価格の月平均額	6月の最終価格の月平均	1,580円
④課税時期の属する月の前々月の毎日の最終価格の月平均額	5月の最終価格の月平均	1,520円

• 評価額：1,480円
課税時期の属する月（7月）の毎日の最終価格の月平均額

○×問題にチャレンジ

各種金融資産の相続税評価に関する次の記述のうち、最も不適切なものは
どれか。（2021年9月 改題）

1 外貨定期預金の価額の円貨換算については、原則として、取引金融機
関が公表する課税時期における対顧客直物電信買相場（TTB）または
これに準ずる相場による。　　　　　　　　　　　　　　　　　[　　]

2 既経過利子の額が少額である普通預金の価額は、課税時期現在の預
入高により評価する。　　　　　　　　　　　　　　　　　　　[　　]

3 個人向け国債の価額は、額面金額により評価する。　　　　　　[　　]

4 相続開始時において、保険事故がまだ発生していない生命保険契約
に関する権利の価額は、原則として、相続開始時においてその契約を
解約するとした場合に支払われることとなる解約返戻金の額により
評価する。　　　　　　　　　　　　　　　　　　　　　　　　[　　]

その他の財産の評価

財産		評価額
☐ 預貯金		評価額＝預入残高＋既経過利子額（源泉徴収後） ※普通預金：利子が少額であれば課税時期の預入残高で評価
☐ 国債		評価額＝課税時期の中途換金した場合の価額
☐ 公社債	上場されている利付公社債	評価額＝課税時期の最終価格＋既経過利息額（源泉徴収後）
	その他の利付公社債	評価額＝発行価額＋既経過利息額（源泉徴収後）
☐ 投資信託	上場投資信託 （ETFやJ-REITなど）	上場株式の評価と同様の評価
	証券投資信託	評価額＝1口当たりの基準価格×口数−解約した場合の源泉徴収税額−信託財産留保額（解約手数料）
☐ ゴルフ会員権		評価額＝課税時期の通常の取引価額×70%
☐ 生命保険契約に関する権利		評価額＝課税時期の解約返戻金相当額
☐ 個人年金保険契約に関する権利		• 給付事由が発生していない場合 　評価額＝課税時期の解約返戻金相当額 • 給付事由が発生している場合（年金受取開始以後） 　次の3つのうち、いずれか多い金額で評価する 　①解約返戻金の金額 　②一時金として受け取ることができる場合：一時金の金額 　③予定利率等をもとに算出した金額
☐ 外貨建ての財産		評価額＝課税時期のTTBレートで円換算した金額

明日もファイトー！

解説

1. 本文の通り。（答：○）

2. 本文の通り。（答：○）

3. 不適切。中途換金した場合、取扱機関から支払いを受ける価額により評価する（算式：額面金額＋経過利子相当額−中途換金調整額）。（答：×）

4. 本文の通り。（答：○）

32

取引相場のない
株式の評価

非上場株式の評価方法の種類について学習する。

取引相場のない株式の評価

◯ 取引相場のない株式：取引所に上場していない株式（非上場株式）。

◯ 株式の取得者や会社の規模によって評価方法が異なる。

◯ 株主を同族株主等と同族株主等以外の株主に区分し、評価方式を決定する。

評価方式	取得者	種類
原則的評価方式	同族株主等	①類似業種比準方式 ②純資産価額方式 ①＋②類似業種比準方式と純資産価額方式の併用方式
特例的評価方式	同族株主等以外の株主	③配当還元方式

※同族株主：株主の1人およびその同族関係者の保有する議決権の合計数が、その会社の議決権の
　30％以上である場合、その株主およびその同族関係者
（議決権比率が50％超となる株主グループがある場合、そのグループのみ）
※同族株主等以外の株主：一般的に経営権のない株主

会社規模の判定

◯ 従業員数や総資産価額、取引金額により、大会社、中会社、小会社に分類。

評価方法の選択 ※（　）内のどちらか 　低い方で評価できる	大会社	類似業種比準方式（または純資産価額方式）
	中会社	併用方式（または純資産価額方式）
	小会社	純資産価額方式（または併用方式）

特定評価会社

◯ 下記のような会社の株式評価方式は、純資産価額方式で評価する。

土地保有特定会社	総資産に対する土地等の割合が一定割合以上の会社 （大会社：70％以上、中会社：90％以上）
株式保有特定会社	総資産に対する株式等の保有割合が一定割合以上の会社 （会社の規模に関係なく50％以上）

• 開業後3年未満の会社等、開業前や休業中、清算中の会社の株式も純資産価額評価方式で評価

※同族株主等以外の株主が相続等で取得した場合：配当還元方式で評価する

株式の評価方法

◯ 類似業種比準方式：上場している類似業種企業の株価と比較し、「1株あたりの配当金額」「1株あたりの利益金額」「1株あたりの純資産価額（帳

簿価額）」の3つの要素を加味して評価額を算定する

計算式：

$$1株あたり \atop 評価額 = A \times \cfrac{\cfrac{b}{B} + \cfrac{c}{C} + \cfrac{d}{D}}{3} \times 斟酌率 \times \cfrac{1株あたりの資本金等の額}{50円}$$

> A：類似業種の株価
> B：類似業種の1株あたりの配当金額
> C：類似業種の1株あたりの年利益金額
> D：類似業種の1株あたりの純資産価額（簿価）
> b：評価会社の1株あたりの配当金額
> c：評価会社の1株あたりの利益金額
> d：評価会社の1株あたりの純資産価格（簿価）
> 斟酌率：大会社は **0.7**、中会社は **0.6**、小会社は **0.5**

☐ 純資産価額方式：会社を解散した場合の純資産額を発行済株式数で割り、1株あたりの評価額を算定する

計算式：

$$1株あたり \atop 評価額 = \cfrac{\overset{①}{相続税評価額に \atop よる純資産額} - \left(\overset{①}{相続税評価額に \atop よる純資産額} - \overset{②}{帳簿価額に \atop よる純資産額} \right) \times \overset{37\%}{\underset{(法人税の \atop 実効税率)}{}}}{発行済株式総数}$$

> ①相続税評価額による純資産額（純資産額＝総資産額－負債額）を求める
> ②帳簿価額による純資産額（純資産額＝総資産額－負債額）を求める

☐ 配当還元方式：過去2年間の平均配当金を基礎として評価額を算定する

計算式：

$$1株あたり \atop 評価額 = \cfrac{年配当金額}{10\%} \times \cfrac{1株あたりの資本金等の額}{50円}$$

☐ 併用方式：類似業種比準方式と純資産価額方式によって算出した各評価額に一定割合を掛けて評価額を算定する

ここでは、計算式よりも、評価方法の種類や会社規模の判定などを理解しましょう。

がんばった！

リボンをチェック！

事業承継対策と相続対策

事業承継や相続対策、それぞれのポイントを理解する。

 2級では、法人の事業承継や相続対策についても押さえなければなりません。

 なんだか難しそうだけれど、押さえるべき基本は今まで習った事と似ているね！

事業承継対策

- 事業承継とは、経営者が事業を後継者に引き継ぐこと。
- 事業承継の目的は、後継者へ円滑な事業承継を図ること。
- 事業承継対策の具体的な方法は、自社株の評価額の引き下げや、納税資金の確保がある。

自社株の評価額の引き下げ

- 会社の利益や資産が減れば、評価会社の利益額や純資産が減少して、自社株の相続税評価額が下がる。
- 相続税評価額を引き下げる方法

類似業種比準価額の引き下げ	役員退職金の支給 無配当や低配当にする 高収益部門を分離する　など
純資産価額の引き下げ	役員退職金の支給 高収益部門を分離する 不動産等の購入（時価よりも相続税評価額が低い資産）　など
株数の削減	後継者へ自社株式を贈与する 従業員持株会を設立して自社株式を譲渡する

納税資金の確保

- 生命保険を活用することで資金を確保する。

契約者・保険金受取人を法人、経営者等を被保険者とする保険に加入 （逓増定期保険、長期平準定期保険など）	死亡退職金の支払い原資を確保する
契約者・保険金受取人を法人とする保険に加入	相続人が相続した自社株を法人が買い取るための資金を確保する

相続対策

◯ 相続対策とは、円滑な相続のために準備しておくこと。
◯ 対策には、遺産分割、納税資金、節税、財産移転がある。

遺産分割対策

◯ 争いを避けるための一般的な方法として、遺言書の作成がある。また、生前贈与や代償分割を利用する方法もある。
◯ 被相続人の生前に、遺留分を有する相続人と相談して、家庭裁判所に遺留分放棄の申立てをすることもできる。

納税資金対策

◯ 納税資金を準備する方法には、下記の方法がある。

生命保険の加入	被保険者を被相続人、契約者・保険金受取人を相続人とした生命保険に加入して、保険料相当額を相続人に贈与する。相続時に相続人が受け取る死亡保険金を納税や代償分割の資金とすることができる
資産の売却	・相続により取得した資産を譲渡することで、相続税額の一定金額を譲渡した資産の取得費に加算する ・資産の売却により、納税資金とする

節税対策

◯ 不動産など相続財産の評価額を下げる方法がある。

・自用地の評価額を下げる（借地権を設定して貸宅地にする。更地にアパートなどを建て、貸家建付地にする）。
・不動産などを相続時に分割しやすいように、他の財産に替える。
・市場価格より低い評価額の不動産を購入する。

財産移転対策

息抜きも大事だよ！

◯ 生前贈与を活用する。
◯ 暦年課税制度を利用：毎年110万円までの贈与財産が非課税となる。
◯ 相続時精算課税制度の利用、教育資金などの贈与、配偶者控除の特例などを利用することで、相続財産を減らすことができる。

非上場株式等についての贈与税・相続税の納税猶予・免除制度

贈与税や相続税の納税が猶予される制度について学ぶ。

非上場株式等についての贈与税の納税猶予及び免除の特例等

☐ 後継者（受贈者）が、都道府県知事から円滑化法の認定を受けている非上場会社の株式等を贈与により取得した場合、その非上場株式等に係る贈与税を一定の要件のもと、その納税を猶予する制度。

☐ 先代経営者（贈与者）が死亡した場合や会社の倒産、後継者への免除対象贈与等により、納税が猶予されている贈与税の全部または一部について納付が免除される制度。

☐ 特例措置と一般措置では、適用制限・対象株式や納税猶予割合などが異なる。

☐ 小規模宅地等の特例、相続時精算課税制度との併用可能。

非上場株式等についての相続税の納税猶予及び免除の特例等

☐ 後継者である相続人等が、都道府県知事から円滑化法の認定を受けている非上場会社の株式等を相続または遺贈により取得した場合、その非上場株式等に係る相続税を一定の要件のもと、その納税を猶予する制度。

☐ 後継者が死亡した場合や会社の倒産、後継者への免除対象贈与等により、納税が猶予されている相続税の全部または一部について納付が免除される制度。

☐ 特例措置と一般措置では、適用制限・対象株式や納税猶予割合など異なる。

☐ 小規模宅地等の特例との併用可能。

贈与か相続の違いなんだね！

「中小企業における経営の承継の円滑化に関する法律」
（経営承継円滑化法）における「遺留分に関する民法の特例」

☐ 推定相続人が複数いる場合、後継者に自社株式等を承継させようとしても、遺留分を侵害された相続人から遺留分侵害額に相当する金額の支払いを求められ、自社株式等を処分せざるを得なくなり、スムーズな事業承継が実現できない。そのような遺留分の問題に対処するため、経営承継円滑化法による「遺留分に関する民法の特例」を規定し、遺留分の規定と異なる合意が可能。

☐ 主な要件：推定相続人全員及び後継者の合意、3年以上継続した事業等。

☐ 手続き：経済産業大臣の確認、家庭裁判所の許可（確認を受けた日から1か月以内に家庭裁判所に申立てする）。

☐ 特例の内容：両方を組み合わせることも可能。

除外合意	遺留分を算定するための財産の価額から除外できる
固定合意	遺留分を算定するための財産の価額に算入する価額を、合意時の時価に固定できる

個人の事業用資産についての贈与税・相続税の納税猶予及び免除

☐ 青色申告に係る事業を行っていた事業者の後継者として、都道府県知事から円滑化法の認定を受けて、贈与または相続等により特定事業用資産を取得した場合、一定の要件のもと、その特定事業用資産に係る贈与税・相続税の全額の納税が猶予される制度。

☐ 先代経営者（贈与者）・後継者が死亡した場合や会社の倒産、後継者への免除対象贈与等により、納税が猶予されている贈与税・相続税の全部または一部について、納付が免除される制度。

☐ 小規模宅地等の特例の適用を受ける者がある場合、適用が制限される。

☐ 2019年1月1日から2028年12月31日までの贈与、または相続等。

明日もファイトー！

本番問題にチャレンジ

過去問題を解いて、理解を確かなものにしよう。

○ **問1** 相続税における取引相場のない株式の評価に関する次の記述のうち、最も適切なものはどれか。（2022年9月）

1. 会社規模が小会社である会社の株式の価額は、純資産価額方式によって評価し、類似業種比準方式と純資産価額方式の併用方式によって評価することはできない。
2. 会社規模が中会社である会社の株式の価額は、類似業種比準方式、または純資産価額方式のいずれかによって評価する。
3. 同族株主が取得した土地保有特定会社に該当する会社の株式は、原則として、類似業種比準方式によって評価する。
4. 同族株主のいる会社において、同族株主以外の株主が取得した株式は、その会社規模にかかわらず、原則として、配当還元方式によって評価する。　　　　　　　　　　　　　　　　　　　　　[　　]

○ **問2** 小規模宅地等についての相続税の課税価格の計算の特例（以下「本特例」という）に関する次の記述のうち、最も不適切なものはどれか。なお、記載のない事項については、本特例の適用要件を満たしているものとする。（2023年1月）

1. 被相続人の配偶者が、被相続人が居住の用に供していた宅地を相続により取得した場合、相続税の申告期限までにその宅地を売却したとしても、本特例の適用を受けることができる。
2. 相続開始の直前において被相続人と同居していなかった被相続人の配偶者が、被相続人が居住の用に供していた宅地を相続により取得した場合、本特例の適用を受けることはできない。
3. 被相続人の子が相続により取得した宅地が、本特例における特定事業用宅地等に該当する場合、その宅地のうち400m2までを限度面積として、評価額の80％相当額を減額した金額を、相続税の課税価格に算入すべき価額とすることができる。
4. 相続人以外の親族が、被相続人が居住の用に供していた宅地を遺贈により取得した場合であっても、本特例の適用を受けるこ

とができる。 [　]

○ **問3**　中小企業における経営の承継の円滑化に関する法律における「遺留分に関する民法の特例」（以下「本特例」という）に関する次の記述は、○か×か答えなさい。（2023年5月 改題）

1. 本特例の適用を受けるためには、経済産業大臣の確認および家庭裁判所の許可を受ける必要がある。（2023年5月 改題） [　]

2. 後継者が贈与により取得した自社株式が金融商品取引所に上場されている場合であっても、本特例の適用を受けることができる。 [　]

解説1

1. 不適切。原則的評価方式は純資産価額方式だが、類似業種比準方式と純資産価額方式の併用方式によって評価することも可能。

2. 不適切。原則的評価方式は、類似業種比準方式と純資産価額方式の併用方式だが、純資産価額方式によって評価することも可能。

3. 不適切。同族株主が取得した土地保有特定会社に該当する会社の株式は、原則として、純資産価額方式で評価する。

4. 適切。本文の通り。（答：4）

解説2

1. 適切。特定居住用宅地等を被相続人の配偶者が取得する場合、配偶者の要件はない。

2. 不適切。特定居住用宅地等を被相続人の配偶者が取得する場合、配偶者の要件はない。取得者が親族の場合は、要件がある。

3. 適切。本文の通り。

4. 適切。相続人以外の親族で、宅地を遺贈により取得した場合であっても、本特例の適用を受けることができる。（答：2）

解説3

1. 本文の通り。（答：○）

2. 合意時点において3年以上継続して事業を行っている非上場企業であることが要件。上場されている場合は対象外。（答：×）

がんばった！

エンディング・ノート

「相続や遺言等、将来に向けて気になることはあるけれど、何から始めたらいいのかわからない」という方にお勧めしたいのが、エンディング・ノートを書いてみることです。

人生の終盤に向け、様々なことについて考えていることやご自身の思いを書き記したものをエンディング・ノートと言います。

エンディング・ノートには、自分の「もしも」の時に備え、自分の身上や財産に関わる大切な情報に加え、終末期医療や介護についての要望や、葬儀やお墓についての希望等を書き留めることができます。法的拘束力はありませんが、いざというときにノートの内容が周囲の人に伝われば、大いに助けとなります（思いが確実に伝わるように、ノートの存在は誰かに伝えておくことも大切です）。

まだ手にしたことのない方は、これを機会に、エンディング・ノートを手に取ってみてください。自分自身について振り返り、これからの人生についてより深く考えるための気づきが得られるかもしれません。

改正内容に注目

相続登記が義務化（**2024年4月1日〜**）

◯ 相続（遺言を含む）により不動産の所有権を取得した相続人は、自己のために相続の開始があったことを知り、かつ、その不動産の所有権を取得したことを知った日から3年以内に相続登記の申請をすることが義務付けられた。

戸籍証明書等の広域交付（**2024年3月1日施行**）

◯ 本籍地以外の市区町村の窓口でも、戸籍証明書・除籍証明書を請求できるようになる（広域交付）。

どこでも：本籍地が遠くにある人でも、最寄りの市区町村の窓口で請求できる。

まとめて：ほしい戸籍の本籍地が全国各地にあっても、1カ所の市区町村の窓口でまとめて請求できる

※コンピュータ化されていない一部の戸籍・除籍を除く。

※一部事項証明書、個人事項証明書は請求できない。

Chapter **7**

仕上げの本番問題

Chapter7では、これまでの学習内容の理解度を確かめるために、実技問題を中心に過去問題をセレクトした。基本的には資産設計提案業務・個人資産相談業務・生保顧客資産相談業務のいずれの問題を解く方も解けるようになっておきたい実技問題を揃えてあるが、一部、当該試験を受ける方のみに向いている試験には出典に★印をつけてある。

仕上げの本番問題 (Chapter1)

問題を解いて、理解を確実なものにしよう。

◻ **問1** 次の設例に基づいて、下記の各問に答えなさい。（2022年1月金財 個人 改題★）

《設例》

　X株式会社（以下、「X社」という）に勤務するAさん（59歳）は、市役所に勤務する長女Cさん（29歳）との2人暮らしである。長女Cさんの父親Bさんとは、長女Cさんが5歳のときに離婚している。

　Aさんは、高校を卒業後、X社に入社し、現在に至るまで同社に勤務している。X社には、65歳になるまで勤務することができる継続雇用制度がある。Aさんは、継続雇用制度を利用せず、60歳以降は仕事をしないつもりでいるが、X社の社長からは「人材の確保が難しく、Aさんがいなくなると非常に困る。しばらくは継続して働いてもらえないだろうか」と言われている。

　Aさんは、老後の生活資金の準備にあたって、将来、どれくらいの年金額を受給することができるのか、公的年金制度について知りたいと思っている。

　そこで、Aさんは、懇意にしているファイナンシャル・プランナーのMさんに相談することにした。

＜X社の継続雇用制度の雇用条件＞
• 1年契約の嘱託雇用で、1日8時間（週40時間）勤務
• 賃金月額は60歳到達時の70%（月額25万円）で賞与はなし
• 厚生年金保険、全国健康保険協会管掌健康保険、雇用保険に加入
＜Aさんとその家族に関する資料＞
（1）Aさん（1964年4月13日生まれ、59歳、会社員）
• 公的年金加入歴：下図のとおり（60歳定年時までの見込みを含む）
• 全国健康保険協会管掌健康保険、雇用保険に加入している。

18歳		60歳
厚 生 年 金 保 険		
240月		252月
2003年3月以前の 平均標準報酬月額28万円		2003年4月以降の 平均標準報酬月額40万円

(2) 長女Cさん（1994年12月27日生まれ、29歳、地方公務員）

※Aさんは、現在および将来においても、長女Cさんと同居し、生計維持関係にあるものとする。

※Aさんおよび長女Cさんは、現在および将来においても、公的年金制度における障害等級に該当する障害の状態にないものとする。

※上記以外の条件は考慮せず、各問に従うこと。

Aさんが、60歳でX社を定年退職し、その後再就職をせず、また、継続雇用制度も利用しない場合、原則として65歳から受給することができる老齢基礎年金および老齢厚生年金の年金額（2024年度価額）を計算した次の＜計算の手順＞の空欄①～④に入る最も適切な数値を求めなさい。計算にあたっては、≪設例≫の＜Aさんとその家族に関する資料＞および下記の＜資料＞に基づくこと。なお、問題の性質上、明らかにできない部分は「□□□」で示してある。

＜計算の手順＞

1. 老齢基礎年金の年金額（円未満四捨五入）

（　①　）円　　　　　　　　　　　　　　　　　　　　　　　　　[　　]

2. 老齢厚生年金の年金額

(1) 報酬比例部分の額：（　②　）円（円未満四捨五入）　　　　　[　　]

(2) 経過的加算額：（　③　）円（円未満四捨五入）　　　　　　　[　　]

(3) 基本年金額（②＋③）：□□□円

(4) 加給年金額（要件を満たしている場合のみ加算すること）

(5) 老齢厚生年金の年金額：（　④　）円　　　　　　　　　　　　[　　]

＜資料＞

○老齢基礎年金の計算式（4分の1免除月数、4分の3免除月数は省略）

$$816{,}000円 \times \frac{保険料納付済月数 + 保険料半額免除月数 \times \frac{○}{□} + 保険料全額免除月数 \times \frac{○}{□}}{480}$$

○老齢厚生年金の計算式（本来水準の額）
i）報酬比例部分の額（円未満四捨五入）＝ⓐ＋ⓑ

　ⓐ2003年3月以前の期間分

$$平均標準報酬月額 \times \frac{7.125}{1,000} \times 2003年3月以前の被保険者期間の月数$$

　ⓑ2003年4月以後の期間分

$$平均標準報酬額 \times \frac{5.481}{1,000} \times 2003年4月以後の被保険者期間の月数$$

ii）経過的加算額（円未満四捨五入）＝●●●●円×被保険者期間の月数

$$-816,000円 \times \frac{1961年4月以後で20歳以上60歳未満の厚生年金保険の被保険者期間の月数}{480}$$

iii）加給年金額

　　配偶者：408,100円（特別加算額を含む）

　　子：234,800円

◯ **問2　下記の問に解答しなさい。**（2023年1月FP協会 資産 改題★）

＜設例＞

大久保和雄さんは、民間企業に勤務する会社員である。和雄さんと妻の留美子さんは、今後の資産形成や家計の見直しなどについて、FPで税理士でもある岡さんに相談をした。なお、下記のデータはいずれも2024年1月1日現在のものである。

[家族構成]

氏名	続柄	生年月日	年齢	備考
大久保和雄	本人	1978年5月13日	45歳	会社員
留美子	妻	1980年7月28日	43歳	パート勤務
翔太	長男	2008年11月3日	15歳	中学生

[収入金額（2023年）]

和雄さん　　：給与収入450万円。給与収入以外の収入はない。

留美子さん：給与収入100万円。給与収入以外の収入はない。

[金融資産（時価）]

和雄さん名義

　　銀行預金（普通預金）：50万円

銀行預金（定期預金）：250万円
留美子さん名義
　　銀行預金（普通預金）：100万円
　　個人向け国債（変動10年）：50万円

[住宅ローン]
契約者　　：和雄さん
借入先　　：TA銀行
借入時期：2014年3月（居住開始時期：2014年3月）
借入金額：2,200万円
返済方法：元利均等返済（ボーナス返済なし）
金利　　　：固定金利選択型15年（年3.55％）
返済期間：30年間

[保険]
- 定期保険A：保険金額3,000万円（リビング・ニーズ特約付き）。保険契約者（保険料負担者）および被保険者は和雄さん、保険金受取人は留美子さんである。
- 火災保険B：保険金額1,600万円。保険の目的は建物、保険契約者（保険料負担者）は和雄さんである。
- 医療保険C：入院給付金日額5,000円、保険契約者（保険料負担者）および被保険者は留美子さんであり、先進医療特約が付加されている。

問
和雄さんは、現在居住している自宅の住宅ローンの繰上げ返済を検討しており、FPの岡さんに質問をした。和雄さんが住宅ローンを120回返済後に、100万円以内で期間短縮型の繰上げ返済をする場合、この繰上げ返済により短縮される返済期間として、正しいものはどれか。なお、計算に当たっては、つぎの＜資料＞を使用し、繰上げ返済額は100万円を超えない範囲での最大額とすること。また、繰上げ返済に伴う手数料等は考慮しないものとする。

<資料：大久保家の住宅ローンの償還予定表の一部>

返済回数（回）	毎月返済額（円）	うち元金（円）	うち利息（円）	残高（円）
120	99,404	48,778	50,626	17,064,318
121	99,404	48,923	50,481	17,015,395
122	99,404	49,067	50,337	16,966,328
123	99,404	49,212	50,192	16,917,116
124	99,404	49,358	50,046	16,867,758
125	99,404	49,504	49,900	16,818,254
126	99,404	49,650	49,754	16,768,604
127	99,404	49,797	49,607	16,718,807
128	99,404	49,945	49,459	16,668,862
129	99,404	50,092	49,312	16,618,770
130	99,404	50,241	49,163	16,568,529
131	99,404	50,389	49,015	16,518,140
132	99,404	50,538	48,866	16,467,602
133	99,404	50,688	48,716	16,416,914
134	99,404	50,838	48,566	16,366,076
135	99,404	50,988	48,416	16,315,088
136	99,404	51,139	48,265	16,263,949
137	99,404	51,290	48,114	16,212,659
138	99,404	51,442	47,962	16,161,217
139	99,404	51,594	47,810	16,109,623
140	99,404	51,747	47,657	16,057,876
141	99,404	51,900	47,504	16,005,976

1. 1年8カ月　　2. 1年7カ月　　3. 1年6カ月　　4. 10カ月　　[　　]

◯ **問3　下記の1～3について解答しなさい。**（2023年5月FP協会 資産 改題★）

<谷口家の家族データ>

氏名	続柄	生年月日	備考
谷口英男	本人	1976年10月4日	会社員
美奈	妻	1975年8月24日	パートタイマー
憲人	長男	2008年5月10日	高校生
菜穂	長女	2010年11月22日	中学生

＜谷口家のキャッシュフロー表＞

（単位：万円）

経過年数			基準年	1年	2年	3年	4年
西暦（年）			2023年	2024年	2025年	2026年	2027年
家族構成／年齢	谷口英男	本人	47歳	48歳	49歳	50歳	51歳
	美奈	妻	48歳	49歳	50歳	51歳	52歳
	憲人	長男	15歳	16歳	17歳	18歳	19歳
	菜穂	長女	13歳	14歳	15歳	16歳	17歳
ライフイベント			菜穂中学校入学	憲人高校入学	自動車の買替え	菜穂高校入学	憲人大学入学
		変動率					
収入	給与収入（本人）	1%	（ ア ）				
	給与収入（妻）	-	100	100	100		
	収入合計	-					
支出	基本生活費	2%	242				（ イ ）
	住居費		132	132	132	132	132
	教育費		110	140	150		
	保険料	-	57	57	62	62	62
	一時的支出	-			400		
	その他支出	-	60	61	62		65
	支出合計	2%	601	637	1,058		
年間収支		-					
金融資産残高		1%	1,163	1,207	836	831	

※年齢および金融資産残高は各年12月31日現在のものとし、2023年を基準年とする。
※給与収入は可処分所得で記載している。
※記載されている数値は正しいものとする。
※問題作成の都合上、一部を空欄としている。

1. 谷口家のキャッシュフロー表の空欄（ア）は英男さんの可処分所得である。
下表のデータに基づいて、空欄（ア）に入る数値を計算しなさい。なお、
2023年における英男さんの収入は給与収入のみである。　　　（ア）[　　　]

2023年分の英男さんの給与収入（額面）　800万円
2023年に英男さんの給与から天引きされた支出の年間合計金額

厚生年金保険料	73万円	健康保険料・介護保険料	48万円	雇用保険料	4万円
所得税	59万円	住民税	52万円	財形貯蓄	24万円
社内預金	36万円	従業員持株会	10万円	社内あっせん販売	8万円

2. 谷口家のキャッシュフロー表の空欄（イ）に入る数値を計算しなさい。な
お、計算にあたっては、キャッシュフロー表中に記載の整数を使用し、計算
結果については万円未満を四捨五入すること。　　　　　　　（イ）[　　　]

＜設例＞

国内の企業に勤務する工藤文恵さんは、2024年4月2日に死亡した夫（達朗さん）の相続に関することや今後の生活のことなどについて、FPで税理士でもある宮本さんに相談をした。なお、下記データのうち「Ⅰ.家族構成（同居家族）」および「Ⅱ.工藤家の親族関係図」は達朗さん死亡後のものであり、「Ⅲ.工藤家（達朗さんと文恵さん）の財産の状況」は2024年4月1日現在のものである。

Ⅰ.家族構成（同居家族）

氏名	続柄	生年月日	年齢	備考
工藤文恵	本人	1972年11月22日	51歳	会社員
隼	長男	2007年7月28日	16歳	高校生
美江	長女	2010年8月18日	13歳	中学生

Ⅱ.工藤家の親族関係図

注1：文恵さんの夫の達朗さんは、国内の企業に勤務していたが、2024年4月2日に交通事故で死亡している。

Ⅲ.工藤家（達朗さんと文恵さん）の財産の状況

[資料1：保有資産（時価）]　　　　　　　　　　　　　　　　　　　　　　　　（単位：万円）

	達朗（注2）	文恵
金融資産		
預貯金等	1,200	1,160
株式・投資信託	210	280
生命保険（解約返戻金相当額）	［資料3］を参照	［資料3］を参照
不動産		
土地（自宅の敷地）	2,690	
建物（自宅の家屋）	620	
その他（動産等）	80	150

注2：達朗さんが所有していた財産に関する遺産分割はまだ行われていない。

[資料2：負債残高]
住宅ローン：1,250万円（債務者は達朗さん。団体信用生命保険付き）

[資料3：生命保険]

(単位：万円)

保険種類	保険契約者	被保険者	死亡保険金受取人	保険金額	解約返戻金相当額
定期保険A（グループ保険）	達朗	達朗	文恵	1,000	-
定期保険特約付終身保険B	達朗	達朗	文恵		
（終身保険部分）				300	120
（定期保険部分）				3,000	-
終身保険C	達朗	達朗	文恵	300	80
終身保険D	文恵	文恵	達朗	200	50
終身保険E	文恵	達朗	文恵	250	240

注3：2024年4月1日以後、新たに締結された契約はない。また、解約、更新、変更、および保険金の請求等が行われた契約もない。
注4：解約返戻金相当額は、2024年4月1日で解約した場合の金額である。
注5：定期保険Aには、災害割増特約（1,000万円）が付保されている。
注6：すべての契約において、保険契約者が保険料を全額負担している。
注7：契約者配当および契約者貸付については考慮しないこと。

IV. その他

上記以外の情報については、各設問において特に指示のない限り一切考慮しないこと。

問　FPの宮本さんは、2024年4月1日時点における工藤家（達朗さんと文恵さん）のバランスシート分析を行うことにした。下表の空欄（ア）に入る数値を計算しなさい。　　　　　　　　　　　　　　　（ア）[　　　]

＜工藤家（達朗さんと文恵さん）のバランスシート＞

(単位：万円)

[資産]		[負債]	
金融資産		住宅ローン	1,250
預貯金など	2,360		
株式・投資信託	490	負債合計	1,250
生命保険（解約返戻金相当額）	490		
不動産		純資産	（　ア　）
土地（自宅の敷地）	2,690		
建物（自宅の家屋）	620		
その他	230		
資産合計	6,880	負債・純資産合計	6,880

解説1

1. ①老齢基礎年金の年金額

　20歳から60歳まで40年間（480月）保険料を納めると、老齢基礎年金は満額が支給される。

Aさんは高校卒業後X社に就職し、60歳で定年退職の予定とのことであり、納付済月数は480月である。

$816,000 \times \dfrac{480}{480} = 816,000$円（答：816,000）

2. ②報酬比例部分の額

　老齢厚生年金（報酬比例部分）は、過去の報酬等に応じて計算する。2003年3月以前と2003年4月以降の期間分を分けて計算し、合算する。

　（a）2003年3月以前の期間分

　　28万円×7.125/1000×240月＝478,800円

（平均標準報酬額）　　　　　（2003年3月以前の被保険者期間）

　（b）2003年4月以降の期間分

　　40万円×5.481/1000×252月＝552,484.8≒552,485円

（平均標準報酬額）　　　　　（2003年4月以降の被保険者期間）

　（a）＋（b）＝478,800円＋552,485円＝1,031,285円（答：1,031,285）

③経過的加算額

　経過的加算は、20歳前と65歳以降に厚生年金保険に加入して働く場合に、（被保険者期間が20歳〜64歳のため）老齢基礎年金に反映されない年金額を厚生年金から加算して補てんする仕組み。被保険者月数は480月が上限となっている。（20歳前や60歳以降に厚生年金に加入している人で、基礎年金の被保険者期間が480月に満たない人は、480月に達するまで経過的加算が行われる）

　Aさんは18歳から厚生年金保険に加入（20歳からは国民年金にも加入）し、60歳まで勤務するため、被保険者月数は上限の480月となる見込み。

　経過的加算＝1,701円×480月－816,000×480/480＝816,480－816,000＝480円（答：480）

④加給年金額

　加給年金は、厚生年金保険の被保険者期間が20年以上ある人に、65歳未満の配偶者または条件に該当する子がいる場合に支給されるもの。

　Aさんには対象となる配偶者も子もいないため、加給年金は受け取れない。

　よって、老齢厚生年金の年金額＝1,031,285円（報酬比例部分）＋480円（経過的加算額）＝1,031,765円（答：1,031,765）

年金の計算は、提示された式に数値を当てはめて計算していけば算出できます。難しく考えすぎないようにしましょう。

解説2

繰上げ返済すると、返済金額は元金に充当される。

＜資料＞より、120回返済後のローン残高は17,064,318円。ここから100万円繰上げ返済をすると、元金は17,064,318円－1,000,000円＝16,064,318円まで減ることになる。元金（残高）が16,064,318円ということは、繰上げ返済によって、121回目から139回目の返済（残高16,109,623円）が終了したということ。繰上げ返済により、139－120＝19回分の返済が行われ、19カ月分＝1年7カ月の期間短縮となった。（答：2）

解説3

1. 可処分所得＝給与収入（額面）－（所得税・住民税＋社会保険料）

英男さんの可処分所得＝800万円－（59万円＋52万円＋73万円＋48万円＋4万円）＝<u>564万円</u>（答：564）

2. 求めるのは4年後の基本生活費。

242万円×（1＋0.02）^{4}＝261.94…≒262万円（答：262）

解説4

純資産＝資産合計－負債で求められる。

資産合計6,880万円－負債1,250万円＝5,630万円（答：5,630）

仕上げの本番問題 (Chapter2)

問題を解いて、理解を確実なものにしよう。

◯ **問1** 次の設例に基づいて、下記の各問に答えなさい。(2023年5月金財 生保 改題★)

《設例》

会社員のAさん(54歳)は、専業主婦である妻Bさん(55歳)および長女Cさん(22歳)との3人暮らしである。

Aさんは、長女Cさんが大学を卒業し、4月から社会人として働き始めたため、生命保険の見直しをしたいと考えている。また、保障内容の見直しに合わせて、公的介護保険制度について理解しておきたいと考えている。

　そこで、Aさんは、ファイナンシャル・プランナーのMさんに相談することにした。

＜Aさんが現在加入している生命保険に関する資料＞

保険の種類：定期保険特約付終身保険

契約年月日：2008年9月1日

月払保険料：21,000円(65歳払込満了)

契約者(＝保険料負担者)・被保険者：Aさん

死亡保険金受取人：妻Bさん

主契約および特約の内容	保障金額	保険期間
終身保険	200万円	終身
定期保険特約	2,000万円	10年
特定疾病保障定期保険特約	300万円	10年
傷害特約	500万円	10年
災害割増特約	500万円	10年
入院特約	1日目から日額5,000万円	10年
生活習慣病入院特約	1日目から日額5,000万円	10年
リビング・ニーズ特約	—	—

※更新型の特約は、2018年9月1日に記載の保障金額で更新している。
※上記以外の条件は考慮せず、各問に従うこと。

問　Mさんは、Aさんに対して、必要保証額および現在加入している定期保険特約付終身保険の保障金額について説明した。Mさんが説明した以下の文章の空欄①、②に入る最も適切な数値を求めなさい。なお、問題の性質上、

明らかにできない部分は「□□□」で示してある。

「生命保険の見直しをするにあたって、現時点での必要保障額を算出し、準備すべき死亡保障の額を把握しましょう。下記の＜算式＞および＜条件＞を参考にすれば、Aさんが現時点で死亡した場合の必要保証額は（　①　）万円となります。

Aさんが現時点で死亡（不慮の事故や所定の感染症以外）した場合、定期保険特約付終身保険から妻Bさんに支払われる死亡保険金額は（　②　）万円となります。他方、Aさんが不慮の事故で180日以内に死亡した場合の死亡保険金額は□□□万円となります」　①[　　]　②[　　]

＜算式＞

必要保障額＝遺族に必要な生活資金等の支出の総額－遺族の収入見込金額

＜条件＞

1. 現在の毎月の日常生活費は35万円であり、Aさん死亡後の妻Bさんの生活費は、現在の日常生活費の50％とする。
2. 現時点の妻Bさんの年齢における平均余命は、34年とする。
3. Aさんの死亡整理資金（葬儀費用等）・緊急予備資金は、500万円とする。
4. 住宅ローン（団体信用生命保険に加入）の残高は、400万円とする。
5. 死亡退職金見込額とその他金融資産の合計額は、2,500万円とする。
6. Aさん死亡後に妻Bさんが受け取る公的年金等の総額は、4,900万円とする。
7. 現在加入している生命保険の死亡保険金額は考慮しなくてよい。

◯ 問2　飯田敬介さん（61歳）が保険契約者（保険料負担者）および被保険者として加入している生命保険（下記＜資料＞参照）の保障内容に関する次の記述の空欄（ア）～（ウ）にあてはまる数値を解答欄に記入しなさい。なお、保険契約は有効に継続し、かつ特約は自動更新しているものとし、敬介さんはこれまでに＜資料＞の保険から、保険金・給付金を一度も受け取っていないものとする。また、各々の記述はそれぞれ独立した問題であり、相互に影響を与えないものとする。（2022年5月FP協会 資産）

無配当定期保険特約付終身保険		保険証券記号番号 ××－××××××	

		保険契約者印	◇契約日 　１９９５年１１月１日
保険契約者	飯田　敬介　様 １９６０年９月２９日生　男性	（飯 　田）	◇主契約の保険期間 　終身
被保険者	飯田　敬介　様 １９６０年９月２９日生　男性		◇主契約の保険料払込期間 　３０年間
受取人	死亡保険金 飯田　唯　様（妻）	受取割合 １０割	◇特約の保険期間 　１０年 　（８０歳まで自動更新）

◇ご契約内容		◇お払い込みいただく合計保険料
終身保険金額（主契約保険金額）　　　　　　３００万円		毎回　△△,△△△円
定期保険特約保険金額　　　　　　　　　　２,０００万円		
三大疾病保障定期保険特約保険金額　　　　１,０００万円		［保険料払込方法］
災害割増特約保険金額　　　　　　　　　　２,０００万円		月払い
災害入院特約　　　　　　入院５日目から　　日額　５,０００円		
疾病入院特約　　　　　　入院５日目から　　日額　５,０００円		
※約款所定の手術を受けた場合、手術の種類に応じて入院給付金日額の 　１０倍・２０倍・４０倍の手術給付金を支払います。		
※入院給付金の１入院当たりの限度日数は１２０日、通算限度日数は１,０９５です。		

保険種類　終身医療保険		保険証券記号番号　○○－○○○○○	

		保険契約者印	◇契約日 　２０１０年４月１日
保険契約者	飯田　敬介　様 １９６０年９月２９日生　男性	（飯 　田）	◇保険期間 　終身
被保険者	飯田　敬介　様 １９６０年９月２９日生　男性		◇保険料払込期間 　終身
受取人	給付金　飯田　敬介　様 死亡保険金　飯田　唯　様（妻）	受取割合 １０割	

◇ご契約内容

給付金・保険金の内容	給付日額・保険金額	保険期間
入院給付金	日額　５,０００円 ＊病気やケガで２日以上継続入院のとき、入院開始日からその日を含めて１日目より支払います。 ＊同一事由の１回の入院給付金支払い限度額は６０日、通算して１,０００日となります。	終身
手術給付金	給付日額　入院給付金日額×１０・２０・４０倍 ＊所定の手術を受けた場合、手術の種類に応じて、手術給付金（入院給付金日額の１０倍・２０倍・４０倍）を支払います。	
介護給付金	一時金　１２０万円 終身介護年金　６０万円 ＊公的介護保険制度に定める要介護２以上の状態に該当していると認定されたときに　時金および第１回の介護年金を支払います。第２回以後の介護年金については、第１回の介護年金の年単位の応当日に支払事由に該当している限り支払います。	
死亡・高度障害保険金	保険金　２０万円 ＊死亡または所定の高度障害となった場合に支払います。	

◇保険料の内容		◇その他付加されている特約
払込保険料合計　　　　　　　　×,×××円		保険料口座振替特約
払込方法（回数）　：年１２回		＊以下余白
払込期月　　　　　：毎月		

- 敬介さんが現時点で、ケガで36日間入院し（手術は受けていない）、その後「要介護2」の状態に認定された場合、保険会社から支払われる保険金・給付金の給付初年度の合計は（　ア　）万円である。
- 敬介さんが現時点で、初めてがん（悪性新生物）と診断され、治療のため42日間入院し、その間に約款所定の手術（給付倍率40倍）を1回受けた場合、保険会社から支払われる保険金・給付金の合計は（　イ　）万円である。
- 敬介さんが現時点で、交通事故で死亡（入院・手術なし）した場合、保険会社から支払われる保険金・給付金の合計は（　ウ　）万円である。

※約款所定の手術は無配当定期保険特約付終身保険および終身医療保険ともに該当するものである。

ア［　　］ イ［　　］ ウ［　　］

○ **問3　下記の各問について解答しなさい。**（2023年5月金財 生保 改題★）

《設例》

Aさん（65歳）は、X株式会社（以下、「X社」という）の創業社長である。X社は、売上金額・利益金額ともに増加傾向にあり、業績は順調に推移している。

Aさんは、今期限りで専務取締役の長男Bさん（40歳）に社長の座を譲り、勇退することを決意している。X社は、現在、下記の＜資料1＞の生命保険に加入している。

また、長男Bさんは、生命保険会社の営業担当者であるファイナンシャル・プランナーのMさんから、下記の＜資料2＞の生命保険の提案を受け、加入を検討している。

<資料1>X社が現在加入している生命保険の契約内容

保険の種類：長期平準定期保険（特約付加なし）
契約年月日：2008年9月1日
契約者（＝保険料負担者）：X社
被保険者：Aさん
死亡保険金受取人：X社
保険期間・保険料払込期間：95歳満了
死亡・高度障害保険金額：1億円
年払保険料：300万円
現時点の解約返戻金額：3,500万円
現時点の払込保険料累計額：4,500万円
※解約返戻金額の80%の範囲内で、契約者貸付制度を利用することができる。
※保険料の払込みを中止し、払済終身保険に変更することができる。

<資料2>長男Bさんが提案を受けた生命保険の内容

保険の種類：無配当特定疾病保障定期保険（無解約返戻金型・特約付加なし）
契約者（＝保険料負担者）：X社
被保険者：長男Bさん
死亡保険金受取人：X社
保険期間：10年（自動更新タイプ）
死亡・高度障害・特定疾病保険金額：5,000万円
年払保険料：30万円
※死亡・高度障害の場合に加え、がん（悪性新生物）と診断確定された場合、または、急性心筋梗塞・脳卒中で所定の状態に該当した場合に保険金が支払われる。

※上記以外の条件は考慮せず、各問に従うこと。

1. ＜資料1＞の生命保険を現時点で解約した場合のX社の経理処理（仕訳）について、下記の＜条件＞を基に、空欄①～④に入る最も適切な語句または数値を、下記の〈語句群〉のなかから選び、その記号を記入しなさい。
＜条件＞
・X社が解約時までに支払った保険料の総額は4,500万円である。
・解約返戻金の金額は3,500万円である。

・配当等、上記以外の条件は考慮しないものとする。

＜解約払戻金受取時のＸ社の経理処理（仕訳）＞

借方	貸方
現金・預金 　　（　①　）万円	前払保険料　　（　②　）万円
	（　③　）　　（　④　）万円

〈語句群〉

イ. 1,000　　ロ. 1,250　　ハ. 1,700　　ニ. 1,800　　ホ. 2,250

ヘ. 3,500　　ト. 4,500　　チ. 雑収入　　リ. 雑損失

①[　　]　②[　　]　③[　　]　④[　　]

2. Ｍさんは、長男Ｂさんに対して、＜資料2＞の生命保険について説明した。Ｍさんが説明した次の記述①〜③について、適切なものには〇印を、不適切なものには×印を解答欄に記入しなさい。

①「Ｘ社が受け取る特定疾病保険金は、取引先への買掛金支払や金融機関への借入金返済など、長男Ｂさんが、がん等の重度の疾患で長期間不在となった場合に会社を存続するための事業資金として活用することができます」

[　　]

②「Ｘ社が特定疾病保険金を受け取った場合、法人税法上、当該保険金は非課税所得となりますので、益金に計上する必要はありません」　　[　　]

③「当該生命保険の支払い保険料は、その金額を損金の額に算入することができます」

[　　]

解説1

「必要保障額の計算」は、生保顧客資産相談業務では出題頻度が高いです。計算自体は難しくありませんが、確実に算出できるようになりましょう。

①Ａさん死亡後の妻Ｂさんの生活費　35万円×50％＝17.5万円

　Ｂさんが亡くなるまでの生活費　17.5万円×12ヵ月×34年＝7,140万円

※住宅ローンは団体信用生命保険に加入しているので、Ａさんの死亡により団信にて完済される。

　よって、問題文に掲載の「必要保障額」の算式に従って計算すると以下の通りになる。

　必要保障額＝（7,140万円＋500万円）－（2,500万円＋4,900万円）＝ 240万円　（答：240）

②特定疾病保障定期保険特約は、生前支払われなかった場合は死亡保障に
　上乗せして受け取ることができる。
　現時点で死亡した場合に支払われる保険金額は、以下の通りになる。

終身保険	200万円
定期保険特約	2,000万円
特定疾病保障定期保険特約	300万円
計	2,500万円　（答：2,500）

なお、「Aさんが不慮の事故で180日以内に死亡した場合の死亡保険金額」
は、上記に加えて「傷害特約」500万円、「災害割増特約」500万円も受け
取れるので、3,500万円となる。

解説2

☐　（ア）ケガによる入院、「要介護2」について支払われる保険金・給付金
は以下通り。

＜保険証券1＞

災害入院特約	5,000円/（36－4）日	＝　16万円

＜保険証券2＞

入院給付金	5,000円/36日	＝　18万円
介護給付一時金		＝120万円
終身介護年金		＝　60万円
小計		198万円

よって、16万円＋198万円＝214万円　（答：214）

☐　（イ）初めてがんと診断され、治療のため42日間入院し、所定の手術
（40倍）を1回受けた場合の保険金・給付金の額は

＜保険証券1＞

三大疾病保障定期保険特約保険金額		1,000万円
疾病入院特約	5,000円×（42-4）日	＝19万円
手術給付金	5,000円×　　40	＝20万円
小計		1,039万円

＜保険証券2＞

入院給付金	5,000円×　　42日	＝21万円
手術給付金	5,000円×　　40	＝20万円
小計		41万円

よって、1,039万円＋41万円＝1,080万円　（答：1,080）

□ （ウ）交通事故で死亡（入院・手術なし）した場合の保険金・給付金額は

＜保険証券1＞

終身保険金額	300万円
定期保険特約保険金額	2,000万円
三大疾病保障定期保険特約保険金額	1,000万円
災害割増特約保険金額	2,000万円
小計	5,300万円

＜保険証券2＞

死亡保険金	20万円

よって、5,300万円＋20万円＝5,320万円　（答：5,320）

解説3

1. 資料1「長期平準定期保険」は、2019年7月7日以前の契約であり、損金算入ルールは旧ルールに従う。すなわち「保険期間が当初から60％の期間は、支払保険料の1/2を資産計上する」。

＜支払保険料の仕訳＞

借方		貸方	
前払保険料	150万円	現金・預金	300万円
定期保険料	150万円		

＜解約時の仕訳＞

払込保険料累計額が4,500万円→前払保険料（1/2資産計上）は2,250万円
入金される中途解約によって解約返戻金（現金・預金）が入ってくる。
従って仕訳は下記の通り。

借方		貸方	
現金・預金	3,500万円	前払保険料	2,250万円
		雑収入	1,250万円

（答：①へ　②ホ　③チ　④ロ）

2.

①記載の通り。（答：○）

②法人が特定疾病保険金を受け取る場合、益金として計上しなければならない。（答：×）

③記載の通り。当該保険は「無解約返戻金型」なので貯蓄性はない。（答：○）

仕上げの本番問題 (Chapter3)

問題を解いて、理解を確実なものにしよう。

○ **問1** 次のデータに基づいて、下記の各問に答えなさい。(2022年9月金財 個人 改題)

＜財務データ＞

(単位：百万円)

	X社	Y社
資産の部合計	54,000	18,000
負債の部合計	25,000	7,000
純資産の部合計	29,000	11,000
売上高	55,000	20,000
営業利益	2,400	1,200
経常利益	2,200	1,400
当期純利益	2,300	800
配当金総額	420	300

※純資産の金額と自己資本の金額は同じである。

＜株価データ＞

X社：株価1,600円、発行済株式数2,100万株、1株当たり年間配当金20円
Y社：株価4,050円、発行済株式数1,000万株、1株当たり年間配当金30円

※本問においては、以下の名称を使用する。

• 少額投資非課税制度に係る非課税口座を「NISA口座」という。
• 非課税上場株式等管理契約に係る少額投資非課税制度を「一般NISA」といい、当該非課税管理勘定を「一般NISA勘定」という。
• 非課税累積投資契約に係る少額投資非課税制度を「つみたてNISA」といい、当該累積投資勘定を「つみたてNISA勘定」という。
• 未成年者少額投資非課税制度に係る非課税口座を「ジュニアNISA口座」という。

※上記以外の条件は考慮せず、各問に従うこと。

1. データに基づいて算出される次の①、②を求めなさい。答えは小数点以下第3位を四捨五入し、小数点以下第2位までを解答すること。

①X社のROE、Y社のROE　　Y社 [　　　]

②X社のPER、Y社のPER　　X社[　　　]　Y社[　　　　]

2. データに基づき株式の投資指標に関する次の記述について、適切なものには○を、不適切なものには×を記しなさい。

①「PBRは、X社株式のほうがY社株式よりも高くなっています。しかし、これだけをもってX社株式が割高であると判断することはお勧めしません。PERなどの他の投資指標についても比較検討するなど、多角的な視点が望まれます」　　　　　　　　　　　　　　　　　　　　　[　　　]

②「株主への利益還元の大きさに着目した指標として、配当性向があります。配当性向は、Y社の方がX社よりも高くなっています」　　　　　[　　　]

③「一般に、自己資本比率が高いほど、経営の安全性が高いと考えられます。自己資本比率は、Y社のほうがX社よりも高くなっています」　　　[　　　]

☐ 問2

1. **長谷川さんは、保有しているRM投資信託（追加型国内公募株式投資信託）の収益分配金を2024年2月に受け取った。RM投資信託の運用状況が下記＜資料＞の通りである場合、収益分配後の個別元本として、正しいものはどれか。**（2022年5月FP協会 資産 改題）

＜資料＞

[長谷川さんが保有するRM投資信託の収益分配金受取時の状況]
収益分配前の個別元本：15,750円
収益分配前の基準価額：16,500円
収益分配金：1,000円
収益分配後の基準価額：15,500円

1. 15,000円
2. 15,500円
3. 15,750円
4. 16,500円　　　　　　　　　　　　　　　　　　　　　　　　　[　　　]

2. **宮野さんは、投資信託への投資を検討するに当たり、FPの阿久津さんから候補である3ファンドの過去3年間の運用パフォーマンスについて説明を受けた。FPの阿久津さんが下記＜資料＞に基づいて説明した内容の空欄（ア）（イ）にあてはまる数値または語句の組み合わせとして、最も適切なものはどれか。**（2022年1月FP協会 資産）

<資料>

ファンド名	収益率	標準偏差
ファンドA	6.50%	10.00%
ファンドB	8.00%	7.50%
ファンドC	9.50%	18.00%

※無リスク金利は0.5%とする。

<FPの阿久津さんの説明>

- 「ポートフォリオの運用パフォーマンスの評価の一つとして、シャープレシオがあります。」
- 「ファンドAのシャープレシオは（　ア　）となります。」
- 「最も収益率が高いのはファンドCですが、投資効率をシャープレシオの観点から考えると、最も効率的なのは（　イ　）といえます。」

1. （ア）0.6　　　（イ）ファンドB
2. （ア）0.65　　（イ）ファンドB
3. （ア）0.6　　　（イ）ファンドC
4. （ア）0.65　　（イ）ファンドC　　　　　　　　　　　　　[　　]

⬜ **問3　次の設例に基づいて、下記の問いに答えなさい。**（2023年1月金財個人 改題）

《設例》

個人で不動産賃貸業を営むAさん（60歳）は、X社債（特定公社債）の購入を検討している。また、Y銀行の米ドル建定期預金の金利の高さに魅力を感じているが、外貨建て取引のリスク等について理解しておきたいと考えている。

そこで、Aさんは、ファイナンシャル・プランナーのMさんに相談することにした。

<円建てのX社債（固定利付債）に関する資料>

- 発行会社：国内の大手企業
- 購入価格：101.8円（額面100円当たり）
- 表面利率：0.80％
- 利払日：年2回
- 残存期間：4年
- 償還価格：100円
- 格付：BBB

＜Y銀行の米ドル建定期預金に関する資料＞
- 預入金額：30,000米ドル
- 預入期間：1年
- 利率（年率）：1.00％（満期時一括支払）
- 為替予約なし
- 預入時の適用為替レート（TTS・米ドル／円）：132.75円
※上記以外の条件は考慮せず、各問に従うこと。

1. Mさんは、Aさんに対して、X社債について説明した。Mさんが説明した次の記述①〜③について、適切なものには○印を、不適切なものには×印を記入しなさい。

①「一般に、BBB（トリプルビー）格相当以下の格付は、投機的格付と呼ばれています。X社債は、投資適格債に比べて信用力は劣りますが、相対的に高い利回りを期待することができます」　　　　　　　　　　[　　]

②「毎年受け取る利子額（税引前）は、X社債の購入価格に表面利率を乗じて得た金額となります。X社債の表面利率は、発行時の金利水準を反映して決定されたものであり、償還時まで変わることはありません」　　[　　]

③「X社債の利子は、その支払時に、所得税および復興特別所得税と住民税の合計で20.315％相当額が源泉徴収等されます。X社債のような特定公社債の利子については、申告分離課税の対象となりますが、確定申告不要制度を選択することができます」　　　　　　　　　　　　　　　[　　]

2. Mさんは、Aさんに対して、Y銀行の米ドル建定期預金について説明した。Mさんが説明した次の記述①〜③について、適切なものには○印を、不適切なものには×印を記入しなさい。

①「米ドル建定期預金の預入時において、円貨を米ドルに換える際に適用されるTTSは、当該預金の取扱金融機関が独自に決定しており、Y銀行と他の金融機関では異なることがあります」　　　　　　　　　　　　[　　]

②「米ドル建定期預金の魅力は、現時点において、円建ての預金と比べて相対的に金利が高いことにあります。ただし、満期時の為替レートが預入時に比べて円高ドル安に変動した場合、円換算の運用利回りがマイナスになる可能性があります」　　　　　　　　　　　　　　　　　[　　]

③「満期時に為替差損が生じた場合、当該損失の金額は、所得税において、不動産所得の金額と損益通算することができます」　　　　　　[　　]

3. 次の①、②を求めなさい（計算過程の記載は不要）。なお、計算にあたっては税金等を考慮せず、解答は％表示の小数点以下第3位を四捨五入し、小数点以下第2位までを解答すること。

① Aさんが X 社債を《設例》の条件で購入した場合の最終利回り（年率・単利）を求めなさい。　　　　　　　　　　　　　　　　　[　　]
② Aさんが《設例》の条件で円貨を米ドルに換えて米ドル建定期預金に30,000米ドルを預け入れ、満期を迎えた際の円ベースでの運用利回り（年率・単利）を求めなさい。なお、満期時の適用為替レート（TTB・米ドル／円）は、133.00円とする。　　　　　　　　　　　　[　　]

解説1

〇 金融の実技問題では、株式の投資指標、債券の利回り計算、外貨預金の利回り計算等の計算問題は解けるようにしておこう。投資信託に関する出題も多い。

1. ① ROE（自己資本利益率）＝当期純利益÷自己資本×100
   X 社の ROE：2,300百万円÷29,000百万円×100＝7.931…≒7.93%
   Y 社の ROE：800百万円÷11,000百万円×100＝7.272…≒7.27%
   （答：7.93%、7.27%）
   ② PER（株価収益率）＝株価÷1株当たり当期純利益
   X 社の1株当たり当期純利益：2,300百万円÷2,100万株＝109.523…円
   ≒109.52円
   X 社の PER：1,600円÷109.52円＝14.609…＝14.61倍
   Y 社の1株当たり当期純利益：800百万円÷1,000万株＝80円
   Y 社 PER：4,050円÷80円＝50.625≒50.63倍
   （答：14.61倍、50.63倍）

2. ① PBR（株価純資産倍率）＝株価÷1株当たり純資産
   X 社の1株当たり純資産：29,000百万円÷2,100万株＝1,380.952…≒
   1,380.95円
   X 社の PBR：1,600円÷1380.95＝1.158…≒1.16倍
   Y 社の1株当たり純資産：11,000百万円÷1,000万株＝1,100円
   Y 社の PBR：4,050円÷1,100円＝3.681…≒3.68倍
   PBR は X 社＜Y 社　（答：×）
   ② 配当性向＝配当金総額÷当期純利益×100

X社の配当性向：420百万円÷2,300百万円×100 = 18.260…≒18.26%

Y社の配当性向：300百万円÷800万円×100 = 37.5%

配当性向は　X社＜Y社　（答：○）

③自己資本比率＝自己資本÷総資産×100

X社の自己資本比率＝29,000百万円÷54,000百万円×100 = 53.703…＝53.70%

Y社の自己資本比率＝11,000百万円÷18,000百万円×100 = 61.111…≒61.11%

自己資本比率は　X社＜Y社　（答：○）

解説2

1. 収益分配前後の基準価額の状況は以下の通り。

　収益分配金1,000円のうち、普通分配金750円、元本払戻金250円

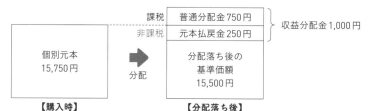

収益分配後の個別元本＝収益分配前の個別元本－元本払戻金＝15,750円－250円＝15,500円　（答：2）

2.

（ア）シャープレシオ＝（ファンドの収益率－無リスク金利）÷ファンドの標準偏差

　　ファンドAのシャープレシオ：（6.50％－0.5％）÷10.00％＝0.6

（イ）ファンドBのシャープレシオ：（8.0％－0.5％）÷7.5％＝1.0

　　ファンドCのシャープレシオ：（9.5％－0.5％）÷18.00％＝0.5

　　シャープレシオで比べると、ファンドC＜ファンドA＜ファンドBとなり、最も投資効率が良いのはファンドBと言える。

（答：1）

ポートフォリオやアセットアロケーションの当初の割合が崩れたとき、元の割合に戻るように資産の再配分を行うことをリバランスといいます。

解説3

1. ①BBB以上は投資適格債、BB（ダブルビー）以下が投機的格付と呼ばれている。記載は不適切。（答：×）

   ②X社債の表面利率は、発行時の金利水準を反映して決定されたものであるが、償還時までに変わることがある。（答：×）

   ③記載の内容は適切。（答：○）

2. ①記載の内容は適切。（答：○）

   ②記載の内容は適切。（答：○）

   ③外貨預金の元本部分の為替差益は雑所得（総合課税の対象）、為替損失は雑損失となる。為替差損が生じた場合、雑所得の黒字との損益通算はできるが、雑所得以外の所得との損益通算はできない。従って記載の内容は不適切。（答：×）

3. ①

$$最終利回り（\%）= \frac{表面利率 + \dfrac{償還価格 - 購入価格}{残存期間}}{購入価格} \times 100$$

$$= \frac{0.8 + (100 - 101.8)/4}{101.8} \times 100$$

$$= 0.343\cdots ≒ 0.34\% \quad（答：0.34\%）$$

   ②円建て預入金額：30,000米ドル×132.75円＝3,982,500円

   満期時のドル建ての元利金額：3万米ドル×（1＋0.01）＝30,300米ドル

   満期時の円建て元利金額：30,300米ドル×133.00円＝4,029,900円

   円ベースの利回り：（4,029,900－3,982,500）円÷3,982,500円×100

   ＝1.190…≒1.19％　（答：1.19％）

仕上げの本番問題 (Chapter4)

問題を解いて、理解を確実なものにしよう。

☐ **問1** 次の設例に基づいて、下記の問に答えなさい。（2022年9月金財個人 改題）

《設例》

会社員のAさんは、妻Bさんおよび長男Cさんとの3人家族である。Aさんは、2024年6月に住宅ローンを利用して中古の分譲マンション（築10年）を購入し、同月中に当該マンションの引渡しを受けて入居した。

Aさんとその家族に関する資料等は、以下のとおりである。

＜Aさんとその家族に関する資料＞

Aさん（47歳）：会社員

妻Bさん（44歳）：2024年中に、パートタイマーとして給与収入80万円を得ている。

長男Cさん（18歳）：高校生。2024年中の収入はない。

＜Aさんの2024年分の収入に関する資料＞

給与収入の金額：1,200万円

＜Aさんが取得した分譲マンションに関する資料＞

取得価額：4,000万円

土地：40m^2（敷地権の割合相当の面積）

建物：85m^2（専有部分の床面積）

資金調達方法：自己資金500万円

父親からの資金援助1,500万円（2024年5月に受贈）

銀行からの借入金2,000万円（2024年12月末の借入金残高は1,950万円、返済期間は20年）

留意点：当該マンションは、個人間売買（消費税の課税対象外）で購入。新耐震基準適合住宅に該当しているが、認定長期優良住宅、認定低炭素住宅、特定エネルギー消費性能向上住宅、エネルギー消費性能向上住宅には該当していない。

父親から受けた1,500万円の資金援助については、相続時精算課税制度の適用を受けない。

※妻Bさんおよび長男Cさんは、Aさんと同居し、生計を一にしている。

※Aさんとその家族は、いずれも障害者および特別障害者には該当しない。

※Aさんとその家族の年齢は、いずれも2024年12月31日現在のものである。

※上記以外の条件は考慮せず、問に従うこと。

問 Aさんの2024年分の所得税額を計算した下記の表の空欄①～③に入る最も適切な数値を求めなさい。なお、住宅借入金等特別控除の適用を受けるものとし、総所得金額の計算上、Aさんが所得金額調整控除の適用対象者に該当している場合、所得金額調整控除額を控除すること。また、問題の性質上、明らかにできない部分は「□□□」で示してある。

(a) 総所得金額	（ ① ）円
社会保険料控除	□□□円
生命保険料控除	□□□円
地震保険料控除	□□□円
配偶者控除	□□□円
扶養控除	（ ② ）円
基礎控除	480,000円
(b) 所得控除の額の合計額	2,800,000円
(c) 課税総所得金額（(a) － (b)）	□□□円
(d) 算出税額（(c) に対する所得税額）	□□□円
(e) 税額控除（住宅借入金等特別控除）	（ ③ ）円
(f) 差引所得税額	□□□円
(g) 復興特別所得税額	□□□円
(h) 所得税および復興特別所得税の額	□□□円

＜資料＞給与所得控除額

給与収入金額		給与所得控除額
万円超	万円以下	
	～100	収入金額×40％－10万円（55万円に満たない場合は、55万円）
180	～360	収入金額×30％＋8万円
360	～660	収入金額×20％＋44万円
660	～850	収入金額×10％＋110万円
850	～	195万円

①[　] ②[　] ③[　]

◯ **問2** 次の設例に基づいて、下記の各問に答えなさい。（2021年1月金財 個人 改題）

《設例》

X株式会社（以下、「X社」という）に勤務する会社員のAさん（60歳）は、妻Bさん（53歳）および長女Cさん（21歳）との3人暮らしである。Aさんは、2023年8月に定年を迎え、X社から退職金の支給を受けたが、X社の継続雇用制度を利用して、引き続き同社に勤務している。なお、下記の＜Aさんの2023年分の収入等に関する資料＞において、不動産所得の金額の前の「▲」は赤字であることを表している。

＜Aさんとその家族に関する資料＞

Aさん（60歳）：会社員

妻Bさん（53歳）：パートタイマー。2023年中に給与収入90万円を得ている。

長女Cさん（21歳）：大学生。2023年中の収入はない。

＜Aさんの2023年分の収入等に関する資料＞

（1）給与収入の金額：900万円

（2）不動産所得の金額：▲40万円（白色申告）

※損失の金額40万円のうち、当該不動産所得を生ずべき土地の取得に係る負債の利子の額10万円を含む。

（3）一時払変額個人年金保険（10年確定年金）の解約返戻金

契約年月：2014年7月

契約者（＝保険料負担者）・被保険者：Aさん

死亡給付金受取人：妻Bさん

解約返戻金額：500万円

正味払込保険料：430万円

（4）X社から支給を受けた退職金の額：2,450万円

• 定年を迎えるまでの勤続期間は36年5カ月である。

•「退職所得の受給に関する申告書」を提出している。

※妻Bさんおよび長女Cさんは、Aさんと同居し、生計を一にしている。

※Aさんとその家族は、いずれも障害者および特別障害者には該当しない。

※Aさんとその家族の年齢は、いずれも2023年12月31日現在のものである。

※上記以外の条件は考慮せず、各問に従うこと。

1. AさんがX社から受け取った退職金に係る退職所得の金額を計算した下記の計算式の空欄①〜④に入る最も適切な数値を答えなさい。なお、Aさんは、これ以外に退職手当等の収入はないものとする。また、問題の性質上、明らかにできない部分は「□□□」で示してある。

＜退職所得控除額＞

800万円＋（ ① ）万円×｛（ ② ）年－20年｝＝（ ③ ）万円

＜退職所得の金額＞

(2,450万円－（ ③ ）万円)×□□□＝（ ④ ）万円

① [　　　] ② [　　　] ③ [　　　] ④ [　　　]

2. Aさんの2023年分の所得金額について、次の①、②を求めなさい（計算過程の記載は不要）。なお、①の計算上、Aさんが所得金額調整控除の適用対象者に該当している場合、所得金額調整控除額を控除すること。また解答は万円単位とすること。

①総所得金額に算入される給与所得の金額

②総所得金額

＜資料＞

給与収入金額		給与所得控除額
万円超	万円以下	
	〜 180	収入金額×40％－10万円（55万円に満たない場合は、55万円）
180	〜 360	収入金額×30％＋8万円
360	〜 660	収入金額×20％＋44万円
660	〜 850	収入金額×10％＋110万円
850	〜	195万円

① [　　　] ② [　　　]

解説1

①Aさんは給与収入のみであり、総所得金額は給与所得となる。

総所得金額－給与収入（1,200万円）－給与所得控除（資料・表より195万円）－所得金額調整控除（15万円）＝990万円　（答：9,900,000）

給与収入が850万円超、23歳未満の扶養親族がいるため、所得金額調整控除が適用され、上限の15万円を控除する。

所得金額調整控除額＝（給与等の収入金額※最高1,000万円－850万円）×10％＝15万円

②Aさんには扶養控除対象となる長男Cさん（生計を一にする18歳の扶養親族）がいるため、扶養控除は38万円となる。　（答：380,000）

③住宅ローン控除額＝住宅借入金等の年末時点の残高（1,950万円）×控除率（0.7％）＝136,500円　（答：136,500）

認定住宅等ではない中古住宅の適用を受けられる年末の住宅ローン残高の限度額は2,000万円だが、Aさんの住宅ローン残高は1,950万円であるため、全額が対象となる。

解説2

1.・退職所得＝（収入金額－退職所得控除額）×1/2
・退職所得控除額は、勤続年数によって下記のように異なる

勤続年数	退職所得控除額
20年以下	40万円×勤続年数（最低80万円）
20年超	800万円＋70万円×（勤続年数－20年）

※勤続年数で1年未満の端数がある場合、1年に切り上げる
800万円＋①70万円×（②37年－20年）＝③1,990万円
（2,450万円－③1,990万円）×1/2＝④230万円
①（答：70）　　②（答：37）　　③（答：1990）　　④（答：230）

2.
①給与収入は850万円以上なので所得金額調整控除が適用される
　所得金額調整控除＝（900万円－850万円）×10％＝5万円
・給与収入（900万円）－給与所得控除（195万円）－所得金額調整控除（5万円）＝700（万円）（答：700万円）

②Aさんの所得は、①より給与所得　700万円
・不動産所得　▲40万円のうち、土地の取得にかかる負債利子10万円は対象外となり、損益通算可能な金額は▲30万円となる。
・一時所得となる解約返戻金は、一時所得＝総収入金額－収入を得るために支出した金額－特別控除額（最高50万円）
　500万円－430万円－50万円＝20万円
　総所得金額に算入される金額は、20万円×1/2＝10万円
・退職金は退職所得として分離課税となるので総所得金額に算入しない。
・総所得金額＝700万円＋▲30万円＋10万円＝680（万円）（答：680万円）

仕上げの本番問題 （Chapter5）

問題を解いて、理解を確実なものにしよう。

◯ **問1** 次の設例に基づいて、次の各問（**1.～3.**）に答えなさい。（2023年9月金財 個人 改題）

《設例》

Aさん（55歳）は、5年前に父親の相続（単純承認）により取得した自宅（建物とその敷地である甲土地）および月極駐車場（青空駐車場・乙土地）を所有している。父親が45年前に甲土地とともに購入した建物は老朽化が進んでおり、Aさんは自宅での生活に不便さを感じている。また、所有する月極駐車場では、その一部に空車が続いている。

Aさんは、甲土地（自宅）および乙土地（駐車場）を売却し、同じ地域にマンションを購入して移り住むことを考えているが、相続した甲土地および乙土地を売却することに少し後ろめたさを感じている。先日、Aさんは、不動

＜甲土地および乙土地の概要＞

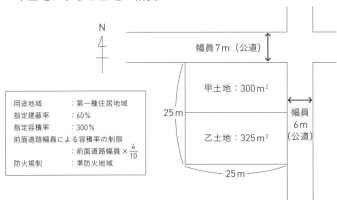

- 甲土地、甲土地と乙土地を一体とした土地は、建蔽率の緩和について特定行政庁が指定する角地である。
- 指定建蔽率および指定容積率とは、それぞれ都市計画において定められた数値である。
- 特定行政庁が都道府県都市計画審議会の議を経て指定する区域ではない。

※ 上記以外の条件は考慮せず、各問に従うこと。

産会社を通じ、ドラッグストアのX社から「甲土地および乙土地に新規出店させていただけませんか。なお、甲土地および乙土地については、Aさんに建設協力金方式による有効活用をご検討いただきたいと考えています」との提案を受けた。

1. 甲土地と乙土地を一体とした土地上に耐火建築物を建築する場合における次の①、②を求めなさい（計算過程の記載は不要）。
①建蔽率の上限となる建築面積　　　　　　　　　　　　[　　　]
②容積率の上限となる延べ面積　　　　　　　　　　　　[　　　]

2. 自宅（建物とその敷地である甲土地）の譲渡および月極駐車場（乙土地）の賃貸借契約に関する次の記述①〜③について、適切なものには○印を、不適切なものには×印を解答欄に記入しなさい。
①「Aさんがマンションに転居し、その後、居住していない現在の自宅を譲渡する場合、Aさんが『居住用財産を譲渡した場合の3,000万円の特別控除の特例』の適用を受けるためには、現在の自宅にAさんが居住しなくなった日から3年を経過する日の属する年の12月31日までに譲渡しなければなりません」　　　　　　　　　　　　　　　　　　　　　　　[　　　]
②「『居住用財産を譲渡した場合の長期譲渡所得の課税の特例（軽減税率の特例）』の適用を受けるためには、譲渡した年の1月1日において居住用財産の所有期間が10年を超えていなければなりません。Aさんが現在の自宅を譲渡する場合、譲渡所得の金額の計算上、相続により取得した現在の自宅の取得時期は相続開始日とされるため、当該特例の適用を受けることはできません」　　　　　　　　　　　　　　　　　　　　　　[　　　]
③「乙土地に係る月極駐車場の賃貸借契約には、借地借家法が適用されるため、当該契約に中途解約に関する条項がある場合であっても、正当な事由がない場合は、貸主であるAさんから解約を申し入れることができません」　　　　　　　　　　　　　　　　　　　　　　　　　　　　　　　[　　　]

3. 建設協力金方式による甲土地と乙土地を一体とした土地の有効活用に関する次の記述①〜③について、適切なものには○印を、不適切なものには×印を解答欄に記入しなさい。
①「建設協力金方式は、AさんがX社から建設資金の一部または全部を借り受けて、X社の要望に沿った店舗を建設し、その店舗をX社に賃貸する手法です。借り受けた建設資金は、元本の返済に加え、利子の支払が必要と

なることがありますが、不動産所得の金額の計算上、返済した元利金は必要経費に算入することができます」　　　　　　　　　　　　　　　[　　]

②「建設協力金方式による土地の有効活用において、建設した店舗に係る固定資産税の納税義務は、Aさんが負うことになります」　　　　　[　　]

③「Aさんが建設した店舗をX社に賃貸した後、その賃貸期間中にAさんの相続が開始した場合、相続税額の計算上、店舗は貸家として評価され、甲土地と乙土地を一体とした土地は貸宅地として評価されます」　[　　]

◯問2

下記<資料>は、大津さんが購入を検討している物件の登記事項証明書の一部である。この登記事項証明書に関する次の記述のうち、最も不適切なものはどれか。なお、<資料>に記載のない事項については一切考慮しないものとする。（2023年9月FP協会 資産）

<資料>

権利部（甲区）（所有権に関する事項）			
順位番号	登記の目的	受付年月日・受付番号	権利者その他の事項
1	所有権保存	平成13年4月2日 第×718号	所有者　××市○×二丁目1番2号 細井正

権利部（乙区）（所有権以外の権利に関する事項）			
順位番号	登記の目的	受付年月日・受付番号	権利者その他の事項
1	抵当権設定	平成13年4月2日 第×719号	原因　　平成13年4月2日金銭消費貸借同日設定 債権額　金3,000万円 利息　　年2.80%（年365日日割計算） 損害金　年14.5%（年365日日割計算） 債務者　××市○×二丁目1番2号 　細井正 抵当権者　△△区○△二丁目2番3号 　株式会社KM銀行

1. 権利部（甲区）には、所有権の移転登記のほか、差押え等が記載される。
2. この物件には株式会社KM銀行の抵当権が設定されているが、別途、ほかの金融機関などが抵当権を設定することもできる。
3. 細井正さんが株式会社KM銀行への債務を完済した場合、当該抵当権の登記は自動的に抹消される。
4. 登記事項証明書は、誰でも法務局などにおいて、交付請求をすることができる。　　　　　　　　　　　　　　　　　　　　　　　　　　　　[　　]

解説1

1.

①下記条件で建蔽率の緩和を受けることができる。

準防火地域に耐火建築物を建築することで、建蔽率＋10％

角地であることで建蔽率＋10％、建蔽率＝60％＋10％＋10％＝80％

敷地面積が300＋325＝625m²、建築面積の最高限度＝625m²×80％＝

500（m²）〔答：500m²〕

②容積率は敷地の前面道路の幅員が12m未満の場合、2つのうち低い方が

適用される。指定容積率：300％

前面道路の幅員：2つの道路に接している場合、幅の広い方が前面道路

7m×4/10×100＝280％　　低い方の280％となる。

延べ面積＝625m²×280％＝1,750（m²）〔答：1,750m²〕

2.

① 本文の通り。〔答：○〕

② 相続により取得した財産は、被相続人が取得した日を引き継ぐ。

そのため、譲渡年の1月1日において所有期間が10年を超えることにな

り、特例の適用を受けることができる。〔答：×〕

③ 乙土地は青空駐車場で建物がないため、借地借家法は適用されない。

〔答：×〕

3.

① 建設協力金方式では、テナントから受け取る賃料の一部は、建設協力金

の返済部分と相殺される。建設協力金の返済額のうち利息部分は必要経

費となるが、元本は必要経費とならない。〔答：×〕

② 本文の通り。〔答：○〕

③ 土地は貸家建付地として評価される。建設協力金方式では、土地の上に

自ら所有者となる賃貸用物件を建設するため、敷地は貸家建付地となり、

建物は貸家として評価される。〔答：×〕

解説2

1. 適切。権利部（甲区）には、差押え等も記載される。

2. 適切。1つの不動産について複数の抵当権を設定することができる。

3. 不適切。抵当権を抹消させるためには、法務局で抵当権抹消登記を申請す

る必要がある。

4. 適切。交付請求の申請をして手数料を納付することで、誰でも交付を受け

ることができる。〔答：3〕

仕上げの本番問題 （Chapter6）

問題を解いて、理解を確実なものにしよう。

○ **問1** 次の設例に基づいて、下記の各問（**1.〜3.**）に答えなさい。（2024年1月金財 個人）

《設例》

Aさん（75歳）は、妻Bさん（71歳）、長男Dさん（45歳）および孫Eさん（19歳）とX市内の自宅で同居している。長男Dさんは、孫Eさんの母親と5年前に離婚した。Aさんは、50年前に先妻と離婚しており、先妻が引き取った長女Cさん（52歳）とは、離婚後一度も会っていない。

Aさんは、すべての財産を妻Bさんおよび長男Dさんに相続させたいと思っているが、遺産争いを避けるため、長女Cさんに、所有する上場株式を相続させることを検討している。

〈Aさんの親族関係図〉

〈Aさんの主な所有財産（相続税評価額）〉

1. 現預金：4,500万円
2. 上場株式：2,500万円
3. 自宅
   ① 敷地（350m²）：7,000万円（注）
   ② 建物：1,000万円
4. 賃貸マンション
   ① 敷地（400m²）：6,600万円（注）
   ② 建物：2,400万円
   合計：2億4,000万円

（注）「小規模宅地等についての相続税の課税価格の計算の特例」適用前の金額
※ 上記以外の条件は考慮せず、各問に従うこと。

1. 遺言に関する次の記述①〜③について、適切なものには○印を、不適切なものには×印を解答欄に記入しなさい。

①「遺産分割をめぐる争いを防ぐ手段として、遺言書の作成をお勧めします。
　公正証書遺言は、証人2人以上の立会いのもと、遺言者が遺言の趣旨を公

証人に口授し、公証人がこれを筆記して作成するものですが、推定相続人である妻Bさんや長男Dさんだけでなく、孫Eさんも証人になることはできません」　　　　　　　　　　　　　　　　　　　　　　　　　［　　］

②「自筆証書遺言は、所定の手続により、法務局（遺言書保管所）に保管することができます。法務局に保管された自筆証書遺言は、遺言者の相続開始後、家庭裁判所における検認が不要となります」　　　　　　　　　［　　］

③「遺言者は、遺言において遺言執行者を指定することができます。推定相続人は、未成年者および破産者に該当しない場合であっても、遺言執行者になることができませんので、遺言執行者を指定する場合は、信頼できる知人等に依頼することをご検討ください」　　　　　　　　　　　　　　［　　］

2. 現時点（2024年1月28日）において、Aさんの相続が開始した場合における相続税の総額を試算した下記の表の空欄①～③に入る最も適切な数値を求めなさい。なお、課税遺産総額（相続税の課税価格の合計額－遺産に係る基礎控除額）は1億4,000万円とし、問題の性質上、明らかにできない部分は「□□□」で示してある。

(a) 相続税の課税価格の合計額		□□□円
	(b) 遺産に係る基礎控除額	（　①　）万円
課税遺産総額（(a) －(b)）		1億4,000万円
	相続税の総額の基となる税額	
	妻Bさん	□□□円
	長女Cさん	（　②　）万円
	長男Dさん	□□□円
(c) 相続税の総額		（　③　）万円

〈資料〉相続税の速算表（一部抜粋）

法定相続分に応ずる取得金額		税率	控除額
万円超	万円以下		
	～ 1,000	10%	－
1,000	～ 3,000	15%	50万円
3,000	～ 5,000	20%	200万円
5,000	～ 10,000	30%	700万円
10,000	～ 20,000	40%	1,700万円

①［　　　］　②［　　　］　③［　　　　］

3. Aさんの相続等に関する以下の文章の空欄①～④に入る最も適切な語句または数値を、下記の〈語句群〉のなかから選び、その記号を解答欄に記入しなさい。なお、問題の性質上、明らかにできない部分は「□□□」で示してある。

I「遺言により上場株式のみを長女Cさんに相続させる場合、長女Cさんの遺留分を侵害する可能性があります。仮に、遺留分を算定するための財産の価額を2億4,000万円とした場合、長女Cさんの遺留分の金額は、（　①　）万円となります。なお、遺留分侵害額請求権は、長女Cさんが相続の開始および遺留分を侵害する贈与または遺贈があったことを知った時から（　②　）間行使しないときは、時効によって消滅します」

II「妻Bさんが『配偶者に対する相続税額の軽減』の適用を受ける場合、原則として、妻Bさんが相続により取得した財産の金額が、妻Bさんの法定相続分相当額と1億6,000万円のいずれか（　③　）金額を超えない限り、妻Bさんが納付すべき相続税額は算出されません」

III「長男Dさんが自宅の敷地および建物を相続により取得し、自宅の敷地（相続税評価額7,000万円）について、特定居住用宅地等として限度面積まで『小規模宅地等についての相続税の課税価格の計算の特例』の適用を受けた場合、相続税の課税価格に算入すべき当該敷地の価額は（　④　）万円となります」

〈語句群〉

イ.1,400	ロ.1,720	ハ.2,000	ニ.3,000	ホ.3,500
ヘ.5,600	ト.6,000	チ.10カ月	リ.1年	ヌ.3年
ル.多い	ヲ.少ない			

①[　　] 　②[　　] 　③[　　] 　④[　　]

解説1

1.

①推定相続人や利害関係者、未成年者は証人になれない。（答：○）

②自筆証書遺言書保管制度を利用して、法務局で保管されている遺言書の検認は不要。（答：○）

③遺言執行者とは，遺言の内容を実現する者のことで、未成年者や破産者は
なることができない。推定相続人は遺言執行者になることができる。〔答：
×〕

2.
①法定相続人：妻Bさん、長男Dさん、長女Cさんの3人
　遺産に係る基礎控除額＝3,000万円＋600万円×法定相続人の数
　＝3,000万円＋600万円×3人＝4,800　〔答：4,800〕
②
・相続税の総額：各相続人が法定相続分で取得したものとして相続税額を
　計算し、合算する。
　法定相続分は妻Bさん：1/2、長男Dさん・長女Cさん：1/2×1/2＝1/4
・課税遺産総額の1億4,000万円を法定相続分で分配する。
　妻Bさん：1億4,000万円×1/2＝7,000万円
　長男Dさん・長女Cさん：1億4,000万円×1/4＝3,500万円
・速算表から各相続税額を計算する
　妻Bさん：7,000万円×30％－700万円＝1,400万円
　長男Dさん・長女Cさん：3,500万円×20％－200万円＝500万円
　長女Cさんの相続税額：500万円　〔答：500〕
③相続税の総額：1,400万円＋500万円＋500万円＝2,400万円
　〔答：2,400〕

3.
①遺留分の割合：配偶者と子の場合は相続財産の1/2
　2億4,000万円×1/2＝1億2,000万円
　1億2,000万円×1/4（長女Cさんの法定相続分）＝3,000万円　〔答：ニ〕
②相続の開始および侵害されたことを知った日から1年で消滅。　〔答：リ〕
③1億6,000万円、もしくは配偶者の法定相続分相当額以下であれば、相続
　税は課税されない。　〔答：ル〕
④自宅敷地の350m²が、特定居住用宅地等として330m²まで80％が減額さ
　れる。7,000万円×330m²/350m²×80％ ＝5,280万円
　7,000万円－5,280万円＝1,720万円　〔答：ロ〕

Index 索引

489

493

499

FP教科書
いつもバタ子さんの
FP2級・AFP
テキスト&過去問題集
2024-2025年版

2024 年 5 月 28 日 初版第 1 刷発行

著者	青山 雅恵・溝江 淳子
監修	NPO法人Wco.FPの会
発行人	佐々木 幹夫
発行所	株式会社 翔泳社
	(https://www.shoeisha.co.jp)
印刷・製本	日経印刷株式会社

©2024 Masae Aoyama, Akiko Mizoe

著者紹介

青山 雅恵（Chapter1〜3担当）

NPO法人Wco.FPの会　理事長（AFP・2級FP技能士）
京都大学経済学部卒業。都銀総合職として法人営業等を担当。結婚後渡米し、米銀行勤務の後、出産・子育てを経て、2012年生活クラブFPの会入会。
2018年6月より現職。

溝江 淳子（Chapter4〜6担当）

NPO法人Wco.FPの会　副理事長（CFP・1級FP技能士・産業カウンセラー）。法人会計を担当。

監修者紹介

NPO法人Wco.FPの会

FP資格を保有する生活クラブ生協（生活クラブ事業連合生活協同組合）の組合員が主体となり、組合員の保険の見直し相談や学習会の講師業務を担うため、2002年に「生活クラブFPの会」を設立。
生活クラブ生協グループの組合員を対象とした学習会（ライフプラン講座）、3級FP技能士養成講座、行政・福祉団体向けの学習会等で講師を担当するとともに、個人相談業務も行っている。
2019年3月、東京都の認証を受けてNPO法人となり、現在に至る。

ブックデザイン

株式会社 細山田デザイン事務所
細山田 光宣・柏倉 美地

イラスト

香川 尚子

DTP

株式会社 シンクス